H. Norman Wright

Gott zu zweit begegnen

Ein Andachtsbuch für Paare

H. Norman Wright

Gott zu zweit begegnen

Ein Andachtsbuch für Paare

Schulte & Gerth

Die amerikanische Originalausgabe erschien im Verlag
Harvest House Publishers, USA
unter dem Titel »Quiet Times For Couples«.

Aus dem Amerikanischen übersetzt von Antje Balters

Best.-Nr. 815 787
ISBN 3-89437-787-9
1. Auflage 2002
Umschlaggestaltung: Hanni Plato
Satz: Die Feder GmbH, Wetzlar
Druck und Verarbeitung: Ebner & Spiegel, Ulm
Printed in Germany

Gemeinsam Zeit mit Gott zu verbringen ist keine neue, aber eine sehr wichtige Idee, denn gerade in solchen kurzen geistlichen Begegnungen zwischen Ehepartnern gewinnt die Beziehung an Tiefe und entwickelt sich weiter.

Schon seit Jahren wollte ich gern ein Buch mit täglichen Andachten schreiben, in dem biblische Grundwahrheiten für die Ehe vermittelt werden. Im Laufe der vergangenen Jahre hatte das Konzept Gestalt angenommen und war schließlich in die konkrete Planungsphase eingetreten. Als ich dann so weit war, mit dem Schreiben zu beginnen, passierte jedoch etwas Unvorhergesehenes. Unser geistig behinderter Sohn Matthew musste operiert werden, und bei dem Eingriff kam es zu Komplikationen. Sein Zustand verschlechterte sich im Laufe weniger Tage zusehends und am 15. März starb er.

Ein paar Tage nach der Beerdigung rief ich bei meinem Verlag an, um dort mitzuteilen, dass ich nicht so genau wisse, ob ich emotional in der Lage sei, das Buch fertig zu stellen, und ob es nicht vielleicht doch besser sei, das Projekt noch eine Weile zu verschieben. Man war sehr verständnisvoll und überließ die Entscheidung mir.

Als ich dann weiter darüber nachdachte, wurde mir klar, dass meine intensive Beschäftigung mit dem Wort Gottes bei diesem Projekt genau das war, was ich für meine Trauerzeit brauchte. Drei Tage später rief ich erneut beim Verlag an, diesmal um mitzuteilen, dass ich mich entschlossen hätte, gleich mit der Arbeit zu beginnen. Die Entscheidung erwies sich als klug, denn die Bibel bringt Trost, Hilfe, Erkenntnis und Klarheit über den Sinn dessen, was in unserem Leben geschieht. Im Laufe des Entstehungsprozesses dieses Buches, das Menschen helfen soll, erfuhr auch ich selbst Hilfe. Meine Erfahrungen dabei haben mich in der Überzeugung bestärkt, dass es überaus wichtig ist, gerade in den traumatischen Übergangsphasen des Lebens, aber auch im ganz normalen Alltag, im Wort Gottes zu lesen und sich näher damit zu beschäftigen.

Wie kann nun das vorliegende Buch Ihren gemeinsamen geistlichen Weg als Ehepaar bereichern und Ihre geistliche Beziehung vertiefen? Einigen Sie sich darauf, zu der für Sie günstigsten Tageszeit verbindlich 5 bis 10 Minuten gemeinsam jede Andacht zu lesen und darüber still zu werden. Sorgen Sie dafür, dass der jeweilige Textabschnitt für den Tag laut vorgelesen wird. Vielleicht könnten Sie sich wöchentlich oder täglich mit dem Vorlesen abwechseln. Vielleicht

möchten Sie auch gern jede Stille Zeit mit einem kurzen gemeinsamen Gebet abschließen, entweder jeder leise für sich oder auch laut gesprochen.

Vor ein paar Jahren haben Joyce und ich damit angefangen, uns gegenseitig vorzulesen. Wir stellten fest, dass das Vorlesen eine Dynamik besitzt, die beim stillen Lesen fehlt, dass wir den Abschnitt länger behielten und dass die Wahrheit, die wir miteinander herausfanden und austauschten, unser Leben intensiver berührte und durchdrang. Vielleicht bekamen die Texte für uns mehr Bedeutung, weil wir sie beide gleichzeitig hörten und aufnahmen. Vielleicht lag es aber auch daran, dass sich der jeweilige Vorleser dafür verantwortlich fühlte, dem Zuhörer den Abschnitt klar und verständlich zu vermitteln. Vielleicht war die Dynamik aber auch nur einfach Ausdruck eines neuen Einsseins.

Durch das Vorlesen wird es auch möglich, geistlich in etwa demselben Tempo Fortschritte zu machen. Wenn beide gleichzeitig dieselben Informationen aufnehmen, kann das in intensiveren Gesprächen über geistliche Themen sehr hilfreich sein.

Die in manchen Tagesabschnitten enthaltenen Fragen sollen als Anregung dienen, das Wort Gottes auf das eigene Leben und die eigene Ehe anzuwenden. Ich hoffe, eine Folge dieses täglichen Gespräches wird sein, dass in Ihrer Ehe ganz neu die Gegenwart Jesu Christi und die Realität des Wortes Gottes erkennbar wird. Dazu wurde dieses Buch geschrieben. Ich vertraue darauf, dass dieser Weg von einem Tag zum nächsten für Sie beide zu einer bereichernden Erfahrung wird.

H. Norman Wright

JANUAR

Sanftmut ist eine rücksichtsvolle und dienende Haltung.
Sie bedeutet die Bereitschaft, Gottes Plan
für die Ehe als den besten Weg zu betrachten,
um persönliche Sicherheit zu erlangen
und in Ihrer Ehe widerzuspiegeln,
dass Jesus Christus darin gegenwärtig ist.

1.

Seid still und erkennt, dass ich Gott bin.
PSALM 46,11

Stille.

Ruhe.

Schweigen.

Haben Sie je die Geräusche der Stille wahrgenommen? Es gibt sie, und auf ihre ganz eigene Weise sprechen sie sogar zu uns. Für manche Menschen ist Stille ein Lebensstil, anderen bereitet sie großes Unbehagen. Sie kann eine Zeit zum Nachdenken sein, eine schöpferische Zeit, eine Zeit der Erholung, eine Zeit zum Trauern, eine Zeit, sich zu freuen, oder eine Zeit, auf Gott zu hören.

Eine Zeit der Stille kann zwischen Ehepartnern ein noch festeres Band der Liebe und Nähe schaffen. Es ist eine Zeit, in der man die größtmögliche Vertrautheit erfahren kann, die zwischen Menschen überhaupt möglich ist, nämlich geistliche Vertrautheit.

Niemand behauptet, es sei einfach oder bequem, zusammen vor Gott still zu werden. Es werden immer Hindernisse zu überwinden sein. Es muss mit Terminen jongliert werden, Unterbrechungen von außen und Störungen müssen ausgeschaltet werden, damit sie einen nicht ablenken und die Kontrolle übernehmen.

Überlegen Sie einen Augenblick lang. Tauschen Sie Ihre Antwort nicht gleich mit dem Ehepartner aus, sondern denken Sie zunächst einmal für sich allein über folgende Fragen nach:

- Welche Zeiten der Stille sind Ihnen am kostbarsten?
- Woran denken Sie, wenn Sie still werden?
- Was fühlen Sie, wenn Sie still werden?
- Wie spricht Gott zu Ihnen, wenn Sie still sind?

Der Psalmist fordert uns auf, aus einem ganz konkreten Grund still zu werden. Wenn wir unser Leben mit Aktivität und Geschäftigkeit ausfüllen, dann vergessen wir darüber allzu leicht unseren Schöpfer. Es gibt auch inmitten eines hektischen Tages Zeiten, in denen es nötig ist, die Türen zu schließen, das Telefon auszustöpseln, sich hinzusetzen und

die Augen zu schließen. Und wenn Sie am meisten zu tun haben, sollten Sie das erst recht tun, denn dann brauchen Sie es am dringendsten.

Nehmen Sie sich die Zeit, jeden Tag als Paar zusammenzukommen und von Gott zu erwarten, dass er zu Ihnen spricht. Schon 90 Sekunden gemeinsame Stille können eine Zeit sein, in der Gott zu Ihnen spricht. Teilen Sie einander mit, was er in Ihrem Leben tut, und tauschen Sie auch die Antworten auf die oben gestellten vier Fragen aus, auf die Sie in der Stille gekommen sind.

2.

Darum wird ein Mann seinen Vater und seine Mutter verlassen und seinem Weibe anhangen, und sie werden sein ein Fleisch.

1. Mose 2,24, Luther

Verlassen und anhangen – gegensätzliche bedeutsame Wörter. Wenn Sie sich gegenseitig das Eheversprechen geben, werden diese beiden Wörter zu einem Teil Ihres Lebens. Aber verstehen Sie auch wirklich, was sie bedeuten? Verlassen bedeutet, eine Beziehung zu lösen, bevor man eine neue eingeht und aufbaut. Es bedeutet nicht, dass man seine Eltern nicht mehr beachten soll, sondern dass man die Bindung an sie löst und Verantwortung für den Ehepartner übernimmt.

»Anhangen« bedeutet verschmelzen. Wenn ein Mann seiner Frau anhängt, dann werden sie »ein Fleisch«. Dieser Begriff ist eine wunderschöne Kurzbeschreibung des Einsseins, des Vollständigseins und der Dauerhaftigkeit, die Gott für die Ehebeziehung will. Sie beruht darauf, dass die beiden Partner auf einzigartige Weise eins sind, sich völlig auf Nähe einlassen, und zwar im gesamten gemeinsamen Leben. Symbolisiert wird dieses Einssein durch die sexuelle Vereinigung.

Vor etlichen Jahren habe ich eine wunderbare Beschreibung der Verbindung gehört, die im »Anhangen« zum Ausdruck kommt. Wenn man einen Klumpen dunkelgrünen Ton in einer Hand und einen Klumpen hellgrünen in der anderen hat, dann kann man ganz klar die beiden unterschiedlichen Farbtöne erkennen. Wenn man jedoch die beiden Klumpen miteinander verknetet, sieht man nur noch einen

Klumpen grünen Ton – auf den ersten Blick. Wenn man den Klumpen dann aber genauer untersucht, sieht man getrennte Schichten von dunkel- und hellgrünem Ton.

Das ist ein Bild für die Ehebeziehung. Sie beide als Ehepartner verschmelzen so sehr, dass Sie wie eine einzige Persönlichkeit erscheinen, aber dennoch behält jeder von Ihnen auch seine klare eigene Identität. Sie haben jetzt jedoch außer der individuellen außerdem eine gemeinsame Ehepersönlichkeit, die in Ihnen beiden vorhanden ist.

Zu einer Ehe zwischen Christen gehört allerdings mehr als das Verschmelzen von zwei Menschen. Es gehört immer noch eine dritte Person dazu – Jesus Christus nämlich –, durch den die Beziehung Sinn, Orientierung und Führung bekommt. Wenn er in einer Ehe das Sagen hat, dann und nur dann ist es eine christliche Ehe.

Wie haben Sie das Verlassen der Eltern seit Ihrer Heirat gehandhabt? Wie ist es bei Ihnen, ein Fleisch zu werden, also zusammenzukommen, aber trotzdem Einzelpersönlichkeit zu bleiben? Reden Sie doch mal darüber.

3.

Dann sprach Gott, der Herr: Es ist nicht gut, dass der Mensch allein bleibt. Ich will ihm eine Hilfe machen, die ihm entspricht.
1. MOSE 2,18, EINHEITSÜBERSETZUNG

Gott hat die Ehe zum Zweck der Gemeinschaft geschaffen. Der Dichter John Milton schreibt in diesem Zusammenhang: »Das Alleinsein war das Erste, was das Auge Gottes für NICHT gut befand.« Einsamkeit und Isolation stehen im Widerspruch zum Schöpfungsakt Gottes. Gott schuf den Mann, damit er in Beziehung mit anderen leben sollte, und die erste »andere« war die Frau.

Gott schuf auch die Ehe zum Zweck der gegenseitigen Ergänzung. Die Frau sollte »eine Hilfe« sein, die »ihm entspricht.« Die Frau wurde geschaffen, um dem Mann eine Ergänzung, ein Gegenüber zu sein. Die Frau unterstützt den Mann, indem sie sein Leben (und damit auch das ihre) vervollständigt. Sie füllt die leeren Stellen aus. Sie teilt

sein Leben mit ihm, zieht ihn weg von ihm selbst, erweitert seinen Kontaktradius durch das, was sie miteinander zu tun haben. Ehepartner erfüllen den Plan Gottes für ein ganzheitliches, vollständiges Leben. Sie gehören zusammen.

Dwight Small beschreibt diese Beziehung folgendermaßen: »Wenn ein Mann und eine Frau sich in der Ehe vereinen, dann erlebt die Menschheit eine Wiederherstellung der Ganzheit. . . . Die Ehre des Mannes ist die Anerkennung der Tatsache, dass die Frau für ihn geschaffen wurde; die Ehre der Frau ist die Anerkennung der Tatsache, dass der Mann ohne sie unvollständig ist. Die Demut der Frau besteht in der Anerkennung der Tatsache, dass sie für den Mann geschaffen wurde; die Demut des Mannes in der Anerkennung der Tatsache, dass er ohne sie unvollständig ist.«[1]

Die Ehe birgt für die Partner die Chance, entweder in einen Konkurrenzkampf zu treten oder sich gegenseitig zu ergänzen, wobei das Zweite dem Plan Gottes entspricht. Haben Sie schon die bereichernde Entdeckung gemacht, dass Sie als Mann und Frau zusammen vollständig sind?

Es erfordert Demut, zum Partner zu sagen: »Ich möchte mit dir darüber reden, dass mein Leben erfüllter und vollständiger geworden ist, weil ich dich geheiratet habe.« Versuchen Sie es einmal, vielleicht gefällt es Ihnen ja!

4.

Der Geist Gottes dagegen lässt als Frucht eine Fülle von Gutem wachsen, nämlich: Liebe, Freude und Frieden, Geduld, Freundlichkeit und Güte, Treue, Bescheidenheit und Selbstbeherrschung.

Galater 5,22, Gute Nachricht

Ist es möglich, nur einige der Früchte des Geistes in unserem Leben zu kultivieren, andere dagegen nicht? Offen gestanden glaube ich das nicht. Ich glaube, dass die Früchte des Geistes in der Regel gemeinsam wachsen – oder gemeinsam verkümmern. Wenn man auf dem Gebiet der Selbstbeherrschung Fortschritte macht, dann entwickelt man sich

gleichzeitig auch im Bereich Geduld und Freundlichkeit weiter. Man kann sich nicht eine oder zwei der Früchte herauspicken und nur auf diese besonderes Gewicht legen, denn es gibt sie nur als ganzes Paket.

Außerdem steht es nicht zur Wahl, ob wir diese Eigenschaften in unserem Leben zum Ausdruck bringen möchten. Jesus macht hier nicht nur einen Vorschlag, sondern er ist sehr eindeutig, was die Bedeutung dieser Eigenschaften in unserem Leben betrifft. Er sagt: »Ich bin der Weinstock, und ihr seid die Reben. Wer mit mir verbunden bleibt, so wie ich mit ihm, bringt reiche Frucht . . . Nicht ihr habt mich erwählt, sondern ich habe euch erwählt . . . Ich habe euch dazu bestimmt, reiche Frucht zu bringen, Frucht, die Bestand hat« (Johannes 15,5.16).

Wenn die Früchte des Geistes in Ihrem Leben erkennbar sind, dann werden Sie zu einer Art Kurier der Liebe Christi für die Menschen in Ihrem unmittelbaren Umfeld und in besonderem Maße für Ihren Ehepartner. Wenn Sie es aber versäumen, bei sich selbst Liebe, Freude, Frieden, Freundlichkeit, Güte, Treue, Bescheidenheit und Selbstbeherrschung zu fördern, dann wird Ihr Ehepartner und auch Ihre Ehe unter den Folgen zu leiden haben.

Auf welche Weise sind die Früchte des Geistes in Ihrem Leben und in Ihrer Ehebeziehung erkennbar?

5.

Denn ich weiß, was ich mit euch vorhabe: Ich, der Herr,
werde euch Frieden schenken und euch aus dem Leid befreien.
Ich gebe euch wieder Zukunft und Hoffnung.
JEREMIA 29,11, HOFFNUNG FÜR ALLE

Eine der Freuden des Lebens als Christ besteht darin, sich mehr an der Zukunft als an der Vergangenheit orientieren zu können. Die Bibel versichert, dass Gott ein liebender Vater ist, der Gutes mit seinen Menschen vorhat.

Manchmal verlieren Ehepaare den Mut, weil ihre Ehe nicht so ist, wie sie es sich einmal vorgestellt und erträumt hatten und all die Hoffnungen sich in einen einzigen Alptraum verwandelt haben. Jede

Ehe hat ganz bestimmt ihre besonderen, eigenen Probleme, aber auch angesichts unerwarteter Wendungen und Entwicklungen können immer noch Träume wahr werden.

Die beste Art, mit der Herausforderung einer Ehe umzugehen, besteht darin, sich nach dem Plan Gottes zu richten, also danach, was sein Wort lehrt. Das hört sich vielleicht vereinfachend an, ist es aber nicht. Es erfordert die Bereitschaft beider Beteiligten, sich von Gott die Ecken und Kanten glätten zu lassen. Es bedeutet, den Ehepartner mit den Augen Gottes zu sehen und sich klarzumachen, wie wertvoll jeder von uns für ihn ist. Es bedeutet, sich gegenseitig mit derselben Achtung zu behandeln, mit der Gott jeden Menschen behandelt. Es bedeutet, im täglichen Miteinander in der Ehe bereitwillig die Gebote Gottes zu befolgen. Und so bewegen wir uns in Richtung der Hoffnung und Zukunft, über die der Prophet Jeremia schreibt.

In Römer 7,12 stellt Paulus klar, dass die Gebote Gottes »heilig, gerecht und gut« sind. Er fordert uns ganz bestimmt nicht dazu auf, etwas zu tun, was nicht gut ist. Und auch für unsere Ehe will Gott nur Gutes. Sind laut dem Wort Gottes die Richtlinien und Gebote für Frauen und Ehefrauen gut? Sind sie auch in der heutigen Zeit durchführbar und möglich? Sind sie realistisch? Ich behaupte ja. Sind die Richtlinien der Bibel für Männer im Allgemeinen und für Ehemänner speziell gut, praktikabel, realistisch und möglich? Ja, das sind sie.

Lassen Sie Gott in Ihrem Herzen und Ihrem Denken wirken. Lassen Sie sich von ihm den Mut, die Stärke und die Kraft schenken, die Sie brauchen, um seinem guten Plan für Ihre Ehe zu folgen. Er wird Sie bereichern – wirklich!

6.

Ordnet euch einander unter, wie es die Ehrfurcht vor Christus verlangt.
EPHESER 5,21, GUTE NACHRICHT

Wie viel sind Sie im Vergleich zu Ihrem Partner wert? Nur zu – geben Sie eine Schätzung ab. Ist einer von Ihnen mehr wert als der andere? Wie sollte man das wohl messen?

Wenn Sie Kleidung kaufen, dann stellen Sie mit Sicherheit Preisunterschiede fest, sowohl bei Frauen- als auch bei Männerkleidung. Weil die Sachen von verschiedenen Firmen hergestellt werden, sind Kleidungsstücke, die wir kaufen, sehr unterschiedlich und haben verschiedene Markenbezeichnungen. In unserer Kultur stehen nun viele Menschen auf Designerstücke; seien es Jeans, Kleider oder Anzüge – es muss darin das Etikett eines »In«-Designers zu finden sein, ansonsten gilt es als minderwertig. Vielleicht gehören wir ja auch selbst zu denen, die großen Wert auf solche Etiketten legen.

Viele Menschen geben ganz ähnlich oberflächliche Urteile über Menschen ab, wenn sie nach unbiblischen Kriterien bewerten. Manche Männer blicken auf Frauen herab und betrachten sie als Menschen zweiter Klasse. Zur Zeit Jesu war das meistens so. Frauen hatten damals kaum Rechte und wurden entsprechend behandelt Die Männer herrschten über sie und betrachteten Frauen als ihren Besitz. Manchmal sehen wir aufgrund unserer Prägung das andere Geschlecht auf eine ganz bestimmte Weise, eine Weise, die weder richtig ist noch dem Wort Gottes entspricht.

Gott hat einen Plan sowohl für Männer als auch für Frauen, und der besagt, dass keiner dem anderen überlegen ist, denn beide wurden gleichermaßen nach dem Ebenbild Gottes geschaffen. Aus Epheser 5,21 geht die Gleichwertigkeit von Mann und Frau klar hervor. Es gibt zwar jeweils konkrete Anweisungen für den Mann und die Frau, die sie in ihrem Alltag umsetzen sollen, aber das hat nichts mit Unterlegenheit oder Überlegenheit zu tun. Schon in der Schöpfungsgeschichte wird die Gleichwertigkeit von Frau und Mann gelehrt.

Wenn sie als gleichwertig geschaffen sind, wie sollten Mann und Frau dann miteinander umgehen? Zum Beispiel kann Gleichwertigkeit gegenseitigen Respekt bedeuten.

Bestätigen Sie Ihrem Ehepartner durch Ihr Verhalten, dass er nach dem Ebenbild Gottes geschaffen ist?

7.

Ihr Frauen, ordnet euch euren Männern unter, so wie ihr euch
dem Herrn unterordnet. Denn der Mann steht über der Frau,
so wie Christus über der Gemeinde steht.
Christus als dem Haupt verdankt die Gemeinde,
die sein Leib ist, die Rettung.
EPHESER 5,22.23, EINHEITSÜBERSETZUNG

Das sind die Leitlinien, die Gott allen Ehefrauen mit auf den Weg gibt. Bevor Sie nun entsetzt aufschreien, denken Sie bitte daran, dass diese Verse an Ehefrauen gerichtet sind und niemals dazu gedacht waren, dass Männer sie ihren Frauen zitieren! Es handelt sich hier um den Bauplan fürs Eheleben, und zwar um die Version für die Frau.

Wenn wir uns daran halten, ist das eine Hilfe, um im Blick zu behalten, dass Mann und Frau vor Gott gleich viel wert sind und gleich viel gelten und dass beide vom Herrn Geistesgaben empfangen haben. Für Mann und Frau gilt gleichermaßen: »In Christus seid ihr alle eins« (Galater 3,28). Für beide gilt, »dass Gott in seiner Gnade allen das ewige Leben schenkt, Männern wie Frauen« (1. Petrus 3,7). Und es gilt die gegenseitige Unterordnung (Epheser 5,21).

Es gibt eine ganze Reihe von Aspekten, die nicht zu dieser Unterordnung der Frau gehören. So ist sie beispielsweise nicht Sklavin oder Unperson ohne eigene Gedanken, Wünsche und Sehnsüchte. Sie muss nicht Scheuklappen tragen und die Fehler oder Verhaltensweisen anderer (auch ihres Mannes) hinnehmen, die dem Wort Gottes widersprechen. Sie braucht, ja soll nicht eigene Begabungen leugnen. Es kommt immer wieder vor, dass eine Frau über mehr Weisheit, Erkenntnis oder Fähigkeiten verfügt als ihr Mann. Immer sollte jeweils der Partner, der das meiste zu geben hat, die Gelegenheit dazu haben, es auch einzubringen.

Die biblische Vorstellung von Autorität und Verantwortung, die in den Abschnitten über Hauptsein und Unterordnung deutlich wird, ist manchmal schwer umzusetzen. Wegen der Folgen des Sündenfalls haben wir meist (berechtigte) Angst davor, beherrscht zu werden, und aus dieser Angst heraus kommt es leicht zu Machtkämpfen.

Unterordnung bedeutet einfach, sich der Autorität eines anderen zu unterstellen. Aufgrund der unterschiedlichen Begabungen und Fähigkeiten kann das zwischen den Partnern wechseln. Unterordnung nach biblischem Verständnis appelliert an die Frau, ihrem Mann von Herzen zu vertrauen, ihn zu achten und zu ehren. Sich dem Ehemann unterzuordnen ist auch ein Akt der Unterordnung unter Gott. Das ist kein von Menschen erdachter Plan, sondern der Plan Gottes. Und er meint es gut mit uns!

8.

Ihr Männer, liebt eure Frauen so, wie Christus seine Gemeinde liebt,
für die er sein Leben gab, damit sie ihm ganz gehört.
Durch sein Wort hat er sie von aller Schuld gereinigt.

Epheser 5,25.26, Einheitsübersetzung

Wenn Sie in eine Zeitmaschine einsteigen und im ersten Jahrhundert nach Christus ankommen würden, in der Zeit also, als die Briefe des Paulus die damalige Kultur vor den Kopf stießen, dann könnten Sie sich auf eine gehörige Portion Aufregung gefasst machen.

Paulus' Anweisungen für die Ehemänner in Epheser 5,25–27 müssen damals einen Aufstand ausgelöst haben! Sie waren der Art, wie damals Männer mit Frauen umgingen, diametral entgegengesetzt. Was Paulus da schrieb, war die klare Aufforderung an Ehemänner, ihrer Frau liebevoll zu dienen – und das in einer Kultur, in der Frauen kaum mehr galten als Haushaltsgeräte!

Ein Ehemann soll seine Frau mit derselben opferbereiten Selbstverleugnung lieben, mit der Jesus jeden von uns liebt. Wenn ein Mann über seine Rolle als Haupt in der Ehe nachdenkt, dann soll er dabei das Leben Jesu zum Vorbild nehmen. Jesus hat gesagt: »Der Menschensohn ist nicht gekommen, um sich dienen zu lassen. Er kam, um selbst zu dienen« (Matthäus 20,28). In der Bibel wird Jesus sowohl als Haupt als auch als Diener dargestellt. Er, »der über alles herrscht, ist auch das Haupt seiner Gemeinde« (Epheser 1,22), der »rechtlos wie ein Sklave« wurde (Philipper 2,7). Und Jesus hat uns an-

gewiesen: »Wer allen anderen dient, wird der Größte unter euch sein« (Matthäus 23,11).

Als Kinder Gottes sind wir aufgerufen zu dienen, denn das Dienen ist Ausdruck unseres neuen Lebens in Christus. Wenn es jedoch um die Ehe geht, ist die Ausbildung dieser Eigenschaft Jesu eine Berufung, die auf die Ehemänner ausgeweitet wird. Ein Ehemann bringt seiner Frau gegenüber seine Liebe zum Ausdruck, indem er sie in allen Belangen des gemeinsamen Lebens als gleichwertige Partnerin betrachtet. Er setzt seine Position als Haupt ein, um dafür zu sorgen, dass diese Partnerschaft zwischen Gleichwertigen funktioniert. Liebevolles »Hauptsein« bestätigt und fügt sich; es ermutigt und regt an. Liebendes Hauptsein hat Freude daran zu delegieren, ohne zu befehlen. Ein Mann muss daran denken, dass er vor Gott für den Erhalt einer intakten Ehe verantwortlich ist.

9.

Schließlich, meine lieben Brüder, orientiert euch an dem, was wahrhaftig, gut und gerecht, was anständig, liebenswert und schön ist.
PHILIPPER 4,8, HOFFNUNG FÜR ALLE

Die Richtung Ihrer Gedanken kann die Richtung Ihrer Ehe bestimmen. Sie können sich dafür entscheiden, beim anderen die Fehler oder aber die positiven Eigenschaften hervorzuheben.

Es gibt einen großen Unterschied im Fressverhalten von Bussarden und Bienen. Bussarde fliegen hoch am Himmel und halten von dort Ausschau nach Aas. Wenn sie einen Kadaver erspähen, stoßen sie herab und stürzen sich auf die Beute. Honigbienen dagegen suchen nur nach süßem Nektar. Sie sind sehr wählerisch in der Auswahl der richtigen Blumen.

Genauso wie Bussarde und Bienen immer finden, was sie suchen, finden auch die Partner in einer Ehebeziehung jeweils das, wonach sie suchen. Wenn man sich auf die Fehler und Schwächen des Partners konzentriert, wird man immer welche finden, und die Beziehung wird gefärbt sein von dieser negativen Grundhaltung. Wenn es aber das täg-

liche Anliegen in Ihrer Ehe ist, die positiven Eigenschaften Ihres Partners zu finden und ihn darin zu bestätigen, dann werden Sie überrascht sein, wie viele solcher Eigenschaften Sie entdecken und wie sehr diese Entdeckungen Ihre Ehe bereichern.

In Bezug auf unsere Ehe neigen wir dazu, entweder einen positiven oder einen negativen Weg einzuschlagen, und zwar durch die Art, wie wir über sie denken. Unsere Entscheidungen und Erfahrungen führen dazu, dass sich Erinnerungen, Gefühle und Einstellungen entwickeln, die ein Paar dann alle weiteren Jahre mit sich trägt, egal, ob es gerade erst geheiratet hat oder schon kurz vor der goldenen Hochzeit steht. Die Erinnerungen, die Sie für die Zukunft sammeln, werden jedoch dadurch beeinflusst sein, wie Sie heute denken. Vielleicht könnten Sie mit Ihrem Ehepartner jetzt sofort eine Erinnerung austauschen, die Ihnen besonders viel bedeutet.

Egal wie alt Sie sind und wie lange Sie schon verheiratet sind, es ist immer noch genug Zeit, eine Entscheidung zu treffen. Man kann sich immer noch dafür entscheiden, sich auf das Positive an der Ehe zu konzentrieren, um sie noch befriedigender zu machen. Es ist immer noch Zeit, die Vorschläge dieser Seiten einzuüben. Es liegt bei Ihnen, wie sehr Sie sich auf die noch verbleibenden Jahre Ihrer Ehe einlassen und welche Pläne Sie dafür haben.

10.

*Was ich dir jetzt rate, ist wichtiger als alles andere:
Achte auf deine Gedanken und Gefühle, denn sie beeinflussen dein ganzes Leben.*
SPRÜCHE 4,23, HOFFNUNG FÜR ALLE

Wodurch wird eine Ehe eigentlich wirklich lebendig? Muss man sich nur an das halten, was in der Bibel steht, oder streng einen Plan für die Ehe verfolgen?

Nach dem Wort Gottes zu leben ist wichtig, aber ebenso wichtig ist die innere Einstellung der Ehepartner, während sie sich an die biblischen Aussagen halten. Manchmal liegt unter einem rein äußeren Be-

folgen des Wortes Gottes sehr viel innerer Widerstand, und das ist für eine gute Ehebeziehung nicht unbedingt förderlich. Nur mit der richtigen inneren Einstellung als Grundlage kann der Plan Gottes für verheiratete Männer und Frauen sinnvoll werden.

Viele Paare leben heutzutage so, als ob sie Illusionskünstler wären. Sie erzeugen die Illusion von Nähe und Vertrautheit in ihrer Ehe; andere vermitteln die Illusion geistlicher Nähe, wieder andere geben Lippenbekenntnisse ab und scheinen Gottes Prinzipien in ihrer Ehe zu praktizieren, aber ihr Handeln ist nicht in einer richtigen inneren Einstellung begründet. Manche Ehemänner und -frauen widmen sich hingebungsvoll der Aufgabe, die Richtlinien Gottes zu befolgen, andere halten sich nur widerwillig daran, übergehen bestimmte Aussagen der Bibel oder legen sie falsch aus.

Es ist für jeden wichtig, hin und wieder seine innere Haltung zu überprüfen. Sind Sie eigentlich offen für die Führung Gottes? Haben Sie den tiefen Wunsch, dass das Wort Gottes in Ihrer Ehe zum Ausdruck kommt? Empfinden Sie die Richtlinien Gottes für Ihre Ehe als persönliche Einschränkungen oder als befreiend?

Sie kennen Ihr Herz.

Gott kennt Ihr Herz.

Sie können Ihr Herz nicht ändern. Aber Gott kann es. Wenn es nötig ist, dass er an Ihrem Geist und an Ihrem Herzen arbeitet, dann lassen Sie es doch zu. Er weiß, was er tut, und er will Ihr Bestes.

11.

Ich vermag alles durch den, der mich mächtig macht.
PHILIPPER 4,13, EINHEITSÜBERSETZUNG

Manchmal fürchten sich Paare davor, einen etwas genaueren Blick auf ihre Ehe zu werfen und herauszufinden, wo die Stärken und Schwächen liegen. »Was, wenn es wehtut?«, fragen sie ängstlich. Viele Leute sind nicht unbedingt risikobereit, weil sie Angst vor Versagen haben. Deshalb bleiben auch viele Träume immer nur Träume. Die Angst vor dem Scheitern und Versagen hält uns davon ab, noch mehr

Freude im Leben zu erfahren. In der Ehe Risiken einzugehen mag zwar bedrohlich erscheinen, ist aber immer noch besser als die Alternative – nämlich als Paar langsam vor sich hin zu schrumpfen und zu sterben.

Nehmen Sie sich Zeit, über die folgenden Aussagen zum Thema Risikobereitschaft von einem unbekannten Verfasser ins Gespräch zu kommen, und zwar im Zusammenhang mit Ihrer Ehe.

- Lachen bedeutet, das Risiko einzugehen, sich zum Narren zu machen.
- Weinen bedeutet, das Risiko einzugehen, für sentimental gehalten zu werden.
- Mit anderen in Kontakt zu treten heißt Verletzungen zu riskieren.
- Gefühle zu zeigen birgt das Risiko, das wahre Selbst zu offenbaren.
- Anderen die eigenen Ideen und Träume zu offenbaren, bedeutet das Risiko einzugehen, sie zu verlieren.
- Lieben birgt das Risiko, nicht zurückgeliebt zu werden.
- Leben bedeutet, den Tod zu riskieren.
- Wer hofft, riskiert es, Verzweiflung zu erleben.
- Etwas zu versuchen heißt, Versagen zu riskieren.
- Aber es müssen Risiken eingegangen werden, weil die größte Bedrohung im Leben darin besteht, nichts zu riskieren.

Wer nichts riskiert, tut nichts, hat nichts und ist nichts. Er mag zwar Leid und Kummer vermeiden, aber er kann einfach nicht lernen, fühlen, sich verändern, wachsen, lieben und leben.

An diese Gewissheiten gekettet, ist er ein Sklave. Er hat die Freiheit verspielt.

Nur ein Mensch, der Risiken eingeht, ist frei!

12.

*Ihr Männer, liebt eure Frauen so,
wie Christus seine Gemeinde liebt,
für die er sein Leben gab, damit sie ihm ganz gehört.*
EPHESER 5,25.26, HOFFNUNG FÜR ALLE

Wenn er zu Hause der geistliche Leiter ist, bringt ein Ehemann seine Fürsorge für das Wohl und die stetige geistliche Entwicklung seiner Frau zum Ausdruck. Noch einmal: Es ist wichtig, daran zu denken, was durch Jesus geschah. Er starb, um jeden Menschen auf der Welt von der Sünde zu befreien. Er liebte die Gemeinde und gab sich selbst für sie hin. Dieses Vorbild der Liebe Christi zur Gemeinde gilt für das Leben jedes Ehemannes. Ein Mann und Vater kann seine Familie nicht erlösen, das kann nur Jesus Christus. Aber Gott zieht jeden Ehemann zur Rechenschaft für das geistliche Wohl der Familie und die Atmosphäre in seinem Zuhause. Von daher hat die Frau genau genommen die leichtere Aufgabe!

Zu den vielen Aufgaben und Verantwortlichkeiten eines Ehemannes gehören:

- Ein lebendiges persönliches Gebetsleben.
- Umgang mit der Bibel, deren Lektüre und Verständnis.
- Zugehörigkeit zu einer Gemeinde.
- Hilfreiche Zeitplanung für die Familie.
- Ermutigen der Ehefrau, ihr Bibelwissen zu erweitern, Kontakt zu anderen Frauen zu suchen, sich Zeit zu nehmen für Bibelstunden und Wochenendseminare, die ihre geistliche Entwicklung fördern. Dazu gehört auch, dies finanziell zu unterstützen, gepaart mit der Bereitschaft, sich um die Kinder zu kümmern, wenn die Frau beispielsweise ein Wochenendseminar besucht! Das ist echte Opferbereitschaft!
- Sich geistlich näher zu kommen. Das ist eine Hauptverantwortung des Mannes, zu der es unter anderem gehört, zusammen mit der Ehefrau in der Bibel zu lesen, geistlichen Austausch zu haben, zusammen zu beten und die Frau wissen zu lassen, dass man für sie betet.

So kann geistliche Leiterschaft aussehen. Und von dem Segen, der darauf liegt, profitieren beide. Niemand behauptet, dass es einfach sei, aber es ist die Zeit und alle Mühe wert. Lassen Sie sich dabei von Gott führen.

13.

Häuft in dieser Welt keine Reichtümer an.
MATTHÄUS 6,19, HOFFNUNG FÜR ALLE

Liebt nicht die Welt und das, was zu ihr gehört.
1. JOHANNES 2,15, GUTE NACHRICHT

Was macht Ihren persönlichen Wert aus? Woran machen Sie Ihren eigenen Selbstwert fest? Denken Sie einmal einen Augenblick über diese Fragen nach und tauschen Sie sich dann darüber mit Ihrem Partner aus.

Wenn es um unser Selbstwertgefühl geht, dann sind wir alle mit einem Konflikt konfrontiert. Wir hören dann nämlich zwei Botschaften: Das, was die Gesellschaft sagt und das, was das Wort Gottes sagt. Das eine ändert sich immer wieder und ist höchst willkürlich, das andere ist dauerhaft und stabil.

Viele Männer und Frauen sehen ihren Besitz und den Geldbetrag, den sie auf der hohen Kante haben, als Quelle ihres Selbstwerts. Wenn sie nicht viel besitzen, fühlen sie sich wertlos. Denken Sie einmal über folgende Gedanken aus der Bibel nach:

»Häuft in dieser Welt keine Reichtümer an! Sie verlieren schnell ihren Wert oder werden gestohlen. Sammelt euch vielmehr Schätze im Himmel, die nie an Wert verlieren und die kein Dieb mitnehmen kann. Wo nämlich eure Schätze sind, da zieht es euch hin« (Matthäus 6,19–21, Hoffnung für alle).

»Liebt nicht diese Welt, die von Gott nichts wissen will. Hängt euer Herz nicht an sie, auch nicht an irgendetwas, das zu dieser Welt gehört. Denn wer die Welt liebt, kann nicht zugleich Gott, den Vater, lieben. Was gehört nun zum Wesen dieser Welt? Menschliche Leidenschaften, die Gier nach Besitz und Macht, überhaupt ein Leben voller Selbstgefällig-

keit und Hochmut. All dies kommt nicht von Gott, unserem Vater, sondern gehört zur Welt« (1. Johannes 2,15–16, Hoffnung für alle).

Das sind wirklich drastische, überführende Worte, die dazu gedacht sind, unser Leben, unsere Werte und unsere Ehe aus der göttlichen Perspektive zu betrachten. Es sind Worte, die uns dabei helfen sollen, wirklich zu verstehen und zu erfahren, was uns im Leben Sicherheit bieten kann, Worte, die der Liebe Gottes zu jedem von uns entspringen.

Wie reagieren Sie als Ehepaar auf diese Anstöße der Bibel?

14.

Immer wieder hat Gott schon vor unserer Zeit . . .
zu unseren Vätern gesprochen . . . Doch jetzt, in diesen letzten Tagen,
sprach Gott durch seinen Sohn.
HEBRÄER 1,1–2, HOFFNUNG FÜR ALLE

»Wer sind Sie und was tun Sie?«

Ist Ihnen diese Frage schon mal gestellt worden? Die meisten von uns sind das bestimmt schon gefragt worden und unsere Antworten sind ganz unterschiedlich. Manche reagieren darauf spontan mit dem ersten Gedanken, der ihnen in den Sinn kommt. Aus den Antworten anderer geht vielleicht hervor, dass ihnen die Frage nicht neu ist und sie sich damit schon intensiv auseinander gesetzt haben. Aber manche Leute sagen auch: »Na ja, so wichtig bin ich schließlich auch nicht, und eigentlich tu ich auch gar nicht so viel.«

Wie schade, wenn jemand so über sich denkt und empfindet! Leider trifft das auf sehr viele Menschen zu.

Es gibt eine Person, die nicht nur selbst sehr wichtig ist, sondern außerdem auch uns Bedeutung verleiht. Der Name dieser Person ist Jesus. Wer ihm nachfolgt, wird schnell entdecken, dass Gott ihn oder sie wertschätzt und bestätigt. Warum das so ist? Weil er Sie geschaffen hat und für Ihr Leben hier auf der Erde sorgt.

Lassen Sie uns diese große Bedeutung Jesu ein wenig genauer betrachten und dabei im Blick haben, dass er Sie liebt, für Sie sorgt und am Kreuz für Ihre Sünden gestorben ist.

Wer er ist? Schauen Sie sich das erste Kapitel des Hebräerbriefes an.

- Er ist größer als jeder menschliche Prophet (Verse 1.2).
- Er ist Gottes Sohn; er ist der ewige Gott selbst (Verse 2.3.8.9).
- Er ist Erbe über diese Welt (Vers 2).
- Er hat die Welt erschaffen und er hält sie auch zusammen (Verse 2.3).
- Er reinigt uns von Sünde (Vers 3).
- Er sitzt zur Rechten des Vaters (Vers 3).
- Er ist größer als die Engel; die Engel beten ihn an (Verse 4.6).
- Er hat den Namen Gottes (Vers 5).
- Seine Herrschaft ist ewig (Vers 8).
- Er ist der Herrscher der kommenden Zeit (Verse 10–12).

Na, wie ist es? Ist er wichtig und von großer Bedeutung? Wenn er ein Teil Ihres Lebens ist, dann haben auch Sie eine größere Bedeutung, als Sie meinen. Denken Sie mal darüber nach!

15.

Alle, die ihre Hoffnung auf den Herrn setzen,
bekommen neue Kraft.
JESAJA 40,31, HOFFNUNG FÜR ALLE

Leute, die mit dem Rucksack in einer unbekannten Gegend loswandern, lernen schon bald eine der wichtigsten Überlebensregeln: Selbst wenn es so scheinbar länger dauert, ans Ziel zu kommen, bleiben sie immer auf dem markierten Pfad! Neulinge neigen dazu, Abkürzungen zu suchen und zu experimentieren, und oft sind sie es dann, die aus Notlagen gerettet werden müssen. Was auf den ersten Blick wie eine Abkürzung erscheint, erweist sich oft entweder als gefährliche Strecke oder als Sackgasse.

Wir suchen in vielen Bereichen unseres Lebens nach Abkürzungen, weil wir dadurch vermeintlich Zeit und Mühe sparen.

Selbst in der Ehe suchen wir nach schnellen und mühelosen Antworten, um Probleme aus der Welt zu schaffen oder die Beziehung zu festigen.

In vielerlei Hinsicht sind wir eine »Los, nun mach schon«-Gesellschaft. Wir mögen nicht warten. Selbst in unserem geistlichen Leben wollen wir sofort Ergebnisse sehen. Das ist unser Plan. Aber ist es auch Gottes Plan? Warum ist in der Bibel so oft vom Warten die Rede? Das muss doch einen Grund haben.

»Kehrt doch um zu mir und werdet ruhig, dann werdet ihr gerettet! Vertraut mir, und habt Geduld, dann seid ihr stark« (Jesaja 30,15, Hoffnung für alle).

»Aber alle, die ihre Hoffnung auf den Herrn setzen, bekommen neue Kraft. Sie sind wie Adler, denen mächtige Schwingen wachsen. Sie gehen und werden nicht müde, sie laufen und sind nicht erschöpft« (Jesaja 40,31, Hoffnung für alle).

»Ich bin der Weinstock, und ihr seid die Reben. Wer bei mir bleibt, in dem bleibt mein Leben, und er wird viel Frucht tragen. Wer sich aber von mir trennt, kann nichts ausrichten« (Johannes 15,5, Hoffnung für alle).

Ausruhen, Stille, Warten, Bleiben, Abhängigkeit von Gott – das alles sind für die moderne Gesellschaft von heute Fremdworte.

Paare müssen im Laufe ihrer Ehe viele Entscheidungen treffen. Es gibt Zeiten, in denen es am besten ist, sich gegenseitig zu sagen: »Lass uns darüber beten und dann auf Gottes Antwort warten.« Das kann Ihrem Leben als Paar eine ganz neue Dimension eröffnen.

16.

Durch Jesus Christus gehört ihr ganz zu Gott,
und durch seinen Geist seid ihr freigesprochen.
1. Korinther 6,11, Hoffnung für alle

Angst und Unsicherheit! Anders lässt sich wohl nicht beschreiben, wie es sich anfühlt, als Angeklagter in einem Gerichtssaal zu sitzen und auf das Urteil des Richters zu warten.

Haben Sie schon einmal vor Gericht gestanden? Jeder hat das schon. Vielleicht war es kein wirklicher Gerichtssaal, aber irgendwann im Leben hat jeder schon dieses Gefühl der Prüfung erlebt. Vor den Eltern vielleicht, vor Freunden, dem Arbeitgeber, Lehrer, Ehepartner, ja vielleicht sogar vor sich selbst. Manche Menschen leben mit dem Gefühl, ständig vor Gericht zu stehen, tagtäglich aufs Neue. In ihrem Leben gibt es jemanden, der oder die sie /ihn jeden Tag kritisiert, anklagt oder verurteilt. Das ist nicht gerade angenehm. Wenn das der Fall ist, kommt es dem Betroffenen vor, als ob andere die Kontrolle über sein Leben haben, ein ausgesprochen schmerzlicher Zustand. Wie gehen Sie mit dem Schmerz ungerechtfertigter Kritik um?

Wenn schon Ihr ganzes Leben lang von außen Kritik an Ihnen geübt wird, dann ist das eine schlechte Nachricht. Es gibt aber auch eine Gute Nachricht, und die lautet, dass Gott die Verhandlung geschlossen und uns freigesprochen hat! Das bedeutet, dass wir zwar schuldig waren, aber Gott hat die Strafe für uns bezahlt, und zwar indem er seinen Sohn Jesus Christus opferte. Der Tod Jesu hat uns das Leben gebracht.

Freispruch ist etwas anderes als Begnadigung: Wenn man von der Strafe für ein Vergehen begnadigt wird, dann wird die Strafe erlassen, aber das Vergehen ist immer noch in den Akten. Freispruch bedeutet dagegen völlige Befreiung, nicht nur von der Strafe, sondern auch von der Anklage. Die Anklage wird gelöscht. Gott sieht Sie an und sagt: »Freispruch! Gerechtfertigt!«

Wie reagieren Sie, wenn Ihr Ehepartner Sie verletzt hat? Halten Sie ihm das noch tage-, wochen-, monate- oder gar jahrelang vor? Gott kann Ihnen helfen, Ihre Erinnerungen an Verletzungen und Zorn auszulöschen, und Sie wiederum können dann Ihre Beschuldigung löschen. Freispruch macht die Ehe und das Leben so viel besser als ein Leben in Furcht, Angst und Schuld.

17.

Ich schenke Erbarmen, wem ich will.
2. MOSE 33,19, EINHEITSÜBERSETZUNG

»Hab Erbarmen mit mir! Bitte!«

Diese Worte kennen Sie bestimmt aus Spielfilmen. Erbarmen ist wahrscheinlich einfacher anzunehmen als zu geben. Wissen Sie, was Erbarmen ist? Wörtlich genommen ist es das sichtbare Zeichen von Mitleid. Das klingt wie irgendeine vage emotionale Reaktion, aber Erbarmen ist mehr als eine Gefühlsregung. Es ist aktives Mitgefühl, das ein Bedürfnis erfüllt.

Hat jemand ein Anrecht auf Erbarmen? Eigentlich nicht. Erbarmen wird gewährt, weil die barmherzige Person Mitgefühl hat. Erbarmen gibt einem Menschen nicht das, was er eigentlich verdient hat. Man kann es nicht erkaufen und auch nicht verdienen. Und man hat es eigentlich nicht verdient. Dadurch wird es zum Erbarmen.

Jesus hatte Erbarmen mit einer Frau, die beim Ehebruch ertappt worden war (Johannes 8,3–11). Ihre Ankläger erinnerten Jesus daran, dass nach dem Gesetz Ehebrecherinnen gesteinigt werden mussten, und fragten ihn dann: »Was meinst du dazu?« Aus seiner Antwort ging hervor, dass er sich mehr Gedanken um ihre Seele und um ihre Errettung machte als über ihre Sünde. Nachdem die überführten Ankläger gegangen waren, fragte er: »Hat dich denn keiner verurteilt? ... Dann will ich dich auch nicht verurteilen ... Geh, aber sündige nicht noch einmal« (Verse 10–11, Hoffnung für alle).

Ist Ihnen klar, was Jesus da getan hat? Er blickte über ihr Fehlverhalten hinaus. Und das tut er auch bei Ihnen und Ihrem Ehepartner. Er sah, was die Frau brauchte; er sieht auch, was Sie und Ihr Ehepartner brauchen. Er vergab ihr ihre Sünde; er vergibt auch Ihnen und Ihrem Ehepartner die Sünden. Er machte sie frei; er setzt auch Sie und Ihren Ehepartner frei. Er schenkt Ihnen Erbarmen. Wir empfangen sein Erbarmen, weil er Mitgefühl hat.

Genauso sollen auch wir in der Ehe mit Mitgefühl und Erbarmen aufeinander reagieren. Wahrscheinlich ist Erbarmen nicht Ihr erster Gedanke, wenn es ernst wird, nicht die erste Reaktion, die ganz natürlich und wie von selbst erfolgt, und es ist auch tatsächlich keine na-

türliche menschliche Reaktion. Aber genau deshalb ändert Jesus Christus etwas in unserem Leben. Seinetwegen gibt es für uns eine bessere Art zu leben – sogar in unserer Ehe.[2]

18.

Wenn ihr an meinen Worten festhaltet und das tut,
was ich euch gesagt habe, dann gehört ihr wirklich zu mir.
Ihr werdet die Wahrheit erkennen, und die Wahrheit
wird euch frei machen.

JOHANNES 8,31.32, HOFFNUNG FÜR ALLE

Am Ende des Zweiten Weltkrieges wurden die letzten Konzentrationslager in Deutschland von amerikanischen Truppen gestürmt und die Menschen wurden von der Unterdrückung und Tyrannei derer befreit, von denen sie gefangen gehalten worden waren.

Ob es Ihnen bewusst ist oder nicht, auch Sie waren ein(e) Gefangene(r). Sie wurden von der Sünde gefangen gehalten, und als Sie Jesus Christus baten, in Ihr Leben zu kommen, wurden Sie befreit. Die Grundlage Ihrer Freiheit wird in Johannes 8,31–36 definiert. Jesus sagt dort: »Die Wahrheit wird euch befreien« (V. 32). Dieser Vers ist eine Feststellung unserer Befreiung.

Aber viele Leute sagen: »Ich fühle mich ganz und gar nicht frei.« Sie fühlen sich immer noch eingesperrt, gefangen, häufig in den Festungen ihrer eigenen Gedanken und Gefühle. Unsere Gedanken können uns gefangen halten; wir können Opfer unserer Gefühle werden. Und es gibt eine direkte Verbindung zwischen den beiden. Unsere negativen Gedanken produzieren negative Gefühle, die uns dann wiederum quälen.

Wie kann sich ein Mensch nun von der Bindung an negative Gedanken und den daraus folgenden negativen Gefühlen befreien? Jesus sagt: »Wenn ihr an meinem Wort festhaltet« (V.31). Sie sind aufgerufen, an Jesus festzuhalten und zuzulassen, dass seine Lehre sich bei Ihnen einnistet und immer mehr Raum gewinnt. Seine Worte sollen die Grundlage dafür sein, was Sie über das Leben, über sich selbst, Ihren

Partner, die Zukunft und Gott denken. Was Jesus Christus tat und sagte, sollte zum Maßstab für Ihren Glauben, Ihre Überzeugungen, Ihre Einstellungen und Reaktionen werden.

Lloyd Ogilvie sagt in diesem Zusammenhang: »Alles in ihm gefangen nehmen zu lassen, der erhabene Wahrheit ist, ist die Quelle befreiter Gefühle. Was auch immer wir fühlen, das uns unfrei macht, hängt mit einem Gedanken zusammen, der nicht mit der Wahrheit Christi übereinstimmt.«[3]

Fühlen Sie sich in irgendeiner Hinsicht eingesperrt? Sprechen Sie noch heute mit Ihrem Ehepartner darüber.

19.

Gott, sei mir gnädig nach deiner Güte, und tilge meine Sünden nach deiner großen Barmherzigkeit. Wasche mich rein von meiner Missetat und reinige mich von meiner Sünde.
PSALM 51,3–4, LUTHER

Haben Sie Psalm 51 schon einmal laut gelesen? Manche Menschen empfinden Unbehagen, wenn sie Psalmen lesen. Warum ist das so? Vielleicht weil man beim Lesen mit so vielen Gefühlen – Hilfeschreien, Klagen, Sündenbekenntnissen, Depressionen, überschäumender Freude, dem Ausdruck der Liebe zu Gott, Versprechen Gott gegenüber sowie Hoffnungsbezeugungen – konfrontiert wird. Diese Gebete sind nicht Gedanken, sondern auch tiefe Gefühlsäußerungen. So sollen Gebete geäußert werden – mit dem ganzen Sein. Wie sind Ihre Gebete? Wie würde Ihr Partner Ihre Art zu beten beschreiben? Beten Sie mit Gedanken und Gefühlen?

Die Psalmen bieten uns Vorbilder für das Gebet. Psalm 51 ist ein Gebet für Menschen, denen ihre Sünde klar geworden ist und die jetzt Vergebung brauchen. Es ist eine Bitte um Gnade, die auf der Liebe Gottes zu jedem Menschen beruht. Die Verse 3 und 4 bringen Davids Schrei nach Erbarmen zum Ausdruck, denn dieser Psalm wurde von David verfasst, nachdem der Prophet Nathan ihn mit seiner Sünde gegen Bathseba konfrontiert hatte (2. Samuel 11,12).

In Psalm 51,5–6 gibt David zu, dass seine Sünde gegen Gott gerichtet war. Dann bittet er Gott auf sehr bildhafte Weise, ihn zu reinigen. Er betet um Wiederherstellung und Reinigung seines Herzens und seines Geistes.

Die Verse 12–14 enthalten ein Gebet, das wahrscheinlich die meisten von uns jeden Tag sprechen könnten. Es bringt die Tatsache zum Ausdruck, dass wir die Stärke Gottes brauchen, um in unserem Denken und Verhalten rein und klar zu bleiben. In den Versen 15–16 sagt David, dass er seine Erfahrungen an andere weitergeben und mit allen über den Herrn reden möchte.

Welche Abschnitte dieses Gebetes sprechen Sie gerade jetzt besonders an? Hat es eine Zeit in Ihrem Leben gegeben, in der ein solches Gebet ein geistlicher Schritt nach vorn war? Warum schließen Sie die heutige Andacht nicht ab, indem Sie sich den Psalm abwechselnd Vers für Vers laut vorlesen? Tauschen Sie sich danach darüber aus, wie Sie dieses Vorlesen erlebt und was Sie dabei empfunden haben.

20.

Die Frucht des Geistes aber ist Liebe.
GALATER 5,22, EINHEITSÜBERSETZUNG

Wir wollen lieben, weil er uns zuerst geliebt hat.
1. JOHANNES 4,19, EINHEITSÜBERSETZUNG

Die Art von Liebe, von der in Galater 5,22 und 1. Johannes 4, 19 die Rede ist – agape –, ist der ultimative Ausdruck der Liebe. Die Agape-Liebe beruht nicht auf Gefühlen; sie ist ein Willensakt. Sie kommt nicht aus uns selbst, sondern von Gott. Wir können Agape-Liebe nur erleben und ausdrücken, indem wir unseren Willen dem Willen Christi überlassen.

Agape-Liebe ist kostbar. Sie ist bedingungslos. Sie ist nicht davon abhängig, wie Ihr Partner sich verhält und was er leistet. Der andere muss sich diese Liebe nicht verdienen, und er muss auch nicht die Vergangenheit löschen, um so geliebt zu werden.

Agape-Liebe ist außerdem transparent. Zur Transparenz gehören Offenheit, Ehrlichkeit, Wahrhaftigkeit, das Mitteilen positiver und negativer Gefühle. Diese Liebe ist stark genug, um den Partner nicht nur nahe an sich heranzulassen, sondern ihn sogar in Sie hineinschauen zu lassen. Es ist eine Liebe, die aus tiefen Quellen schöpft. Das ist die Liebe, die der Ehe Stärke und Stabilität verleiht in Zeiten von Stress, Distanz und Konflikten.

Agape-Liebe beruht auf dem bedingungslosen Sich-Einlassen auf einen unvollkommenen Menschen. Es ist eine Liebe, die es dem Partner gestattet, alles zu werden, was er/sie sein kann, selbst wenn seine/ihre Fortschritte einem Angst machen. Liebe, die willentlich, bewusst und hingebungsvoll ist, bietet Stabilität, wenn die Gefühle der Liebe schwanken oder erschüttert sind.

Booth Tarkington beschreibt diese Art der Liebe wunderschön: »Es ist die Liebe im Alter – nicht mehr blind –, welche die wahre Liebe ist. Denn die höchste Intensität der Liebe ist nicht unbedingt gleichbedeutend mit der höchsten Qualität. Herzklopfen und Eifersucht sind weg und die brennende Liebkosung ist wertlos verglichen mit der beruhigenden Berührung einer zittrigen Hand. Vorübergehende entdecken gewöhnlich wenig Schönheit in der Umarmung junger Liebender auf einer Parkbank, aber das verstehende Lächeln einer alten Ehefrau ihrem Mann gegenüber gehört zum Schönsten, was es auf der Welt gibt.«[4]

21.

Die Frucht des Geistes aber ist ... Freude.
GALATER 5,22, EINHEITSÜBERSETZUNG

Dies habe ich euch gesagt, damit meine Freude in euch ist
und damit eure Freude vollkommen wird.
JOHANNES 15,11, EINHEITSÜBERSETZUNG

Was hat Ihnen bisher in Ihrem Leben die größte Freude gemacht? Denken Sie einmal einen Augenblick darüber nach. Tauschen Sie sich

mit Ihrem Ehepartner darüber aus. Was hat Ihrem Partner in Ihrer Ehe bisher die größte Freude bereitet?

Viele Menschen setzen Freude mit Spaß gleich, etwa einem Besuch in Disneyland oder einer Kreuzfahrt in der Karibik. Für andere Menschen bedeutet Freude ein gutes Gefühl oder das, was wir als Glücklichsein bezeichnen. Glücklichsein hängt oft mit äußeren Umständen zusammen. Glücklichsein und Lachen sind gut, aber sie kommen und gehen, je nach den äußeren Umständen. Freude jedoch widersteht den Umständen. Sie kann auch in ganz schweren Zeiten vorhanden sein.

Freude ist eine innere Haltung. Sie beruht nicht auf äußeren Gegebenheiten und Ereignissen, sondern ist eine innere Angelegenheit.

Tim Hansel drückt das sehr schön aus, wenn er schreibt: »Schmerz ist unvermeidlich, aber Elend ist optional. Schmerz können wir nicht meiden, aber die Freude. Freude ist schlicht und einfach. In jedem beliebigen Augenblick unseres Lebens haben wir zwei Möglichkeiten, und eine davon ist die, eine Einstellung der Dankbarkeit, eine Haltung der Anmut und das sich Einlassen auf die Freude zu wählen.«[5]

Freude in Ihrem Leben ist eine Option. Sie können sich entscheiden. Denken Sie einmal über folgende Aussage nach:

Im biblischen Sinne wird Freude als eine geistliche Ausgewogenheit zwischen Erwartungen und Taten verstanden – die Fähigkeit, Probleme objektiv anzugehen, indem man die Dinge akzeptiert, wie sie sind, und auf eine Lösung und Regelung hinzuwirken. Wenn man diese Haltung einnimmt, ist Freude ein Gefühl unerschütterlicher Fröhlichkeit, die singt, wenn sie zurückgewiesen wird, lobt, wenn sie verfolgt wird, und festbleibt, wenn sie angegriffen wird.[6]

Haben Sie diese Freude?

22.

Die Frucht des Geistes aber ist . . . Friede.
GALATER 5,22, EINHEITSÜBERSETZUNG

Und der Friede Gottes . . . wird eure Herzen und eure Gedanken in der Gemeinschaft mit Christus Jesus bewahren.
PHILIPPER 4,7, EINHEITSÜBERSETZUNG

Wir haben es hier mit einer etwas anderen Betrachtungsweise von Frieden zu tun. Vielleicht können Sie ja etwas damit anfangen.

J. L. Glass hat einen humorvollen Artikel geschrieben unter der Überschrift: »Fünf Wege, um einen Nervenzusammenbruch zu bekommen.« Er zählt diese Wege dann folgendermaßen auf:

1. Versuchen Sie, eine Lösung zu finden, bevor das Problem da ist. »Die meisten Brücken, über die wir gehen, werden nie gebaut, weil sie unnötig sind.« Wir tragen die Last von morgen schon zusätzlich zu der von heute. In Matthäus 6,34 steht aber: »Sorgt euch also nicht um morgen; denn der morgige Tag wird für sich selbst sorgen.«
2. Versuchen Sie, die Vergangenheit noch einmal zu durchleben. Wie wir ihm [Gott] in Bezug auf die Zukunft vertrauen, so müssen wir ihm auch hinsichtlich der Vergangenheit vertrauen. Und er kann auch die wechselvollste Vergangenheit zu seinem Guten nutzen. Siehe Römer 8,28.
3. Vermeiden Sie es, Entscheidungen zu treffen. Das zu tun ist so, als würden wir entscheiden, ob wir zulassen wollen, dass Unkraut in unserem Garten wächst. Während wir noch überlegen, wächst es schon. Eine Wahl zu haben, »ist die Eigenschaft des Menschen, die ihn Gott am ähnlichsten macht.«
4. Verlangen Sie mehr von sich selbst, als Sie leisten können. Unrealistische Forderungen führen dazu, dass wir mit unseren Köpfen gegen Steinmauern rennen. Wir verändern die Mauern nicht. »Strebt nicht über das hinaus, was euch zukommt, sondern strebt danach, besonnen zu sein.«
5. Glauben Sie alles, was Satan Ihnen erzählt . . . Jesus hat den Satan als »Vater der Lüge« (Johannes 8,44) bezeichnet. Er ist der Meister

der Tarnung und Maskerade als Engel des Lichts. Aber der Herr hat erklärt, dass seine Schafe ihm folgen, weil sie »seine Stimme kennen« (Johannes 10.4). In seinem Wort hören sie seine Stimme.[7]

23.

Die Frucht des Geistes aber ist . . . Geduld.
GALATER 5,22, EINHEITSÜBERSETZUNG

Haben Sie schon einmal dieses innere Drängen gespürt, wenn Sie wollten, dass ein Mensch, vielleicht sogar Sie selbst, sich ein bisschen beeilt oder ein Ereignis ein bisschen schneller eintreten soll? Dieses innere Drängen nennt man Ungeduld. Man fühlt sich wie ein Viehtreiber, der endlos wiederholt: »Auf geht's ! Los jetzt! Wir haben nicht den ganzen Tag Zeit!« Manche Menschen und auch Paare leben so, aber die meisten wünschen sich mehr Geduld, und zwar sofort.

Wenn in einer Ehe der eine Partner ein aktiver, wacher, neugieriger, energiegeladener Morgenmensch ist, dann lässt sich unschwer erraten, mit wem er verheiratet ist. Richtig – mit einem Partner, dessen Metabolismus ein bisschen langsamer ist, der mehr Schlaf braucht und vor 9:00 Uhr morgens nicht so richtig funktioniert! Dieser Unterschied ist oft eine Brutstätte für Ungeduld und Frust. Normalerweise möchte der Morgenmensch schon bei Tagesanbruch reden, schläft aber bereits wieder, wenn der Morgenmuffel endlich so weit ist. Sprüche 27, 14 beschreibt diesen Unterschied überaus treffend: »Wer seinen Nächsten laut begrüßt, dem wird es frühmorgens als Verwünschung ausgelegt!«

Was ist Geduld (Langmut), wie sie in Galater 5, 22 erwähnt wird? Das alte Wort Langmut besagt, dass man sich nicht schnell oder leicht durch das Verhalten anderer provozieren lässt. Wie sehr diese Eigenschaft doch in der Ehe und in der Elternrolle gebraucht wird!

Wenn Sie geduldig sind, haben Sie auch die Fähigkeit auszuharren und abzuwarten. Haben Sie schon mal einen Angler stundenlang an einem See sitzen oder in einem Bach herumwaten sehen? Das ist Geduld. Es scheint ihm nichts auszumachen, den ganzen Tag lang keinen einzigen Fisch zu fangen. Geduld bedeutet, dass man auch mit der Si-

tuation umgehen und fertig werden kann, wenn sie nicht so ist, wie man sie erwartet oder gewünscht hätte. Man kann sich auch Situationen stellen und mit ihnen fertig werden, die einem nicht gerade gefallen.

Sprechen Sie miteinander über Geduld. Wo erleben Sie in Ihrem Alltag, dass Geduld sich auszahlt und Gutes bewirkt? Wo bewirkt Geduld in Ihrer Ehe etwas? Wo brauchen Sie als Ehemann oder -frau in Ihrer Ehe mehr Geduld?

24.

Die Frucht des Geistes aber ist . . . Freundlichkeit.
GALATER 5,22, EINHEITSÜBERSETZUNG

»Sie ist eine vergessene Kunst.«

»Sie ist eine Einladung an andere, einen auszunutzen.«

»Nur naive Menschen verhalten sich heute noch so.«

Diese und ähnliche Kommentare werden im Zusammenhang mit der Charaktereigenschaft der Freundlichkeit gegeben. Ob das schockierend ist? Vielleicht. Aber wir leben in einer Gesellschaft, in der uns gelehrt wird, dass wir uns schützen und für uns selbst sorgen müssen, indem wir uns nehmen und festhalten, was uns zusteht. Und dennoch bedeuten freundliche Worte und Taten Menschen oft viel mehr als Geld und Status.

Wenn wir einmal die biblische Vorstellung von Freundlichkeit etwas genauer betrachten, stellen wir fest, dass damit ein behutsames Handeln gemeint ist, das einer inneren Haltung des Mitgefühls oder der Fürsorge entspringt. Freundlichkeit manifestiert sich darin, dass man rücksichtsvoll mit anderen redet und umgeht. Ein freundlicher Mensch unternimmt, auch wenn es mit etwas Mühe verbunden ist, aktiv etwas, um anderen zu helfen und sie zu ermutigen. Freundlichkeit ist eine innere Haltung und nicht nur eine kurzfristige Gefühlsregung. Diese biblische Vorstellung und Lehre steht im Gegensatz zu der heutzutage gängigen Zielsetzung, für sich selbst immer den besten Platz zu ergattern und die eigenen Interessen um jeden Preis zuerst zu verfolgen.

Wenn man das Wesen und die Eigenschaften Gottes betrachtet, dann stößt man dabei auch auf die Eigenschaft der Freundlichkeit: »Er hat uns mit Christus Jesus auferweckt und uns zusammen mit ihm einen Platz im Himmel gegeben. Dadurch, dass er in Christus Jesus gütig an uns handelte, wollte er den kommenden Zeiten den überfließenden Reichtum seiner Gnade zeigen« (Epheser 2,6–7). Freundlichkeit ist in der Gnade Jesu enthalten. Im Titusbrief ist zu lesen: »Als aber die Güte und Menschenliebe Gottes, unseres Retters, erschien, hat er uns gerettet – nicht weil wir Werke vollbracht hätten, die uns gerecht machen könnten, sondern aufgrund seines Erbarmens« (Titus 3,4–5).

Freundlichkeit, wie sie in Kolosser 3,12 zum Ausdruck gebracht wird, ist das Gegenteil von Bosheit oder Schlechtigkeit. Als von Gott auserwählte Menschen sind wir aufgefordert, diese Eigenschaft der Freundlichkeit in unserem Leben sichtbar zu machen. Schlagen Sie Lukas 10,25–37 nach und überlegen Sie, wie Sie heute einem Menschen, vielleicht Ihrem Ehepartner, einen Akt der Freundlichkeit erweisen könnten.

25.

Die Frucht des Geistes aber ist ... Güte.
Galater 5,22

Die meisten von uns erinnern sich wahrscheinlich genau daran, wie sie als Kind von den Eltern zu hören bekamen: »Nun sei aber ein guter Junge« bzw. »Sei ein gutes kleines Mädchen.« Ähnlich hören wir auch beim Sport Zurufe wie: »Guter Schuss!« oder »Guter Pass!«

Es gibt sehr viele unterschiedliche Definitionen für das Wort »gut«. Das griechische Wort für »gut« kommt im Neuen Testament 102 Mal vor. Die Bedeutungen sind dabei recht unterschiedlich, unter anderem gehören dazu Begriffe wie echt, unverdorben, ehrbar, gesund, großzügig, zuverlässig und ehrlich. Güte beinhaltet, gewohnheitsmäßig ein Verhalten an den Tag zu legen, das eine bestimmte innere Haltung zum Ausdruck bringt. Dazu gehört auch der Grundsatz des Hel-

fens, es kann aber interessanterweise auch den Aspekt des Korrigierens, Tadelns und Bestrafens beinhalten.

Einer der Wesenszüge Gottes ist seine Güte. In der Bibel wird immer wieder erwähnt, dass Gott gut ist. Die Psalmisten beispielsweise sprechen immer wieder von der Güte Gottes, die sich darin zeigt, wie er für unsere körperlichen und geistlichen Bedürfnisse sorgt.

Wann haben Sie das letzte Mal an die Güte Gottes gedacht? Wann haben Sie zum letzten Mal gesagt: »Gott ist wirklich gut!«? Wir haben Hoffnung, weil Gott gut ist. Er ist die Quelle aller guten und vollkommenen Gaben (Jakobus 1,17). Das ist ein Versprechen an uns. Selbst wenn man völlig mittellos ist und nicht weiß, wo die nächste Mahlzeit herkommen soll, ist Gott immer noch gut. Seine Güte wird sichtbar in seinem größten Geschenk an uns: Jesus Christus.

Manchmal haben Männer und Frauen Angst davor, für gut gehalten zu werden, weil sie sich dadurch lächerlich machen oder missverstanden werden könnten. Manchmal ist es schwierig, anders zu sein und dadurch aufzufallen. Wo erkennen Sie bei Ihrem Partner Güte? Inwiefern sieht Ihr Partner Sie als gut? Sprechen Sie über die Güte Gottes und die Güte Ihres Partners.

26.

Die Frucht des Geistes aber ist ... Treue.
GALATER 5,22, EINHEITSÜBERSETZUNG

Gibt es jemanden in Ihrem Leben, auf den Sie sich immer verlassen können, jemanden, der immer da ist, völlig unabhängig von den Umständen? Wenn das der Fall ist, freuen Sie sich!

Einer der Mängel in unserer heutigen Gesellschaft besteht darin, dass es nur noch so wenige Menschen gibt, die wirklich treu sind. Arbeitgeber, Wähler, Ehepartner und Regierungsbeamte suchen nach anderen Menschen, die Zuverlässigkeit, Vertrauenswürdigkeit und Treue leben.

In der Bibel gibt es für den Begriff Treue viele verschiedene Wörter: Zuverlässigkeit, Loyalität, Verlässlichkeit, Glaubwürdigkeit. Versuchen

Sie, Treue durch etwas anderes zu ersetzen. Das ist unmöglich. Treue ist durch nichts zu ersetzen: »Nicht durch Talent – nichts ist so normal wie erfolglose Menschen mit Talent. Nicht durch Genialität – ein Genius, der keinen Lohn findet, ist geradezu sprichwörtlich. Nicht durch Bildung – die Welt ist voller gebildeter, aber treuloser Menschen.«[8]

Können andere sich auf Sie verlassen? Hat schon einmal jemand sich besorgt darüber geäußert, ob er auch wirklich auf Sie zählen kann? Das muss kein Problem sein, wenn man unter der Führung des Geistes Gottes lebt. Auch hier haben wir wieder ein wunderbares Vorbild. Gott ist treu. Weil er treu ist, können wir jetzt miterleben, wie sich diese Eigenschaft auch in unserem Leben entwickelt. »Gott, der euch beruft, ist treu« (1. Thessalonicher 5,24). Gott ist immer da, er ist immer zuverlässig und er meint auch immer, was er sagt.

Jesus Christus wird als »treu und wahrhaftig« bezeichnet (Offenbarung 19,11), und er wünscht sich von denen, die an ihn glauben, dass sie ebenfalls treu sind. Zu Folgendem sind wir nach Aussage der Bibel berufen: »Als Diener Gottes soll man uns betrachten und als Verwalter von Geheimnissen Gottes. Von Verwaltern aber verlangt man, dass sie sich treu erweisen« (1. Korinther 4,1.2).

Hoffentlich kann Gott einmal über jeden von uns sagen: »Du bist treu gewesen!« Hoffentlich können auch Sie als Mann und als Frau sagen: »Du bist treu gewesen!«

27.

Die Frucht *aber* des Geistes ist ... Sanftmut.
GALATER 5,23, EINHEITSÜBERSETZUNG

Was fällt Ihnen ein, wenn Sie das Wort »sanft« hören? Ganz bestimmt fällt darunter Sensibilität, eine zärtliche Liebkosung. Sanftheit trägt ein zerbrechliches rohes Ei mit großer Behutsamkeit. Sanft trägt auch eine Katze ihr Kätzchen im Maul. Sanft ist jemand, der Ihnen so liebevoll den Rücken massiert, dass Sie dabei einschlafen .

Was bedeutet nun aber Sanftheit – Sanftmut – als eine der Früchte des Geistes? Im Neuen Testament bedeutet Sanftmut, sich dem Willen

Gottes unterzuordnen, wie es in den Worten Jesu zum Ausdruck kommt: »Nehmt mein Joch auf euch und lernt von mir; denn ich bin gütig und von Herzen demütig; so werdet ihr Ruhe finden für eure Seelen« (Matthäus 11,29). Sanftmut bedeutet auch, rücksichtsvoll mit anderen umzugehen. Paulus schreibt: »Ich, Paulus, der ja im persönlichen Umgang mit euch so unterwürfig, aus der Ferne aber so unerschrocken sein soll, ich ermahne euch angesichts der Freundlichkeit und Güte Christi« (2. Korinther 10,1).

Sanftmut ist ein wichtiges Element bei der Zähmung wilder Tiere. Man könnte nun sagen, das Zähmen sei auch ein Teil der Ehebeziehung. Das bedeutet nun nicht, dass es Aufgabe des Mannes ist, seine Frau zu zähmen, noch sollte eine Frau versuchen, ihren Mann zu zähmen. Das würde nämlich niemals klappen! Es bedeutet vielmehr, dass beide Partner sich vom Heiligen Geist zähmen lassen sollen. Unser Temperament soll gezügelt werden. Negative oder kritische Haltungen sollen gezähmt werden. Eine sehr schwierige Aufgabe ist das Zügeln unserer Zunge (Jakobus 3,6–8). Impulsive Verhaltensweisen müssen gezähmt werden. Wünsche, die nicht zum Leben eines Christen passen, ebenfalls.

Wie steht es mit Ihnen? Gibt es ein ungezähmtes Tier, das durch Ihr Leben streift oder auch durch Ihre Ehe? Tauschen Sie sich mit Ihrem Ehepartner darüber aus, welche Bereiche noch gezähmt werden müssen. Dann bitten Sie den Heiligen Geist, die Zähmung zu übernehmen.

28.

Die Frucht des Geistes aber ist … Selbstbeherrschung.
GALATER 5,23, EINHEITSÜBERSETZUNG

Selbstbeherrschung – was bedeutet das für Sie? Bedeutet es, dass Sie sich vom Esstisch wegzwingen, um nicht doch noch ein zweites Stück Kuchen zu nehmen? Bedeutet es, sich der Verführung durch Werbespots im Fernsehen zu entziehen, die Ihnen einreden wollen, dass Sie unbedingt einen neuen Tennisschläger oder ein Cabrio brauchen? Be-

deutet Selbstbeherrschung, einer attraktiven Person des anderen Geschlechts nicht hinterherzuschauen?

Selbstbeherrschung bedeutet für jeden Menschen etwas anderes. Es ist die Geistesfrucht, die Paulus als letzte erwähnt, aber sie ist keineswegs die unwichtigste. Sie gehört vielmehr zu den Früchten, die in unserem Leben am schwersten anzubauen sind.

Wir haben wahrscheinlich alle Mühe mit unserer Selbstbeherrschung. Es scheint uns allen Schwierigkeiten zu bereiten, unsere Gelüste zu zügeln. Was ist Ihre größte Schwäche? Was ist die größte Schwäche Ihres Partners? Leidet Ihre Ehe irgendwie unter Ihren Schwächen?

Seien wir ehrlich: Es ist doch niemand in der Lage, sich immer zu beherrschen und unter Kontrolle zu haben. Die einzige Möglichkeit, wie diese Eigenschaft sich entwickeln kann, besteht darin, den Heiligen Geist in unserem Leben wirken zu lassen. Wenn Sie Selbstbeherrschung einüben, bedeutet das, dass Sie sich zu diesem speziellen Zeitpunkt der Souveränität Gottes in Ihrem Leben unterstellen. Sie überlassen dem Geist Gottes die Herrschaft über Ihr Leben.

Es gibt mehrere Bereiche, in denen wir diese Einmischung brauchen. Unsere Gedanken brauchen die Kontrolle durch den Geist, weil unser Denken ständig von der Kultur beeinflusst wird, in der wir leben, und in der kommt Gott kaum noch vor. Unsere Gefühle bedürfen der Kontrolle durch den Geist, weil wir oft dazu neigen, unseren Gefühlen statt unserem Denken zu folgen. Und unser Verhalten, das so eng verknüpft ist mit unserem Denken und Fühlen, braucht Kontrolle durch den Heiligen Geist.

Der Schlüssel, um die Einflussnahme des Heiligen Geistes zu bemerken, ist unser Wille. Wenn wir entschlossen sind zu tun, was wir wollen und wie wir es wollen, dann werden wir ständig mit Gott kämpfen. Aber wir haben eine Wahl. Wir können unter der Tyrannei unserer eigenen Gedanken, Gefühle, Entscheidungen und Verhaltensweisen leben, oder wir können unter der Kontrolle und Herrschaft des Heiligen Geistes leben.

Denken Sie darüber nach. Ihre Entscheidung kann Ihr Leben verändern!

29.

Die Liebe gibt nie jemand auf, in jeder Lage vertraut und hofft sie für andere.

1. Korinther 13,7, Gute Nachricht

Hat Ihnen vor Ihrer Heirat eigentlich jemand gesagt, dass eine Ihrer Rollen in der Ehe die eines Cheerleaders für Ihren Ehepartner sein würde? Ja, Sie haben ganz richtig gelesen, die Rolle eines Cheerleaders. Sicher kennen Sie diese flotten Mädels mit den Puscheln, die tanzend und singend ihr Sport-Team anfeuern. Ihr Team besteht allerdings nur aus einer einzigen Person, Ihrem Ehepartner nämlich. Und diese Person braucht Sie zum Anfeuern im ganz normalen Alltag. Wir brauchen alle jemanden, der/die an uns glaubt, besonders in Zeiten, wenn es nicht so gut läuft.

Anne Morrow Lindbergh war eine Frau, die eine furchtbare persönliche Tragödie erlebte. Ihr Mann, der berühmte Flieger Charles Lindbergh, stand ständig im Rampenlicht, aber durch die Entführung und Ermordung ihres Sohnes wurde auch Frau Lindbergh eine Frau von öffentlichem Interesse. Hier ein paar ihrer Gedanken darüber, wie es ist, geliebt zu werden und jemanden zu haben, der an einen glaubt:

»Zutiefst zu lieben, ist eine großartige befreiende Kraft und die häufigste befreiende Erfahrung. … Im Idealfall befreien beide Seiten eines verliebten Paares sich gegenseitig für neue, ganz andere Welten. Ich war von dieser Regel keine Ausnahme. Schon allein die Tatsache, mich selbst als geliebt zu erleben, war unglaublich und veränderte meine Welt und meine Gefühle gegenüber dem Leben und mir selbst. Ich bekam Selbstvertrauen, Stärke und fast einen neuen Charakter.«[9]

Geben Sie Ihren Partner bzw. Ihre Partnerin frei, damit er/sie seine/ihre verborgenen Möglichkeiten entdecken kann, die bisher noch nicht zu Tage getreten sind? Ihr Partner gehört dem Herrn, und der möchte das Beste für Sie beide.

Vielleicht braucht Ihr Partner ein bisschen mehr Anfeuerung von Ihnen. Vielleicht braucht er einen Anruf oder eine persönliche Notiz, in dem es heißt: »Los, du schaffst es. Ich bin für dich da. Ich glaube an dich. Versuch es doch einmal; ich bete für dich.«

Das sind Worte, die Menschen anfeuern. Machen Sie dieses Anfeuern zu einem Grundprinzip Ihrer Ehe.

30.

Denn so spricht der Herr, der Heilige Israels:
... nur Stille und Vertrauen verleihen euch Kraft.
JESAJA 30,15, EINHEITSÜBERSETZUNG

Umweltverschmutzung – der Fluch unseres Jahrhunderts! Zur schlimmsten Art dieser Umweltverschmutzung gehört Lärm: plärrende Radios und Fernseher, Autobahnlärm, der kilometerweit zu hören ist. Wo ist bloß die Stille geblieben? Manche Leute sind richtiggehend lärmsüchtig. Je lauter die Umgebung, desto wohler fühlen sie sich. Sie haben keine Ahnung mehr, was Stille ist.

Vielleicht fühlen Sie sich unwohl in Stille und Tatenlosigkeit. Manche Leute bleiben permanent auf der Überholspur des Lebens, um zu vermeiden, dass sie das Tempo zurücknehmen und über ihr Leben nachdenken müssen. Viele von diesen Leuten haben in der Kindheit eine Botschaft empfangen, die sie drängte: »Sei immer beschäftigt und produktiv. Du kannst nichts erreichen, wenn du einfach nur herumsitzt.«

Chuck Swindoll bemerkt zu der Stille, die wir in der heutigen Zeit so dringend brauchen: »Wissen Sie was? Diese stille, leise Stimme wird niemals laut rufen. Gottes Methoden verändern sich nicht, nur weil wir so laut und so beschäftigt sind. Er sehnt sich nach unserer Aufmerksamkeit, unserer ungeteilten und völligen Aufmerksamkeit. Er möchte in Zeiten der Stille mit Ihnen reden (bei abgeschaltetem Fernseher) über Ihr Bedürfnis nach Verständnis, Liebe, Mitgefühl, Geduld, Selbstbeherrschung, Sanftmut, echter Demut ... und Weisheit. Aber er wird Ihnen nicht hinterherrennen, um Sie noch zu erreichen. Er wird so lange warten, bis Sie endlich still dasitzen und zuhören.«[10]

Vielleicht könnten Sie noch heute damit anfangen, indem Sie sich 5 bis 15 Minuten Zeit nehmen, um in einem stillen Raum zusammenzusitzen und darüber nachzudenken, was Gott in Ihrem Leben alles tut. Das Erfrischendste, was es gibt, ist in der Gegenwart des Herrn still zu werden. Sitzen Sie eine Weile einfach still beieinander und denken Sie an Gottes Liebe, seine Macht und seinen Frieden.

Stille ist in der Gesellschaft von heute etwas Seltenes. Aber Gott sagt: »Sei still und erkenne, wer ich bin.« Versuchen Sie es. Es lohnt sich!

31.

Der Gott des Friedens aber ... mache euch tüchtig in allem Guten, damit ihr seinen Willen tut. Er bewirke in uns, was ihm gefällt durch Jesus Christus.

HEBRÄER 13,20.21, EINHEITSÜBERSETZUNG

Auf der Bibel beruhende Segenssprüche können in einer Ehe große Kraft entfalten. Der folgende Segen wird oft am Ende von kirchlichen Trauungen verlesen. Lesen Sie ihn laut vor und denken Sie über seine Botschaft für Ihre Ehe nach.

Segen für eine Ehe

Von James D. Freeman

Möge eure Ehe euch all die köstliche Spannung bringen,
die eine Ehe haben sollte, und möge das Leben euch auch
Geduld, Toleranz und Verständnis gewähren.
Möget ihr einander immer brauchen – nicht so sehr,
um eure innere Leere zu füllen, als vielmehr die Fülle
zu erkennen, die ihr bereits habt. Ein Berg braucht ein Tal,
um vollständig zu sein; das Tal wertet den Berg nicht ab,
macht ihn nicht kleiner, sondern größer; und das Tal ist mehr
ein Tal, weil über ihm der Berg emporragt.
So möge es mit jedem von euch sein.
Möget ihr einander brauchen, aber nicht aus Schwäche.
Möget ihr einander wollen, aber nicht aus Mangel.

JANUAR

Möget ihr einander umwerben, aber nicht umschlingen.
Möge euch alles, was wichtig ist, gelingen,
und möget ihr bei den Kleinigkeiten nicht scheitern.
Möget ihr nach Dingen Ausschau halten, die ihr loben könnt,
möget ihr oft sagen: »Ich liebe dich!«, und kleine Fehler nicht
zur Kenntnis nehmen.
Wenn ihr Meinungsverschiedenheiten habt, die euch
auseinander bringen, möget ihr beide genügend Vernunft haben,
den ersten Schritt auf den anderen zu zu machen.
Möget ihr beide Zugang bekommen zu dem Geheimnis, das die
Anwesenheit des anderen bedeutet – nicht vorrangig körperlich,
sondern geistlich, warm und nah, wenn ihr in unterschiedlichen
Räumen oder sogar in verschiedenen Städten seid.
Möget ihr Glück haben und es darin finden, einander glücklich zu
machen.
Möget ihr Liebe haben und sie finden, indem ihr einander liebt!

FEBRUAR

Was ist an unseren Ehen anders, auch angesichts
der vielen Überraschungen des Lebens?
Es ist die Anbetung. Vor Gott zu kommen und
uns ganz auf ihn zu konzentrieren, hilft uns dabei,
mit den Überraschungen des Lebens fertig zu werden.

1.

Es ist nicht gut, dass der Mensch allein lebt.
1. MOSE 2,18, HOFFNUNG FÜR ALLE

Ist Ihnen eigentlich bewusst, dass das Erste, was Gott für »nicht gut« erklärte, die Tatsache war, dass der Mensch allein war? Allein zu sein hat etwas Schmerzliches. Gott hat uns zu einem Leben in Beziehung zu anderen Menschen und nicht als Einsiedler geschaffen!

Leider leben manche Männer und Frauen auch in ihren Ehen in völliger emotionaler Einsamkeit. Eine heftige Art von Schmerz im Leben ist, zu zweit in der Ehe einsam und isoliert zu sein.

Wir sind für enge Beziehungen geschaffen. Schon Adam und Eva wurden mit einem Bedürfnis nach menschlicher Nähe geschaffen. Dabei handelte es sich nicht nur um ein körperliches, sondern auch um ein gesundes emotionales Bedürfnis. Haben Sie mit Ihrem Ehepartner schon einmal über Ihre Vorstellung oder Definition von Nähe und Vertrautheit gesprochen? Nehmen Sie sich ein wenig Zeit, um das jetzt zu tun.

Viele Paare sind fest davon überzeugt, dass sie sich sehr nah sind, eine wirklich innige Beziehung haben und so den Plan Gottes erfüllen. Aber stimmt das auch wirklich? Vertrautheit setzt eine starke persönliche Beziehung voraus, eine besondere gefühlsmäßige Nähe, zu der es unter anderem gehört, einen Menschen, der einem viel bedeutet, zu verstehen und von ihm verstanden zu werden. Intimität ist eine auf Zuneigung beruhende Verbindung , zu der gegenseitige Fürsorge, gegenseitige Verantwortung, gegenseitiges Vertrauen und offener Austausch von Gefühlen und Gedanken gehören.

Intimität setzt voraus, dass man sich verletzlich macht, und sie kann deshalb auch beängstigend sein. Aber dieses Angenommensein, das ebenfalls dazugehört, kann ein wunderbares Gefühl der Sicherheit und Bestätigung in sich bergen. Intimität bedeutet, sich ganz zu zeigen – nackt, jedoch ohne sich zu schämen (1. Mose 2,25), und sie enthält auch die Verheißung, ganz und gar angenommen zu sein.

Intimität in der Ehe beginnt für Christen immer damit, eine innige, vertraute Beziehung zu Gott zu haben und auch Zeit mit ihm al-

lein zu verbringen. Wenn Sie Gott an sich heranlassen und eine intensive Beziehung zu ihm entsteht, dann kann er Sie dazu befreien, auch das Leben Ihres Ehepartners anzurühren, indem Sie ihm/ihr Ihre Gefühle und Ihr Vertrauen zeigen. Das möchte Gott Ihnen miteinander schenken. Er hat Sie mit dem Bedürfnis und der Fähigkeit geschaffen, als Ehepaar eine enge Beziehung einzugehen und aufrechtzuerhalten. Lassen Sie zu, dass sich in Ihrer Beziehung Nähe und Vertrautheit entwickeln, und freuen Sie sich daran.

2.

Christus hat uns freigekauft.
GALATER 3,13, EINHEITSÜBERSETZUNG

Sie waren einmal eine Geisel! Das überrascht Sie vielleicht, ist aber wirklich wahr. Vor vielen Jahren sind Sie durch eine bestimmte Tat in Gefangenschaft geraten. Die Entführung fand in einem wunderschönen Garten statt, der von Gott zur Verfügung gestellt worden war. Der Entführer verführte Adam und Eva zur Sünde, und dadurch wurden auch alle, die nach ihnen kamen, zu Geiseln. Ihr eigentliches Zuhause wurde ihnen fremd, und sie waren zu Trennung und Tod verurteilt. Ihre einzige Hoffnung bestand darin, durch Zahlung eines Lösegeldes freigekauft zu werden.

Im Jahre 1932 wurde der Sohn des Fliegers Charles Lindbergh entführt. Die Entführer versuchten, ein Lösegeld zu erpressen, was von den Lindberghs auch gezahlt wurde, aber die Entführer töteten das 20 Monate alte Kind dann trotzdem. Die Lindberghs versuchten alles, um ihren Sohn zu retten, aber es gelang ihnen nicht. Selbst das Lösegeld konnte ihren Sohn nicht am Leben erhalten.

Sie können sich freuen, dass Gott für Sie das Lösegeld gezahlt hat, um Sie freizukaufen, und dass es ausgereicht hat. Die beiden griechischen Verben für »erlösen« bedeuten wörtlich übersetzt: »jemanden auf Zahlung eines Lösegeldes freilassen« oder »jemanden freikaufen«. Lawrence Richards sagt, dass das Wort erlöst »auf den Hintergrund der Hilflosigkeit projiziert wird . . . die die Menschen, welche gefan-

gen und durch Mächte gebunden sind, nicht überwinden können. Nur durch das Eingreifen einer dritten Partei kann die Gefangenschaft beendet und die gefangene Person befreit werden.«

Auch wir waren einmal Opfer und konnten uns nicht aus eigener Kraft befreien. Aber ein Kind Gottes hat Macht und Kraft und ist frei. Jesus sagt: »Wenn euch also der Sohn befreit hat, dann seid ihr wirklich frei« (Johannes 8,36).

Manchmal halten wir auch unseren Partner gefangen. Wir nehmen ihr oder ihm den Mut, sich weiterzuentwickeln, indem wir dafür sorgen, dass er/sie Fehler oder Übertretungen nicht vergisst. Dabei sollen wir vergeben, so wie uns vergeben worden ist. Die Ehe war nie als eine Art Gefangenschaft gedacht, sondern als das Gegenteil; wir sollen einander freisetzen, und das können wir auch. Freigekaufte, erlöste Menschen erleben dann auch, wie andere befreit werden.

3.

Darum sind die Männer verpflichtet, ihre Frauen so zu lieben wie ihren eigenen Leib ... Keiner hat je seinen eigenen Leib gehasst, sondern er nährt und pflegt ihn, wie auch Christus die Gemeinde.
EPHESER 5,28.29, EINHEITSÜBERSETZUNG

Der Gedanke der Pflege und Fürsorge für den eigenen Körper ist eine sehr praktische Veranschaulichung dafür, wie ein Ehemann die Liebe zu seiner Frau zum Ausdruck bringen kann. Viele Männer sind ausgesprochen tüchtig, wenn es darum geht, für das materielle Wohl ihrer Frauen und Kinder zu sorgen. Vielleicht ist es ja auch am einfachsten, sich um die Familie zu kümmern, indem man das Geld verdient und anfallende Rechnungen bezahlt. Manchmal ist das vielleicht einfach weniger mühsam und schmerzlich, als sich um die anderen Bereiche der »Versorgung« zu kümmern. Oft sind auch beide Ehepartner aus finanziellen Gründen gezwungen, berufstätig zu sein, oder sie sind wegen ihrer Begabungen und Talente beide dazu berufen.

Das Wort »nähren« macht das Ausmaß der Verantwortung des Mannes deutlich. Er soll die Frau geistig, körperlich, emotional und geistlich NÄHREN. Eine Autorin schreibt dazu: »Wenn ein Mann dafür sorgt, dass seine Frau die denkbar beste Ausbildung erhält, gut zurechtkommt und sich geistlich weiterentwickelt, dann hat er den Auftrag erfüllt, sie zu nähren wie seinen eigenen Körper. Alles was dahinter zurückbleibt (besonders wenn es aus egoistischen oder aus Gründen des Selbstschutzes geschieht), heißt, das Beispiel Christi zu ignorieren, der selbstlos für die Begabungen der Glaubenden und für eine Weiterentwicklung dieser Begabungen gesorgt hat. Es soll der Wunsch des Mannes sein, dass seine Frau alle ihre Möglichkeiten entfalten kann, denn das gehört zur aufopferungsvollen Liebe.«[1]

Vielleicht fallen Ihnen ja noch andere Möglichkeiten ein, wie das »Nähren« zur Zeit in Ihrer Ehe zum Ausdruck kommen kann. Es erfordert gewöhnlich viele Gespräche, herauszufinden, wie man das, was die Bibel sagt, am besten in der Ehebeziehung umsetzt. Ich wünsche Ihnen, dass es sich dabei um Gespräche handelt, die Ihr gemeinsames Leben positiv verändern.

4.

Ich habe dich bei deinem Namen gerufen, du bist mein.
JESAJA 43,1, EINHEITSÜBERSETZUNG

Es gibt Zeiten, da gehört es zu den tröstlichsten Erlebnissen des gesamten Tages, einfach beim Namen gerufen zu werden. Wir freuen uns darauf, beim Namen gerufen zu werden, wenn wir nach einer langen Reise in der Ankunftshalle des Flughafens erwartet werden oder nach einem hektischen Arbeitstag die Haustür öffnen. Es macht Mut, wenn einen jemand kennt und beim Namen nennt. Wir alle brauchen doch das Gefühl, dass jemand sich um uns kümmert und uns persönlich anspricht.

Natürlich kann der Tonfall, in dem unser Name ausgesprochen wird, sehr unterschiedlich sein. Wohl jeder erinnert sich, dass ein bestimmter Tonfall, in dem die Eltern einen beim Namen riefen, Gefahr im Verzug bedeutete.

Für manche Menschen ist es schwer zu begreifen, dass Gott in seiner ganzen Majestät und Macht uns beim Namen kennen soll. Wie sollte er wohl auf jeden einzelnen Menschen Acht haben und jeden lieben? Und dennoch tut er genau das. Einer der großen Prediger des vorletzten Jahrhunderts, Charles Haddon Spurgeon, schrieb dazu: »Er, der die Zahl der Sterne kennt und sie beim Namen nennt, steht nicht in der Gefahr, seine Kinder zu vergessen. Er kennt dich so durch und durch, als ob du das einzige Geschöpf wärest, das er je geschaffen hat, oder der einzige Heilige, den er je geliebt hat.«[2]

Selbst wenn Sie nach Hause kommen und niemand da ist, um Sie zu begrüßen, nennt Gott Sie immer beim Namen. Er wünscht sich, dass Sie wirklich begreifen, dass Sie nicht einem anderen Menschen gehören, auch nicht sich selbst. Sie gehören ihm. Sie gehören zu ihm, und das ist einer der Gründe, weshalb Sie etwas ganz Besonderes sind. Es hat etwas ungeheuer Tröstliches zu wissen, dass man zu jemandem gehört.

Wie häufig rufen Sie und Ihr Ehepartner einander beim Namen auf eine Art oder in einem Tonfall, der vermittelt, wie sehr Sie einander lieben und wie viel Sie einander bedeuten?

Jedes Mal, wenn Sie Ihren Partner ansprechen, denken Sie daran, dass Sie mit jemandem reden, über den Gott sagt: »Du bist etwas ganz Besonderes. Du bedeutest mir so viel.«

5.

Die Gnade, die er uns erwiesen hat, durch Jesus Christus, seinen geliebten Sohn.
EPHESER 1,6, GUTE NACHRICHT

»Ihr Kreditantrag wurde geprüft und bewilligt.«

»Ihre Bewerbung um einen Studienplatz ist bei uns eingegangen und Sie sind zum Studium zugelassen.«

»Ich habe sie gefragt, ob sie mich heiraten will, und sie hat meinen Antrag angenommen!«

Angenommen sein – einfach ein Ausdruck, aber für uns ist es so wichtig. Und das ist ja auch mehr als verständlich, wenn man an das

Gegenteil – Ablehnung oder Abweisung – denkt. Erinnern Sie sich noch an Ablehnung, die Sie in Ihrer Kindheit und Jugend erlebt haben? Wohl jeder hat schon Ablehnung erlebt und ist zurückgewiesen worden. Viele Menschen verzehren sich noch als Erwachsene danach, endlich von ihren Eltern richtig akzeptiert zu werden. Sie sagen: »Wenn doch mein Vater oder meine Mutter mich nur einmal bestätigen und loben würde.«

Es gibt auch verheiratete Frauen und Männer, die immer noch darauf warten, von ihrem Partner wirklich ganz angenommen zu werden und die deshalb ständig in einer Atmosphäre der Ablehnung leben. Ablehnung im Rahmen einer Ehe geschieht ganz unterschwellig, aber auch in Form drastischer Reaktionen. Stellen Sie Ihrem Partner/Ihrer Partnerin einmal folgende Fragen: »Wann hast du dich von mir schon mal abgelehnt oder zurückgewiesen gefühlt? Gibt es bei mir Verhaltensweisen, durch die du dich abgelehnt fühlst? Was tust du, wenn du dich abgelehnt fühlst?« Ein Gespräch über diese Fragen könnte die Grundlage für ein neues gegenseitiges Verständnis in Ihrer Ehe werden.

Obwohl ein lebenslanges Risiko der Ablehnung bestehen bleibt, ist es doch tröstlich zu wissen, dass wir als Kinder Gottes ein für allemal angenommen sind. Gott sagt: »Ich lasse dich nicht fallen und verlasse dich nicht« (Hebräer 13,5).

Jesus Christus kannte mit Sicherheit den Stachel der Ablehnung. Ihre Gefühle sind ihm deshalb absolut nicht fremd. »Er kam zu den Seinen, aber die Seinen nahmen ihn nicht auf« (Johannes 1,11). In Jeremia 31, 3 heißt es: »Aus der Ferne ist ihm der Herr erschienen: ›Mit ewiger Liebe habe ich dich geliebt.‹«

Durch die bedingungslose Annahme durch Gott können wir erfahren, wie wir unser Leben öffnen und das Risiko eingehen können, uns noch mehr angenommen zu fühlen, völlig ungeachtet der Vergangenheit. Und wenn Sie sich gegenseitig annehmen, dann seien Sie so frei, all das zu leben, was Jesus in Sie hineingelegt hat.[3]

6.

Es ist nicht gut, dass der Mensch allein bleibt.
Ich will ihm eine Hilfe machen, die ihm entspricht.
1. MOSE 2,18, EINHEITSÜBERSETZUNG

Zum Plan Gottes für die Ehe gehört die Gleichwertigkeit von Mann und Frau, das gemeinsame Erleben der engen Beziehung, um dann die jeweilige persönliche Rolle zu entdecken und zu leben, die er uns zugedacht hat.

Die erste Frau wurde geschaffen, um dem ersten Mann ein Gegenüber zu sein. Er war der Agierende, sie die Reagierende. Aber Adam war auch so von Gott gedacht, dass er Evas Bedürfnis nach Stärke und Liebe erfüllen sollte. Ein Mann und seine Frau brauchen einander. Das lehrt Gottes Wort: »Bedenkt aber, dass nach Gottes Ordnung Mann und Frau füreinander da sind« (1. Korinther 11,11). Wenn Gott von einer »Hilfe, die ihm entspricht« redet, dann beinhaltet »entsprechen« hier auch Gleichwertigkeit und Angemessenheit. Das Wort »Hilfe« steht keineswegs dafür, dass die Frau dem Mann in allem helfen soll, während er sich bedienen lässt!

Haben Sie sich schon einmal gefragt, wie es für Adam und Eva im Paradies war? Haben Sie sich schon einmal überlegt, was sie den ganzen Tag gemacht haben, wie sie miteinander redeten oder wie sie die Rolle lebten, die ihnen zugedacht war?

Sie verfügten über die ideale Ausgewogenheit der Rollen, mit denen wir heutzutage solche Mühe haben. Adam ergriff in seinem Umgang mit Eva die Initiative, war dabei aber nicht bevormundend wie ein Tyrann, der nur Befehle bellt; sondern er praktizierte wahrscheinlich seine Stärke auf liebevolle Weise. Im Gegenzug war Eva sicher fähig und bereit zu reagieren, ohne zu grollen oder ärgerlich zu sein.

Die Sünde ruinierte diese Beziehung und brachte sie aus dem Gleichgewicht. Der Machtkampf, der heute in vielen Ehen tobt, spiegelt die zerstörerischen Folgen des Sündenfalls wider. Durch Jesus Christus jedoch, Gottes Geschenk an uns, können wir nicht nur wiederhergestellt werden, sondern auch in unseren Ehen ein befreites Leben führen.

7.

Ich schenke euch ein neues Herz und lege einen neuen Geist in euch.
EZECHIEL 36,26, EINHEITSÜBERSETZUNG

Stellen Sie sich vor, Sie leben in der Zeit zwischen 1900 und 1930. Sie schlagen eine Zeitung auf und lesen, dass Ärzte das lebendige Herz eines Menschen herausnehmen und es einem anderen einpflanzen. Würden Sie das glauben? Wahrscheinlich nicht. Es ist auch jetzt noch schwer, das wirklich zu begreifen, aber dennoch sind Herztransplantationen heute beinahe an der Tagesordnung.

Eigentlich braucht jeder Mensch eine Herztransplantation, weil wir alle mit einem sündigen Wesen geboren werden. Wir haben alle sozusagen einen Herzfehler. Der Prophet Jesaja sagt: »Arglistig ohnegleichen ist das Herz und unverbesserlich« (17,9). Es besteht keine Hoffnung darauf, dass unser sündiges Herz aus eigener Kraft heil und gesund wird.

Dieser »angeborene Herzfehler« des Menschen manifestiert sich von Zeit zu Zeit auch in unserer Ehebeziehung. Wir brauchen dringend eine Transplantation. Glücklicherweise hat Gott versprochen, uns ein neues Herz und einen neuen Geist zu geben.

Jane Hunt beschreibt das so: »Nach einer solchen Transplantation durch Gott setzt die Heilung ein, und wie versprochen wird unser neues Herz zu vollkommener Liebe fähig. Wo bisher das Ego im Mittelpunkt stand, ist jetzt Christus das Zentrum. Heilung verdrängt den Hass; Bitterkeit wird mit Salbe gelindert. Man kann sich jetzt der Welt stellen, und zwar in einer Freiheit und mit einer Zukunftsperspektive, wie man es sich zuvor nicht hätte träumen lassen. ERSCHAFFE IN MIR, GOTT, EIN REINES HERZ UND GIB MIR EINEN NEUEN, BESTÄNDIGEN GEIST! (Psalm 51,10). Wenn man einmal ein neues Herz bekommen hat, dann hat man auch ein neues Leben. Man kann den nicht Liebenswerten lieben und freundlich zum Unfreundlichen sein, und man kann dem vergeben, dem nicht vergeben werden kann. Und das alles, weil man ein neues Herz hat – das Herz Gottes!«[4]

Diese Operation ist ganz einfach, zudem ist sie schmerzlos und sie kostet nichts. Sie brauchen nichts anderes zu tun als das »Spenderherz« anzunehmen. Das ist ein wunderbares Geschenk.

8.

Der Mann soll der Frau die eheliche Pflicht leisten und ebenso die Frau dem Mann.

1. KORINTHER 7,3, HOFFNUNG FÜR ALLE

Herr, ich weiß, was Sex ist –
es ist Körper und Geist, Leidenschaft und Zärtlichkeit,
es ist eine starke Umarmung und zartes Händchenhalten,
es ist offene Nacktheit und verborgenes Geheimnis,
es ist Freudentränen auf Flitterwochengesichtern und
Tränen auf zerfurchten Gesichtern bei der goldenen Hochzeit.

Sex ist ein Blick durch den Raum,
ein Liebesbrief auf dem Kopfkissen,
eine Rose auf dem Frühstückstisch,
Lachen bei Nacht.
Sex ist Leben – nicht das ganze Leben –,
aber eingehüllt in den Sinn des Lebens.

Hilf mir zu sehen, dass ich
sinnlich und rein, glücklich und heilig,
sexuell und geistlich sein kann.

Danke, oh Erlöser,
dass ich meine Liebe durch Sex zum Ausdruck bringen darf.

Danke, dass du es möglich machst,
dass Sex einfach gut ist –
denn zwischen Mann und Frau
kann es so viel Schönheit und Staunen geben.

Danke, Herr, für eine Liebe, die auch bleibt,
nachdem das Bett wieder gemacht ist.
Hilf mir, meine Liebe und mein Ehebett unbefleckt zu halten –
es als Altar der Gnade und der Lust zu betrachten.

Danke, Herr, dass du mich als sexuelles Wesen geschaffen hast.
Danke, dass du mir gezeigt hast, wie ich andere mit Vertrauen und Liebe behandeln kann.

Danke, dass du mich über Sex reden lässt.
Danke, dass ich die Freiheit habe zu sagen:
»Danke, Gott, für das Geschenk Sex!«[5]

9.

*Eins ist sicher: Jeder, der sündigt, ist ein Gefangener der Sünde ...
Wenn euch also der Sohn Gottes befreit, dann seid ihr wirklich frei.*
JOHANNES 8,34.36, HOFFNUNG FÜR ALLE

Das Wort unseres Herrn ist Grundlage unseres Seins, unseres Status', unserer Sicherheit und unserer Stärke. Das ist ein großes Geschenk. Aber wie das mit so vielen Geschenken ist – sie müssen angenommen und ins Leben integriert werden.

Wie sieht Ihr derzeitiger Status im Leben aus? An Ihrem 18. Geburtstag wurden Sie erwachsen und erlangten dadurch einen ganz neuen Status. Als Sie heirateten, veränderte sich Ihr Status erneut. Ganz ähnlich änderte sich Ihr Status auch, als Sie Jesus in Ihr Leben aufnahmen. Aus Ihnen wurde ein gerechtfertigter Mensch, der Vergebung empfangen hat und von Gott angenommen ist. Die Schuld, die Sie auf sich geladen hatten, war weg. Sie sind jetzt nicht mehr verdammt und verurteilt, sondern frei. Wenn Sie über Ihre Freiheit in Christus nachdenken, dann können Sie die quälenden Gedanken Ihres Lebens fallen lassen. Sie können auch in Ihrem Gedankenleben ein freier Mensch werden.

Denken Sie daran, dass Jesus Christus in Ihnen ist. Sie sind jetzt sein Eigentum. Wenn Sie sich auf diese Tatsache konzentrieren, dann weichen Furcht und Sorgen. Denken Sie an folgende Worte Jesu, wenn Sie spüren, wie die Unsicherheit wieder nach Ihnen greift: »Siehe, ich bin bei euch alle Tage ...« (Matthäus 28,20). Sprechen Sie diese Worte mehrmals täglich laut aus. Sie sind wahr!

Es gibt noch einen weiteren Grund für Ihr Gefühl der Freiheit: Die Stärke Jesu Christi. Er kann Ihnen die Kraft geben, sich gegen negative Gedanken zu wehren und sich dem Leben und allem, was es mit sich bringt, zu stellen.

Wie das gehen soll? Freiheit ergibt sich daraus, dass wir die Wahrheiten, die Jesus uns mitteilt, bedenken und jeden Tag neu seine Kraft und Macht in Anspruch nehmen. Wenn Sie als Ehepaar zusammen beten, können Sie zum Beispiel sagen:

»Herr, danke für den Status, die Sicherheit und die Stärke, die du uns verleihst. Wir nehmen deine Kraft in unserem Leben in Anspruch, damit sie unser Denken und Handeln leitet. Wir glauben an dich und dein Wort. Danke.«[6]

10.

Dient einander in Liebe!

GALATER 5,1, EINHEITSÜBERSETZUNG

Sind Sie in einer Familie aufgewachsen, in der es Hausangestellte gab? Wahrscheinlich nicht; das sind nur wenige. Aber stellen Sie sich einmal vor, Sie bekommen einen Anruf und der Mensch am anderen Ende der Leitung sagt, dass er dazu bestimmt worden ist, Ihr Diener zu sein, und zwar für den Rest Ihres Lebens. Wie würden Sie sich dann wohl fühlen? Würde es Ihnen gefallen, sich von dieser Person bedienen zu lassen?

Können Sie sich vorstellen, lebenslang einen Diener zu haben? Das sollten Sie sich vorstellen können, weil es nämlich bereits so ist! Angefangen hat es an dem Tag, als Sie sich das Eheversprechen gaben. Die Berufung zur Ehe ist gleichzeitig auch die Berufung, einander gegenseitig zu dienen. Überrascht Sie das?

Das Wort DIENER hat im Griechischen ursprünglich auch die Bedeutung von »Sklave«. Damit ist ein Mensch gemeint, der nicht selbst über sich bestimmen und verfügen kann, sondern das Eigentum eines anderen ist. Unsere oberste Priorität als Diener ist unsere Beziehung zu unserem Herrn. Wir sollen ihm immer zur Verfügung stehen; er

hat Arbeit für uns. Indem er beim letzten Mahl mit seinen Jüngern Vorbild im Dienen war und deshalb den Jüngern die Füße wusch, fordert er uns auf, ebenfalls auf andere Menschen zuzugehen und ihnen ganz praktisch zu dienen. Zu diesen »anderen« gehört auch unser Ehepartner.

Ist das schwierig? Manchmal bestimmt. Entwürdigend? Das sollte es nicht sein. Peinlich? Auf keinen Fall! Kann es vom anderen eingefordert werden? Nein. Ein Ehepartner kann dieses Dienen nie vom anderen einfordern. Es ist die Entscheidung jedes Einzelnen, auf so eine liebende Art und Weise zu handeln. Rein menschlich gesehen mag es schwierig sein – manchmal sogar unmöglich. Deshalb brauchen wir in unserem Leben die Gegenwart des Heiligen Geistes. Sie und Ihr Partner sind Schüler in der Schule für Liebe und Dienst. Lehrer und motivierende Kraft in unserem Leben ist der Heilige Geist. Die Grundhaltung des Dienens ist etwas, das sich erst entwickeln muss.

Überlegen Sie sich drei Möglichkeiten, wie Sie Ihrem Partner heute dienen können. Tauschen Sie sich über das aus, was Ihnen einfällt, und stellen Sie fest, ob Sie mit Ihrem Partner übereinstimmen. Entdecken Sie, wie viel Freude es macht, sich gegenseitig und auch anderen zu dienen.

11.

Ob ihr also esst oder trinkt oder etwas anderes tut:
Tut alles zur Verherrlichung Gottes.

1. Korinther 10,31, Einheitsübersetzung

Zwei leitende Angestellte saßen in einem Konferenzraum und redeten miteinander. Einer der beiden hinterfragte den anderen überaus hartnäckig. Immer wieder fragte er: »Aber warum tun Sie das, was Sie tun?« Schließlich entgegnete der so in die Enge Getriebene aufgebracht: »Worauf wollen Sie mit der Frage eigentlich hinaus? Warum fragen Sie das immer wieder?« Und der Erste antwortete: »Ich versuche nur festzustellen, wer von all dem, was Sie tun, wirklich profitiert. Das ist alles.«

Das ist eine gute Frage – wer profitiert eigentlich? Haben Sie sich selbst diese Frage auch schon gestellt: »Warum tue ich eigentlich, was ich tue?« Warum tun wir als Ehepaar all das, was wir tun? Was ist der Zweck hinter unserem Handeln? Wer profitiert davon?

Die Worte von Paulus sprechen die Motive für unser Handeln an. Es gibt viele Menschen, deren Verhalten durchaus »christlich« ist, deren innere Motive jedoch nicht mit ihrem Verhalten übereinstimmen. Häufig handeln wir aus Angst oder aus Verlangen nach Anerkennung. Paulus fordert uns auf, das was wir tun, genau anzusehen und uns ganz sicher zu sein, dass wir es zur Verherrlichung Gottes tun. Diese Aufforderung gilt uneingeschränkt. Die Art, wie Sie Ihr Haus einrichten, die Art des Umgangs mit den Nachbarn, Ihr Fahrstil und Ihr Verhalten gegenüber unachtsamen anderen Autofahrern oder auch Ihr Umgang mit unfreundlichen Angestellten fallen unter die Rubrik des Handelns zur Verherrlichung Gottes.

Paulus sagt: »Tut alles zur Verherrlichung Gottes.«

Aber wie ist das mit Ihrer Ehe? Was tun Sie als Paar zur Verherrlichung Gottes? Wie sieht es mit Ihrer Kommunikation im Alltag aus, mit Ihrer sexuellen Beziehung, mit dem Erfüllen der emotionalen Bedürfnisse des anderen und auch mit der Qualität Ihrer geistlichen Beziehung?

Tauschen Sie sich darüber aus, wie Sie durch Ihre Ehe Ihrer Meinung nach Gott verherrlichen können.

12.

Ihr braucht nicht zu verzweifeln, wenn euer Glaube immer wieder hart auf die Probe gestellt wird. Im Gegenteil: Freut euch darüber!

JAKOBUS 1,2, HOFFNUNG FÜR ALLE

Die Worte FREUDE und FREUT EUCH kommen in dem Brief von Paulus an die Gemeinde in Philippi 14-mal vor, häufiger als in all seinen anderen Briefen.

Wenn Paulus über die Freude spricht, dann beschreibt er einen inneren Zustand, der gekennzeichnet ist von Frieden. Freude ist eine

Grundhaltung, aus der heraus die Welt mit all ihrem Auf und Ab und ihren Unwägbarkeiten mit einer im Glauben wurzelnden Zuversicht betrachtet wird. Freude ist mehr als ein Gefühl oder eine Stimmung. Für Paulus war sie eine Grundeinstellung zum Leben, die sowohl Hochstimmung als auch Depression einbezieht.

Freude ist eine Haltung, die sowohl freudige Ereignisse annehmen kann als auch solche, die erschrecken. Wie das möglich ist? Indem wir zulassen, dass wir über das, was uns ärgert oder belastet, hinaus blicken, um unseren Herrn zu sehen. Dann wird uns klar, dass er immer und in jeder Situation bei uns ist. Freude entsteht unter anderem auch dadurch, dass man lernt, seine Probleme und Lebenskrisen schrittweise zu bewältigen und selbst schmerzliche Lebensumstände dazu zu nutzen, Gott zu verherrlichen.

Wenn Jakobus uns auffordert, Prüfungen freudig anzunehmen, dann ist das die Herausforderung, eine Haltung einzunehmen, die zulässt, dass auch negative Lebensumstände sich positiv auswirken können. Anders ausgedrückt: Wir haben eine Wahl. Jakobus sagt: »Entscheidet euch dafür, auch Widrigkeiten anzunehmen und sogar als Anlass zur Freude zu betrachten.«

Freude ist eine bewusste Haltung, für die man sich entscheidet, und keine passive Kapitulation vor den Umständen.

Im Laufe Ihrer Ehe werden Sie bestimmt Streitigkeiten erleben, die ohne weiteres Ihre Ehe verwüsten oder sogar ganz zerstören könnten. Aber indem Sie dem Heiligen Geist in Ihrem Leben Raum geben und ihn wirken lassen, kann Freude entstehen und ebenfalls Raum gewinnen. Das heißt nicht, dass Sie Verletzungen und Trauer ignorieren oder leugnen sollen, aber nach und nach schlägt diese innere Freude Wurzeln in Ihnen und Sie können dann sagen: »Ja, es gibt Schmerz und Verletzungen, aber es ist auch Grund zur Freude da.«

Danken Sie Gott dafür!

13.

Solange noch Zeit bleibt, wollen wir allen Menschen Gutes tun; vor allem aber denen, die mit uns an Jesus Christus glauben.
GALATER 6,10, HOFFNUNG FÜR ALLE

Sie sind ständig als Vermittler tätig, ob Ihnen das bewusst ist oder nicht. Als Christen stehen wir nämlich zwischen Gott und anderen Menschen, und zwar als Leute, die das Vorrecht genießen, den Menschen in unserem Umfeld das weiterzugeben, was Gott uns geschenkt hat.

In Paulus' Anweisung in Galater 6,10 erfahren wir, dass wir die Güte Gottes an andere weitergeben sollen, so wie er sie uns auch schenkt. Gottes Güte wird darin sichtbar, wie gut wir zu anderen sind. Dazu gehört auch, großzügig zu geben, sei es Zeit, Tatkraft, Geld oder auch Energie. Paulus fordert Titus auf, die Leute daran zu erinnern: ». . . immer bereit zu sein, Gutes zu tun« (3,1).

Oft sind auch Ehen nach einer Weile nur noch ein Wenn-dann-Geschäft. Wir sind bereit, gut zum anderen zu sein, aber nur, wenn er auch gut zu uns ist. Wenn er oder sie unsere Erwartungen nicht erfüllt, dann enthalten wir unsere Güte vor.

Vielleicht gibt es ja tatsächlich Zeiten, in denen Ihr Partner nicht verdient hat, was er/sie von Ihnen bekommt, aber warum sollte Sie das überraschen? Es hat doch auch keiner von uns verdient, was Gott uns gibt. Nur durch seine Gnade empfangen wir das Gute von ihm, erfahren wir seine Güte. Wahre Güte bedeutet zu geben, ohne erst zu überschlagen, ob der andere es verdient hat.

W. Philipp Keller stellt fest, dass wir, wenn wir über innere Güte verfügen, »den mit Füßen Getretenen helfen, die mit gebrochenem Herzen verbinden, Gefangene befreien, den Gefallenen aufhelfen, den Hungrigen zu essen geben, die Verwirrten trösten, den Trauernden das ›Öl der Freude‹ bringen, Licht verbreiten und Menschen aufheitern, wo Dunkelheit ist, den Verlorenen die Gute Nachricht von der barmherzigen Liebe Gottes weitergeben.«[7]

Wie könnten Sie und Ihr Partner diese Berufung, sich um andere zu kümmern, erfüllen? Nennen Sie ein paar Personen, die es dringend nötig hätten, dass Sie die Güte Gottes an sie weitergeben.

Dann machen Sie Pläne. Gestatten Sie dem Heiligen Geist, Sie fähig zu machen, die Geistesfrucht der Güte zum Ausdruck zu bringen.[8]

14.

Von Verwaltern aber verlangt man, dass sie sich treu erweisen.
1. KORINTHER 4,2, EINHEITSÜBERSETZUNG

Jeder Mensch, der eine Ehe eingeht, muss sich darauf einlassen, treu zu sein. Treue bedeutet jedoch mehr als »Sexualität nur mit dem Ehepartner zu praktizieren«. Die Berufung zur Treue gilt für alle Bereiche des Ehelebens. Es bedeutet treu zu sein beim Aufbau einer Freundschaft zwischen Ihnen und Ihrem Partner. Es bedeutet, den Partner konsequent als Kind Gottes zu sehen, als Miterben, und ihn bzw. sie entsprechend zu behandeln.

Zum Treuegelöbnis bei der Trauung gehört auch das Versprechen, aufrichtig, geduldig, loyal und ehrlich zu sein. Dazu gehört Vertrauen, Zuverlässigkeit und Integrität in der Ehe. Das alles macht Treue aus. Treue bedeutet, die Energie aufzubringen und einzusetzen, die notwendig ist, damit eine Ehe funktioniert. Es bedeutet, nicht all die kleinen Dinge zu vernachlässigen, die Ihrem Partner wichtig sind. Das alles haben Sie versprochen, als Sie Ihrem Ehepartner bei der Trauung Treue gelobt haben.

Eheliche Treue bedeutet, die Ehebeziehung zu schützen, indem man sie nicht belastet durch zu viel Arbeit, Fernsehen, Hobbys, Überbeanspruchung durch die Kinder oder auch durch übertriebene Mitarbeit in der Gemeinde. Eheliche Treue bedeutet, nicht zuzulassen, dass Ihnen durch irgendetwas Zeit und Kraft entzogen wird, die eigentlich in die Ehebeziehung gehört.

Treue ist eine positive Eigenschaft, die ihren Ursprung in der Treue Gottes zu seinem Volk hat. Gott war Israel treu, obwohl es ihm immer wieder untreu wurde. Gottes Treue war ein sich Einlassen zum Wohle seines Volkes und dessen Entwicklung. So wie damals ist Treue ein Segen für Sie und auch für Ihre Ehe!

15.

Herr, wie lange schon schreie ich zu dir um Hilfe!
Aber du hörst mich nicht ...
Warum muss ich so viel Unrecht mit ansehen?
HABAKUK 1,2.3, HOFFNUNG FÜR ALLE

»Warum?«

Diese Frage, die so alt ist wie die Menschheit, stellen wir, wenn wir durcheinander sind und nichts mehr wissen und verstehen. Der Prophet Habakuk schrie sie laut heraus. Hiob stellte sie im Laufe seiner schweren Prüfungen 16-mal. Der plötzliche Schock durch Unglücksfälle löst eine Lawine von Fragen in uns aus. Wir fragen: Warum?, in dem Versuch, etwas zu verstehen, das uns so völlig sinnlos vorkommt. Hören Sie die Fragen? Hören Sie, wie diese Fragen aus dem Inneren von Männern, Frauen, Vätern und Müttern hervorbrechen?

»Warum ist unser Sohn geistig behindert geboren worden?«

»Warum ist unser Kind bei dieser Routineoperation im Krankenhaus gestorben?«

»Warum ist mein Mann/meine Frau so früh gestorben?«

»Warum wurde ausgerechnet unser Haus von dem Sturm zerstört?«

Wie lauten die »Warum?«-Fragen in Ihrem Leben? Mit welchen »Warums?« schlägt sich Ihrer Meinung nach Ihr Partner herum?

Vielleicht bekommen Sie nicht sofort auf alle Warum-Fragen eine Antwort. Vielleicht werden Sie auch auf manche dieser Fragen in diesem Leben gar keine Antwort bekommen. Es ist aber völlig in Ordnung, wenn wir die Fragen, die uns bedrängen, immer wieder stellen. Und es ist auch in Ordnung, nicht immer eine Antwort darauf zu bekommen. Warum das so ist? Weil es wahrscheinlich ohnehin nicht immer eine logische Antwort gibt, die Sie zufrieden stellen würde.

Selbst wenn Gott Ihnen jetzt sofort eine Antwort gäbe, würden Sie diese dann auch ohne weiteres akzeptieren? Wahrscheinlich nicht. Warten ohne eine Antwort zu bekommen, gibt uns Gelegenheit, aus dem Glauben zu leben. Vielleicht lindert das nicht den Schmerz, aber es hilft uns zu entdecken, dass dieses Abmühen auch sein Gutes hat. Außerdem bekommt ja ohnehin niemand auf alles eine Antwort. Gott

erklärt sich nicht immer selbst und sofort. Und auch das ist ganz in Ordnung so.

Paulus sagt: »Wie groß ist doch Gott! Wie unendlich sein Reichtum, seine Weisheit, wie tief seine Gedanken. Wie unbegreiflich für uns seine Entscheidungen und seine Pläne!« (Römer 11,33, Hoffnung für alle).

Und schließlich werden Sie an einen Punkt gelangen, an dem Sie Gott nicht mehr nach dem Warum zu fragen brauchen. Jedenfalls war es bei Habakuk so. Lesen Sie seine Antworten auf die »Warum-Fragen« in Habakuk 3,17–19. Es könnte Ihnen eine Hilfe sein.

16.

Ein fröhliches Herz macht das Gesicht heiter, Kummer im Herzen bedrückt das Gemüt . . . Der Frohgemute hat ständig Feiertag.
SPRÜCHE 15, 13.15, EINHEITSÜBERSETZUNG

Denken Sie einmal an die Ehepaare, die Sie kennen. Wie viele von ihnen blicken in der Regel ernst drein? Wie viele von ihnen haben meistens ein ansteckendes Lächeln auf dem Gesicht?

Ein spontanes Lachen, ein herzliches Lächeln, ein verschmitztes Augenzwinkern, die Fähigkeit, über sich selbst zu lachen, der Wunsch, bei aller Ernsthaftigkeit des Lebens nicht den Humor zu verlieren – das alles sind Eigenschaften, die beim Aufbau einer guten Ehe hilfreich sind. Wann haben Sie als Paar zum letzten Mal so richtig miteinander gelacht?

Lachen hat auch heilende Eigenschaften. Es gibt Menschen, die von schweren Krankheiten geheilt wurden, weil sie gelernt haben, jeden Tag zu lachen. Wenn Menschen in ihrem Leben Verlust und Trauer erleben, gibt es immer auch Zeiten, in denen ein Lachen eine willkommene Verschnaufpause von der Schwere ihrer Erlebnisse ist. Ein Zuhause, wo Lachen »verboten« ist oder gar nicht vorkommt, ist Nährboden für Depressionen, Krankheiten und einen Geist der Kritik. Es gibt im Leben so vieles, worüber man lachen kann. Vielleicht müssen Sie manchmal ein wenig danach suchen, aber es gibt immer etwas.

Der Verfasser der Sprichwörter spricht immer wieder von einem fröhlichen Herzen. In Sprüche 17,22 heißt es: »Ein fröhliches Herz tut dem Leib wohl, ein bedrücktes Gemüt lässt die Glieder verdorren.« Heiterkeit hat also etwas Heilendes.

Sie können sich die Lasten, die Sie im Leben zu tragen haben, erleichtern und andere Menschen zu sich ziehen, indem Sie lernen, innerlich heiter zu sein. Wenn Sie anfangen, über das Leben und auch über sich selbst zu lachen, werden Sie eine neue Sichtweise für Ihre Probleme bekommen. Sie sehen Licht am Ende des Tunnels.

Vielleicht kann ein solches Lachen heute in Ihrer Beziehung beginnen mit einem netten Wort, einem freundlichen Lächeln und am Ende des Tages mit der gegenseitigen Frage: »Worüber konntest du heute richtig lachen?« Denken Sie darüber nach, sprechen Sie darüber und dann lachen Sie darüber. Und schon haben Sie ein fröhliches Herz!

17.

Und haben wir nicht alle unsere Fehler? Wem es freilich gelingt, nur das zu sagen, was dem anderen hilft und ihm nicht schadet, den kann man als vollkommen bezeichnen. Denn wer seine Zunge beherrscht, der kann auch seinen ganzen Körper beherrschen.

JAKOBUS 3,2, HOFFNUNG FÜR ALLE

Wie peinlich! Sie schlendern gemächlich einen Weg entlang und plötzlich – ohne ersichtlichen Grund – stolpern Sie. Sie blicken sich schnell um, ob Sie bei Ihrem Missgeschick beobachtet wurden, und an dem verstohlenen Lächeln Umstehender merken Sie sofort, dass Ihr Missgeschick nicht unbemerkt geblieben ist.

Häufig lachen solche Leute in dieser Situation gar nicht über Sie, sondern sie lachen Sie nur an. Sie sind peinlich berührt, weil sie genau wissen, wie Sie sich gerade fühlen, denn auch sie selbst haben so etwas schon erlebt, denn schließlich stolpert jeder mal.

Es gibt aber noch eine andere Art des Strauchelns. Es hat mit einer anderen Art des Gehens zu tun, dem Gehen auf unserem Weg als

Christ. Als Christen wissen wir, was das Wort Gottes sagt, und wir haben uns innerlich darauf eingelassen, es zu befolgen. Aber oft stolpern wir und tun nicht, was Gott will, sondern genau das Gegenteil. Wir wollen eigentlich nicht wütend werden, aber dann platzt der Ärger doch ungebremst aus uns heraus. Wir wollen nicht klatschen und tratschen, tun es aber dennoch. Wir geloben, unserem Ehepartner gegenüber immer geduldig, freundlich und verständnisvoll zu sein, aber in der Praxis sieht es dann doch ganz anders aus. Es ist eigentlich egal, welchen im Stillen gefassten Vorsatz wir gebrochen haben, denn ist es erst einmal passiert, haben wir uns schuldig gemacht. Jakobus sagt: »Wer nämlich auch nur gegen ein einziges seiner Gebote verstößt, der hat das ganze Gesetz übertreten« (Jakobus 2,10).

Wenn Ihr Ehepartner im Glauben gestrauchelt ist, wie reagieren Sie dann? Sind Sie schnell zur Stelle, um ihr oder ihm wieder aufzuhelfen? Oder lassen Sie sie/ihn erst ein Weilchen zappeln und dann allein wieder auf die Beine kommen? In der Bibel heißt es: »Wenn ein Mensch seinen Weg zielstrebig gehen kann, verdankt er das dem Herrn, der ihn liebt. Und wenn er einmal fällt, bleibt er nicht am Boden liegen, denn der Herr hilft ihm wieder auf« (Psalm 37, 23.24).

Lassen Sie sich von Gott helfen, wenn Sie ins Straucheln gekommen sind. Und seien Sie bereit, Ihrem Partner zu vergeben und wieder aufzuhelfen, wenn er oder sie gestolpert ist.[9]

18.

Darum tröstet und ermahnt einander und einer richte den andern auf, wie ihr es schon tut.

1. Thessalonicher 5,11, Einheitsübersetzung

Wissen Sie, was das Wort ermutigen bedeutet? Ganz einfach: Es bedeutet, einem anderen Menschen Mut zu machen. Es bedeutet außerdem, in jemandem Mut oder Hoffnung zu wecken, jemanden anzufeuern oder zu motivieren. Im Hebräischen ist damit die Vorstellung verbunden, Stärke in die Hände, Arme oder den Körper von jemandem zu legen, damit er oder sie den Druck besser aushalten kann.

Woher kommt Ermutigung? Sie beginnt mit einem liebenden, fürsorglichen Herzen, teilt sich durch Worte, Haltungen und Taten mit. Jemand hat einmal gesagt: »Worte, die ermutigen, sind beflügelt von der Liebe und gegen die Furcht gerichtet.«

Wir haben eine Wahl in Bezug auf das, was wir Menschen sagen. Entmutigende Worte lähmen, ermutigende dagegen beflügeln. In Sprüche 12,18 heißt es: »Mancher Leute Gerede verletzt wie Schwertstiche, die Zunge der Weisen bringt Heilung.«

Wie möchten Sie ermutigt werden? Wie möchte Ihr Partner ermutigt werden? Haben Sie darüber schon einmal gesprochen? Ihren Partner zu ermutigen heißt, an sie/ihn zu glauben, und es gibt sehr unterschiedliche Arten, das zum Ausdruck zu bringen: »Du bist wirklich tüchtig«, »Mach es einfach, so gut du kannst. Ich weiß, du schaffst es!«, »Mach einfach in deinem Tempo weiter, achte nicht auf meines. Es ist völlig in Ordnung, wenn wir unterschiedlich schnell sind.«

Wenn wir immer wieder die Fähigkeiten und Stärken des Partners hervorheben, kann das sein/ihr Selbstwertgefühl und Selbstvertrauen stärken. Denken Sie daran, wie wertvoll Ihr Partner für Gott ist.

Sie können Ihren Partner auch ermutigen, indem Sie die positiven Seiten seiner/ihrer Pflichten hervorheben. Es ist besser, die Möglichkeiten als die Fehler zu betonen. Wenn Sie nach unausgeschöpften Möglichkeiten bei Ihrem Partner Ausschau halten, dann sind Sie so etwas wie ein Talentsucher.

Wie ermutigen Sie Ihren Ehepartner? Wie wollen Sie das heute konkret tun?

19.

Einer trage des anderen Last, so werdet ihr das Gesetz Christi erfüllen.
GALATER 6,2, EINHEITSÜBERSETZUNG

Sicher – jeder von uns hat sein »Päckchen« zu tragen. Und da soll man auch noch anderen ihre Lasten abnehmen? Bei den »Lasten« in diesem Bibelvers geht es aber nicht um alltägliche Belastungen, die jeder Mensch für sich zu bewältigen hat. Hier sind unerträgliche Bürden

gemeint, die ein Mensch allein nicht schaffen kann und bei denen er Hilfe braucht.

In der Ehe ebenso wie in anderen Beziehungen sollen wir den anderen beim Tragen ihrer derartigen »Lasten« helfen und Anteil an den jeweiligen Schwierigkeiten nehmen. Wenn man Galater 6 liest, wird klar, dass dieses Lastentragen sogar noch weiter geht. Wir sollen anderen helfen, dass sie wieder zurechtkommen, nachdem sie gescheitert sind. Denken Sie einmal darüber nach, wie Sie und Ihr Partner miteinander die Lasten teilen könnten, und sprechen Sie dabei über folgende Fragen:

Beim Tragen welcher Lasten könnten Sie Ihrem Mann/Ihrer Frau helfen? In welcher Form würde er/sie sich von Ihnen helfen und unterstützen lassen?

Bei welchen Lasten hätten Sie selbst gern ein wenig Hilfe? Wie könnte Ihr Mann/Ihre Frau Ihnen am besten helfen?

Wenn Sie sich gegenseitig helfen, dann bedenken Sie Folgendes:

- Helfen bedeutet nicht immer, Rat zu erteilen; oft bedeutet es ganz einfach nur zuzuhören.
- Wenn Sie dem anderen beim Tragen einer Last helfen, sagen Sie bitte nicht: »Ich habe es doch gleich gesagt!«
- Hüten Sie sich vor einer überheblichen Haltung. Das Lastentragen sollte zurückhaltend und zartfühlend geschehen, immer mit dem Gedanken im Hinterkopf, dass man selbst ähnliche Probleme hat und ebenfalls Fehler macht.

Jede Last ist leichter zu tragen, wenn sie auf zwei Paar Schultern verteilt ist.

20.

Nachdem wir durch den Glauben von unserer Schuld freigesprochen sind, steht nun nichts mehr zwischen uns und Gott. Wir haben Frieden mit ihm. Wem verdanken wir das? Allein Jesus Christus.

RÖMER 5,1, HOFFNUNG FÜR ALLE

Viele Paare erinnern sich an die spannende erste Zeit des Verliebtseins, daran, wie gut es ihnen ging, weil der andere so aufmerksam war und Ihnen so viel Beachtung schenkte. Leider ist es oft so, dass gerade diese Beachtung im Laufe der Ehe immer mehr verkümmert. Manche Leute sagen: »Je besser man seinen Partner kennen lernt, desto weniger gefällt er einem« – aber so weit muss es nicht kommen.

Im Unterschied dazu, wie Sie Ihren Partner oft betrachten, sieht Gott ihn immer mit Wohlwollen an! Glücklicherweise ist Gottes Wohlwollen nämlich von Dauer. Denken Sie einmal über folgende Beschreibung des Friedens und des Wohlwollens Gottes nach. In Römer 8 heißt es:

»Wer nun zu Jesus Christus gehört, wird der Verurteilung durch Gott entgehen. Er wird leben . . . Gottes Geist selbst gibt uns die innere Gewissheit, dass wir Gottes Kinder sind. Als seine Kinder sind wir – gemeinsam mit Christus – auch seine Erben . . . Wer Gott liebt, dem dient alles, aber auch wirklich alles zu seinem Heil . . . Und wen er von seiner Schuld befreit hat, der hat schon im Glauben Anteil an seiner Herrlichkeit . . . Wenn Gott für uns ist, wer kann dann gegen uns sein? . . . Wer könnte es wagen, die von Gott Auserwählten anzuklagen? . . . Was also könnte uns von Christus und seiner Liebe trennen? . . . Denn da bin ich ganz sicher: Weder Tod noch Leben, weder Engel noch Dämonen, weder Gegenwärtiges noch Zukünftiges, noch irgendwelche Gewalten, weder Himmel noch Hölle oder sonst irgendetwas können uns von der Liebe Gottes trennen, die er uns in Jesus Christus, unserm Herrn, bewiesen hat« (Verse 1, 16, 17, 28, 30, 31, 33, 35, 38, 39).

Was auch in Ihrem Leben gerade los ist, Sie können immer zufrieden sein, weil Gott Gefallen an Ihnen hat. Mögen Sie immer mit demselben Wohlwollen Ihren Mann/Ihre Frau betrachten, mit dem Gott ihn/sie ansieht.

21.

So wie ihr von den Menschen behandelt werden möchtet, so behandelt sie auch. Das ist – kurz zusammengefasst – der Inhalt der ganzen Heiligen Schrift.
MATTHÄUS 7,12, HOFFNUNG FÜR ALLE

Schon allein der Gedanke, diese goldene Regel in der eigenen Ehe praktizieren zu müssen, versetzt manche Leute in Angst und Schrecken. Jemand hat einmal gesagt: »Wenn ich das tue, werde ich nur ausgenutzt und die anderen bekommen mich unter Kontrolle.« Aber stimmt das wirklich?

Ich meine nein, denn es geschieht genau das Gegenteil. Wenn wir immer erst darauf warten, dass der andere den ersten Schritt tut und nur immer auf das reagieren, was er oder sie getan hat, gerade dann lassen wir zu, dass der andere unser Handeln und unsere Reaktionen diktiert.

Jesus hat uns eine sehr schlichte Grundregel an die Hand gegeben: »Fang an, übernimm die Initiative und behandele die anderen so, wie du gern behandelt werden möchtest.«

Praktizieren Sie das in Ihrer Ehe? Fallen Ihnen spontan mindestens drei Ereignisse aus den vergangenen Wochen ein, wo Sie diese goldene Regel angewendet haben?

Der Grundsatz gilt sowohl für größere als auch kleinere Reaktionen in Ihrem alltäglichen Umgang mit Ihrem Partner, beispielsweise:

- Dem Partner eine Tasse Kaffee oder ein Stück Kuchen zu servieren.
- Etwas in einem Geschäft zu besorgen, das ein bisschen abseits von den üblichen Wegen liegt.
- Ungefragt den Fernseher leiser zu stellen, wenn der Partner telefoniert.
- Beim Anziehen der Kinder zu helfen, wenn man morgens spät dran ist.
- Nicht herumzulärmen, wenn man abends später ins Bett geht als der Partner.

Das sind nur einige wenige, ganz einfache alltägliche Beispiele für das Anwenden der goldenen Regel aus dem Wort Gottes. Das Ganze hat

allerdings noch einen weiteren Aspekt, und zwar den der inneren Einstellung. Die beschriebenen Verhaltensweisen und Reaktionen klappen nämlich dann am besten, wenn wir sie unauffällig praktizieren, ohne großes Aufhebens davon zu machen – selbst dann, wenn unser Partner nicht nach diesem Grundsatz handelt.

22.

Denkt von euch selbst gering und achtet den andern mehr als euch selbst.
PHILIPPER 2,3, HOFFNUNG FÜR ALLE

»Wer hat hier das Sagen? Wer ist für dieses Projekt zuständig?« Solche Fragen werden täglich tausend Mal gestellt, besonders in der Wirtschaft und der Arbeitswelt. Im Ehealltag werden sie allerdings kaum je gestellt oder auch nur in Erwägung gezogen. Das ist nicht gut. Das Thema der Kontrolle ist einer der größten Konfliktbereiche in der Ehe. Normalerweise tritt er in Form von Machtkämpfen zwischen den Ehepartnern zu Tage.

Wenn Sie schon einmal beobachtet haben, wie junge Hunde miteinander balgen, dann ist Ihnen bestimmt nicht entgangen, dass es sich dabei fast immer um Machtkämpfe handelt. Ein Welpe versucht, die Kontrolle zu übernehmen und den Rest des Wurfes zu beherrschen. Wenn dann dieser Welpe zuerst aus dem Wurf herausgeholt wird, kommt es erneut zu einem Machtkampf, bis wieder ein Welpe dominiert.

Was sich zwischen Menschen abspielt, unterscheidet sich davon nur unwesentlich. Der Wunsch, die Kontrolle zu übernehmen und das eigene Leben im Griff zu haben, ist seit dem Sündenfall ein beherrschendes Thema. Wie kommt das? Warum ist unser Drang, jeden und alles unter Kontrolle zu haben, so stark, dass das Leben oft nur noch aus Kämpfen um die Macht besteht?

Haben Sie schon einmal einen kontrollierenden Menschen kennen gelernt? So ein Mensch muss immer Recht haben, immer gewinnen, immer das Sagen haben, immer makellos erscheinen. Die Ironie dabei besteht darin, dass es einen solchen Menschen noch nicht einmal zufrieden stellt, das Sagen und damit die Kontrolle zu haben. Er oder sie ist normalerweise unglücklich, hat Angst vor Zurückweisung und ist deshalb nicht in der Lage, Nähe zu ertragen. Das macht für solche Menschen Beziehungen ausgesprochen schwierig.

Die biblische Vorstellung von Ehe sieht diese Art der Kontrolle nicht vor. Die Grundeinstellung, die in der Ehe nötig ist, wird in Matthäus 20,26–28; 23,11; Markus 9,35; 10,43–45; Lukas 9,48; 22,26.27 beschrieben.

Lesen Sie sich diese Abschnitte gegenseitig laut vor. Welcher Zusammenhang besteht zu dem Tagesvers? All diese Abschnitte spiegeln einen Lebensstil wider, von dem Jesus sagt, dass er für Einzelpersonen und Paare besser ist. Und er hat Recht!

23.

Ein zuverlässiger Mensch wird reich beschenkt.
SPRÜCHE 28,20, HOFFNUNG FÜR ALLE

Stellen Sie sich vor, Sie heiraten heute. Wenn Sie Ihr Eheversprechen noch einmal formulieren sollten, was würden Sie dann versprechen und wozu würden Sie sich verpflichten? Bevor Sie sich eigene Antworten überlegen, denken Sie über die folgenden nach, die von anderen Ehepaaren formuliert wurden.

- »Ich verspreche, mir jeden Tag deine Anliegen anzuhören, damit unsere Ehe so wird, wie wir es uns beide wünschen.«
- »Mir ist klar, dass unsere Liebe sich verändern wird. Ich will daran arbeiten, dass möglichst viel Romantik, Zärtlichkeit und Liebe in unserer Ehe erhalten bleibt.«
- »Ich gelobe, mich Problemen zu stellen, wenn sie auftauchen, und mich nicht in mein Schneckenhaus zurückzuziehen.«
- »Ich verspreche, mich sowohl in guten als auch in problematischen Zeiten auf dich einzulassen und unsere Probleme gemeinsam anzugehen.«
- »Ich verspreche dir, dass ich nie zu viel zu tun haben will, um mit dir zusammen die Blumen anzuschauen.«

- »Ich will deine Überzeugungen und Fähigkeiten, die sich von meinen unterscheiden, achten und nicht versuchen, dich zu einer überarbeiteten Version meiner selbst zu machen.«
- »Ich will offen und ehrlich zu dir sein, ohne Geheimnisse, und ich wünsche mir dasselbe auch von dir.«
- »Ich will das Wort Gottes in der Beziehung zu dir widerspiegeln.«

Welche dieser Versprechen würden Sie für Ihre Hochzeit wählen? Nehmen Sie sich ein paar Minuten Zeit, um eventuell neue und zusätzliche Versprechen zu formulieren. Viele Paare tun das jedes Jahr an ihrem Hochzeitstag. Das fügt dem Eheversprechen eine ganz neue Dimension hinzu. Bei all den Einmischungen und Ablenkungen, mit denen wir tagtäglich zu tun haben, müssen wir möglichst häufig daran erinnert werden, dass unsere Ehe zur Verherrlichung Gottes dienen soll.[10]

24.

Mit einem Feuer lässt sich auch die Zunge vergleichen ...
Aber seine Zunge kann kein Mensch zähmen.
Ungebändigt und unkontrolliert verbreitet sie tödliches Gift.
JAKOBUS 3,6.8

Die Worte eines gedankenlosen Schwätzers verletzen
wie Messerstiche.
SPRÜCHE 12,18

Was für eine Macht! Sie kann Aufstände anzetteln. Sie kann ein ganzes Volk beherrschen. Sie kann eine Ehe zerstören, die über dreißig Jahre lang aufgebaut wurde. Was ist nun dieses Kraftpaket? Es ist die Zunge. Ihre Zunge ist ein Körperteil, aber sie ist auch ein potenzieller Gefahrenherd. Jakobus vergleicht sie mit einem Feuer.

Charles Swindoll beschreibt sie als: » ... verbales Zyanid. Eine tödliche, erbarmungslos glühende Rakete, die mit höllischer Macht angreift und nach Belieben attackiert und zerstört.

Und dennoch sieht sie so gar nicht aus wie das brutale Tier, das sie in Wirklichkeit ist. Ordentlich verborgen hinter elfenbeinernen Palastwachen sind ihre Bewegungen ein faszinierendes Beispiel für Koordination. Sie kann sich aufrollen, um ein fröhliches Pfeifen hervorzubringen oder ein träges Mittagsstundengähnen auf den Weg zu bringen. Ohne Schwierigkeiten kann sie eine Popcornschale zwischen zwei Backenzähnen hervorpulen oder ein Thermometer halten.

Aber nehmen Sie sich in Acht! Schlagen Sie sich nur einmal mit dem Hammer auf Ihren Daumen oder stoßen sich den Zeh am Tischbein, und das schlüpfrige Wesen zeigt urplötzlich die Kehrseite seines Charakters.

Und die Zunge ist nicht nur ungezähmt, sondern auch unzähmbar. Was das bedeutet? Es bedeutet, dass Sie, so lange Sie leben, niemals die Kontrolle über sich haben wird.«[11]

Worte der Heilung, des Trostes, des Mitgefühls und der Liebe helfen dabei, die eheliche Beziehung aufrechtzuerhalten und auszubauen. Worte der Bitterkeit, sarkastische Bemerkungen, lächerlich machen und persönliche Beleidigungen hinterlassen aber ebenfalls ihre einzigartigen Spuren in einer Ehe.

Vielleicht ist es nötig, Gedanken zunächst noch einmal zu sortieren und zu reflektieren, bevor man sie laut ausspricht. Freundliche Worte bringen weiter als harsche, angreifende. Charles Swindoll sagt es ganz einfach und hartnäckig: »Lassen Sie Ihre Worte so sein wie das Shampoo, für das überall Werbung gemacht wird: konzentrierter und reichhaltiger.«[12]

25.

Kommt her zu mir alle, die ihr euch plagt und schwere Lasten zu tragen habt. Ich werde euch Ruhe verschaffen.
Matthäus 11,28, Einheitsübersetzung

Eine der Hauptplagen, durch die Ehen zerstört werden können, ist Ermüdung, Erschöpfung, Müdigkeit. Wir geben und geben, bis wir körperlich, emotional oder auch geistig nicht mehr können. Wir sind zu müde zum Reden und erst recht zum Zuhören; zu müde, um körperlich zu lieben oder auch nur daran zu denken. Sind Sie in Ihrer Ehe auch schon einmal der Ermüdung zum Opfer gefallen?

Der Psalmist sagt: »Ich habe mich heiser geschrieen und bin völlig erschöpft . . . Vergeblich halte ich Ausschau nach meinem Gott« (Psalm 69,4, Hoffnung für alle). Ständige Kritik des Partners oder permanente Schikanen durch Mitmenschen können ebenfalls zu Erschöpfung führen. »Ach, ich bin müde vom Stöhnen. Nachts weine ich wie ein Kind, bis die Kissen durchnässt und meine Augen ganz verquollen sind. Daran sind nur meine Feinde schuld« (Psalm 6,7,8, Hoffnung für alle).

Oft ist geistige oder seelische Erschöpfung die Ursache für körperliche Probleme. Wir versuchen, die Sorgen und den Kummer der Welt auf uns zu nehmen und überfordern uns damit sowohl geistig als auch emotional.

Wie kann man an dieses Problem nun herangehen? Eine Möglichkeit besteht darin, sensibel zu sein und zu merken, wann Ihr Partner erschöpft ist. Hören Sie zu, wenn Ihr Partner etwas loswerden muss. Vielleicht können Sie ihm /ihr ja einen Teil der Lasten abnehmen. Aber die eigentliche Antwort ist in der Bibel zu finden: »Kommt zu mir alle, die ihr euch plagt und schwere Lasten zu tragen habt. Ich werde euch Ruhe verschaffen. Nehmt mein Joch auf euch und lernt von mir; denn ich bin gütig und von Herzen demütig; so werdet ihr Ruhe finden für eure Seele. Denn mein Joch drückt nicht und meine Last ist leicht« (Matthäus 11,28–30).

Wenn Sie Zeit mit Gott im Gebet verbringen und einfach in seiner Gegenwart zur Ruhe kommen, können Sie entdecken, wie er Sie erfrischt. Lassen Sie Jesus Ihre Kraftquelle sein. »Denkt an ihn . . . dann werdet ihr nicht ermatten und den Mut nicht verlieren« (Hebräer 12,3, Einheitsübersetzung).

26.

Nehmt mein Joch auf euch und lernt von mir; denn ich bin gütig und von Herzen demütig; so werdet ihr Ruhe finden für eure Seele.
MATTHÄUS 11,29, EINHEITSÜBERSETZUNG

Wenn früher Pferde auf die brutale Art zugeritten wurden (nicht umsonst hieß das »Einbrechen«), dauerte es manchmal Stunden, bis sie aufhörten sich zu wehren und sich erschöpft der Kontrolle des Reiters ergaben. Man erzielte Gehorsam durch Ausübung von Macht. Ochsen dagegen zähmte man, indem man sie beispielsweise mit einem älteren, erfahreneren Tier zusammen in ein Joch spannte und so das ältere Tier dem jüngeren Vorbild war.

Das ist das Bild, das das heutige Bibelwort von Jesus vermittelt. Er behandelt uns nicht wie ein Zureiter, der Gehorsam erzwingt, sondern er lehrt uns durch sein Vorbild. Jesus war sanftmütig, und deshalb sollen wir es auch sein. Paulus sagt, dass zu unserer geistlichen Garderobe auch ein Gewand der Sanftmut, in einigen Übersetzungen auch als »Milde« oder »Nachsicht« übersetzt, gehört: »Weil ihr von Gott auserwählt und seine geliebten Kinder seid, die zu ihm gehören, sollt ihr euch untereinander auch herzlich lieben in Barmherzigkeit, Güte, Demut, Nachsicht und Geduld« (Kolosser 3,12, Hoffnung für alle).

Wie kann sich Milde, Sanftmut oder auch Nachsicht in unserer Ehe ganz praktisch ausdrücken? Eine der besten Möglichkeiten ist hier die Art Ihrer Kommunikation. Seien Sie behutsam und sanft in Ihrer Wortwahl. Sanfte Worte sind tröstend, beruhigend und ermutigend. Seien Sie sanft im Tonfall, denn der hat meist noch eine viel stärkere Wirkung als die eigentlichen Worte. Härte im Tonfall kann reiben wie grobes Schmirgelpapier.

Auch unser Verhalten ist eine Möglichkeit, eine milde innere Haltung zum Ausdruck zu bringen. Paulus sagt: »Wenn einer sich zu einer

Verfehlung hinreißen lässt, so sollt ihr, die ihr vom Geist erfüllt seid, ihn im Geist der Sanftmut wieder auf den rechten Weg bringen« (Galater 6,1, Einheitsübersetzung).

Ehepartner versündigen sich auf vielerlei Weise aneinander. Gegen den anderen zu grollen oder ihn klein zu machen ist nicht gerade ein Zeichen von Sanftmut. Auf Fehler sollte mit nachsichtiger Vergebung und Wiedergutmachung reagiert werden. Unser Ziel in der Ehe besteht darin, unserem Partner gegenüber Sanftmut an den Tag zu legen. Möge in Ihrer Ehebeziehung diese Nachsicht und Sanftmut spürbar sein.[13]

27.

Herr, wie kann ein junger Mensch leben, ohne schuldig zu werden? Indem er sich nach deinen Geboten richtet.

Psalm 119,9, Hoffnung für alle

Können Sie sich noch daran erinnern, wie Sie als Kinder Verstecken gespielt haben? Es war unglaublich spannend, die Person zu überlisten, die suchen musste.

Manche Leute haben auch als Erwachsene noch die Angewohnheit, sich vor anderen zu verstecken, selbst wenn es mittlerweile kein Spiel mehr ist. Sie verstecken ihr Christsein, wenn sie mit Nichtchristen zusammen sind. Sie verbergen ihre Fähigkeiten aus Angst, sie unter Beweis stellen zu müssen. Sie verbergen vor anderen, wer sie wirklich sind, aus lauter Angst, die anderen könnten sie sonst nicht mögen.

Gerade Männer neigen häufig dazu, ihre Gefühle zu verbergen, weil sie nie gelernt haben, sie auszudrücken. Wenn wir unsere Gefühle verbergen, entwickeln sich daraus Mechanismen der Täuschung und des Misstrauens, gerade auch in der Ehe. Als Spiel hat das Verstecken sicher seine Berechtigung, aber es gehört nicht in eine Beziehung zwischen Erwachsenen.

Was haben nun diese Ausführungen über das Verstecken damit zu tun, wie man sein Leben in Ordnung hält, indem man sich nach den Geboten richtet? Nun, bestimmte Probleme im Leben zu verstecken ruft wiederum andere Probleme hervor, durch die wir uns schuldig

machen und die es auszuräumen gilt. Aber in Psalm 119, Vers 11 bekommen wir ein gutes Beispiel dafür, dass Verstecken auch etwas Gutes haben kann. Dort steht nämlich: »Ich berge deinen Spruch in meinem Herzen, damit ich gegen dich nicht sündige« (Psalm 119,11, Einheitsübersetzung).

Wenn Sie etwas verbergen möchten, dann das Gottes Wort, und zwar in Ihrem Herzen, indem Sie es auswendig lernen. Verse, die man auswendig kann, fallen einem ganz plötzlich dann ein, wenn man sie besonders dringend braucht. Das Wort Gottes wird sich in Ihrem Umgang miteinander in der Ehe widerspiegeln, wenn es in Ihrem Denken und in Ihrem Herzen verborgen ist.

Welche Verse haben Sie und Ihr Partner im vergangenen Jahr auswendig gelernt? Warum nicht noch ein paar mehr – vielleicht aus den Andachten in diesem Buch – heraussuchen und auswendig lernen? Das könnte einen Durchbruch in Ihrer Ehe bewirken.

28.

Eine freundliche Antwort vertreibt den Zorn,
aber ein kränkendes Wort lässt ihn aufflammen.
SPRÜCHE 15,1, HOFFNUNG FÜR ALLE

Manche Ehen sind vergleichbar mit der Ruhe eines stillen Sees. Andere sind wie die turbulenten Stromschnellen, die zu den Niagarafällen führen, mit schäumenden Wellenkronen so weit das Auge reicht. In einer Ehebeziehung gibt es sowohl Ruhezeiten als auch Turbulenzen.

Unterschiede zwischen den Ehepartnern sind in jeder Ehe vorhanden, das ist nichts Überraschendes. Wenn zwei Menschen, die 20 oder 30 Jahre getrennt voneinander gelebt haben, ihren jeweiligen familiären Hintergrund mitbringen, ihre Vorlieben, Gewohnheiten, Temperamente, Werte und inneren Uhren, was kann man da anderes erwarten?

Aber in Sprüche 17,14 wird ein Mittel gegen unvermeidbare Zusammenstöße genannt: »Wer Streit anfängt, entfesselt eine Wasserflut,

drum halt ein, ehe der Zank ausbricht.« Es ist eine Sache, unterschiedlicher Meinung zu sein, aber es ist etwas anderes, sich deshalb schlecht zu benehmen. Ein Streit ist der verbale Kampf, zu dem es kommt, wenn in einer Meinungsverschiedenheit unsere Gefühle die Oberhand gewinnen und statt das Problem die Person angegriffen wird. Wenn ein solcher Streit vorüber ist, dann bleiben immer Verletztheit oder Spannungen zurück.

Wenn wir lernen, mit den unterschiedlichen Meinungen, Werten, Überzeugungen und Verhaltensweisen des Partners umzugehen, kann das zur Verherrlichung Gottes beitragen. Vielleicht ist Ihnen dieser Gedanke ganz neu, aber es ist möglich. Wenn es nicht möglich wäre, warum hat dann das Wort Gottes so häufig etwas zum Thema Streit zu sagen?

Auseinandersetzung – und zwar gesunde, nicht aggressive, problemlösende Auseinandersetzung – kann in der Ehe eine konstruktive Erfahrung sein. Es ist eine Chance für Sie und Ihren Ehepartner, eine neue Sichtweise oder eine neue Vorgehensweise zu lernen. Wenn Sie anderer Meinung sind, ohne zu streiten, dann lernen Sie, auch unter Druck zuzuhören.

Wenn Sie nun auch all die Chancen sehen, die Meinungsverschiedenheiten in sich bergen, dann ist es doch gar nicht so schlimm, oder?

MÄRZ

Es darf keine »Wenn«-Sätze in unseren Beziehungen zu anderen geben. Sich mit ihnen abzugeben darf nicht an Bedingungen geknüpft sein. Es gibt eine Liebe, die alle Barrieren einreißt – die Liebe Jesu Christi.

1.

Dann sprach Gott der Herr: Es ist nicht gut,
dass der Mensch allein bleibt ...
Das endlich ist Bein von meinem Bein
und Fleisch von meinem Fleisch.

1. MOSE 2,18.23, EINHEITSÜBERSETZUNG

Zum Plan Gottes für uns gehört, dass er uns dazu aufruft, in sechs Bereichen Vertrautheit mit dem Partner zu erreichen:

EMOTIONALE VERTRAUTHEIT bewirkt das Gefühl von Nähe und Vertrauen zu unserem Partner. Sie sind als Ehepartner in der Lage, einander Gefühle und Empfindungen mitzuteilen, ohne Angst, abgewiesen oder lächerlich gemacht zu werden.

GESELLIGE VERTRAUTHEIT und Nähe existiert zwischen Freunden, die gemeinsam etwas unternehmen und auch lernen, zusammen zu arbeiten. Diese Ebene der Vertrautheit erwächst daraus, dass man sich auch in den unterschiedlichen Persönlichkeitsmerkmalen akzeptiert und sie zur gegenseitigen Ergänzung nutzt.

SEXUELLE VERTRAUTHEIT entsteht dadurch, dass man erfährt, welche Vorlieben und Abneigungen der Partner in der körperlichen Liebe hat. Es bedeutet, seine bzw. ihre Liebessprache zu erlernen und herauszufinden, wie er/sie umworben werden möchte.

Wenn Sie mit jemandem geistig besonders vertraut sind, dann haben Sie in der Tiefe gemeinsame Ideen. Sie schätzen dann die Meinungen Ihres Partners und er/sie die Ihren. Sie können aber beide auch Ihre Meinungsunterschiede akzeptieren.

Wenn Sie sich auch auf dem Gebiet der Freizeit und Erholung vertraut sind, gehört dazu, dass Sie ZUSAMMEN SPASS HABEN können. Sie sollten gern zusammen »spielen« können und immer wieder neue gemeinsame Interessen entdecken.

Die Ebene der Vertrautheit, an der es vielleicht in vielen Bereichen fehlt, ist die der GEISTLICHEN NÄHE. Dazu gehört, tiefste Überzeugungen zu teilen und bereit zu sein, gemeinsam über Unterschiede und Ähnlichkeiten zu reden. Zusammen Gottesdienste zu besuchen, miteinander im Wort Gottes zu lesen, sich gegenseitig geistlich zu ermutigen und füreinander zu beten.

Ja, es kann schon ein bisschen Angst machen, anderen Menschen nah und vertraut mit ihnen zu sein, aber es gibt etwas, das Sie schützt, wenn Sie sich Ihrem Mann bzw. Ihrer Frau gegenüber öffnen – Gottes Liebe.

Mike Mason schreibt: »Das Einzige, was ein Paar in dem Prozess der Selbstoffenbarung schützen kann, ist die Liebe Gottes . . . Nur diese Liebe kann die ständige Bedrohung der Verurteilung und Ablehnung austreiben, die sonst alle Erfahrungen von Vertrautheit verderben.«[1]

2.

Habt keine Angst! Verliert nicht den Mut!
Ihr werdet erleben,
wie der Herr euch heute rettet.
2. Mose 14,13, Hoffnung für alle

Wenn Sie sich manchmal wie ein Versager fühlen, dann haben Sie etwas gemeinsam mit dem Rest der Menschheit. Wenn Sie versagen, herzlichen Glückwunsch: Sie sind ganz normal. Es ist die Angst vor dem Versagen, die manchmal zum eigentlichen Problem werden kann. Angst lähmt uns, bringt uns ins Stocken. Die Angst vor dem Versagen ist einer der Hauptgründe, weshalb Perfektionisten so stark zum Zaudern und Zögern neigen!

Gott hat einige Worte für uns, die dabei helfen können, die Angst vor dem Versagen zu überwinden. Als Mose die Israeliten aus Ägypten hinausführte, wurde das Volk von den Kampfwagen, Reitern und Truppen des Pharao verfolgt. In dem Augenblick, als die Israeliten den Feind kommen sahen, fingen sie an, sich bei Mose zu beklagen und ihm die Schuld für ihre missliche Lage zu geben. Sie sagten, lieber würden sie den Ägyptern dienen, als in der Wüste zu sterben, und sie waren drauf und dran aufzugeben.

Manchmal kommen auch Paare an einen Punkt, an dem sie Angst davor bekommen, überhaupt noch etwas für ihre Ehe zu tun. Sie glauben, dass das ohnehin nichts mehr nützt, und diese Einstellung hält

sie dann davon ab, überhaupt noch irgendwelche Versuche zum Erhalt und zur Bereicherung ihrer Ehe zu unternehmen.

Manche Versuche, eine Ehe besser zu gestalten, scheitern ja wirklich, und manche Ihrer Bemühungen, etwas zu verändern, bringen vielleicht nicht den erhofften Erfolg. Aber lassen Sie sich dadurch nicht davon abhalten, es wieder zu versuchen. Nehmen wir beispielsweise einmal an, Ihr Partner sei sehr ruhig. Dieser Umstand frustriert Sie, und Sie üben zunehmend Druck aus, damit er/sie offener wird, mit dem Ergebnis, dass er/sie nur noch stiller wird und Sie am Rande der Verzweiflung sind. Geben Sie nicht auf. Vielleicht finden Sie ja eine andere Möglichkeit, Ihre Kommunikation zu verbessern. Lassen Sie sich durch die Angst vor dem Scheitern nicht die Chancen Ihrer Ehe nehmen.

Die Worte »Habt keine Angst«, die Mose hier sagt, sollten Ihnen Mut machen, es weiterhin mit Ihrer Beziehung zu versuchen. Bitten Sie Gott um Weisheit. Lesen Sie Bücher zu dem konkreten Thema, das Ihnen zu schaffen macht. Teilen Sie einander mit, in welchen Bereichen Sie enttäuscht sind und was Sie zur Verbesserung Ihrer Ehe tun könnten. Und dann bringen Sie Ihre Sorgen und Anliegen zusammen im Gebet vor Gott.

3.

Ich bete darum, dass eure Liebe immer reicher und tiefer wird.
PHILIPPER 1,9, HOFFNUNG FÜR ALLE

Stellen Sie sich vor, Sie stehen am Meer und beobachten, wie eine hohe Welle sich langsam auftürmt. Sie wissen schon im Voraus, wie die Sache ausgeht. Nichts auf der Welt kann die Welle aufhalten, und wenn sie schließlich bricht, wird alles, was in der Nähe ist, von ihren Wogen umspült.

Genauso soll auch Ihre Liebe zu Ihrem Partner sein. Rein menschlich gesehen ist es manchmal schwierig für uns, die Liebe tiefer und reicher werden zu lassen. Unser Egoismus sorgt oft dafür, dass diese Art der Liebe eher zu einem Tröpfeln verkommt, als zu einer Flutwelle

anzuschwellen. Wenn wir uns jedoch vom Heiligen Geist leiten lassen, entfaltet sich die Chance, mit grenzenloser Liebe zu lieben, immer mehr.

Stergeo, das ist einer von mehreren griechischen Begriffen für Liebe, bezeichnet eine Art natürlicher Zuneigung und die Zugehörigkeit in einer Beziehung. Ehepartner, die sich ihrer gegenseitigen Loyalität sicher sind und emotionalen Rückhalt beieinander haben, erleben diese Stergeo-Liebe. Ehen erblühen, wenn diese Stergeo-Liebe darin reichlich vorhanden ist.

Phileo wird ebenfalls als Liebe übersetzt und bedeutet freundschaftliche Liebe, eine der höchsten Prioritäten in der Ehe. Phileo ist die Liebe zwischen Gefährten. Praktisch bedeutet das beispielsweise, eine gemeinsame Mahlzeit zu genießen, ohne dabei fernzusehen oder Zeitung zu lesen. Sie bedeutet, dass es Ihnen sogar Spaß machen kann, gemeinsam einkaufen zu gehen (ab und zu jedenfalls), einfach weil Sie gern zusammen sind. Phileo beschreibt die reine Freude daran, mit dem anderen zusammen zu sein, sich gegenseitig mitzuteilen, was man denkt, fühlt und träumt.

Phileo ist auch eine Art der Liebe, in der Zusammenarbeit eine große Rolle spielt. Sie bedeutet, dass Sie sich zusammen hinsetzen und einen neuen Haushaltsplan ausarbeiten können, nachdem die Waschmaschine und der Trockner den Geist aufgegeben haben. Wenn es eine Liebe gibt, die in einer Ehe reichlich vorhanden sein sollte, dann diese freundschaftliche Liebe.

Vielleicht sollten Sie sich gleich jetzt ein paar Minuten Zeit nehmen und miteinander darüber sprechen, was freundschaftliche Liebe für Sie bedeutet. Und wie immer Sie sie auch für Ihre Beziehung definieren mögen – sorgen Sie dafür, dass sie reichlich vorhanden ist.

4.

Darum sind die Männer verpflichtet,
ihre Frauen so zu lieben wie ihren Leib.
Wer seine Frau liebt, liebt sich selbst.
EPHESER 5,28, EINHEITSÜBERSETZUNG

Für eine Ehefrau zu sorgen hat mit Wertschätzung zu tun. Dazu gehört nicht nur, ihr zu zeigen, dass sie Ihnen viel bedeutet, sondern auch Schaden von ihr abzuwenden. Wie kann ein Ehemann diese Eigenschaft nun ganz praktisch umsetzen?

Hier ein Beispiel: Ein junges Ehepaar wollte an einem Fest in der Gemeinde teilnehmen, zu dem alle Teilnehmer etwas selbst Gemachtes zum Essen mitbringen sollten. Obwohl Mary nicht unbedingt als begnadete Köchin galt, beschloss sie trotzdem, einen Kuchen beizusteuern. Sie backte ihn also, aber als sie und Sam dann zu dem Fest unterwegs waren, bekam sie doch Bedenken. Beide Eheleute konnten nämlich sehr wohl riechen, dass die Kruste des Kuchens ein bisschen verbrannt roch.

Als sie bei der Gemeinde ankamen, wurde Marys Kuchen zu den anderen Sachen auf das große Büfett gestellt. Bevor jemand kommen und sich bedienen konnte, schnitt Mary ein kleines Stückchen von dem Kuchen ab und gab ihn Sam zum Probieren. Seine Mimik bestätigte ihre schlimmsten Befürchtungen. Sie war am Boden zerstört. Was würden ihre Freunde von ihr denken, wenn sie einen so schrecklichen Kuchen für ein Büfett mitbrachte?

Aber bevor noch jemand kommen und sich Nachtisch holen konnte, schnappte sich Sam Marys Kuchen und verkündete vor allen, dass er ihn ganz allein aufessen würde. Er hätte bemerkt, dass es noch reichlich andere Desserts und Kuchen gab, und im Übrigen, wie oft bekäme er schon seinen Lieblingsnachtisch!

Mary bemerkte dazu später: »Sam saß in einer Ecke und aß mit Todesverachtung den ganzen Kuchen auf, damit sonst niemand etwas davon probieren und feststellen konnte, wie unangenehm er schmeckte.« Weiter sagte sie, dass die Reaktion ihres Mannes ihr sehr viel bedeute. Es war für sie nämlich die Bestätigung, dass sie einen Mann geheiratet hatte, der sie genug liebte, um einzugreifen und sie

zu beschützen. Sein liebevolles Handeln war sicher ein Opfer, aber er konnte sich ihrer Dankbarkeit dafür auch sicher sein.

Wenn eine Ehefrau die Wertschätzung und Fürsorge ihres Mannes spürt, dann fühlt sie sich geschützt und sicher und hat keine Angst. Wie kommt dieser Aspekt in Ihrer Ehe zum Ausdruck?

5.

Wieso gibt es bei euch denn so viel Streit, Krieg und Kampf? Kommt alles nicht daher, dass ihr euren Leidenschaften und Trieben nicht widerstehen könnt? Ihr wollt alles haben und werdet nichts bekommen . . . Streitet, zankt und kämpft also so viel ihr wollt; gewinnen werdet ihr dadurch nichts.

JAKOBUS 4,1.2, HOFFNUNG FÜR ALLE

Diesen Versen zufolge sind unsere Leidenschaften eine der wesentlichen Ursachen für Streit in unseren Beziehungen, einschließlich der ehelichen. Der griechische Begriff, der diesen Umstand benennt, ist der des HEDONISMUS. Der Satz »Ich will, was ich will, wann ich es will!« macht die dahinter stehende Haltung deutlich. Wenn beide Ehepartner nach dieser egoistischen Maxime handeln, dann ist allerhöchste Vorsicht geboten!

Nicht all unsere Wünsche und Sehnsüchte sind schlecht oder sündig und das Aussprechen solcher Wünsche muss auch nicht unbedingt zum Streit führen. Das ist nur dann der Fall, wenn sie nicht dem Plan Gottes für uns entsprechen oder gegen die persönlichen Grenzen des Partners verstoßen. Oder eine sofortige Erfüllung fordern.

So ist beispielsweise alles Essen ein Geschenk von Gott und unser Verlangen zu essen ist etwas völlig Normales. Für manche Menschen ist Essen jedoch zum Götzen geworden. Auch der Sexualtrieb ist ein Geschenk Gottes und Sex ist zu unserer Freude und unserem Vergnügen gedacht. Das ist eine Tatsache! Sex gehört aber – nach dem Plan Gottes jedenfalls – in den Rahmen der Ehe. Viele Verheiratete begeben sich mit Sexfilmen oder Pornoseiten im Internet aus diesem Rahmen heraus und verzerren so Gottes Plan für die Ehe.

Auch materieller Besitz ist ein Geschenk von Gott. Wenn er uns jedoch von Gott wegzieht und nicht in Gottes Plan für uns integriert wird, dann kann er zum Problem werden.

Jakobus fährt in dem Brief fort: »Ihr Ehebrecher, wisst ihr nicht, dass Freundschaft mit der Welt Feindschaft mit Gott ist? Wer also ein Freund der Welt sein will, der wird zum Feind Gottes« (Vers 4, Einheitsübersetzung). Jakobus bezeichnet seine Leser also als Ehebrecher, weil sie mit der Welt Freundschaft geschlossen haben. Er sagt, dass wir geistlichen Ehebruch begehen, wenn unser Handeln mehr durch die eigenen Wünsche bestimmt ist als durch das Wort Gottes.

Wenn man eine Liebesaffäre mit der Welt hat, begeht man geistlichen Ehebruch! Was halten Sie von dieser Vorstellung? Kann eine Ehebeziehung stärker im Einklang mit der Welt sein als mit Gott? Was passiert mit der Beziehung und den einzelnen Partnern, wenn der Mann und/oder die Frau lieber Freundschaft mit der Welt wollen? Wie kann man die eigene Ehe vor dieser Gefahr schützen? Sprechen Sie darüber.[2]

6.

Gott tritt den Stolzen entgegen, den Demütigen schenkt er seine Gnade.
Ordnet euch also Gott unter, leistet dem Teufel Widerstand;
dann wird er vor euch fliehen.
JAKOBUS 4,6.7, EINHEITSÜBERSETZUNG

Eines der Themen im Jakobusbrief ist Stolz contra Demut. Dabei handelt es sich um einen Konflikt, der auch in vielen Ehen zu Spannungen führt. In Jakobus 4,6–10 stehen fünf Ermahnungen, die dazu gedacht sind, dem Stolz ein Ende zu setzen und zur Demut zu ermutigen.

Erstens sagt Jakobus, dass wir uns Gott unterordnen sollen. Sich vor Gott zu beugen, ist der erste Schritt, um menschlichen Stolz zu überwinden. Zweitens sagt er, dass wir dem Teufel Widerstand leisten und »die Nähe Gottes« suchen sollen (Vers 8). Das wiederum bewirkt, dass Gott sich uns nähert. Sie brauchen keine Angst zu haben, dass Gott Sie

abweist. Leider gibt es sehr viele Leute, die warten, bis ihre Ehe oder ihr ganzes Leben in Trümmern liegt, bevor sie zu Gott kommen.

Die dritte Ermahnung erfordert auch eine äußerliche Veränderung: »Reinigt die Hände, ihr Sünder« (Vers 8). Das Händewaschen war zu Zeiten des Neuen Testamentes ein äußeres Zeichen der Reinigung, ein Symbol, dem Satan zu widerstehen und sich in Gottes Nähe zu begeben. Der vierte Schritt betrifft eine innere Veränderung: »Läutert euer Herz, ihr Menschen mit zwei Seelen« (Vers 8).

Die letzte Ermahnung lässt sich in einem Wort zusammenfassen – tue Buße, also kehre um. »Klagt und trauert und weint! Euer Lachen verwandle sich in Trauer, eure Freude in Betrübnis« (Vers 9).

Jakobus meint damit nicht, dass wir nur noch als wandelnde Schuldgefühle herumlaufen sollen, sondern er meint hier eine Art innere Betroffenheit. Wenn Ihnen klar wird, dass Sie gesündigt haben und es Ihnen Leid tut, BEVOR Sie ertappt werden, dann ist das eine Haltung, die Gott gefällt und die beste Methode, um Stolz zu vermeiden und stattdessen Demut zu entwickeln. Gott wird Ihnen Gnade schenken (Vers 6). Das ist doch ein großartiges Versprechen. Denken Sie darüber nach.[3]

7.

Verleumdet einander nicht, Brüder! Wer seinen Bruder verleumdet oder seinen Bruder verurteilt, verleumdet das Gesetz.

JAKOBUS 4,11, EINHEITSÜBERSETZUNG

Üble Nachrede und Verleumdung enthalten Worte, die vielleicht gar nicht wahr sind, aber dennoch einen Ruf oder sogar ein gesamtes Leben ruinieren können. Ja, Verleumdung geschieht auch in Ehebeziehungen, und zwar aufgrund von Zweifeln und falschen Informationen. Haben Sie schon einmal den Stachel einer falschen und verleumderischen Aussage zu spüren bekommen?

Jakobus spricht viel über den Gebrauch der Zunge. Gene Getz schreibt einige Anmerkungen zu vier Bibelstellen aus dem Jakobusbrief, in denen es um unser Reden geht: »Jakobus 1,19.20: Ich sollte

immer genau und objektiv zuhören und möglichst viele Fakten sammeln, bevor ich Schlussfolgerungen ziehe. Außerdem sollte ich darüber nicht sprechen, bevor ich das, was ich erfahren habe, möglichst objektiv betrachten kann; wenn ich dann rede, darf das nicht motiviert sein durch Jähzorn, der möglicherweise nur auf Vergeltung aus ist.

Jakobus 2,12.13: Ich werde von Gott dafür beurteilt, wie ich mit meiner Zunge umgehe. Wenn ich nicht barmherzig bin, werde ich auch selbst keine Barmherzigkeit erfahren. Praktisch bedeutet das, dass ich so behandelt werde, wie ich andere behandele – auch schon in diesem Leben. Leute, die ständig nur kritisieren, provozieren dadurch bei anderen Leuten geradezu eine kritische Haltung, die dann gegen sie selbst gerichtet ist.

Jakobus 3,2: In dem, was ich sage, werde ich nie perfekt sein, aber das Maß, in dem ich mich an die Richtlinien Gottes halte, und die Art, wie ich etwas sage, sagt etwas über meine geistliche Reife aus.

Jakobus 3,9: Wenn ich Gott mit meinen Worten preise und gleichzeitig andere Christen verletze und herunterziehe durch das, was ich sage, dann übertrete ich den Willen Gottes.«

Welche dieser Aussagen ist für Ihre Ehe momentan am hilfreichsten? Sprechen Sie darüber.[4]

8.

Verleumdet einander nicht, Brüder! ... Wer bist du, dass du über deinen Nächsten richtest?

JAKOBUS 4,11.12, EINHEITSÜBERSETZUNG

Was könnte doch in unseren Familien für eine Harmonie herrschen, wenn wir nicht solche Probleme mit unserer Zunge hätten. Aber wir machen uns alle der Verleumdung und üblen Nachrede schuldig – falsche, schädliche, verurteilende Aussagen über andere. Hier vier Gründe, warum wir nicht über andere reden sollen:

1. Wir sind Brüder und Schwestern in Christus. Wir sollen es vermeiden, negativ über andere Christen zu reden, selbst wenn ihr Lebensstil uns widerstrebt. Warum das besser ist? Weil wir durch Christus mit ihnen »verwandt« sind. Vielmehr sollen wir ihnen nach Meinung von Paulus »in brüderlicher Liebe zugetan« sein (Römer 12,10, Einheitsübersetzung).

2. Wir sollen Vorbild sein in der Liebe. Selbst wenn andere schlecht über Mitmenschen reden, sollen wir Vorbilder sein, indem wir dabei nicht mitmachen, sondern liebevoll und mit Respekt übereinander sprechen. Vielleicht erleben Sie Druck von Leuten, die ihre Zunge nicht unter Kontrolle haben. Und vielleicht sind Sie auch sehr versucht, etwas über die offensichtlichen Fehler anderer zu sagen. Vielleicht sind Sie von Familienangehörigen, Gemeindemitgliedern oder sogar von Pastoren verletzt oder gekränkt worden. Es ist so leicht, ihnen dafür verbal eins auszuwischen. Aber Gott will definitiv nicht, dass Menschen, die zu ihm gehören, schlecht über andere reden.

3. Wir sollen uns dem Wort Gottes unterstellen. Wenn wir über andere reden, dann nehmen wir das Wort Gottes nicht ernst. Vielleicht gehorchen wir seinem Gebot auf anderen Gebieten, aber wenn wir ihm in Bezug auf üble Nachrede nicht gehorchen, dann ist das auch eine Missachtung seines Wortes.

4. Wir sollen uns sowohl vor Gott als auch vor allen anderen demütigen. Warum hat wohl Paulus direkt nach seinen Aussagen über den Stolz (4,6–10) über üble Nachrede geschrieben? Stolz ist oft ein übersteigertes Selbstbewusstsein, das Gefühle der Unsicherheit überdecken soll. Eine vermeintliche Möglichkeit, uns selbst aufzubauen, besteht darin, jemand anderen durch Gerede herunterzuziehen und klein zu machen!

Gibt es in Ihrem Leben jemanden, bei dem Sie versucht sind, negativ über ihn/sie zu reden? Waren Sie schon einmal das Ziel übler Nachrede? Wie war das für Sie? Wie sind Sie damit umgegangen? Wie fühlt sich das an, wenn ein Ehepartner negativ über den anderen redet? Vielleicht ist ein Gespräch über diese Frage nicht gerade ein Vergnügen, aber es könnte sehr lohnend sein!

MÄRZ

9.

Ihr solltet lieber sagen:
Wenn der Herr will, werden wir noch leben
und dies oder jenes tun.
JAKOBUS 4,15, HOFFNUNG FÜR ALLE

Das Leben ist ungewiss. Wir machen Pläne, haben Träume, aber vielleicht sind es nicht dieselben Pläne und Träume, die Gott für uns hat. Und Christ zu sein, ist keine Garantie, dass alles so läuft, wie wir es gern hätten oder dass wir auf jeden Fall mindestens 85 Jahre alt werden. Viele Paare planen so, als wären sie völlig sicher, dass alles nach Wunsch verläuft. Wenn dann vieles anders kommt, sind sie am Boden zerstört.

Die Verwendung der Einstellung »Wenn der Herr will und wir leben« bei unserer Planung, ist keineswegs Ausdruck eines pessimistischen Fatalismus, sondern trägt der Tatsache Rechnung, dass das Leben unsicher und Gott der Einzige ist, der weiß, was die Zukunft bringt. Kein Mensch weiß doch, was morgen ist. Vielleicht verlieren Sie Ihren Arbeitsplatz. Vielleicht erleidet einer von Ihnen eine Behinderung oder kommt bei einem Unfall ums Leben. Ihre Pläne für einen ausgiebigen Urlaub müssen vielleicht ins Wasser fallen, weil in Ihrem Zielland eine kriegerische Auseinandersetzung ausgebrochen ist. So ist das Leben, und so sind die Zeiten, in denen wir leben.

Was will also Jakobus Ihnen als Paar nun sagen?

Erstens: Beziehen Sie Gott in alle Ihre Pläne ein. Ja, beziehen Sie ihn nicht nur ein, sondern stellen Sie ihn an die erste Stelle. Bitten Sie ihn um seine Führung.

Zweitens: Machen Sie sich klar, dass alles, was Sie sind und haben, von ihm kommt. Ihm haben Sie wirklich alles zu verdanken.

Drittens: Wenn Sie mit Reichtum gesegnet sind, dann setzen Sie ihn zur Verherrlichung Gottes ein.

Jetzt ist es Zeit fürs Gespräch. Wie kann die Andacht von heute Ihr Leben und Ihre derzeitige Perspektive verändern?[5]

10.

Der Herr ist mein Hirte,
nichts wird mir fehlen.
PSALM 23,1, HOFFNUNG FÜR ALLE

Bevor Sie die Andacht jetzt fortsetzen, lesen Sie bitte gemeinsam auch noch den Rest von Psalm 23 in der Bibel.

Eine der Gefahren in der Ehe besteht ja darin, vom anderen zu viel zu erwarten. Manche Menschen heiraten und erwarten dann vom Ehepartner, dass er ihnen alles gibt, was ihnen bisher gefehlt hat. Eine solche Erwartungshaltung ist für jede Ehe belastend. Ihr Ehepartner ist nicht Ihr Hirte. Das ist der Herr, und er verspricht, dass es Ihnen an nichts fehlen wird. Jesus nannte sich selbst den »guten Hirten« (Johannes 10,11.14), den »obersten Hirten« (1. Petrus 5,4) und »erhabenen Hirten« (Hebräer 13,20).

Wahrscheinlich haben Sie Psalm 23 schon sehr häufig gehört oder selbst gelesen. Wenn wir darin vom »finsteren Tal« lesen, denken wir meist an unser eigenes Sterben. Aber dieses Tal kann auch für die schweren Erfahrungen im Leben stehen, die ausweg- und hoffnungslos erscheinen. Manchmal erleben wir mit, wie Nichtchristen leben und haben den Eindruck, dass bei ihnen scheinbar alles bestens läuft. Wir fangen an zu zweifeln und Gott zu hinterfragen. Wenn es zu Ehekrisen kommt und uns die Verluste des Lebens schwer zusetzen, dann fragen wir uns: »Wo ist Gott?« Psalm 23 versichert uns, dass er bei uns ist. Wir brauchen uns nicht zu fürchten.

Manchmal ist es einfacher, unseren eigenen Fähigkeiten zu vertrauen oder dem, was uns die Gesellschaft zu bieten hat, denn das können wir wenigstens sehen und auch anfassen. Den Versprechen Gottes zu vertrauen erfordert Glauben an etwas, was wir nicht sehen können. Und wir wollen jetzt sofort eine Antwort und nicht erst morgen. Die Verheißung des Psalms lautet, dass Ehepaare, die an den großen Hirten glauben, keinen Mangel haben werden und auch keine Angst zu haben brauchen.

In welchen Zeiten Ihres Lebens hat Ihnen dieser Psalm besonders viel bedeutet? Welcher Vers ist für Sie gerade zur Zeit wichtig? Nehmen Sie sich ein paar Minuten Zeit, um Ihre Antworten auf diese Fra-

gen miteinander auszutauschen. Wenn Sie das getan haben, lesen Sie den Psalm noch einmal gemeinsam laut vor.

11.

Es ist nicht gut, dass der Mensch allein bleibt.
1. MOSE 2,18, EINHEITSÜBERSETZUNG

Sie und ich sind zur Gemeinschaft geschaffen. Freundschaft ist ein Teil unseres Lebens, der Erfüllung bringt. Wir freuen uns über einen großen Freundeskreis in unserer Kindheit und Jugend. Als Erwachsene haben wir dann meistens zwar weniger, dafür aber engere Freunde. Freuen Sie sich über die Anwesenheit, die Gedanken und die Kommunikation mit Ihrem Ehepartner? Macht es Ihnen Spaß, Seite an Seite mit ihm/ihr zu arbeiten wie mit einem Freund/einer Freundin?

Freundschaft gehört zu Gottes Plan mit der Ehe. Hoffentlich waren Sie schon vor Ihrer Hochzeit Freunde. Wenn Ihre Freundschaft sich während der Ehe dann weiterentwickelt, wird genügend Stabilität vorhanden sein, um die Krisen der Veränderung, zu denen es im Laufe der Jahre immer wieder kommen wird, zu überstehen.

Vor Jahren beschrieb Lois Wyse Freundschaft in der Ehe folgendermaßen:

> Jemand bat mich, doch einmal zu sagen,
> wann genau die Freundschaft endete und die Liebe begann.
> Ach, mein Liebling, das ist ja das Geheimnis.
> Unsere Freundschaft hat nie aufgehört.[6]

Freundschaft ist gegenseitig. Beide Partner müssen Zeit und Kraft in die Beziehung investieren. Freundschaft beruht auf Vertrauen, das im Laufe längerer Zeit und auf Grund vieler gemeinsamer Erfahrungen gewachsen ist. An einen Freund kann man sich wenden, wenn man jemanden braucht, der zu einem hält und einen unterstützt.

Wie Sie ja wahrscheinlich wissen, wenn Sie schon eine Weile verheiratet sind, ist Ihr Partner fürs Leben ja nicht immer einer Meinung

mit Ihnen. Und das ist auch völlig in Ordnung so. Salomo sagt: »Treu gemeint sind die Schläge eines Freundes, doch trügerisch die Küsse eines Feindes« (Sprüche 27,6). Ihre Beziehung kann sich auch durch Ihre Diskussionen und Meinungsverschiedenheiten vertiefen. Aus gegenseitigem Respekt füreinander versuchen Freunde nicht, sich gegenseitig zu kontrollieren oder zu bevormunden.

Überlegen Sie gemeinsam, wie es mit der Freundschaft in Ihrer Ehe steht, und wenn Sie sich wünschen, dass sie zunimmt, sprechen Sie darüber, wie dies geschehen kann.

12.

Der Mann und die Frau waren nackt, sie schämten sich aber nicht.
1. Mose, 2,25, Hoffnung für alle

Freundschaft und Gemeinschaft kann in der Ehe tiefer werden als in jeder anderen Beziehung, denn in der Ehe ist kein Bluffen und kein Vertuschen nötig. Dennoch erfordert es Zeit, Vertrauen zu entwickeln, damit man sich einander wirklich ganz offenbaren kann. Wie entwickelt sich nun aber Vertrauen?

Vielleicht die beste Aussage darüber kommt von Colleen und Lou Evans, Jr.: »Und was ist ein Freund? Vieles . . . Ein Freund ist jemand, mit dem man sich wohl fühlt, jemand, mit dem man gern zusammen ist. Ein Freund ist jemand, auf den man zählen kann – nicht nur wenn es um Unterstützung geht, sondern auch in Bezug auf Ehrlichkeit.

Ein Freund ist jemand, der an einen glaubt . . ., jemand, der dieselben Träume hat wie man selbst. Ja, ein echter Freund ist ein Mensch, den man an seinem gesamten Leben teilhaben lassen möchte – und dieses Teilhaben verdoppelt den Spaß.

Wenn man verletzt ist und man das, was vorgefallen ist, mit einem Freund besprechen kann, lindert das den Schmerz. Ein Freund bietet Sicherheit und Vertrauen . . . Was man auch sagt, es wird niemals gegen einen verwendet.

Ein Freund lacht mit einem, aber nicht über einen . . ., mit einem Freund kann man zusammen beten. Ein Freund ist jemand, der mei-

nen Schmerzensschrei hört, der spürt, wo ich zu kämpfen habe, der mit mir gemeinsam Höhen und Tiefen durchlebt.«[7]

Ist das eine Beschreibung Ihrer derzeitigen Ehebeziehung? Wenn nicht, welche Schritte könnten Sie unternehmen, um dem näher zu kommen? Wie könnte die Gegenwart Christi dazu beitragen, einen solchen Zustand herbeizuführen?

Warten Sie nicht erst darauf, dass Ihr Partner den ersten Schritt zu einer solchen Freundschaftsbeziehung tut. Vielleicht gibt es ihm die Freiheit, positiv zu reagieren, wenn Sie den ersten Schritt machen. Bitten Sie Gott jetzt, Ihnen zu zeigen, wie Sie Ihrem Partner ein besserer Freund sein können. Bitten Sie ihn um ausdauernde Stärke und Kraft, damit sich dieser Bereich verändern kann.

13.

Weil ihr von Gott auserwählt und seine geliebten Kinder seid, die zu ihm gehören, sollt ihr euch untereinander herzlich lieben ... in Nachsicht.

KOLOSSER 3,12, HOFFNUNG FÜR ALLE

Haben Sie schon einmal jemanden erlebt, der eine Art Freundlichkeits-Thermostat hat? So ein Mensch ist nur dann freundlich, wenn es ihm Vorteile bringt. Wenn andere so etwas bemerken, dann denken sie: »Ich frage mich, was er/sie wohl diesmal will.«

Freundlichkeit kommt auf vielerlei Weise zum Ausdruck. Wir erkennen sie, wenn im Namen Jesu ein Becher kaltes Wasser angeboten wird (Matthäus 10,42). Wir haben sie vor uns, wenn Menschen andere Menschen wichtiger nehmen als sich selbst (Philipper 2,3.4). Wir haben sie vor uns, wenn jemand freundlich ist zu einem Menschen, der Kränkungen verursacht hat. Freundlichkeit heißt, auch zu dem Menschen höflich zu sein, der uns telefonisch etwas verkaufen will und dessen Anruf auch noch beim gemeinsamen Abendessen stört.

Freundlichkeit in der Ehe ist eine der besten Möglichkeiten festzustellen, ob wir wirklich unter der Führung des Heiligen Geistes

leben oder nicht. Je länger wir verheiratet sind, desto größer ist die Gefahr, die Anwesenheit des anderen als selbstverständlich zu betrachten. Wir neigen dazu, dann mehr vom Partner zu erbitten, zu verlangen und zu fordern, als dass wir ihm selbst Hilfe anbieten. Freundlichkeit kann manchmal ein wenig Umstände machen, aber das ist eben eines der Merkmale von Freundlichkeit – sie hat ihren Preis.

Phillip Keller sagt: »Freundlichkeit ist mehr als geplagte Leute zu bluffen. Es ist mehr als so zu tun, als wäre man besorgt über ihren Zustand. Echte Freundlichkeit geht über das Ausstoßen gespielter Seufzer und über Krokodilstränen hinaus. Echte Freundlichkeit bedeutet vielmehr, wirklich mit dem persönlichen Kummer und den Problemen im Leben anderer zu tun zu haben, sich wirklich einzulassen, und zwar bis zu dem Punkt, an dem es auch wehtun kann und unbequem wird.«[8]

Ganz bestimmt hat es den Vater und den Sohn etwas gekostet, uns ihre Freundlichkeit zu erweisen. Versuchen Sie jeden Tag, sich bildlich vorzustellen, wie Sie sich Ihrem Partner freundlich zuwenden können, so dass dabei seine Bedürfnisse erfüllt werden. Seien Sie nicht überrascht, wenn Sie an diesem Lebensstil manches entdecken, was ausgesprochen lohnend ist.[9]

14.

Ich . . . ermahne euch, ein Leben zu führen,
das des Rufes würdig ist,
der an euch erging.
EPHESER 4,1, EINHEITSÜBERSETZUNG

Wahrscheinlich sind Sie in Ihrem Leben schon zu manchem berufen worden. Sie wurden zur Ehe berufen, hatten eine bestimmte Berufung zu einer Tätigkeit und als Christ haben Sie auch eine geistliche Berufung. Wenn jemand Sie nun aber bitten würde, Ihre Berufung als Christ zu beschreiben, was würden Sie dann sagen? Paulus hilft uns dabei in den ersten drei Kapiteln des Epheserbriefes. Er sagt:

- Sie waren »vor der Erschaffung der Welt« bereits berufen bzw. erwählt (1,4).
- Sie waren dazu bestimmt, als Kind Gottes angenommen zu sein (1,5).
- In Jesus Christus hatten Sie Erlösung durch sein Blut und die Vergebung der Sünden (1,7).
- Ihnen wurde das ewige Leben versprochen durch die Gegenwart des Heiligen Geistes in Ihrem Leben (1,13.14).
- Sie hatten Hoffnung in Christus – ein herrliches Erbe (1,18).
- Sie hatten die Kraft erfahren, die Jesus vom Tod auferweckt hat (1,19.20).
- Sie waren Empfänger der unvergleichlichen Gnade Gottes, durch die Sie gerettet wurden (2,8.9).
- Als Heiden wurden Sie durch Christus eins mit den jüdischen Gläubigen (2,15.16).
- In Christus hatten Sie »Zugang zum Vater« (2,18).
- In Christus hatten Sie die Möglichkeit, die Liebe Christi zu verstehen (3,19).

So beschrieb Paulus die Berufung der Christen. Und das ist auch Ihre Berufung und die Ihres Partners. Ein würdiges Leben zu führen bedeutet, einen bestimmten Weg zu gehen, einem vorgegebenen Weg zu folgen, der von Jesus Christus geplant wurde.[10]

Wissen Sie, welcher Weg das ist? Überfliegen Sie doch heute noch einmal den Epheserbrief. Zählen Sie auf, was Sie dort zu dieser Frage finden und sprechen Sie darüber, inwiefern sich das in Ihrer Ehe anwenden lässt.

15.

Seid demütig, friedfertig und geduldig, ertragt einander in Liebe.
Epheser 4,2, Einheitsübersetzung

Worum Paulus in diesem Vers die Epheser bat, das widersprach völlig dem Stil der damaligen Zeit. Wahrscheinlich steht es auch ein bisschen im Gegensatz zu der Art, wie viele von uns heute leben.

Wenn es einen Vers gibt, der von grundlegender Bedeutung für die Ehe ist, dann dieser. Wie lassen sich nun die einzelnen Aufforderungen ganz praktisch auf den täglichen Umgang miteinander übertragen?

Demut beispielsweise ist hier nicht zu verstehen als mangelndes Selbstwertgefühl oder die Bereitschaft, sich vom anderen als Fußabtreter benutzen zu lassen. Sondern damit ist gemeint, über eine echte, positive Selbsteinschätzung zu verfügen, das heißt sich selbst weder über- noch unterzubewerten. Es bedeutet auch, nicht auf andere Christen herabzusehen wegen ihrer Probleme, ihrer Stellung oder ihrer Unzulänglichkeiten. Am besten lässt sich die Bedeutung der biblischen Demut vielleicht beschreiben mit den Worten, die Jesus sagte, als er nach dem letzten Mahl seinen Jüngern die Füße gewaschen hatte: »Wenn nun ich, der Herr und Meister, euch die Füße gewaschen habe, dann müsst auch ihr einander die Füße waschen. Ich habe euch ein Beispiel gegeben, damit ihr so handelt, wie ich an euch gehandelt habe« (Johannes 13,14.15). Am deutlichsten sichtbar wird Demut im Dienen.

Geduldig zu sein bedeutet, sich nicht provozieren zu lassen durch das, was andere tun oder sagen. Wie sehr Geduld eine Ehe doch verändern kann! Vielleicht haben Sie schon einmal beobachtet, wie ein Welpe mit einem älteren Hund spielt. Der Welpe knurrt und knabbert, aber der größere Hund, der den Kleinen mit einem Schlag wegfegen könnte, erträgt es einfach geduldig. Geduld erträgt Kränkung und sogar Verletzung, ohne dass Verbitterung daraus entsteht. Es ist eine Einstellung und Haltung, die Großzügigkeit zum Ausdruck bringt, auch unangenehmen Zeitgenossen gegenüber. Geduld ist schwer aus eigener Kraft zu erlangen, aber mit Jesus Christus ist es möglich.

16.

Ich sage es euch und beschwöre euch im Herrn:
Lebt nicht mehr wie die Heiden in ihrem nichtigen Denken!
EPHESER 4,17, EINHEITSÜBERSETZUNG

Wenn Sie wissen möchten, was Paulus meint, wenn er uns dringend rät, ein Leben zu führen, das unserer Berufung würdig ist (Epheser 4,1), dann lesen Sie einmal nach, was er in Epheser 4,17–19 schreibt: Wir sollen unserem alten Lebensstil den Rücken kehren. Genauso wie Singles nicht ihren gewohnten Lebensstil mit in die Ehe bringen und dort weiter praktizieren können, so können auch Menschen ihr sündiges Leben nicht mitnehmen in ihr neues Leben als Christen. In den Versen 18 und 19 beschreibt Paulus die Menschen als verfinstert in ihrem Sinn und haltlos. Er nimmt dabei kein Blatt vor den Mund. Im Original wird beschrieben, dass die Menschen eitel, töricht, ziellos und hohl waren, ohne nennenswerte Ziele. Und das alles begann im Kopf.

In Vers 18 spricht Paulus von der Verhärtung der Herzen. Und hier wird ein wichtiges Fortschreiten des Verfalls deutlich. In Vers 19 heißt es: »Haltlos wie sie sind, geben sie sich der Ausschweifung hin, um voll Gier jede Art von Gemeinheit zu begehen.« Wie passiert so etwas?

Zunächst weigern wir uns nur einzugestehen, dass wir lernen müssen, und wehren uns gegen geistliche Wahrheiten. Dadurch werden wir unsensibel für geistliche Wahrheiten. Diese Entwicklung ist in manchen Ehen deutlich erkennbar. Der eine Partner macht Fortschritte in Bezug auf das Verständnis und auch die praktische Umsetzung biblischer Inhalte; der andere dagegen stagniert, weil er sich gegen diese Entwicklung wehrt. Bald schon besteht eine zunehmende geistliche Distanz zwischen den beiden Partnern. Und alles beginnt in unserem Denken.

Diesem Leben sollen wir den Rücken kehren – dem Leben oberflächlichen und ungeistlichen Denkens. Schauen Sie sich Ihr Leben und Ihre Ehe einmal an. Gibt es darin irgendwelche Verhaltensweisen, die eher das alte als das neue Leben in Christus widerspiegeln? Was können Sie tun, um daran etwas zu ändern?

17.

Legt den alten Menschen ab . . . und erneuert euren Geist und Sinn. Zieht den neuen Menschen an.

EPHESER 4,22–24, EINHEITSÜBERSETZUNG

Ein gutes Beispiel, um zu veranschaulichen, was Paulus in diesem Vers sagen will, ist das Einkaufen von Kleidung. Wenn man loszieht, um sich neue Sachen zuzulegen, dann ist die Wahrscheinlichkeit doch relativ groß, dass man nicht gleich das Erstbeste kauft, was man anprobiert. Wenn Sie in die Umkleidekabine gehen, ziehen Sie das aus, was Sie selbst tragen, und probieren die neue Garderobe an. Vielleicht müssen Sie diesen Vorgang mehrfach wiederholen, bevor Sie zufrieden sind. Das macht Ihnen aber nichts aus, weil Sie am Ende ein Kleidungsstück gefunden haben, das Ihnen wirklich gefällt und auch passt.

Im Leben als Christ müssen wir jeden Tag so »einkaufen gehen«. Das Wachstum des Christen ist der tägliche Prozess, in dem Einstellungen, Überzeugungen und Verhaltensweisen abgelegt werden, die den alten Lebensstil widerspiegeln, und dafür neue angezogen, die die Gegenwart Jesu in unserem Leben erkennbar machen. Der Bibelabschnitt lehrt, dass dieser tagtägliche Prozess nur gelingen kann, wenn wir uns in unserem Geist und Sinn erneuern lassen. Die beschriebene Erneuerung ist im Grunde ein Handeln des Geistes Gottes, der kraftvoll unseren Geist, die Gesinnung und die Einstellung zu Gott und geistlichen Wahrheiten beeinflusst.

Mit welchen Gedanken, die eher das alte als das neue Selbst widerspiegeln, haben Sie oder Ihr Partner immer noch Mühe? Haben Sie darüber schon einmal gesprochen oder sogar gebetet? Zu den Freuden der Ehe gehört es ja, solche geistlichen Schwierigkeiten gemeinsam zu meistern und sich gegenseitig geistlich zu ermutigen. Wussten Sie schon, dass es zwei besonders gute Möglichkeiten gibt, Geist und Sinn zu verändern? Die erste besteht darin, regelmäßig das Wort Gottes zu lesen und sich damit auseinander zu setzen; die andere etwas zu lernen, von einem Lehrer, der schon viel weiß.

Inwieweit hat sich Ihr geistliches Verständnis in den vergangenen beiden Jahren weiterentwickelt? Wohin wollen Sie sich im Laufe des

nächsten Jahres gemeinsam geistlich entwickeln? Vielleicht können Sie ja bei einem guten Essen in ruhiger Umgebung darüber einmal sprechen.

18.

Ahmt Gott nach als seine geliebten Kinder und liebt einander.
EPHESER 5,1, EINHEITSÜBERSETZUNG

Sie bestellen neue Haushaltsgeräte. Sie kaufen ein neues Auto. Ihr Chef installiert einen neuen Computer für Sie. Was haben all diese Dinge gemeinsam?

Sie werden alle mit einer Gebrauchsanweisung geliefert. Sie ist das Erste, wonach viele Leute suchen, wenn sie etwas Neues gekauft haben. Epheser 4,25–5,2 enthält die Anweisungen, die wir brauchen, um so zu leben, wie es unserer Berufung entspricht (Epheser 4,1). Es sind Anweisungen für ein Leben in Liebe. Nehmen Sie sich die Zeit, den Abschnitt gemeinsam laut zu lesen.

Als Erstes beschreibt Paulus die Merkmale des alten Lebens und beginnt dabei mit der Unehrlichkeit. Er sagt: »Legt deshalb die Lüge ab und redet untereinander die Wahrheit, denn wir sind als Glieder miteinander verbunden« (4,25). Ehrlichkeit und Wahrhaftigkeit sind Merkmale für echtes Christsein. Eine Ehebeziehung muss auf Wahrhaftigkeit und Vertrauen aufgebaut sein. Manchmal spricht ein Mann oder eine Frau so lange nicht über ein bestimmtes Problem mit dem Partner, dass die Ehe dadurch Schaden nimmt. Dadurch wird das gegenseitige Vertrauen ausgehöhlt. Manchmal enthält ein Partner dem anderen bestimmte Informationen vor, und der andere geht deshalb von etwas aus, das gar nicht der Wahrheit entspricht. Auch das untergräbt Vertrauen.

Auch in dem, was wir unseren Partner fragen, sollen wir wahrhaftig sein. »Wie gefällt dir mein neues Kleid, Schatz?«, oder: »Wie habe ich das in der Werkstatt gemacht?« – das sind Fragen, die oft mit Erwartungen verknüpft sind. Hat Ihr Partner wirklich die Freiheit, Ihnen darauf eine ehrliche Antwort zu geben? Fragen sollten nur dann gestellt wer-

den, wenn man bereit ist, sich auch eine ehrliche Antwort anzuhören!

Denken Sie daran, dass der Hauptgrund, ehrlich zu sein, darin besteht, dass wir »als Glieder miteinander verbunden sind«. Wir gehören zueinander und wir sollen einander helfen, uns geistlich weiterzuentwickeln. Ehrlichkeit ist in diesem Prozess eine große Hilfe.[11]

19.

Versündigt euch nicht, wenn ihr in Zorn geratet! Versöhnt euch wieder und lasst die Sonne nicht über eurem Zorn untergehen.
Epheser 4,26, Gute Nachricht

Zorn! Ein Gefühl, das in jeder Ehebeziehung vorkommt. Es ist normal. Manche Menschen erleben dieses Gefühl nur hin und wieder, andere häufiger. Manche Menschen sind ganz offen aggressiv und gewalttätig, während andere eher passiv sind.

Paulus sagt nun, dass wir zwar zornig sein dürfen, aber dabei nicht sündigen sollen. Wie soll das gehen? Das griechische Wort im Originaltext ist identisch mit dem, das den Zorn Jesu auf jene beschreibt, die sich darüber empörten, dass er am Sabbat heilte (Markus 3,5). Es bezeichnet eine bleibende, gefestigte Haltung, die unter bestimmten Bedingungen aufbrausend ist und sich gegen das Böse und gegen Ungerechtigkeit richtet. Ein solcher Zorn soll uns dazu veranlassen, etwas gegen das Böse und die Ungerechtigkeit in der Welt zu unternehmen. Aber wie bei so vielen Emotionen entscheidet die Art, wie wir sie äußern, darüber, wie unsere Worte von anderen aufgenommen werden. Zu sagen: »Ich bin wirklich wütend und ärgerlich über diese Situation, und ich glaube, Folgendes könnte das Problem lösen«, ist sicher hilfreicher als eine einfache verbale Attacke gegen den Partner.

Außerdem sagt Paulus noch: »Lasst die Sonne nicht über eurem Zorn untergehen.« Das Wort, das hier als »Zorn« übersetzt wird, bedeutet wörtlich »Verärgerung« oder »Bitterkeit«. Wenn diese Art von Zorn in unsere Beziehung gerät, dann entsteht Schaden. Und wenn dieser Zorn bleibt und schwärt, bekommt Satan bei uns einen Fuß in

die Tür (V.27). Der Lebensstil eines Menschen, dessen Leben ein Übermaß an Zorn widerspiegelt, ist der Berufung Gottes nicht würdig!

Was können Sie tun bei fehlgeleitetem Zorn in Ihrer Ehe? Erstens bedenken Sie, dass fast aller Zorn entweder durch Verletzung, Angst oder Frustration hervorgerufen wird. Als Nächstes sollten Sie im Wort Gottes nach Führung suchen. In den Sprüchen heißt es: »Wer seine Gefühle beherrscht, hat Verstand« (14,29, Hoffnung für alle). Nehemia sagt: »Als ich ihre Klagen hörte und von dem Unrecht erfuhr, wurde ich sehr zornig. Ich dachte über alles gründlich nach und stellte die führenden Männer zur Rede« (Nehemia 5,6.7). Beruhigen Sie sich so weit, dass Sie über den Grund Ihres Zornes nachdenken können! Das kann bereits vieles verändern. Sprechen Sie jetzt bitte sofort mit Ihrem Partner darüber, wie Sie sich gegenseitig dabei helfen können, Ihren Zorn unter Kontrolle zu halten.

20.

Der Dieb soll nicht mehr stehlen, sondern arbeiten . . .
Über eure Lippen komme kein böses Wort, sondern nur ein gutes,
das den, der es braucht, stärkt, und dem, der es hört, Nutzen bringt.
Epheser 4,28.29, Einheitsübersetzung

Als Paulus diese Zeilen schrieb, war Stehlen eine Art Lebensstil, für den man sich ganz bewusst entscheiden konnte. Er begegnete dieser Tendenz mit konstruktiven Richtlinien für Diebe, die Christen geworden waren.

Vielleicht haben Sie den Eindruck, dass diese Worte sich auf Ihre Ehe nicht anwenden lassen, aber denken Sie einmal über Folgendes nach: »Diebstahl beschränkt sich ja nicht auf die Entwendung von Gegenständen. Es kann sich auch um Diebstahl von Zeit, Kraft und Aufmerksamkeit handeln, die rechtmäßig eigentlich unserem Partner zusteht. Man kann auch Gott bestehlen, wenn es um Zeit geht, die in sein Werk und Aktivitäten für ihn investiert werden sollte. Auch den Zehnten nicht zu geben wird von vielen als Unterschlagung bezeichnet.«

Verdorbene Sprache ist heutzutage bestimmt ebenfalls ein Thema. Eine Sprache, die früher aus Radio und Fernsehen verbannt war, ist heute in den Medien allgemein gängig. Sich zu weigern, bei lockeren Reden mitzumachen oder schlüpfrige Witze und Geschichten zu erzählen, anzuhören oder darüber zu lachen, verursacht bei Kollegen und Geschäftspartnern häufig Unbehagen. Vielleicht sollten Sie gerade in diesem Bereich ansetzen.

Wie können Sie mit Ihren Worten dabei helfen, andere aufzubauen? Wie können andere Menschen sich verändern durch das, was sie von Ihnen hören? Vielleicht bringt es Ihnen ganz neue Erkenntnisse, darüber einmal als Paar zu sprechen.[12]

21.

Beleidigt nicht den Heiligen Geist Gottes, dessen Siegel ihr tragt für den Tag der Erlösung. Jede Art von Bitterkeit, Wut, Zorn … verbannt aus eurer Mitte.

EPHESER 4,30.31, EINHEITSÜBERSETZUNG

In Epheser 4 legt Paulus einige Richtlinien für den Lebensstil von Christen dar. Hier sind noch drei weitere konkrete Sünden, die das alte Selbst widerspiegeln und die den Heiligen Geist betrüben: Bitterkeit, Wut und Zorn. Nehmen Sie sich jetzt gleich ein paar Minuten Zeit, um gemeinsam darüber zu sprechen, was diese Begriffe für Sie persönlich bedeuten. Wie Sie ja vielleicht wissen, hat jeder Mensch eine Art »inneres Wörterbuch«, das auf persönlichen Erfahrungen mit den jeweiligen Begriffen basiert.

Bitterkeit liegt oft dem Reden von Menschen zu Grunde, die Zungen wie Rasierklingen haben. In solchen Menschen ist Groll quicklebendig und kommt durch das Verteilen von Seitenhieben und Sticheleien zum Ausdruck. Man kann sich die Reaktionen auf diesen Umgang wahrscheinlich lebhaft vorstellen.

Die Griechen definierten Bitterkeit als lang anhaltenden Groll, der nicht zur Versöhnung bereit ist. Viele Menschen pflegen ihre Verletzungen und ihren Zorn. Irgendwann wird der eigentliche Anlass un-

verhältnismäßig groß. Menschen, die sich so verhalten, haben noch keine Vergebung erfahren.

Der Zorn, von dem hier die Rede ist, unterscheidet sich von dem Zorn, von dem im Zusammenhang mit Epheser 4,26 die Rede war (am 19. März). Im Neuen Testament gibt es sechs verschiedene griechische Begriffe für Zorn. Das Wort, das an dieser Stelle verwendet wird, beschreibt ein starkes Gefühl der Feindseligkeit, das in Form von heftigen körperlichen und verbalen Ausbrüchen zum Ausdruck kommt. Diese Art von Zorn explodiert urplötzlich. Er hat Ähnlichkeit mit einem Streichholz, das schnell entflammt und dann verbrennt.

Können Sie sich vorstellen, welche Auswirkungen ein solcher Zorn auf eine Ehe oder eine Familie hat? Es wird immer Zorn geben, wo unvollkommene Menschen miteinander leben, aber die Probleme, die in Epheser 4,30–31 erwähnt werden, sind einer gesunden Ehe nicht zuträglich. Gewöhnlich werden sie schon als psychologisches Gepäck des Einzelnen mit in die Ehe gebracht.

Welche Tendenzen in Bezug auf Bitterkeit, Wut und Zorn haben Sie mit in Ihre Ehe gebracht? Sollten und möchten Sie von diesem Gepäck etwas loswerden? Ihre Ehe würde von einem solchen Schritt bestimmt profitieren.

22.

Beleidigt nicht den heiligen Geist Gottes, dessen Siegel ihr tragt für den Tag der Erlösung. Jede Art von Geschrei und Lästerung und alles Böse verbannt aus eurer Mitte.

EPHESER, 4,30.31

In diesem Abschnitt erwähnt Paulus drei weitere negative Merkmale, die bei Christen und in christlichen Ehen bekämpft werden sollen: Geschrei, Lästerung und alles Böse. Mit Geschrei sind hier verbale gewalttätige Ausbrüche gemeint, die gegen andere gerichtet sind, von jemandem, der völlig außer sich geraten ist.

Offenbar gibt es eine Verbindung zwischen der Lautstärke und der zerstörerischen Wirkung von Worten. Manche Leute führen diese

Art verbalen Missbrauchs auf ihren Familienhintergrund zurück. Sie explodieren bei Konflikten, weil ihre Eltern sich in zwischenmenschlichen Konflikten auch so verhielten. Das ist schon möglich, aber hier zwei Fragen, um einmal über verbale Ausbrüche nachzudenken: Was bewirken sie Positives? Entsprechen Sie dem Wort Gottes?

Was in der Ursprungsfamilie gelernt wurde, kann auch wieder verlernt werden, und es können stattdessen ganz neue und andere Verhaltens- und Reaktionsweisen erlernt werden. Nicht unsere Ursprungsfamilie, sondern die Bibel sollte unsere Richtschnur in dieser Frage sein.

Sind Sie schon einmal verleumdet worden? Es tut weh; es sticht. Man kann sich kaum dagegen wehren. Die Auswirkungen können einen noch jahrelang verfolgen, besonders wenn die Aussagen gar nicht stimmten. Lästerung ist missbräuchliches Reden über andere oder gegen Gott. Es gibt Tag für Tag Verleumdungsprozesse landauf, landab. Bevor wir etwas über jemanden glauben oder gar sagen, besonders wenn es sich um unseren Ehepartner handelt, müssen wir uns vergewissern, ob die Aussagen auch stimmen.

Auch vom Bösen, von Boshaftigkeit ist in dem Vers die Rede. Das ist ein starker Begriff, der unsere tatsächlichen Motive und Absichten beschreibt, wenn wir einmal ehrlich sind. Boshaftigkeit wird auch definiert als böse Gesinnung oder eine Grundhaltung, die Freude daran hat, andere Menschen zu verletzen. Der Satz: »Du hast mich verletzt und dafür wirst du bezahlen« ist bösartig und hat deshalb keinen Platz in der Ehe, so übel die Verletzung auch gewesen sein mag.

Gibt es solche bösen Aussagen in Ihrer Ehe noch? Lassen Sie sie los und ersetzen Sie sie durch Reaktionen, wie sie in Epheser 4,32 beschrieben sind.

23.

Seid gütig zueinander, seid barmherzig, vergebt einander, weil auch Gott euch durch Christus vergeben hat.

EPHESER 4,32, EINHEITSÜBERSETZUNG

Von der Vergebung haben Sie ja schon gelesen, aber jetzt schauen Sie sich einmal diesen Abschnitt an. Wie sollen wir vergeben, so wie Gott uns in Christus vergeben hat? Was genau bedeutet das?

Es bedeutet ganz einfach, dass wir genauso frei, großzügig, spontan und bereitwillig vergeben sollen, wie Gott uns vergeben hat. Wir sind nicht angespuckt worden, aber Jesus. Und trotzdem hat er vergeben. Wir haben keine Dornenkrone getragen, aber Jesus. Und trotzdem hat er vergeben. Wir sind nicht gekreuzigt worden, aber Jesus. Und er hat trotzdem vergeben (vgl. 1. Petrus 2,21–25).

Viele Eheleute klammern sich an ihre Verletzungen und pflegen sie, statt ihrem Partner zu vergeben, dass er sie/ihn verletzt hat. Nicht zu vergeben bedeutet zuzulassen, dass Bitterkeit und Groll in unserem Leben Fuß fassen können. Mangelnde Vergebungsbereitschaft ist vergleichbar mit zerstörerischen Termiten, die sich langsam, aber stetig ihren Weg durch die tragenden Konstruktionen unseres Hauses fressen. Wenn sie erst einmal so weit gekommen sind, dass man sie bemerkt, ist es oft schon zu spät. Genauso ist es mit Bitterkeit und der Weigerung zu vergeben.

Lewis Smedes sagt über Vergeltung und Vergebung: »Ist es fair, an einer schmerzlichen Vergangenheit festzuhängen? Ist es fair, immer wieder von derselben alten Verletzung niedergeschmettert zu werden? Vergeltungsdrang ist so, als würden Sie sich ein Video in den Kopf einpflanzen lassen, das sich nicht abstellen lässt und deshalb pausenlos und unablässig abgespielt wird. Und jedes Mal, wenn Sie es ansehen, tut es wieder weh. Ist das fair?

Zu vergeben bedeutet dieses Video schmerzlicher Erinnerungen abzuschalten. Wenn Sie vergeben, macht Sie das frei. Vergebung ist die einzige Möglichkeit, den Kreislauf unfairen Schmerzes in Ihrer Erinnerung zu durchbrechen.«[13]

Vergebung bedeutet, nicht mehr zuzulassen, dass das, was in der Vergangenheit passiert ist, Sie lenkt. Sie haben beide die Freiheit, einander zu lieben.

24.

Aber jetzt seid ihr frei von der Sünde und dient Gott als seine Knechte. Daraus ergibt sich, dass ihr tut, was Gott gefällt und er euch das ewige Leben schenkt.

RÖMER 6,22, HOFFNUNG FÜR ALLE

Der Gedanke, dass wir alle Knechte sind, klingt doch ein wenig weit hergeholt, oder? Das Wort Knecht klingt so abwertend und einschränkend. Viele Leute sind doch gerade auf ihre Freiheit und Unabhängigkeit besonders stolz. In Wirklichkeit ist aber jeder Ehemann und auch jede Ehefrau Sklave – allerdings hoffentlich nicht ihres Mannes bzw. seiner Frau!

Das Wort, das hier als »Knecht« übersetzt wird, bedeutet nämlich ursprünglich Leibeigener bzw. Sklave. Wir waren alle irgendwann Sklaven der Sünde. Die Sünde war unser Herr. Durch unsere Beziehung zu Jesus Christus sind wir jetzt seine Knechte bzw. Sklaven, gehorchen und dienen also mit ungeteilter Loyalität allein ihm.

Was hat nun diese Vorstellung, dass wir Sklaven Jesu sind, mit unserer Ehebeziehung zu tun? Vielleicht bedeutet es, einmal herauszufinden, wie man auf den Partner reagiert oder über ihn denkt im Hinblick auf die Frage: »Wie wünscht sich Jesus mein Denken und Verhalten?« Es bedeutet, ein rechtschaffenes Leben zu führen aus Achtung vor dem Partner. Es bedeutet, in Ihrer Ehe das zu tun, was Jesus will, auch wenn Sie lieber etwas anderes täten.

Ein Autor formuliert das folgendermaßen: »Durch den Erlöser kommt unsere Beziehung zu Gott wieder in Ordnung. Diese Versöhnung befreit uns dazu, uns zu wünschen, dass wir ein rechtschaffenes Leben führen können. Unsere Gerechtigkeit bringt das gesamte Leben in Übereinstimmung mit dem Herrn. Es bedeutet, die Gesamtheit unseres Lebens so anzupassen, dass es ein Ausdruck seiner Liebe, seiner Gebote und seines Willens wird, wie es uns im Gebet und durch die Schrift offenbart wird ... Unsere Freiheit nimmt zu, wenn wir all unsere intellektuellen, emotionalen, Willens- und Körperkräfte zur Verfügung stellen, um ihm zu dienen.«[14]

Sie fragen, wie Sie in Ihrer Ehe diese Gerechtigkeit zum Ausdruck bringen können? Was würden Sie vielleicht anders machen? Denken

Sie einmal darüber nach. Beten Sie darüber. Lassen Sie sich darauf ein mit der Kraft, die er Ihnen schenkt. Das Ergebnis wird Ihnen gefallen.

25.

Fürchte dich nicht, denn ich bin mit dir.
Jesaja 43,5, Einheitsübersetzung

Angst! Sie macht uns zu Gefangenen unserer selbst. Sie macht das Leben zu einer schweren Pflicht. Sie behindert, lähmt unsere Beziehungen zu anderen. Angst raubt uns unsere Kraft und behindert uns dabei, im Leben weiterzukommen. Ja, es stimmt, dass manche Ängste nützlich sind, aber weit mehr noch sind sie nutzlos und schwächen uns.

Wie sieht das bei Ihnen aus? Wie sehen die Ängste in Ihrem Leben aus? Welche Ängste hat Ihr Partner? Wissen Sie das? Haben Sie jemals darüber gesprochen?

Gehen wir noch einen Schritt weiter: Gibt es Ängste, die verhindern, dass Ihre Ehe sich weiterentwickelt? Das ist keine merkwürdige Frage, weil viele Paare in ihren Ehen voller Ängste leben: mit der Angst davor, zu vertrauen, der Angst vor Zurückweisung und der Angst, vom Partner beschämt zu werden. Die Ehebeziehung soll eigentlich äußerste Vertrautheit und Sicherheit bieten, aber oft ist sie von Furcht zerfressen.

Wie das bei so vielen Problemen im Leben der Fall ist, lässt sich auch mit Ängsten am besten fertig werden, wenn sich zwei Menschen ganz offen zusammentun, um ihnen zu begegnen. Die Ironie dabei besteht darin, dass die Menschen eher von Angst getrieben als von Hoffnung gezogen werden. Sie lassen zu, dass die Ängste des Lebens sie beherrschen und kontrollieren und ihnen diktieren, wie sie reagieren sollen. Kommt Ihnen irgendetwas davon bekannt vor? Es mag ja vielleicht ein bisschen riskant sein, einige Ihrer verborgenen Ängste Ihrem Partner mitzuteilen, aber er/sie ist da, um Sie zu trösten. Hören Sie einander zu, wenn die Angst zuschlägt.

Christen werden von Ängsten nicht ausgenommen. Überwinden kann man die Angst, indem man sich ihr gemeinsam stellt und trotzdem weitergeht. Manchmal werden Sie noch Angst haben, aber glücklicherweise müssen wir nicht in der Angst bleiben, weil »Gott uns keinen Geist der Furcht gegeben hat, sondern der Kraft, der Liebe und der Besonnenheit« (2. Timotheus 1,7).

26.

Fürchte dich nicht, denn ich bin mit dir.
JESAJA 43,5, EINHEITSÜBERSETZUNG

»Wie ist Ihre Ehe?«, fragte einmal ein Mann einen anderen.

»Im Vergleich wozu?«

»Im Vergleich zum vorigen Jahr. Hat sich seitdem etwas verändert? Hat es Entwicklung oder Veränderungen gegeben?«

Diese Art von Frage grenzt an Einmischung!

Also wie ist Ihre Ehe? Ehen verändern sich auf unterschiedliche Art. Bei manchen Paaren verändern sie sich ganz langsam, bei anderen radikal und sehr schnell. Bei manchen geschieht Veränderung einfach so, während andere Partner dafür sorgen, dass sie geschieht. Sie sind bereit, sich ihre Ehe anzusehen, deren Stärke und Schwäche auszuloten und dann planvoll vorzugehen. Das beinhaltet ein Risiko. Es bedeutet, den behaglichen Ist-Zustand aufzuwühlen. Aber zu viel Behaglichkeit ohne Veränderungen kann zu Selbstzufriedenheit und schließlich zur Stagnation führen.

Risiko – ein Wort, das bei manchen Menschen Furcht auslöst. Es bedeutet, Bekanntes gegen Unbekanntes auszutauschen. Es bedeutet, den Schritt aus der Berechenbarkeit in die Unberechenbarkeit zu wagen. Stellen Sie sich vor: Risikobereite Menschen haben das gemeinsame Bild einer Schildkröte, durch das sie daran erinnert werden, dass Risiken und Veränderungen einfach nötig sind. Das Symbol sagt: »Denk an die Schildkröte. Sie kommt nur voran, wenn sie den Kopf herausstreckt.«

Auf welchem Gebiet Ihrer Ehe müssten Sie eigentlich Risiken eingehen, um notwendige Veränderungen herbeizuführen: In der Kommunikation? Beim Sex? Bei Entscheidungen? Im Umgang mit der angeheirateten Familie? Vielleicht haben Sie ja auch ganz konkrete, praktische Ängste – die Angst, ein Haus zu kaufen, bevor das alte verkauft ist. Die Angst, ein sicheres Gehalt aufzugeben, um sich selbständig zu machen. Man kann Risikobereitschaft ein Stück weit auch lernen und einüben. Mit jemandem über diese Ängste zu sprechen kann vielleicht einige davon abschwächen.

Stellen Sie sich Ihrer Angst vor Risiken mit dem Selbstvertrauen, das aus Ihrer Beziehung zu Jesus kommt. Die Aussage »Fürchte dich nicht« kommt in der Bibel 366-mal vor. Lassen Sie sie innerlich immer noch einmal nachhallen: »Fürchte dich nicht! Fürchte dich nicht! Fürchte dich nicht! Fürchte dich nicht!«

27.

Der Herr erwiderte Mose: » . . . du hast nun einmal
meine Gnade gefunden und ich kenne dich mit Namen.«
2. Mose 33,17, Einheitsübersetzung

»Ich bin zufrieden mit dir.«

Manche Leute hatten das Glück, als Kinder diese Worte hin und wieder von ihren Eltern zu hören. Manche hören sie von Freunden, Lehrern und Verwandten. Es sind wichtige Worte auch für die Ehebeziehung, denn sie vermitteln Liebe. Sie vermitteln Annahme. Sie begegnen der Angst vor Ablehnung und Zurückweisung. Es sind heilende Worte.

Der Satz: » Ich bin zufrieden mit dir, nicht wegen dem, was du tust, sondern einfach weil du du bist«, kann den ganzen Tag Ihres Ehepartners erhellen! Worte wie diese fallen zwischen verheirateten Paaren einfach nicht häufig genug. Aber von Gott, unserem himmlischen Vater, werden sie ständig ausgesprochen. Er sagt Ihnen, dass Sie würdig, fähig, wertvoll sind. Er sagt Ihnen, dass Sie zu einem hohen Preis erkauft worden sind (1. Korinther 6,19.20).

Gott kennt Sie durch und durch, und Ihren Ehepartner kennt er ebenso gut. Er kennt Sie beim Namen: »Ich habe dich schon gekannt, ehe ich dich im Mutterleib bildete, und ehe du geboren wurdest, habe

ich dich erwählt« (Jeremia 1,5, Hoffnung für alle); »Ich aber bin der gute Hirte und kenne meine Schafe, und sie kennen mich … Ich gebe mein Leben für die Schafe« (Johannes 10,14.15).

J. I. Packer schreibt, was es bedeutet, dass Gott uns kennt: »Es ist ungeheuer entlastend zu wissen, dass seine Liebe zu mir etwas durch und durch Reales ist, dass sie an jedem Punkt darauf beruht, dass er schon vorher das Schlimmste über mich gewusst hat, so dass keine Enthüllung ihn jetzt noch in Bezug auf mich desillusionieren könnte … Er möchte mich als seinen Freund und hat seinen Sohn für mich in den Tod gegeben, damit mir das klar wird.«[14]

Gott hat Gefallen an Ihnen. Sagen Sie Ihrem Partner bzw. Ihrer Partnerin, dass Gott Gefallen an ihm/ihr findet. Das wird bewirken, dass der Tag heute gleich viel heller ist.[15]

28.

Durch ihn allein wird euch die Fülle des Heils zuteil.

KOLOSSER 2,10, HOFFNUNG FÜR ALLE

Erinnern Sie sich noch an die mehrteilige Serie »Roots«, die vor etlichen Jahren im Fernsehen lief? Vielleicht haben Sie ja auch die Romanvorlage von Alex Haley gelesen. Es war die faszinierende Geschichte eines Farbigen, der auf der Suche nach seinen Wurzeln und seinem Erbe war. Seine Suche führte ihn zurück nach Afrika.

Es gibt viele Menschen, die sich für Ahnenforschung interessieren. Wenn man die Familie des Ehepartners erforscht und dessen Erbe, kann das dazu beitragen, sie oder ihn mit anderen Augen zu sehen. Auch die eigenen Wurzeln genauer zu untersuchen kann sehr hilfreich sein. Aber als Christen haben wir noch den Vorteil eines ganz anderen, zusätzlichen Erbes. Unsere Wurzeln sind in der Tatsache zu finden, dass wir nach dem Ebenbild Gottes geschaffen sind, und Gott möchte, dass sein Werk in uns vollendet wird.

Genießen Sie folgende Beschreibung unseres Erbes in Christus:

Das ist also das Wunder der christlichen Botschaft: dass er mich liebt mit einer Liebe, die sich durch meine Sünden nicht abschrecken

lässt und auch nicht durch meine Unzulänglichkeit oder meine Bedeutungslosigkeit. Ich bin kein Zufallsprodukt in einem erschreckenden Universum. Ich bin keine anomale Krankheit, die auf der Oberfläche eines unbedeutenden Fleckens in der unendlichen Leere des Universum herumkriecht. Ich bin kein namenloses Insekt, das darauf wartet, von einem anonymen Stiefel zertreten zu werden. Ich bin kein elender Verbrecher, der sich unter dem flammenden Blick eines strafenden Gottes duckt.

Ich bin ein Mensch, der von Gott selbst geliebt ist. Ich habe den Mittelpunkt des Universums berührt und herausgefunden, dass sein Name Liebe ist. Und diese Liebe erreicht mich, nicht weil ich die Gunst Gottes verdient hätte, nicht weil es irgendetwas gibt, dessen ich mich rühmen könnte, sondern einfach weil er so ist wie er ist, und aufgrund dessen, was Jesus für mich getan hat im Namen des Vaters. Und ich kann das über Gott glauben (und deshalb auch über mich), weil Christus vom Vater gekommen ist und sich durch seine Lehre offenbart hat, durch sein Leben, durch seinen Tod, durch seine Person, die so ist wie Gott: Er ist »voller Gnade.«[16]

29.

Habt keine Angst. Verliert nicht den Mut . . . wartet nur ruhig ab . . .
Sag den Israeliten, dass sie aufbrechen sollen.
2. Mose 14,13–15, Hoffnung für alle

Wir alle brauchen ermutigende Worte. Das Leben ist voller Hindernisse und unangenehmer Überraschungen. Lloyd Ogilvie bietet praktischen Rat aus 2. Mose 14,13–15:

1. »Habt keine Angst.« Angst ist normalerweise die erste Reaktion auf unsere Unmöglichkeiten. Habt keine Angst vor der Angst. Es erinnert uns daran, dass wir lebendig sind, menschlich. Genau wie Schmerz ist auch Angst ein lauter Ruf nach Gott – ein Vorspiel des Glaubens. Dieselbe emotionale Bahn, durch die Angst fließt, kann auch das Flussbett für Vertrauen und liebevollen Gehorsam sein.

Angst ist nur um Haaresbreite entfernt von Glauben. Wenn wir unsere Angst Gott ausliefern und ihm sagen, wie wir uns fühlen, dann lassen wir zu, dass der Glaube die Angst vertreibt.

2. »Verliert nicht den Mut.« Bleiben Sie fest. Geben Sie Ihrer Angst nicht nach und laufen Sie nicht fort. Stellen Sie sich Ihrer Angst, lassen Sie sich Zeit, sich wieder zu beruhigen, und sehen Sie sich dann die Angst aus Gottes Perspektive an.

3. »Wartet ruhig ab.« Manchmal sind wir so panisch und laut in unserer Angst, dass wir die Wegweisung Gottes, seinen Frieden und auch seine Anwesenheit in unserem Leben nicht mehr bemerken. Es kann uns dann helfen, in der Stille auf die Stimme Gottes zu hören, die uns leiten will.

4. »Brecht auf.« Das sagt jetzt Gott. Wenn wir mit etwas konfrontiert werden, wovor wir Angst haben, können wir davor davonlaufen oder uns lähmen lassen – und ihm somit die Kontrolle über uns überlassen. Oder wir können uns dem Etwas stellen, darauf zugehen und es schließlich ausschalten. Wenn wir nicht aufbrechen, dann verzögern wir damit auch den Plan, den Gott mit uns hat, immer weiter. Zaudern ist eine Angst, die die Verheißungen Gottes ignoriert hat. Es ist unser Bemühen – wenn auch nur für einen Augenblick – die Welt anzuhalten, während Gott uns schon dazu aufgefordert hat, aufzubrechen und weiterzuziehen.[17]

Nehmen Sie sich ein paar Minuten Zeit, um darüber zu sprechen, wie diese Gedanken Ihnen in Ihrer Ehe und auch in Ihrer Rolle als Eltern helfen könnten. Aber sorgen Sie auch dafür, dass Sie aufbrechen und weiterziehen.

30.

Sie . . . schrieen vor Entsetzen. Aber Jesus sprach sie sofort an: »Ich bin es doch! Habt keine Angst.«
MATTHÄUS 14,26.27, HOFFNUNG FÜR ALLE

»Pass auf!«, »Sieh hierher auf mich!«, »Achte nur auf mich!«

Das sind bekannte Ausdrücke, die Lehrer, Eltern und sogar Ehepartner benutzen. Wenn man sich ganz auf eine Person konzentriert, dann kann man besser in Anspruch nehmen, was diese Person zu bieten hat. Es hilft dabei, sich nicht ablenken zu lassen.

Zu dem, was uns im Leben am meisten ablenkt, gehören Sorgen. Der Hang, immer und immer wieder zu fragen »Was, wenn . . . ?«, hält uns davon ab, bestehende Probleme zu lösen. Wie heißen Ihre Sorgen? Eine Frau gestand mir einmal, dass sie sich Sorgen darüber machte, dass sie sich Sorgen machte und dass ihr Mann merken könnte, dass sie mit dem Problem Sorgen zu kämpfen hätte!

Als Jesus auf dem Wasser auf seine Jünger zuging, forderte er Petrus auf, aus dem Boot zu steigen und auf ihn zuzugehen, was dieser auch tat. Petrus machte das prima bis zu dem Augenblick, als er nicht mehr ausschließlich auf Jesus sah, sondern sich ablenken ließ. Plötzlich hatte er nur noch Augen für die hohen Wellen und nicht mehr für Jesus. Seine Angst wuchs und er ging unter.

Was da mit Petrus geschah, hat jedem von uns etwas zu sagen. Wenn er seinen Blick weiter auf Jesus gerichtet hätte, der ja die Quelle seiner Stärke war, dann wäre mit Petrus alles in Ordnung gewesen. Aber sein Blick schweifte ab, er wurde überwältigt von den Umständen.

Genauso ist das mit dem Sorgen. Wir konzentrieren uns zu sehr auf ein Problem und vergessen die Lösung. Das führt zu noch mehr Problemen. Manche Probleme gehen nicht weg. Manche Sorgen sind berechtigt. Diese Sorgen Jesus mitzuteilen und ihn um Führung zu bitten, macht uns fähig, dem Sturm zu widerstehen.

Sprechen Sie darüber, was Sie davon ablenkt, sich wirklich ganz und gar auf den Herrn zu verlassen, und wie Sie einander helfen könnten, Gott mehr zu vertrauen. Hören Sie auch Ihrem Partner zu. Vielleicht hat er/sie ja eine gute Idee.[18]

31.

Gott allein kann uns davor bewahren,
dass wir vom rechten Weg abirren.
Wenn Christus dann in seiner Herrlichkeit wiederkommt,
dürfen wir mit reinem Gewissen und voller Freude zu ihm kommen.
JUDAS 24, HOFFNUNG FÜR ALLE

Hören Sie auch noch beim Segen am Ende der Predigt zu? Für viele Leute ist er nur das Zeichen für das Ende des Gottesdienstes und das Signal, jetzt zum Tagesgeschehen überzugehen.

Was ist ein Segen? Wörtlich übersetzt bedeutet es »gute Worte«. Ein Segen ist eine Verheißung, ein Gebet, ein gutes Wort für jeden, der es hört. Bedenken Sie Folgendes: Der Pastor ist nicht der Einzige, der einen Segen sprechen darf. Sie können Ihrem Partner auch ein lebendiger Segen sein!

Eines der gebräuchlichsten Segensworte ist Judas 24.25: »Gott allein kann uns davor bewahren, vom rechten Weg abzuirren. Wenn Christus dann in seiner Herrlichkeit wiederkommt, dürfen wir mit reinem Gewissen und voller Freude zu ihm kommen.

Gott, der uns durch Jesus Christus, unseren Herrn, gerettet hat, gehört seit allen Zeiten Ehre, Ruhm, Macht und Herrlichkeit für immer und ewig. Amen.«

Dieser Abschnitt sagt aus, was Jesus Christus jeden Tag für Sie tut. Heute und in Zukunft. Er bewacht und beschützt Sie, passt auf Sie auf und hilft Ihnen, nicht zu straucheln. Wenn Sie sich ganz auf Ihn verlassen, werden Sie nicht fallen.

Die Worte sagen aber auch, was Jesus künftig für Sie tun wird. Er wird Sie mit großer Freude und makellos vor Gott bringen. Sagen Sie Ihrem Partner, was diese Verheißung Ihnen bedeutet und was Sie dabei empfinden! Heute wird Christus verhindern, dass Sie straucheln, und morgen wird er Sie rein vor Gott bringen. Wenn wir versagen – und das geschieht ja oft –, dann führt Gott darüber nicht Buch. Gott behandelt uns nicht gemäß unserer Sünden (Psalm 103,10), sondern er nimmt uns in Christus an. Aufgrund dessen, was Christus am Kreuz für uns getan hat, werden wir als rein angenommen.

Vielleicht eine unserer wichtigsten Berufungen in der Ehe besteht darin, dem Vorbild Jesu zu folgen, indem wir für unseren Partner ein wandelnder Segen sind. Helfen Sie Ihrem Partner, nicht zu straucheln, und wenn er denn doch einmal fällt, führen Sie darüber nicht Buch. Buchführung gehört nicht in die Ehe, Vergebung dagegen sehr wohl.

APRIL

Viele Sportler stellen im Training recht schnell fest,
dass sie mehr Disziplin aufbringen müssen,
als sie gedacht hatten.
Ist es mit der Ehe nicht auch so?

1.

Kommt alle zu mir, die ihr euch plagt
und schwere Lasten zu tragen habt.
Ich werde euch Ruhe verschaffen.
Nehmt mein Joch auf euch und lernt von mir …
so werdet ihr Ruhe finden für eure Seele.

MATTHÄUS 11,28.29, EINHEITSÜBERSETZUNG

Burnout! Erschöpfung! 70-Stunden-Wochen, und das monatelang, oder die Nachtschichten nach der Geburt eines Babys – das kann schon zu Erschöpfung führen. Wir fangen an, unter der Last gebeugt zu gehen. Aber es gibt auch andere Lasten, solche, die wir uns selbst aufbürden, und von denen wir total vereinnahmt werden.

Gesetzliche Menschen legen nicht nur sich selbst, sondern auch anderen Menschen schwere Lasten auf. Überkritische Eltern oder Ehepartner misshandeln regelrecht andere und oft auch sich selbst durch das Joch der Kritik. Oft haben sie keine Ahnung, was Bestätigung eigentlich ist und bedeutet. Auch der Wunsch, anderen zu gefallen und es immer allen recht zu machen, ist eine Form von Sklaverei. Wenn Leistung als Grundlage eines positiven Selbstwertgefühls betrachtet wird, dann ist auch sie ein Joch, genauso wie es anstrengend werden kann, den eigenen Selbstwert am Äußeren festzumachen. Unrealistische Maßstäbe in Bezug auf die Leistungen und das Verhalten unserer Kinder, des Ehepartners oder auch anderer Menschen, sind ebenfalls ein Joch.

Sehen Sie sich Ihr Privatleben einmal ganz genau an. Fühlen Sie sich frei oder haben Sie das Gefühl, unter ein Joch gedrückt zu werden? Schauen Sie sich Ihre Ehe an. Fühlen Sie sich darin frei, oder haben Sie das Gefühl, eine schwere Last zu tragen? Denken Sie einmal an Ihre Beziehung zu Jesus. Fühlen Sie sich darin frei oder wie unter einem Joch?

Zur Zeit Jesu benutzte man ein Übungsjoch, um damit junge Ochsen an ihre schwere Arbeit zu gewöhnen. Ein älterer, erfahrener, klügerer und stärkerer Ochse wurde mit einem jüngeren zusammen in ein Joch gespannt. Auch die Größe des Jochs war unterschiedlich. Der ältere Ochse hatte zu ziehen und führte den jüngeren, dessen Last vergleichsweise leicht war.

Wenn Sie erschöpft sind, dann denken Sie an folgende Aussage von Jesus: »Leg dein Joch ab. Komm mit unter mein Joch. Lass mich deine Last tragen.« Gott hilft uns, die Lasten zu tragen, die das Leben mit sich bringt, und unterstützt uns dabei, jedes Joch abzulegen, unter das wir uns selbst begeben haben.

2.

Wir sind also nicht so vermessen, uns gleichzustellen oder zu vergleichen mit gewissen Leuten, die sich selbst anpreisen. In ihrem Unverstand messen sie sich an sich selbst.

2. Korinther 10,12, Einheitsübersetzung

Eine gute Möglichkeit, Informationen und Erkenntnisse auszutauschen, besteht darin, Notizen zu vergleichen. Es gibt allerdings im Leben auch eine Art des Vergleichens, die äußerst ungut ist. Ein solches ungutes Vergleichen liegt dann vor, wenn man beispielsweise zwei Menschen miteinander vergleicht, um negative Eigenschaften des einen herauszustellen.

Das passiert in der Ehe ziemlich oft: »Deine Mutter kocht aber wirklich anders als meine«; »Die Leute in deiner Familie haben doch recht merkwürdige Vorstellungen«; »Warum hängst du dein Handtuch nach dem Duschen nicht so auf wie ich?« Die Botschaft hinter diesen Aussagen lautet: »Du und deine Familie, ihr seid wirklich anders«, will heißen: falsch oder gar unmöglich.

Welche Art des Vergleichens kommt in Ihrer Ehe vor? Welche Verhaltensweisen, Gewohnheiten oder Einstellungen beurteilen Sie beim anderen als »anders« (und deshalb »falsch«)? Wie vergleichen Sie sich mit anderen Paaren? Vergleichen Sie Ihre Kleidung, die Wohnungseinrichtung, das Haus, die Gegend, in der Sie wohnen, oder Ihre Urlaubsziele? Und wenn ja, was bringt Ihnen das?

Sich mit anderen zu vergleichen kann zweierlei Folgen haben. Wenn Sie sich dem anderen überlegen fühlen, können Sie sich stolz und selbstgerecht fühlen, oder Sie können einen richtiggehenden Minderwertigkeitskomplex entwickeln, wenn Sie glauben, dem ande-

ren unterlegen zu sein, beziehungsweise wenn die anderen in Ihrem Vergleich wesentlich besser wegkommen als Sie selbst.

Fazit: Hören Sie auf zu vergleichen. Irgendjemand fühlt sich am Ende immer klein und mickrig und geht in Abwehrhaltung. Versuchen Sie lieber im Blick zu behalten, wer Sie und auch Ihr Partner in den Augen Gottes sind. Machen Sie sich ganz neu klar, dass die Menschen verschieden sind, weil Gott alle unterschiedlich gemacht hat. Und dann versteht sich von selbst, dass Ihr Partner anders ist als Sie, und das ist auch gut so!

Die einzige Frage, über die Sie sich Gedanken machen sollten, ist die, ob Sie dem Plan Gottes entsprechen und tun, was er möchte. Wenn Sie das nämlich tun, bewirkt das Sicherheit in Ihnen und kann dazu führen, dass man gar nicht mehr das Bedürfnis verspürt, sich mit anderen zu vergleichen.[1]

3.

Jagt der Liebe nach!
1. Korinther 14,1, Einheitsübersetzung

Das Wort »Liebe« gehört in der deutschen Sprache zu den abgegriffensten und am häufigsten missverstandenen Worten. Man kann seine Arbeit oder seinen Hund lieben, man kann es lieben, essen oder tanzen zu gehen, und man kann seinen Ehepartner lieben.

Hoffentlich bedeutet Liebe in jedem dieser Zusammenhänge für Sie etwas anderes. Wenn uns Paulus auffordert, der Liebe nachzujagen, dann meint er damit etwas Aktives. Lassen Sie uns einmal zwei in der Bibel verwendete Begriffe für Liebe etwas genauer betrachten, damit wir besser verstehen, welcher Art von Liebe Eheleute nach dem Plan Gottes nachjagen sollen. Hier soll es einmal um die körperliche Liebe gehen.

Wussten Sie eigentlich, dass der erste Begriff, der zur Beschreibung der Liebe in der Ehe verwendet wurde, ursprünglich gar nicht als Liebe übersetzt wurde? Das Wort heißt EPITHÜMIA und bezeichnet ein starkes Verlangen in jeder Hinsicht. Es bedeutet, sein Herz an etwas zu hängen. Man kann von ganzem Herzen ein größeres Haus

wollen, ein schnelleres Auto oder einen besseren Job. Manche Wünsche sind gut, andere nicht.

Immer, wenn in der Bibel der griechische Begriff EPITHÜMIA in negativem Zusammenhang verwendet wird, bedeutet er so viel wie Lüsternheit oder Wollust. In der Ehebeziehung ist damit jedoch die starke körperliche Anziehung zwischen den beiden Ehepartnern gemeint. Von Lüsternheit sollen wir uns distanzieren, ja noch aktiver, wir sollen vor ihr fliehen, aber wir haben absolut die Freiheit und die Erlaubnis von Gott, unseren Ehepartner zu begehren. Haben Sie Gott schon einmal dafür gedankt, dass er Ihnen dieses Begehren für den Partner schenkte?

Die EPITHÜMIA, die Gott Ihnen für Ihren Ehepartner geschenkt hat, kann unterschiedlich stark sein. Es kann Zeiten geben, da ist sie sehr beherrschend, dann wieder gibt es Phasen, in denen sie eine untergeordnete Rolle spielt. Vielleicht geht es Ihnen ja wie vielen anderen verheirateten Männern und Frauen, die lernen müssen, ihr eigenes Verlangen zu kontrollieren, um zu einem Einklang mit dem Verlangen des Partners zu finden.

Ein anderer Begriff für Liebe ist EROS. Eros beschreibt die körperliche Seite der Liebe. Eros kann kontrolliert und positiv sein, beispielsweise in einer ehelichen Beziehung, aber auch unkontrolliert und negativ, wie beispielsweise in einer außerehelichen Affäre. Das Wort wird im Neuen Testament nicht verwendet, aber es gibt im Alten Testament eine hebräische Entsprechung.

Schlagen Sie doch bei Gelegenheit einmal das Hohelied Salomos in der Bibel auf und lesen Sie sich daraus ein paar Abschnitte gegenseitig vor. Viele Ehepaare haben Freude daran, in diesem Buch der Bibel etwas über die Schönheit erotischer Liebe zu hören.

4.

Du magst dich für stark halten – ob du es bist, zeigt sich erst in der Not.
SPRÜCHE 24,10, GUTE NACHRICHT

Vorweg ein Test: Was ziehen Sie vor – Wohlstand oder Not? Eine wirklich einfache Frage. Versuchen wir es einmal mit einer etwas schwierigeren: Mit welchem Zustand lässt sich besser leben oder umgehen?

Vielleicht wird Sie überraschen, was Chuck Swindoll zu dieser Frage schreibt: »Not und Widrigkeiten sind ein guter Test für unsere Anpassungsfähigkeit, für unsere Fähigkeit, Situationen zu bewältigen. Der schottische Essayist und Historiker Thomas Carlyle bestätigt diese These, wenn er sagt: ›Widrigkeiten sind für den Menschen etwas Schweres; aber auf einen Mann, der Wohlstand aushalten kann, kommen hundert, die Not und Widrigkeiten aushalten.‹ Nur wenige Menschen, die im Luxus leben … bleiben moralisch, geistlich und finanziell im Gleichgewicht … beim Balanceakt auf dem Hochseil des Erfolges. Es ist eine Ironie, dass die meisten Menschen mit einer plötzlichen Degradierung besser fertig werden als mit einer beträchtlichen Beförderung.«[2]

Wenn es uns materiell gut geht, vergessen wir allzu leicht, dass wir von Gott abhängig sind. Wenn wir aber in die Tiefen der Not gestürzt werden, dann haben wir nur noch einen Gedanken im Kopf: Überleben! Und dann neigen wir dazu, mit den Menschen unserer Umgebung näher zusammenzurücken.

Wenn wir zu Wohlstand gelangen, dann scheint es mit der Integrität oft bergab zu gehen. Wem danken Sie eigentlich, wenn Sie zu Wohlstand kommen? Wie lässt sich Wohlstand nutzen, um Gott zu verherrlichen?

Was würde Not in Ihrer Ehe bewirken? Sprechen Sie lieber schon jetzt darüber, denn jeder gerät irgendwann einmal in Not. In Notzeiten braucht man Anpassungsfähigkeit, aber in Zeiten des Wohlstandes braucht man Integrität. Verfügt man über beides, kann man mit beiden Lebensumständen fertig werden.[3]

5.

Liebe ist geduldig und freundlich.
Sie kennt keinen Neid, keine Selbstsucht,
sie prahlt nicht und ist nicht überheblich.
1. KORINTHER 13,4, HOFFNUNG FÜR ALLE

Wie würden Sie eine liebevolle Beziehung definieren, eine Beziehung, in der die Art von Liebe vorhanden und lebendig ist, die das Fundament jeder Ehe bilden sollte? Welche der folgenden Definitionen gefällt Ihnen am besten und warum?

- Eine liebevolle Beziehung ist eine Beziehung, in der die Einzelpersonen genügend Vertrauen zueinander haben, um sich verletzlich zu machen, in der sie sicher sein können, vom anderen nicht ausgenutzt zu werden. In einer liebevollen Beziehung wird weder ausgebeutet noch wird der andere als selbstverständlich genommen. Zu einer solchen Beziehung gehören Kommunikation, ein umfassender Austausch und viel Zärtlichkeit.
- Eine liebevolle Beziehung ist eine Beziehung, in der man offen und ehrlich miteinander umgehen kann, ohne Angst haben zu müssen, be- und verurteilt zu werden. Man fühlt sich darin sicher in dem Wissen, dass man eng befreundet ist und dass man sich gegenseitig beisteht, was immer auch passiert.
- In einer liebevollen Beziehung verstehen sich die Beteiligten immer besser und können auch ihre Unterschiede zunehmend leichter akzeptieren. In einer solchen Beziehung macht man sich gegenseitig Mut, mit vielen Menschen in Kontakt zu treten und dadurch so viel Schönheit und Liebe wie möglich weiterzugeben.
- In einer liebevollen Beziehung fühlen sich die Beteiligten auch in der schweigenden Anwesenheit des anderen wohl. Durch Worte, aber auch durch Körpersprache teilen sie sich gegenseitig mit, dass sie sich vertrauen, ehrlich miteinander sind, sich gegenseitig bewundern und immer wieder begeistert sind, zueinander zu gehören.
- In einer liebevollen Beziehung hat der/die Geliebte die Freiheit, ganz er/sie selbst zu sein – mit dem anderen zu lachen, aber niemals über ihn; mit dem anderen zu weinen, aber nicht seinetwegen; das Leben zu lieben, sich selbst zu lieben und sich über die Liebe des

anderen zu freuen. Eine solche Beziehung beruht auf Freiheit und kann sich niemals in einem eifersüchtigen Herzen entwickeln.[4]

6.

Deshalb wollen wir uns mit allen Kräften darum bemühen,
in Frieden miteinander zu leben, und einander helfen,
im Glauben zu wachsen.
RÖMER 14,19, HOFFNUNG FÜR ALLE

Ed Wheat hat einen hervorragenden Vorschlag für die Ehe. Er behauptet, dass eine Möglichkeit, eine Ehe lebendig zu erhalten, darin besteht, den Ehepartner zu segnen. Aber was, bitte, ist ein Segen?

Das Wort, wie es im Neuen Testament verwendet wird, besteht aus zwei griechischen Wörtern, die übersetzt GUT und WORT bedeuten. Den Ehepartner zu segnen bedeutet also im wörtlichen Sinne, Gutes über ihn oder sie zu sprechen. Man kann anderen gegenüber gut über den Partner sprechen, aber auch ihm selbst gegenüber, und zwar durch Komplimente, ermutigende Worte und durch die kleinen Höflichkeiten des Lebens, die sich sonst häufig unmittelbar nach der Hochzeit verflüchtigen.

Den Partner zu segnen beinhaltet auch, einander zu helfen und sich gegenseitig aufzubauen, wie es in Römer 14,19 steht. Wie das aussehen kann, dazu macht Ed Wheat auch einige konkrete Vorschläge. Was davon praktizieren Sie bereits in Ihrer Ehe, welche Vorschläge könnten noch ergänzend hinzugefügt werden?

1. Treffen Sie bewusst die Entscheidung, Ihrem Partner gegenüber weder in Worten noch in Taten überkritisch zu sein. Diese Entscheidung sollte durch Taten untermauert werden, bis sie zur Gewohnheit wird.
2. Nehmen Sie sich Zeit, Ihren Ehepartner genauer zu beobachten, um sensibel zu werden für die Bereiche, in denen er/sie einen Mangel oder Unzulänglichkeit empfindet. Entwickeln Sie kreative Möglichkeiten, um Ihren Partner genau an diesen Stellen aufzubauen.

3. Nehmen Sie sich die Zeit, sich täglich die positiven Eigenschaften des anderen und gute Verhaltensweisen, die Sie bewundern und für die Sie dankbar sind, in Erinnerung zu rufen. Machen Sie eine Liste dieser Dinge und danken Sie Gott dafür.
4. Fassen Sie Lob und Wertschätzung immer in Worte und tun Sie das so konkret und ausführlich wie möglich.
5. Erkennen Sie an, was Ihr Ehepartner tut, aber auch was er/sie ist. Lassen Sie ihn/sie wissen, dass Sie Hochachtung vor dem haben, was er/sie ist und tut.[5]

7.

Wo dein Schatz ist, da ist auch dein Herz.
MATTHÄUS 6,21, EINHEITSÜBERSETZUNG

Das Buch der Prediger wirft bei einigen Menschen Fragen auf, andere irritiert es auch. Manche Leute fragen sich sogar, was dieses Buch in der Bibel zu suchen hat.

In seinem sehr hilfreichen Buch THE RHYTHM OF LIFE (»Der Rhythmus des Lebens«) sagt Richard Exley, dass das biblische Buch des Predigers die Gedanken eines Workaholics am Ende seines Lebens widerspiegelt. Es ist das Porträt eines Mannes, der sein gesamtes Leben in die Arbeit investiert hat statt in Beziehungen, und der nun – leider zu spät – feststellt, dass ein Leben für Dinge statt für Menschen ein vergebliches Leben ist.

Dass der Mann im Leben erfolgreich war, ist offensichtlich, denn er sagt: »So wurde ich berühmter und reicher als jeder, der vor mir in Jerusalem regiert hatte« (Prediger 2,9). Aber er konnte in solch einem Leben keinen Frieden finden. »Da begann ich das Leben zu verabscheuen, alles auf der Welt war mir zuwider, denn es ist so sinnlos, als wolle man den Wind einfangen« (2,17). Ist es Ihnen in Bezug auf das, was Sie tun, auch schon einmal so ergangen? Haben Sie sich auch schon einmal bei der Frage ertappt: »Und das soll wirklich alles sein ...?«

Und am Ende seines Lebens entdeckt nun dieser Mann, dass er keinen Menschen hat, an den er all den angehäuften Reichtum vererben

kann. Wie tragisch! Er hat zwar Kinder, aber die sind für ihn wie Fremde, weil er es versäumt hat, eine Beziehung zu ihnen aufzubauen.

Leben Sie so, dass Sie am Ende auf ein erfülltes Leben zurückblicken können! In was investieren Sie Ihre Zeit und Ihre Kraft?[6] Erfüllung in der Ehe, auch noch nach der Pensionierung, gibt es nur, wenn auch in den Zeiten davor schon Erfüllung da war.

Der Eheberater James Dobson sagt: »Ich bin zu dem Schluss gekommen, dass das Anhäufen von Reichtum, selbst wenn ich es erreichen könnte, ein unzureichender Grund zum Leben ist. … Ich werde meine irdische Existenz als vergeudet betrachten, wenn ich mich nicht an eine liebevolle Familie erinnere, an ständiges Investieren in das Leben anderer Menschen und an den ernsthaften Versuch, dem Gott, der mich gemacht hat, zu dienen. Alles andere macht nicht besonders viel Sinn.«[7]

8.

Ich habe Gott von Angesicht zu Angesicht gesehen
und bin doch mit dem Leben davongekommen.
1. Mose 32,31, Einheitsübersetzung

»Was hat dir der Gottesdienst gebracht?«

Das ist wirklich eine interessante Frage. Haben Sie sie Ihrem Partner schon einmal nach einem Gottesdienst gestellt?

Die Frage geht von der Annahme aus, dass wir zum Gottesdienst gehen, um etwas zu bekommen. Aber das sollte nicht der Zweck eines Gottesdienstes sein. Gottesdienst bedeutet, Gott anzubeten und ihn als den anzuerkennen, der er ist. Das Hauptaugenmerk des Gottesdienstes liegt nicht auf uns, sondern auf Gott!

Als Simeon den kleinen Jesus im Arm hielt, lobte er Gott mit den Worten: »Nun lässt du, Herr, deinen Knecht, wie du gesagt hast, in Frieden scheiden. Denn meine Augen haben das Heil gesehen« (Lukas 2,29–30). Der Mittelpunkt seines Gottesdienstes war Gott und nicht er selbst.

Jakobs Behauptung, er habe Gott von Angesicht zu Angesicht gesehen, ist im Grunde der Kern aller Anbetung und jedes Gottesdienstes.

Wir können Lieder und Chorusse singen und dennoch nicht anbeten. Unsere Gedanken können dabei zu Hause in der Küche beim Sonntagsessen sein oder bei der Frage, ob sich unsere Kinder in der Kirche auch ordentlich benehmen. Wir können uns mit der neuen Garderobe einer Freundin ein paar Reihen vor uns beschäftigen oder uns völlig auf den Riss im Fliesenboden konzentrieren.

Im Gottesdienst bei der Anbetung sollte unser geistliches Auge, aber auch unsere physischen Augen ganz auf Gott gerichtet sein. Anbetung bedeutet, Gott von Angesicht zu Angesicht zu begegnen und sich ganz auf ihn zu konzentrieren. Das kann im Gebet geschehen, in Gedanken oder auch im Hören oder Singen von Lobliedern.

Denken Sie einmal kurz an die wichtigen Phasen in Ihrem geistlichen Leben. Wann haben Sie wichtige Augenblicke der Anbetung erlebt, in denen Sie wussten, dass Sie gerade Gott begegnen? Weiß Ihr Partner etwas von diesen Augenblicken?

Reden Sie über Anbetung, auch in der Ehe. Wie können Sie Ihren Partner zur Anbetung Gottes ermutigen? Tauschen Sie sich über Ihr Gottesbild aus. Vielleicht kommen dabei für Sie oder Ihren Partner ganz neue Gedanken heraus. Sich ganz auf Gott zu konzentrieren kann nicht nur Ihr eigenes Leben bereichern, sondern auch Ihre Ehe. Das ist doch wirklich ein faszinierender Gedanke, oder?

9.

Deshalb legt die Lüge ab und redet untereinander die Wahrheit.
EPHESER 4,25, EINHEITSÜBERSETZUNG

Sie sind als Zeuge vor Gericht geladen. Nachdem Sie im Zeugenstand Platz genommen haben, werden Sie gefragt: »Schwören Sie die Wahrheit zu sagen, die ganze Wahrheit und nichts als die Wahrheit, so wahr Ihnen Gott helfe?«

Wenn Sie dann mit Ja antworten, sind Sie vereidigt. Wenn Sie diesen Eid vor Gericht brechen, begehen Sie einen Meineid, und der wiederum ist ein Straftatbestand!

Es gibt heute nicht mehr so viele Menschen, die sich der Wahrheit verpflichtet wissen, und Unglaubwürdigkeit ist deshalb zu einem traurigen Markenzeichen der heutigen Gesellschaft geworden. Vertrauen kann es nur geben, wenn Sie sich in den kleinen wie den großen Dingen auf das Wort Ihres Partners verlassen können.

Denken Sie einmal an die ganz alltäglichen Versprechen, die so oft vergessen und nicht gehalten werden:

»Klar, auf dem Heimweg fahr ich bei der Reinigung vorbei und hole die Sachen ab.«

»In Ordnung, am Samstag räume ich die Garage auf, sobald ich vom Fußballspiel zurück bin.«

»Gut, diese Woche setzen wir uns mal zusammen, um miteinander zu reden.«

Wenn solche kleinen Versprechen ständig gebrochen werden, entsteht Misstrauen. Das kann dann starke Zweifel am Wort des anderen auslösen, sodass man ständig nörgelt oder den anderen erinnern muss, damit er seine Versprechen auch hält. Und irgendwann wird er/sie dann taub auf diesem Ohr.

Was hat nun Gott zu diesem Mangel an Glaubwürdigkeit zu sagen? »Alles, was ihr in Worten und Werken tut, das geschehe im Namen Jesu, des Herrn« (Kolosser 3,7). »Es ist besser, wenn du nichts gelobst, als wenn du etwas gelobst und nicht erfüllst« (Prediger 5,4).

Und wie lassen sich diese Bibelstellen in Ihrer Ehe anwenden? Das erfordert echte Integrität und einen starken Entschluss! Was könnte sich besser eignen, um Wahrheit in Ihrer Ehe zu erleben, als das Einhalten der kleinen, scheinbar unwichtigen Versprechen, die Sie einander im Alltag geben?

10.

Wohl dem, der nicht dem Rat der Frevler folgt . . .
sondern Freude hat an der Weisung des Herrn.
Psalm 1, 1.2, Einheitsübersetzung

Bevor Sie jetzt Ihre Stille Zeit fortsetzen, lesen Sie sich gegenseitig bitte den Rest von Psalm 1 vor.

Die Psalmen geben wider, was sich im Innersten des Menschen abspielt, und wie auch immer man sich geistlich gerade fühlt, man findet es irgendwo in den Psalmen in Worte gefasst.

Psalm 1 enthält eine wegweisende Botschaft für den Alltag jedes Menschen. Er stellt nämlich eine klare Unterscheidung zwischen zwei Arten von Menschen fest: den »Gerechten«, also denen, die sich an Gott halten, und den »Frevlern«, die Böses tun. Das erste und das letzte Wort des Psalms offenbart das endgültige Schicksal der beiden Gruppen. Die Gerechten werden »glücklich« sein, sie sind gesegnet (Vers 1), und die Bösen verschwinden, ohne eine Spur zu hinterlassen (Vers 6).

In den Versen 1 bis 3 wird der gerechte Mensch beschrieben. Er folgt nicht dem Rat von Leuten, deren Lebensstil mit der Bibel nicht übereinstimmt, und er ist auch nicht mit solchen Menschen zusammen. Die Warnung dieser Verse zu ignorieren kann zur Folge haben, dass Gemeinschaft mit gottlosen Menschen sich auch geistlich negativ auf die Ehe auswirkt. Vielleicht merkt man es zunächst gar nicht, aber bald schon verändern sich Einstellungen und schließlich auch Verhaltensweisen, und es kommt zu einer geistlichen Unterhöhlung.

Menschen, die zu Gott gehören, benutzen die Bibel als Leitfaden für ihr Leben, und sie denken darüber nach, wie sie die Inhalte in ihrem Alltag umsetzen können. Das Wort Gottes soll unsere Orientierung im Leben sein; wir sollen es nicht austauschen gegen Meinungen in Talkshows, Börsenzeitschriften, modernen Selbsthilfebüchern und gegen den Rat unserer Kollegen im Büro.

Welche Auswirkungen hat es denn, wenn man sein Leben und die Ehe nach der Bibel ausrichtet? Wie Bäume, die an fließendem Wasser gepflanzt sind, wird man jeden Tag gestärkt und erfrischt. Das ist eine feste Zusage!

Wie steht es mit Ihnen? Mit wem verbringen Sie Zeit und wem hören Sie zu? Sprechen Sie darüber, wie die beiden Hauptgruppen in Psalm 1 – die Gerechten und die Gottlosen – Ihr Leben und Ihre Ehe beeinflussen.

11.

Sammle meine Tränen in deinen Krug; ohne Zweifel, du zählst sie.
PSALM 56,8, LUTHER

Wussten Sie eigentlich, dass Gott Ihre Tränen bemerkt? Er hat den Menschen die Fähigkeit zu weinen geschenkt, weil er weiß, dass das Weinen ganz wichtig für den körperlichen Heilungsprozess ist.

Manche Leute weinen leise, nach innen sozusagen; sie unterdrücken ihre Tränen. Andere haben es da etwas leichter, weil sie ihren Tränen freien Lauf lassen können. Charles Swindoll schreibt in diesem Zusammenhang: »Eine Träne ruft den himmlischen König herbei. Gott ist dann nicht peinlich berührt oder enttäuscht, sondern er lindert unsere inneren Schmerzen, indem er sie mit Tränen weich macht. Er macht aus solchen Situationen zärtliche Augenblicke: Er vergisst niemals die Krisen in unserem Leben, in denen wir geweint haben.«[8]

Tränen können ganz unterschiedliche Gefühle zeigen. Es gibt Freudentränen, Tränen des Glücks, Kummer- und Sorgentränen, aber auch Tränen der Frustration und der Wut. Tränen können dem Ehepartner oft Gefühle auf eine Weise vermitteln, wie es Worte nicht vermögen.

Was löst bei Ihnen Tränen aus? Vielleicht die Freude über ein neugeborenes Kind. Die Melodie eines lange nicht gehörten Kirchenliedes kann eine Flut von Erinnerungen auslösen und uns zum Weinen bringen. Manche Leute weinen, wenn sie beten, andere, wenn sie sich an einen geliebten Menschen erinnern. Sind Tränen für Sie eher Feinde oder Freunde?

Wann haben Sie zum letzten Mal vor Ihrem Ehepartner geweint? Wusste Ihr Partner, warum Sie weinten? Wann möchten Sie eigentlich gern weinen, halten aber Ihre Tränen lieber doch zurück? Wann haben

Sie als Paar zum letzten Mal zusammen geweint? Welche Reaktion wünschen Sie sich von Ihrem Partner, wenn Sie weinen?

Jesus hat geweint, und auch David weinte, als er seinen Sohn Absalom verloren hatte. Anders ausgedrückt, starke Menschen weinen ebenso wie vermeintlich schwache. Es ist ein Zeichen von Stärke und Heilsein, wenn man über etwas weint, das einen zutiefst anrührt.

Entschuldigen Sie sich nicht für Ihre Tränen. Warum sollte man sich auch für ein so wunderbares Geschenk Gottes entschuldigen? Ihre Tränen sind ein wichtiger Teil Ihrer Kommunikation. Lassen Sie sie zu!

12.

Da ging Petrus hinaus und weinte sehr.
LUKAS 22,62, HOFFNUNG FÜR ALLE

Max Lucado gehört zu den begabtesten christlichen Autoren unserer Zeit. In dem folgenden Textauszug geht es um oft völlig übersehene, aber dennoch Anwesende am Kreuz Christi, als er starb.

»Es gab an jenem Tag eine Gruppe von Anwesenden, die ganz, ganz wichtig war. Sie sagten nicht viel, aber sie waren da. Sie wurden nur von wenigen bemerkt, aber das war nicht weiter verwunderlich. Sie sind von Natur aus so still, dass sie häufig übersehen werden. Ja selbst von den Verfassern der Evangelien wurden sie kaum erwähnt. Wir wissen jedoch, wer sie sind. Sie mussten dagewesen sein, denn sie hatten eine Aufgabe.

Sie waren mehr als Zeugen in einem göttlichen Schauspiel. Sie brachten nämlich die ganze Tragödie zum Ausdruck, die sich dort abspielte. Sie fingen sie ein. Sie zeigten die Verzweiflung von Petrus; sie verrieten die Schuld von Pilatus und entlarvten die Qualen von Judas. Sie vermittelten die Verwirrung von Johannes und zeigten, wie sehr Maria litt.

Die wichtigste Rolle hatten sie jedoch beim Messias. Mit großer Zartheit boten sie ihm Erleichterung in seinen Schmerzen und gaben seinem Empfinden Ausdruck.

Wen ich beschreibe? Sie werden vielleicht überrascht sein, es sind Tränen. Diese kleinen Tropfen der Menschlichkeit. Diese kleinen runden, flüssigen Kugeln, die uns aus den Augen quellen, die Wangen hinunterlaufen und dann auf den Grund unseres Herzens fallen. Sie waren damals auch dabei.

Bei solchen Gelegenheiten sind sie immer da, und das ist auch gut so. Sie sind winzige Boten; 24 Stunden täglich abrufbereit als Ersatz für fehlende Worte. Sie tropfen und fließen aus den Ecken und Winkeln unserer Seele, tragen in sich unsere tiefsten Gefühle. Sie laufen uns das Gesicht hinunter mit Aussagen, die von höchster Wonne bis zu tiefster Verzweiflung reichen können.

Das Prinzip ist ganz einfach: Wenn Worte besonders leer sind, dann sind Tränen am angebrachtesten.«[9]

13.

Denn ihr sollt ein Leben führen,
das des Herrn würdig ist und in allem sein Gefallen findet . . .
Er gebe euch . . . viel Kraft,
damit ihr in allem Geduld und Ausdauer habt.
KOLOSSER 1,10.11, EINHEITSÜBERSETZUNG

Haben Sie schon einmal beobachtet, wie ein kleines Kind in seinem eigenen Beet etwas sät und dann hegt und pflegt? Jeden Tag rennt es zu der Stelle, an der es die Saat in den Boden gesteckt hat, um nachzuschauen, ob schon etwas aufgegangen ist. Recht schnell macht das Kind die Erfahrung, dass es diesen Prozess durch nichts beschleunigen kann. Es beginnt die Geduld zu lernen, die auch jeder Landwirt haben muss, der genau weiß, dass er nicht zu früh ernten darf, weil dann das Getreide noch nicht reif ist. Ein ungeduldiger Landwirt ist ein schlechter Landwirt.

Wenn man den Ehepartner ungeduldig zur Entwicklung drängen will, kann sich das in der Ehe als ebenso schädlich erweisen. Es trägt zur Vertiefung und Festigung der Ehebeziehung bei, das Lebenstempo des Partners zu akzeptieren.

Geduld ist eine Hilfe zur Beharrlichkeit. Jakobus schreibt: »Brüder, im Leiden und in der Geduld nehmt euch die Propheten zum Vorbild, die im Namen des Herrn gesprochen haben« (5,10). Jesaja und Jeremia wurden wegen ihres Standpunktes verfolgt und geächtet, aber sie hielten geduldig den Druck von außen aus und verkündeten weiter das Wort Gottes. Das Leben Jesu war voller Hindernisse, aber auch er hielt geduldig aus.

Geduld hilft uns dabei, beharrlich zu sein. Haben Sie auf diese Art auch Geduld mit sich selbst und mit Ihrem Partner? Es gibt ganz praktische Möglichkeiten, sich gegenseitig Geduld zu zeigen. Man kann beispielsweise dem Partner so viel Zeit zum Beantworten einer Frage lassen, wie er/sie braucht. Wenn nötig, erklären Sie ein zweites Mal, was Sie meinen, auch wenn Sie der Meinung sind, dass Sie sich schon ganz klar ausgedrückt haben. Erinnern Sie behutsam, statt zu kritisieren, wenn Ihr Partner etwas vergisst. Das ist wahre Geduld, und die bekommen wir nur, wenn wir uns vom Heiligen Geist leiten lassen.

14.

Macht euch bereit! Seid nüchtern …
Lasst euch nicht mehr von euren Begierden treiben wie früher …
euer ganzes Leben [soll] heilig werden.
1. PETRUS 1,13–15, EINHEITSÜBERSETZUNG

»Achtung! Dieser Stoff gefährdet Ihre Gesundheit. Bei fortgesetzter Einnahme kann es zu Gesundheitsschäden kommen.«

Solche Warnhinweise findet man oft auf Etiketten oder Beipackzetteln von möglicherweise gefährlichen Substanzen. In dem Bibelvers von heute warnt Petrus vor drei Problemen, die zu Schädigungen und sogar zum Zusammenbruch unseres geistlichen Lebens führen können. Finden Sie diese drei Hinweise in der Bibelstelle?

Die erste Warnung besagt, dass wir wachsam sein sollen und unsere Gedanken sammeln (es geht hier um geistige Wachheit). Jeder Christ ist aufgerufen, alles aus seinem Denken zu verbannen, was ihn daran hindern könnte, geistliche Fortschritte zu machen. Manchmal

können auch unsere Gedanken über den Ehepartner geistliche Fortschritte verhindern. Gibt es Gedanken, die Sie lieber aus Ihrem Denken streichen sollten?

Der zweite Hinweis lautet: »Seid nüchtern.« Wenn man nüchtern ist, ist man aufmerksam und kann sinnvolle und gut begründete Entscheidungen treffen.

Der dritte Hinweis besagt, dass man sich nicht auf einen unchristlichen Lebenswandel einlassen soll. Es geschieht ganz leicht, dass man sich durch die Werte und Interessen der heutigen Gesellschaft vom Eigentlichen ablenken lässt. Es erfordert Mut, Integrität und Charakterstärke, zum Lebensstil der Welt nein zu sagen.

Petrus ruft uns dazu auf, heilig zu sein auf Grund der Hoffnung, die wir auf die Herrlichkeit Jesu Christi haben.

Vielleicht können Sie ja als Ehepartner darüber reden, was es für Sie persönlich bedeutet, heilig zu sein. Übrigens: Gott würde uns nicht dazu auffordern, heilig zu sein, wenn es nicht möglich wäre.

15.

Der Herr hat gegeben, der Herr hat genommen;
gelobt sei der Name des Herrn.
HIOB 1,21, EINHEITSÜBERSETZUNG

Haben Sie Gott heute schon gelobt und angebetet? Sie können Gott an jedem Tag der Woche anbeten, denn Anbetung ist ja nicht in dem Augenblick zu Ende, wenn wir sonntags die Kirche verlassen. Was dort im Gottesdienst geschieht, kann uns vielmehr unter der Woche eine Hilfe sein, ständig anzubeten, egal, wo wir gerade sind und was wir tun.

Wir loben Gott auch durch unsere Freude und wenn wir feiern. Schon viele Ehepaare haben mir erzählt, dass die Geburt eines Kindes für sie Grund zur Anbetung und zum Lobpreis war. Sie freuten sich dann ganz besonders intensiv an der Schöpfung Gottes. Sie teilten diesen ganz besonderen Augenblick mit ihm. Das ist Anbetung.

Auch die schwierigen Zeiten im Leben können Gelegenheiten zu Anbetung und Lobpreis sein. Während wir die verschiedenen Lebensphasen durchleben, machen wir die Erfahrung, dass Freude genauso aus Verlust und Schmerz entstehen kann wie aus schönen Erlebnissen. Gott ist da, und zwar sowohl in guten Zeiten als auch in Lebenskrisen.

Richard Exley schreibt: »Ich will damit gar nicht sagen, dass Gott Not und Widrigkeiten schickt, um dafür zu sorgen, dass wir dankbarer werden für unser Leben oder dass wir uns seiner Nähe bewusster werden. Und ich will damit auch nicht sagen, dass nur diejenigen die Fülle des Lebens erfahren können, die durch finstere Täler gegangen sind. Sondern ich möchte damit zum Ausdruck bringen, dass Gott in allen Lebensphasen und -bereichen da ist, auch in den Tragödien. Seine Gegenwart verwandelt sogar solche qualvollen Erfahrungen in Gelegenheiten zur Anbetung ... Wir beten Gott nicht wegen, sondern trotz unserer Verluste an. Wir preisen ihn nicht für diese Tragödien, sondern mitten darin.«[10]

Auch wenn wir seine Gegenwart nicht spüren, ist Gott da. Vielleicht hilft dieser Gedanke Ihnen heute, nächsten Monat oder in drei Jahren. Lassen Sie zu, dass die Verheißung seiner Nähe Sie in die Anbetung führt, in guten wie in schlechten Zeiten.

16.

Fehlt es aber einem von euch an Weisheit,
dann soll er sie von Gott erbitten;
Gott wird sie ihm geben, denn er gibt allen gern und
macht niemandem einen Vorwurf.
JAKOBUS 1,5, EINHEITSÜBERSETZUNG

»Ohne schaffst du es nicht. Es geht einfach nicht. Du brauchst sie unbedingt!« Das ist keine aufgemotzte Fernsehwerbung, sondern es sind kluge Worte über die Weisheit. Weisheit ist von grundlegender Bedeutung, wenn Ihr Leben und Ihre Ehe gelingen sollen.

Jakobus ist nicht der Einzige, der betont, wie wichtig und notwendig Weisheit ist. Salomo betet: »Verleih daher deinem Knecht ein hörendes Herz, damit er dein Volk zu regieren und das Gute vom Bösen zu unterscheiden versteht« (1. Könige 3,8.9). Und auch Paulus sagt im Epheserbrief 1,17–19, im Kolosserbrief 1,9–12 und im Philipperbrief 1,9–11 etwas zum Thema Weisheit.

In der letztgenannten Stelle definiert Paulus Weisheit als Tiefe der Erkenntnis und als die Fähigkeit herauszufinden, was das Beste ist.

Wie erkennt man nun, dass die Weisheit regiert? Schauen Sie sich einmal an, was Jakobus in 3,3 sagt: »Wer von euch ist weise und verständig? Er soll in weiser Bescheidenheit die Taten eines rechtschaffenen Lebens vorweisen.« Demut und Weisheit treten zusammen auf, und sie müssen zusammenwirken, um die Art von guten Taten hervorzubringen, von denen die Ehebeziehung profitiert.

Die Weisheit, von der Jakobus spricht, kommt von Gott. Er erläutert seine Beschreibung in 3,17 noch genauer: »Doch die Weisheit von oben ist erstens heilig, sodann friedlich, freundlich, gehorsam, voll Erbarmen und reich an guten Früchten, sie ist unparteiisch, sie heuchelt nicht.« Echte Weisheit zeigt sich in Verhaltensweisen, von denen in der Bibel immer wieder die Rede ist. Die Weisheit, die Gott uns schenkt, macht uns fähig, nach seinem Willen zu leben, und sie kommt aus unserem Inneren. Vor allem aber spiegelt sie das Wesen Gottes wider und den Lebensstil, den er für uns vorgesehen hat.

Kennen Sie nicht auch Zeiten, in denen Sie sich mehr Weisheit wünschen? Vielleicht haben Sie gerade jetzt den Wunsch danach. Welchen Stellenwert hat Weisheit zur Zeit in Ihrem Leben und Ihrer Ehe eigentlich?[11]

17.

Fehlt es aber einem von euch an Weisheit,
dann soll er sie von Gott erbitten …
Wer bittet, soll aber voll Glauben bitten und nicht zweifeln,
denn wer zweifelt, ist wie eine Welle,
die vom Wind im Meer hin und her getrieben wird.

JAKOBUS 1,5.6, EINHEITSÜBERSETZUNG

Weisheit wird in unserem Leben deutlich durch Verhaltensweisen und Einstellungen, die das Wesen und den Charakter Gottes widerspiegeln. Aber wie bekommen wir diese Weisheit? Indem wir darum bitten und daran glauben, dass diese Bitte auch erfüllt wird.

Jakobus beschreibt sehr realistisch, wie Zweifler sind. Er meint damit nicht Menschen, die gelegentlich Zweifel haben, sondern Leute, deren Leben von Zögern und Zaudern bestimmt ist, Leute, die so wankelmütig sind wie Wellen im Meer. Wenn man Gott vertraut, kann man um Weisheit bitten und bekommt sie auch.

Unter anderem geschieht das durch die Bibel. Die Bibel ist die offenbarte Weisheit und Wahrheit Gottes. Wie häufig lesen Sie für sich allein in der Bibel und wie oft als Paar? Die meisten Menschen haben Mühe mit diesem regelmäßigen Bibellesen. Doch je mehr Sie lesen, desto mehr Weisheit sammeln Sie an und desto mehr ändert sich Ihr Leben. Bedenken Sie einmal Folgendes: Wenn Sie einen Monat lang jeden Morgen und jeden Abend irgendein Kapitel aus der Bibel gemeinsam laut lesen, dann gehört Ihnen dieses Kapitel ein Leben lang! Versuchen Sie es doch einmal. Was haben Sie zu verlieren?

Und welche Möglichkeiten, Weisheit zu erlangen, gibt es sonst noch? Man kann sie auch durch andere gereifte Christen bekommen, die sich immer noch weiterentwickeln und Jesus ähnlicher werden.

Auch Erfahrungen, die wir im Laufe unseres Lebens machen, sind oft Lektionen, durch die wir uns weiterentwickeln – vorausgesetzt natürlich, wir lassen es zu.

Was haben Sie von anderen erfahren und was durch das Leben als Schule? Tauschen Sie sich darüber mit Ihrem Ehepartner aus.

18.

Wer arm ist und wenig beachtet wird, soll deshalb nicht mutlos sein,
sondern sich darüber freuen, dass er vor Gott viel gilt.
Ein Reicher dagegen soll niemals vergessen,
wie wenig sein irdischer Besitz vor Gott zählt.
Wie eine Blume auf dem Feld wird auch sein Reichtum vergehen.

Jakobus 1,9.10, Hoffnung für alle

Das ist doch wirklich ein interessanter Vers, oder? Irgendwie scheint er ein Widerspruch in sich zu sein, aber das ist nicht so. Überlegen Sie einmal Folgendes: Wer sind auf dieser Welt eher die Ausnahmen, die Reichen oder die Armen? In Amerika oder Europa meinen wir vielleicht, dass die Armen eher die Ausnahme sind, aber stimmt das auch? Es hat auf der Welt schon immer mehr arme als reiche Leute gegeben – zur Zeit Jesu ebenso wie heute. Und als im ersten Jahrhundert die ersten Menschen Christen wurden, merkten sie recht schnell, dass nicht unbedingt alle ihre wirtschaftlichen Probleme gelöst waren, wenn sie Jesus in ihr Leben aufgenommen hatten. Die Armen blieben auch danach oft arm.

Sie sollten auf der Hut sein vor Leuten, die lehren, dass der Glaube an Jesus Christus automatisch zu wirtschaftlichem Segen führt und Sie reich macht. Selbst vielen vermeintlich wohlhabenden Christen aus dem gehobenen Mittelstand gehört nicht alles, was sie ihr Eigen nennen, weil es noch gar nicht abbezahlt ist.

Jakobus sagt: »Vielleicht hast du nicht viel Geld, und vielleicht lebst du in Armut, aber bei Jesus hast du eine sehr hohe Stellung.« Wie das möglich ist? Wenn Sie Jesus Christus kennen, dann sind Sie ein Königskind und Miterbe Christi (Römer 8,17). Und daher kommt wahrer Reichtum.

Jakobus sagt, dass wir uns von den Menschen, die Geld haben, nicht einschüchtern zu lassen und uns auch nicht zu schämen brauchen für das, was wir haben bzw. nicht haben. In und vor Jesus Christus sind wir alle gleich. Es ist nichts falsch daran, reich zu sein oder auch reich zu werden. In der Bibel gibt es viele Beispiele für gottesfürchtige Menschen, die reich waren. Aber manche Christen, die wohlhabend sind, haben ernsthafte Probleme damit. Welche Probleme sind das Ihrer Meinung nach? Sprechen Sie darüber.[12]

19.

Sobald die Sonne in ihrer Mittagshitze glüht, verdorrt das Gras ... Ebenso wird es den Reichen ergehen. All ihre Geschäftigkeit bewahrt sie nicht vor dem Verderben.

JAKOBUS 1,1, HOFFNUNG FÜR ALLE

Sind Sie reich? Geistlich gesehen ganz bestimmt. Sind Sie es auch nach dem Maßstab der Welt? Haben Sie vor, in 5, 10 oder 20 Jahren richtig reich zu sein? Wären Sie gern wohlhabend?

Wenn wir ehrlich sind, würden wir es doch alle gern mal zumindest eine Zeit lang ausprobieren. Reich zu sein hat jedoch auch seinen Preis. Reichtum ist oft ein Mittel, Macht oder Kontrolle über andere zu gewinnen. Manche reichen Menschen verlassen sich in Bezug auf Sicherheit und Glück lieber auf ihr Vermögen als auf Gott, und Reichtum kann dadurch zur Sünde (Abkehr von Gott) verführen. Paulus schreibt: »Denn alles Böse wächst aus der Habgier. Schon so mancher ist ihr verfallen und hat seinen Glauben verloren. Wie viel Leid und Not hätte er sich ersparen können« (1. Timotheus 6,10).

Was meint Jakobus, wenn er schreibt: »Der Reiche [rühme sich aber] seiner Niedrigkeit« (1,10)? Er versucht den Wohlhabenden folgenden Grundsatz zu vermitteln: Macht den Menschen in eurem Umfeld deutlich, dass euer Reichtum für euch nicht das Wichtigste auf der Welt ist.

Vermitteln Sie anderen, dass Ihr Friede und Ihre Sicherheit aus Ihrer Beziehung zu Jesus Christus kommen und nicht auf Ihrem Geld oder Besitz beruhen. Zeigen Sie das durch Ihr Handeln, durch Entscheidungen im Geschäftsleben, die biblische Lehre und Werte erkennen lassen, und verzichten Sie auf die Möglichkeit, sich persönlich zu bereichern. Machen Sie deutlich, dass es viel besser ist, Reichtümer im Himmel anzuhäufen als Dinge, die es auf der Erde gibt.

Wir sind alle, egal wie viel wir besitzen, dazu berufen, Haushalter dessen zu sein, was Gott uns anvertraut hat. Wenn Sie heute gern über etwas reden wollen, kommt folgender Vorschlag: Sprechen Sie darüber, wie viel Geld Sie Gott und anderen Menschen abgeben wollen und wann Sie wohl in der Lage sein könnten, den Betrag, den Sie zur Zeit geben, zu verdoppeln. Darüber könnte man doch einmal nachdenken![13]

20.

Bemüht euch um Frieden mit allen in der Gemeinde und darum, dass ihr heilig seid und euer ganzes Leben Gott gehört.
HEBRÄER 12,14, GUTE NACHRICHT

Es ist einfach hinreißend, Welpen und junge Kätzchen zu beobachten. Sie spielen scheinbar ständig. Sie sind zu niedlich, wenn sie knurren und fauchen, einander anspringen, rollen, kugeln, kratzen und beißen, manchmal stundenlang.

Aber hin und wieder geht einer von ihnen zu weit, wird zu grob oder weiß nicht, wann Schluss ist. Und das ist der Augenblick, wo sich das Fell aufstellt. Aus dem freundlichen Herumtollen ist eine ernsthafte Auseinandersetzung geworden. Das vergnügte Spiel weicht der Absicht zu besiegen, stärker zu sein, zu verletzen und den Kampf zu gewinnen. Das Knurren ist nicht mehr spielerisch, sondern aggressiv. Die Atmosphäre wechselt von heiter zu angespannt. Oft muss die Hunde- oder Katzenmutter die Rauferei beenden, indem sie eingreift und ihren Jungen einen kräftigen Rüffel verpasst.

Kommt Ihnen als Ehepaar diese Beschreibung irgendwie bekannt vor? Ehepaare streiten oft am Ende nur noch, wenn ihre Meinungsverschiedenheiten außer Kontrolle geraten und jeder sein Terrain verteidigt, indem er dem anderen verbale Haken verpasst. Streitereien sind ein Zeichen dafür, dass die Eheleute miteinander konkurrieren, statt sich gegenseitig zu ergänzen.

Streit ist unsere, nicht Gottes Wahl. Er gibt dem Frieden den Vorzug. Streit führt zu Vergeltungsschlägen und Gegenbeschuldigungen, Friede dagegen zu Nähe und Vertrautheit.

Paulus war gegen das Streiten: »Weg also mit aller Verbitterung, mit Aufbrausen, Zorn und jeder Art von Beleidigung! Schreit einander nicht an! Legt jede feindselige Gesinnung ab« (Epheser 4,31, Gute Nachricht). »Soweit es möglich ist und auf euch ankommt, lebt mit allen in Frieden« (Römer 12,18).

Statt wild um sich zu schlagen, nehmen Sie eine Auszeit, um die Situation zu entschärfen, die Argumente auszuwerten und dann Bereiche zu finden, in denen Sie sich einig sind. Als jemand, der/die an Jesus glaubt, seien Sie geduldig beim Erarbeiten von Lösungen.

Wenn beide Partner Christen sind, ist bei jedem Streit ein Dritter anwesend. Haben Sie ihn in letzter Zeit gebeten, seine Meinung zu sagen? Vielleicht ist es die einzige Meinung, die Ihnen wirklich weiterhilft.

21.

In Demut schätze einer den andern höher ein als sich selbst.
PHILIPPER 2,3, EINHEITSÜBERSETZUNG

Der bekannte amerikanische Autor und Referent Tony Campolo ist verheiratet mit Margaret, von der folgende Sätze stammen: »Können Sie sich noch daran erinnern, wie viel Spaß es früher gemacht hat, in Freizeitparks ins Spiegelkabinett zu gehen und sich dort in den Zerrspiegeln zu betrachten? Spaß machte es, weil man ja wusste, dass man in Wirklichkeit gar nicht so aussah. Man fand ja immer wieder einen richtigen Spiegel und konnte sicher sein, dass man man selbst war.

In der Ehe wird ein Partner zum Spiegel für den anderen . . . ein Problem in schlechten Ehen besteht häufig darin, dass einer der Spiegel oder beide wie Zerrspiegel wirken. Ein Partner fängt an, hässliche Dinge zu spiegeln, und der andere glaubt dann, dass der beste Teil von ihr/ihm gar nicht mehr vorhanden ist.

Spiegel reflektieren auf ganz einfache Weise; Menschen sind da sehr viel komplizierter. Wir wählen nämlich aus, was wir reflektieren; und was wir auswählen, hat großen Einfluss darauf, was aus dem anderen wird. Mit zum Spannendsten an der Ehe gehört, daran mitzuwirken, dass der andere sein bestes Selbst werden kann, indem man ihn liebevoll widerspiegelt.

Positive Spiegelung bewirkt, dass der andere positiv über sich selbst empfindet, aber es verändert auch das, was man selbst denkt und fühlt. Wenn Sie auf das Positive achten und das Negative übersehen, werden Sie glücklicher werden über Ihre Ehe und mit der Person, die Sie geheiratet haben. Das passiert sogar, wenn sich Ihr Partner kein bisschen ändert! . . .

Egal, ob Sie in einer schwierigen Ehe leben oder gerade in einer schwierigen Phase einer guten Ehe stecken – bitten Sie Gott um Verständnis und um die Fähigkeit, etwas zu tun, was eigentlich für einen Menschen gar nicht möglich ist. Jesus ist dabei Ihr Vorbild. Und indem Sie Ihren Ehepartner positiv widerspiegeln, folgen Sie dem Vorbild und Beispiel Jesu.«[14]

22.

Gebt Acht! Hütet euch vor jeder Art von Habgier!
LUKAS 12,15, GUTE NACHRICHT

Habgier ist wie eine kriechende, sich windende Schlange. Unbarmherzig umschleicht sie uns. Nie ist sie zufrieden. Wenn wir sie füttern, können wir sicher sein, dass ihr Hunger noch zunimmt. Sie ist geboren, um zu verzehren. Der Ruf der Gier lautet: »Es ist nie genug!«

Sie haben das sicher schon bei anderen erlebt und es auch bei sich selbst empfunden: nur noch ein Stückchen Kuchen mehr, nur noch eine Stunde länger arbeiten, nur noch ein Paar neue Schuhe.

In seinem zweiten Brief spricht Petrus von »in Habgier geübten Herzen« (2,14, Einheitsübersetzung). Die drei Schlüsselworte der Habgier sind: mehr und mehr und mehr. Der griechische Originalbegriff aus dem Tagesvers von heute bedeutet wörtlich übersetzt »mehr wollen«. In der Antike galt Gier als eines der tödlichen Laster. Im Neuen Testament wird Habgier ebenfalls verdammt.

In Lukas 12,16–21 erzählt Jesus eine ganz schlichte Geschichte über die Habgier. Ein reicher Mann bringt eine Rekordernte ein und beschließt deshalb, seine alte Scheune abzureißen und eine größere zu bauen, damit alles hineinpasst, was er besitzt. Er will das Leben genießen und es sich gut gehen lassen. Er hat es geschafft, und sein Wunsch ist: »Mehr, ich will mehr.« Er bekommt dann allerdings etwas ganz anderes, als er erwartet hat. Gott sagt nämlich zu ihm: »Du Narr, noch in dieser Nacht werde ich dein Leben von dir zurückfordern! Wem gehört dann dein Besitz?« (Vers 20).

Der Drang, immer mehr Reichtum anzuhäufen, führt zu permanenter Unzufriedenheit. Gier bringt uns dazu, auch in wichtigen moralischen Fragen mal fünfe gerade sein zu lassen. Sie führt zur Verzerrung unserer Werte. Wir verkaufen unsere Integrität, um das zu bekommen, was wir wollen. Habgier führt dazu, dass wir mehr verlieren, als wir je gewinnen könnten, weil wir in unserem Drang nach mehr andere Lebensbereiche völlig vernachlässigen. Wie viele Ehen sind schon wegen des unersättlichen Wunsches nach mehr Geld oder beruflichem Vorwärtskommen gescheitert? Wie viele Beziehungen stecken in der Krise wegen der Last zu hoher Abzahlungen für das Eigenheim? Wir mögen es als »sozialen Aufstieg« bezeichnen, aber vielleicht wäre es doch ehrlicher, es »Habgier« zu nennen. Und was können wir denn am Ende unseres Lebens mitnehmen? Nur das Allerbeste – unseren Glauben an Jesus Christus. Und den bekommen wir geschenkt.

23.

Ihr Männer [sollt] im Umgang mit euren Frauen rücksichtsvoll sein, ... so wird euren Gebeten nichts mehr im Weg stehen.
1. PETRUS 3,7, EINHEITSÜBERSETZUNG

Ehepaare berichten von recht unterschiedlichen Erfolgen beim Entwickeln und Einüben eines gemeinsamen Gebetslebens neben ihrem persönlichen Gebet. Manche beten abends vor dem Einschlafen zusammen, für andere ist das Frühstück oder das Abendessen die beste Gelegenheit dafür.

Hier einige Vorschläge, wie Ihr gemeinsames Gebetsleben befriedigender werden könnte:

1. GEBET IST NUR DANN WIRKUNGSVOLL, WENN MAN RÜCKSICHTSVOLL MITEINANDER UMGEHT. Wenn Sie eine Sperre haben, gemeinsam zu beten (das heißt, wenn Ihnen allein schon der Gedanke an gemeinsames Beten zu schaffen macht), dann schauen Sie einmal ganz genau hin, wie Sie miteinander umgehen. Vielleicht

haben Sie sich gegenseitig verletzt und müssen erst darüber sprechen, Schuld bekennen und einander vergeben.

2. Gebet muss nicht gesprochen sein. Wenn wir in einer Krise stecken, dann sind wir durch Schock oder Fassungslosigkeit oft sprachlos. Wir können einander nur einfach festhalten, still sein und uns darauf verlassen, dass der Heilige Geist für uns betet (Römer 8,26).
3. Im Gebet muss es nicht um »Glaubensthemen« gehen. Ein gutes und befriedigendes Sexleben kann beispielsweise ein Grund sein, sich beim Partner und auch bei Gott zu bedanken.
4. Beten Sie in Zeiten der Trennung noch mehr als in Zeiten, wenn Sie zusammen sind. Jede Trennung sollte eine Zeit intensiven Gebetes sein.
5. Sprechen Sie über Ihr Gebetsleben im Licht der Bibel. Legen Sie alle Scheu ab und wagen Sie es, genauso frei über Ihr Gebets- und Liebesleben zu sprechen, wie es die Bibel tut.[15]

24.

Wenn euch also der Sohn befreit, dann seid ihr wirklich frei.
Johannes 8,36, Einheitsübersetzung

Seit Anbeginn der Menschheitsgeschichte gibt es die Plage der Sklaverei. Wenn ein Land von einem anderen im Krieg erobert wird, folgt oft eine Versklavung des besiegten Volkes in irgendeiner Form. Doch wir sind einfach nicht dazu geschaffen, in Sklaverei zu leben.

Manchmal werden wir von anderen unterdrückt, nicht selten machen aber auch wir selbst uns zu Sklaven. Denken Sie einmal einen Augenblick darüber nach: Sind Sie ein freier Mensch? Fühlen Sie sich wirklich frei? Die meisten Bewohner der westlichen Welt gehen davon aus, frei zu sein. Vielleicht gibt es ein unterschiedliches Ausmaß an Freiheit, aber völlige Freiheit gibt es nicht einmal im so genannten freien Westen.

Auch in der Ehebeziehung kann es Abhängigkeit und so etwas wie Versklavung geben. Viele Frauen und Männer leben unter dem Joch der Bevormundung und Kontrolle durch den Ehepartner und führen

dadurch ein sehr eingeschränktes Eigenleben. Manche Leute sind gebunden durch Perfektionismus, andere an den Zwang, es allen recht zu machen, wobei sie ihr eigenes Leben stark vernachlässigen. Jede Form von Sucht und Abhängigkeit ist Versklavung, egal, ob es sich dabei um Drogen, Alkohol, Tabak, Fernsehen, Pornografie, Essen, Macht, Konsum, ständige Aktivität oder auch Gemeindetraditionen handelt.

Gibt es in Ihrem Leben etwas, an das Sie gebunden sind? Lassen Sie sich von irgendetwas beherrschen? Gibt es in Ihrer Ehe eine Aktivität oder Verhaltensweise, die Sie nicht unter Kontrolle haben und an die Sie sich versklavt fühlen?

Die amerikanische Unabhängigkeitserklärung war wirklich gar nichts im Vergleich zu der Unabhängigkeitserklärung, die wir von Gott bekommen haben. Wo und unter welchen Umständen auch immer Sie leben, durch Jesus Christus sind Sie frei.

Leben Sie und Ihr Ehepartner heute in Freiheit? Genießen Sie beide das, was Ihnen diese Freiheit zu bieten hat, oder mühen Sie sich immer noch mit der Versklavung an jemanden oder etwas ab?

25.

Schon ehe sie rufen, gebe ich Antwort, während sie noch reden, erhöre ich sie.

Jesaja 65,24, Einheitsübersetzung

»Ich habe wirklich Hemmungen, hinzugehen und mit diesem Menschen zu reden. Ich weiß einfach nicht, was ich ihm sagen soll. Keine Ahnung, wie er reagieren wird. Vielleicht ist er schockiert über meine Bitte!«

Wahrscheinlich haben Sie solche sorgenvollen Worte auch schon gehört oder sogar selbst in einer Situation geäußert, in der Sie sich nicht recht trauten, jemanden um etwas zu bitten. Und vielleicht haben Sie ja sogar hin und wieder Hemmungen, Ihrem Ehepartner gegenüber ein bestimmtes Thema anzusprechen. Es gibt wohl kaum jemanden, dem ein solches Zögern völlig fremd wäre.

Es gibt aber jemanden, den wir jederzeit und ohne zu zögern bitten dürfen. In dem Bibelvers für den heutigen Tag sagt Gott, dass die Antwort auf unser Gebet schon vorbereitet ist, bevor wir Gott auch nur bitten. Unser Gebet überrascht ihn also nicht im Geringsten. Gebet beginnt demnach nicht mit dem, worum wir bitten, sondern mit dem, was Gott bereit hat.

Lloyd Ogilvie hat ein paar interessante Gedanken zu diesem Thema formuliert: »Gott hat mehr für uns bereit, als wir bereit sind zu erbitten. Wir sollen genauso viel Zeit investieren, um herauszufinden, was Gott möchte, worum wir ihn bitten, wie mit dem Bitten selbst. Dann stimmt auch unser Bitten mit seinem Willen überein. Gebet bedeutet, von ganzem Herzen Gott zu suchen. Gott kann unsere Vorstellungskraft nutzen, um uns einen Eindruck von seinen Vorhaben mit uns zu vermitteln, allerdings unter einer Voraussetzung: dass wir ihn nämlich von ganzem Herzen suchen. Gebet ist die Zeit, in der wir Gott ein inneres Bild davon malen lassen, was wir sein und tun sollen.«[16]

Nehmen Sie sich heute ein paar Minuten Zeit und sprechen Sie miteinander über folgende Fragen: Zögern Sie manchmal, mit einer bestimmten Bitte zu Gott zu kommen? Welchen Grund hat Ihr Zögern? Wie können Sie als Ehepaar besser herausfinden, was Sie nach seinem Willen beten sollen? Versuchen Sie einmal diesen Ansatz beim Bitten und entdecken Sie dann, was aus Ihrem gemeinsamen Gebetsleben werden kann.

26.

Ohne prophetische Weissagung (ohne Vision) wird ein Volk zügellos.
SPRÜCHE 29,18, GUTE NACHRICHT

Hatten Sie bei Ihrer Hochzeit eine Vision für Ihre Ehe? Hatten Sie einen Traum? Es ist völlig in Ordnung zu träumen, denn viele Träume werden in eine Vision für die Zukunft übertragen und dann ganz realistisch und zielstrebig verfolgt. Die Ehe an sich ist ein Traum!

David Augsburger schreibt: »Die Ehe ist das Verfolgen eines Traumes; eines Traumes vom Lieben und Geliebtwerden; eines Trau-

mes, den anderen zu wollen und von ihm/ihr gewollt zu werden, vom miteinander Verschmelzen, bereitwillig umarmt zu werden, vom Verstehen und Verstandenwerden, von Geborgenheit und Sicherheit und davon, dem anderen das Gefühl der Sicherheit zu geben, eines Traumes von Erfüllung durch das Erfüllen der Bedürfnisse des anderen.«[17]

Manche Leute sagen, dass Träume nichts für Menschen sind, die mit beiden Beinen im Leben stehen. Ob das stimmt, ist sehr die Frage, denn wenn man keine Träume und Zukunftsvisionen mehr hat, schleicht sich leicht der Gedanke ein, dass doch alles vergeblich ist. Denken Sie einmal über folgendes Gedicht nach.

Der Traum
kann bescheiden oder heroisch sein,
vage oder kristallklar,
eine brennende Leidenschaft oder eine stille Kraft,
eine Quelle der Inspiration und Stärke
oder zersetzender Konflikte.
Mein Leben wird in dem Maße bereichert,
wie ich einen Traum habe und
ihm einen angemessenen Platz in meinem Leben einräume,
einen Platz, der legitim ist und lebensfähig
für mich und meine Welt.
Wenn ich keinen Traum habe oder keine
Möglichkeit, ihn zu leben,
dann fehlt meinem Leben Sinn und Zweck.[18]

Verwirklichen Sie Ihre Träume mit der Kraft und Gegenwart Jesu Christi in Ihrem Leben.

27.

Ein freundliches Wort schenkt Freude am Leben.
SPRÜCHE 15,4, GUTE NACHRICHT

Wie teilen Sie einander Ihre Liebe mit – durch Blicke, Gesten und Berührungen, durch das, was Sie tun oder was Sie sagen?

Wie Ihre Antwort auch lauten mag, es geht um Kommunikation. Eine Ehe ist immer so gut wie die Kommunikationsfähigkeit zwischen den Partnern, und die Stärke Ihrer Ehe ergibt sich aus der Ehrlichkeit Ihrer Kommunikation. Das offensichtlichste Anzeichen einer guten Ehe ist das Maß an Ehrlichkeit, Offenheit und Direktheit, das gemeinsam entwickelt werden kann. Kommunikation ist die Brücke, über die Sie gehen, um sich zu begegnen. Manchmal ist der Weg dorthin steil und unwegsam, aber Sie müssen trotzdem darüber gehen.

Haben Sie schon einmal darüber nachgedacht, inwiefern Ihre Kommunikationsmuster etwas über Ihre Ursprungsfamilie aussagen? Denken Sie darüber einmal nach. Wem aus Ihrer Ursprungsfamilie ähneln Sie in Sachen Kommunikation am meisten – Ihrer Mutter oder Ihrem Vater? Hatten Sie erwartet, dass sich die Kommunikationsmuster Ihrer Eltern in Ihrer eigenen Ehe wieder finden würden?

Viele Kommunikationsmuster in der Ehe beruhen auf Fragen und Behauptungen. Manche Menschen neigen mehr zum Überzeugen, andere eher zum Erklären. Sogar gedachte Fragen und Behauptungen haben ihren Platz. Es gibt aber noch einen weiteren Kommunikationsstil, der stärkere positive Auswirkungen auf eine Beziehung hat und ihr mehr Bedeutung gibt. Es ist der einladende Stil.

Einladend sind Aussagen wie: »Erzähl doch mal …«, oder »Ich würde gern erfahren, was du darüber denkst oder dabei empfindest …« Einladende Aussagen machen keine Vorgaben, stellen keine Fallen, kontrollieren nicht und befehlen auch nicht. Sie lassen der anderen Person völlige Freiheit, sich auf ihre Weise auszudrücken. Einladungen lassen dem anderen Freiheit, statt ihn zu kontrollieren.

Wenn man dem Partner gegenüber eine Einladung ausspricht, dann begrüßt man seine Gedanken und Gefühle.[19] Und das ist gute Kommunikation. Üben Sie das, indem Sie einander einladen, sich jetzt gleich auszutauschen.

28.

Wie man Eisen durch Eisen schleift,
so schleift ein Mensch den Charakter des anderen.
SPRÜCHE 27,17, HOFFNUNG FÜR ALLE

Man kann gar nicht häufig genug den Grundgedanken der Nähe und Vertrautheit in der Ehe betonen, weil sie das eigentlich bindende Element in jeder Beziehung ist.

David Augsburger meint dazu Folgendes: »Intimität ist der Mut, sich verletzlich zu machen, die notwendige Stärke, gemeinsam schwach zu sein. Es ist in einer Beziehung unmöglich, Verletzungen zu vermeiden, auch wenn wir natürlich versuchen sollen, es so wenig wie möglich dazu kommen zu lassen. Außerdem ist es wichtig, immer besser zu lernen, wie man die Heftigkeit, das Ausmaß und die Dauer solcher Verletzungen so gering wie möglich halten kann, indem man sie so schnell wie möglich bearbeitet. Verletzlichkeit, wie sie zwischen fehlbaren Menschen nun einmal vorhanden ist, bedeutet, dass Verletzungen zwar unvermeidlich, aber nicht irreparabel sind. Wir verletzen uns natürlicherweise gegenseitig, wenn wir miteinander leben. Weil sowohl Lust als auch Schmerz zum Wesen des Lebendigseins gehören, müssen wir lernen, mit unseren Verletzungen so umzugehen, dass sie unsere Freuden verstärken. Ja, wenn wir unsere Verletzungen verarbeiten, vertiefen wir damit unsere Liebe.«[20]

Wie können wir Intimität sonst noch beschreiben? Intimität hat immer eine Geschichte, aber sie ist auch ein Augenblick der Nähe. Intimität hat etwas Stabiles, ist aber auch offen für Veränderung und Wachstum. Eintönigkeit tötet Intimität ab. Intimität gibt sich selbst und ist bereit zu dienen, aber sie bedeutet auch, ganz man selbst zu sein. Intimität ist fürsorglich und akzeptierend, aber sie differenziert und konfrontiert auch. Intimität ist Offenheit, aber sie ist auch sehr vertraulich, denn sie hält Geheimnisse in Ehren und respektiert den Raum des anderen. Zur Intimität gehört auch viel Zeit, und dennoch gibt es kurze »Highlights«. Intimität erfordert beidseitige Transparenz, aber sie respektiert auch die Andersartigkeit des Partners. Intimität erkennt und akzeptiert die Schwäche und Zerbrechlichkeit des anderen, hofft aber auch, dass immer Liebe da sein wird.[21]

Tauschen Sie sich über folgende Frage aus: Welche dieser Beschreibungen entspricht Ihren Gedanken und Gefühlen zum Thema Nähe und Intimität?

29.

Seitdem haben wir nicht aufgehört, für euch zu beten und Gott darum zu bitten, dass ihr seinen Willen erkennt und sein Geist euch mit Weisheit und Einsicht erfüllt.
KOLOSSER 1,9, HOFFNUNG FÜR ALLE

Mal ehrlich: Würden Sie sich lieber den Plänen Ihres Partners anpassen oder würden Sie es vorziehen, wenn er/sie sich Ihnen anpasst? Vielleicht ist das eine eher rhetorische Frage, denn eigentlich haben wir doch alle eher den Wunsch, dass andere, einschließlich unserer Ehepartner, sich eher unseren Plänen anpassen als umgekehrt.

In demselben Konflikt stecken wir, wenn wir beten. Statt darum zu beten, dass wir in den Plan Gottes passen, legen wir Gott oft unsere eigenen Pläne vor und bitten ihn, sich selbst irgendwie darin unterzubringen. Betrachten Sie im Gegensatz dazu einmal das Gebet des Paulus in Kolosser 1, 9–12 für die Christen von Kolossä. Er betet dort darum, dass Gott ihnen geistliche Weisheit und Einsicht geben möge. Wahrscheinlich hätten sie auch gut Gebet um Stärke, Reichtum, Sicherheit, wohlerzogene Kinder und bessere Beziehungen zu den Schwiegereltern gebrauchen können. Aber darum bittet Paulus nicht. Er bittet Gott, ihnen Weisheit und Einsicht zu schenken, damit sie ein Leben führen können, das dem Herrn würdig ist und damit sie ihn mit ihrem Leben erfreuen.

Er betet auch um Stärkung für sie, damit sie geduldig und ausdauernd werden, Freude haben und dem Herrn für alles danken. Über die positiven Auswirkungen dieses Gebetes erfährt man in den Versen 10–14 etwas. Sehen Sie sich die Verse einmal etwas genauer an und überlegen Sie, wie die beschriebenen Auswirkungen Ihnen in Ihrer derzeitigen Lebenssituation helfen könnten.

Eigentlich bittet Paulus darum, dass die Menschen dort in den Plan Gottes passen – eine sehr interessante Bitte. Wir versuchen nämlich oft, Gott zu benutzen, um selbst zu profitieren, statt ihn um Weisheit und geistliches Verständnis zu bitten, was wir brauchen, um ihm zu dienen – Weisheit, die uns auch helfen wird, unsere anderen eigenen Anliegen zu lösen. Manche Leute beten eher darum, dass ihr eigener Wille geschehen möge, als dass der Wille Gottes in ihrem Leben geschieht.

Wo brauchen Sie in Ihrer jetzigen Lebenssituation geistliche Weisheit und Erkenntnis? Wie würden Sie beides anwenden, wenn Sie über solche Weisheit und Erkenntnis verfügten? In welchen Situationen würden Sie beides einsetzen? Denken Sie im Laufe des Tages einmal über diese Fragen nach und sprechen Sie miteinander darüber, bevor Sie heute Abend schlafen gehen.[22]

30.

Nähme ich Flügel der Morgenröte und bliebe am äußersten Meer,
so würde auch dort deine Hand mich führen.
Psalm 139,9.10, Luther

Hatten Sie in letzter Zeit eine richtige Krise – Sie wissen schon, eine Situation, wie wenn ein Wirbelsturm durch Ihr Leben geht, Sie durchschüttelt und all Ihre schönen Pläne zunichte macht? In solchen Krisen haben wir das Gefühl, jemand hat uns in ein Holzfass gesteckt, das jetzt den Berg hinabrollt, dass uns Hören und Sehen vergeht.

Jeder durchlebt in seinem Leben Krisen, aber außer adrenalinsüchtigen Menschen gefällt es kaum jemandem, in solche Situationen hineinzugeraten. Bevor sie eintreten, ist es wichtig, uns klarzumachen und einzuprägen, dass man in Krisen, mehr als bei jeder anderen Gelegenheit, auch die Chance hat, geistlich zu wachsen und sich weiterzuentwickeln. Gerade in Krisenzeiten möchte Jesus etwas in Ihrem Leben tun.

Das Versprechen in dem Bibelvers vom heutigen Tag besagt, dass, egal wo Sie sind, Gott Sie führt und leitet. In Jesaja 43 erklärt der Herr, dass er auch in Krisenzeiten bei Ihnen ist. Schlagen Sie jetzt gleich dieses Kapitel auf und lesen Sie es laut vor, bevor Sie mit der Stillen Zeit weitermachen.

Hier haben wir die feste Zusage, dass Gott bei uns ist. Ein tröstlicher Gedanke dabei ist, dass er sich nicht an unsere Sünden erinnern wird. Das ist ermutigend, denn bei einigen von uns gibt es da vieles, was Gott vergessen muss.

Am tröstlichsten finden viele Leute das Versprechen »Ich bin bei dir« in Vers 2. Werden Sie sich daran erinnern, wenn Sie einmal mutlos sind? Werden Sie sich daran erinnern, wenn Sie bei der Arbeit vor einem schwierigen moralischen Dilemma stehen? Werden Sie sich daran erinnern, wenn Sie das Gefühl haben, dass Sie in Ihrer Ehebeziehung nichts mehr zu geben haben? Werden Sie sich daran erinnern, wenn Sie das Gefühl haben, allein zu sein und niemand ist da, der sich um Sie kümmert? Es sind tröstende Worte, die uns jederzeit Mut machen können.

MAI

Wenn wir uns im Herrn freuen, fangen wir an,
das Leben aus der Perspektive Gottes zu sehen.
Lobpreis ist unser Mittel,
eine neue Sicht und neue Führung
für unser festgefahrenes Leben zu gewinnen.

1.

*Das Menschenherz macht Pläne –
ob sie ausgeführt werden,
liegt bei Gott.*
SPRÜCHE 16,9, GUTE NACHRICHT

Bei dem Begriff Selbstbeherrschung denkt man meist in erster Linie an Einschränkungen. Man kann ihn aber auch mit der Disziplin in Verbindung bringen, die man braucht, um Ziele zu setzen und zu erreichen.

Im Zusammenhang mit der Ehe ist das Setzen von Zielen aber nur selten ein Thema. Ein Ziel möchte man erreichen und eine Zielvorstellung setzt den Wunsch voraus, dass etwas ganz Bestimmtes geschieht. Ein Ziel festzulegen bzw. zu formulieren, hat mit Glauben zu tun, denn man formuliert ja etwas, das man sich für die Zukunft wünscht. »Glaube aber ist: ein Feststehen in dem, was man erhofft, ein Überzeugtsein von Dingen, die man nicht sieht« (Hebräer 11,1, Einheitsübersetzung).

In vielerlei Hinsicht wird durch die Ziele bzw. das Fehlen von Zielen mitbestimmt, wie das Zusammenleben eines Ehepaares konkret aussieht. Klar definierte Ziele geben der Ehe eine Richtung; verwaschene, unklare Ziele dagegen sorgen für Orientierungslosigkeit.

Wie sieht es bei Ihnen aus? Welche Ziele haben Sie sich für Ihre Ehe gesetzt? Sind es konkrete, eindeutige Ziele? Haben Sie sie gemeinsam erarbeitet und formuliert? Was soll Ihre Ehe über Sie als Paar und über die Gegenwart Gottes in Ihrem gemeinsamen Leben aussagen?

Das alles sind Fragen, über die Sie sprechen sollten. Wenn Sie Ziele haben, kann Ihnen das aus gegenwärtigen Schwierigkeiten heraus- bzw. über sie hinweghelfen, indem Sie nämlich das Hauptaugenmerk auf eine positive Hoffnung für die Zukunft richten.

Als Christen leben wir sowohl in der Gegenwart als auch in der Zukunft. Paulus sagt – und das gilt für jeden Christen: »Aber eins steht fest, dass ich alles vergessen will, was hinter mir liegt. Ich konzentriere mich nur noch auf das vor mir liegende Ziel. Mit aller Kraft laufe ich darauf zu« (Philipper 3,13.14, Hoffnung für alle).

Nehmen Sie sich Zeit, über die Fragen zu sprechen, die Ihnen jetzt in den Sinn gekommen sind. Und noch einige ergänzende Fragen: Wie wäre es wohl, wenn Liebe, Freude, Friede, Geduld, Freundlichkeit, Güte, Treue und Selbstbeherrschung in Ihrem Ehealltag sichtbar würden? Was würde das für Sie persönlich bedeuten? Was würde es für die Verherrlichung Gottes bedeuten? Welche Ziele könnten Sie sich setzen, um dies zu erreichen?

2.

Seid voll Freude, meine Brüder,
wenn ihr in mancherlei Versuchungen geratet.
Ihr wisst, dass die Prüfung eures Glaubens Ausdauer bewirkt.
JAKOBUS 1,2.3; EINHEITSÜBERSETZUNG

Der Jakobusbrief ist ein interessantes biblisches Buch. Er ist ausgesprochen praktisch und steckt voller Erkenntnisse. Wenn man befolgt, was darin steht, kann sich das Leben ziemlich verändern.

Jakobus spricht hier von den Anfechtungen, mit denen wir es immer zu tun bekommen. Und mit Anfechtungen meint er die vielen unterschiedlichen Schwierigkeiten, mit denen wir in unserem ganz normalen Alltagsleben konfrontiert sind. Manche dieser Schwierigkeiten ergeben sich aus Umständen, die außerhalb unserer Kontrolle liegen, andere verursachen wir durch unsere Sünden selbst.

Wenn Jakobus von Freude spricht, dann meint er damit nicht Glücklichsein oder Fröhlichkeit oder Vergnügen. Freude ist die Fähigkeit, über das Problem oder die Schwierigkeit hinauszublicken und darin auch eine Chance zum Wachstum zu erkennen. Freude entsteht, indem wir entdecken, wie Gott in unserem Leben wirkt.

Jakobus fordert uns dazu auf, Versuchungen als Freude zu betrachten. Dieses »Betrachten« ist eine Art Entschluss. Sie haben die Wahl, wie Sie auf die Versuchungen, mit denen Sie es zu tun haben, reagieren wollen. Es ist eine Entscheidung, die Sie aushalten müssen, weil Sie ja den Wunsch haben, Gottes Willen zu tun. Es ist der Entschluss, den Willen Gottes zu erfüllen, auch wenn das einen hohen Preis kos-

tet. Sie leugnen dabei nicht die Versuchung, sondern stellen sich ihr, und dadurch verwandelt sich dann tatsächlich irgendwann Kummer in Freude. Die Folge einer solchen Offenheit und Aufrichtigkeit ist Ausdauer.

Ja, es ist möglich, wirklich inneren Frieden zu erleben, während die Welt um Sie her auseinander fällt. Überlegen Sie einen Augenblick, mit welchen Anfechtungen Sie zur Zeit konfrontiert sind. Wieso ist es schwierig durchzuhalten? Inwiefern hilft Ihnen dieser Textabschnitt, Ihre Situation anders zu sehen? Nehmen Sie diese Fragen, um zu entdecken, wie Sie einander in schwierigen Zeiten helfen können.[1]

3.

Was bleibt, sind Glaube, Hoffnung und Liebe.
1. Korinther 13,13, Einheitsübersetzung

Wer war Ihnen für Ihre Ehe ein Vorbild? Waren es die Eltern oder Freunde, die Gemeinde, die Gesellschaft oder die Bibel? Wir beginnen die Ehe ja in aller Regel mit einer Idee darüber, was Ehe eigentlich soll und wie wir sie uns vorstellen. Manche sagen, dass die Bibel diese Grundlage sei, aber die Bibel bietet eigentlich keine detaillierte Beschreibung oder Vorbilder für die Ehebeziehung. Sie stellt vielmehr Lebensgrundsätze dar, durch die eine Ehe positiv gestaltet werden und dann auch Erfüllung mit sich bringen und zur Verherrlichung Gottes beitragen kann.

Im Folgenden vier Tugenden, die zu einer guten und gesunden Ehebeziehung beitragen können: Glaube, Hoffnung, Liebe und Gerechtigkeit.

David Augsburger schreibt dazu: »Glaube ist das sich Einlassen auf eine schöpferische, eheliche Treue; es ist Treue zwischen den Ehepartnern und zu Gott. Glaube wirkt sich sowohl auf die Wahrnehmung als auch auf das Handeln aus.

Hoffnung ist der Aufruf zu kreativem Vertrauen; es ist gemeinsame Hoffnung vor Gott. Hoffnung ist sowohl ein inneres Drängen des

Hoffenden als auch ein Erkennen der Chancen, die die Zukunft bereithält.

Liebe ist die Entscheidung, den Partner als ebenso wertvoll zu betrachten wie sich selbst; es ist liebevolle Freundlichkeit, die sich respektvoll verhält, und zwar nicht nur dem anderen, sondern auch sich selbst gegenüber. Liebe ist eine besondere Art, einander zu sehen, füreinander zu empfinden, übereinander zu denken und miteinander umzugehen.

Gerechtigkeit bedeutet, sich verbindlich darauf festzulegen, dass beide Beteiligten befriedigende und erkennbar gleichwertige Chancen, Ressourcen und Verantwortung im Zusammenleben mit anderen bekommen; Gerechtigkeit ist der schöpferische Drang zu Fairness in allen verbindlichen Beziehungen. Gerechtigkeit geht über die Wiedergutmachung von Schaden und Umverteilung der Ressourcen hinaus. Es ist die befreiende und erlösende Entdeckung dessen, was richtig, gut und schön ist.«[2]

4.

Herr, unser Herrscher, wie herrlich ist dein Name in allen Landen …
was ist der Mensch, dass du seiner gedenkst?
PSALM 8,2.5, LUTHER

Bitte lesen Sie zunächst den gesamten Psalm 8 gemeinsam laut vor.

Er ist in drei Teile aufgeteilt und deshalb leicht einzuprägen.

Teil 1 (Verse 2 und 3) lässt die Majestät und Größe des Namens Gottes und seiner Werke erkennen. Gott wird schon allein durch den Glauben seiner Kinder verherrlicht. Als Erwachsene machen wir unseren Glauben manchmal sehr kompliziert und verpassen die Freude und das Vergnügen, Gott ganz einfach zu loben und zu preisen. Haben Sie Gott in letzter Zeit gelobt?

Teil 2 (Verse 4 und 5) vermittelt, wie vergleichsweise unbedeutend die Menschheit ist. In Vers 45 stellt der Psalmist die Frage: »Was ist der Mensch?« Was bedeutet es, Mann oder Frau zu sein, Schöpfung Gottes? Sprechen Sie miteinander darüber. Vielleicht haben Sie sich im

Hochgebirge beim Anblick gewaltiger Felsmassive auch schon einmal klein und unbedeutend gefühlt. Vielleicht haben Sie in einer klaren Nacht in den Himmel geschaut und Millionen und Abermillionen Sterne gesehen. Und je länger Sie in die Unendlichkeit des Sternenhimmels geschaut haben, desto unbedeutender kamen Sie sich selbst vor. Vielleicht haben Sie sich gefragt: »Ich fühle mich so klein. Wer bin ich, und wie passe ich in all das hinein, was Gott gemacht hat?«

Aber im dritten Teil (Verse 6–9) wird dann deutlich, wie wichtig Gott seine Geschöpfe sind. Wenn Sie bedrückt sind und entmutigt oder wenn Ihr Selbstwertgefühl gegen null geht, dann lesen Sie diesen Abschnitt! Sie sind für Gott sehr wertvoll und er hat einen Platz für Sie in seinem Plan!

Jetzt lesen Sie Epheser 1,19–23 und 1. Korinther 15,24–27. Diese Stellen beschreiben die umfassende Herrschaft Jesu Christi und das, was er am Kreuz für uns vollbracht hat, um unsere Beziehung zu unserem Schöpfer wiederherzustellen.

Und dann lesen Sie zum Schluss noch einmal den ganzen Psalm 8 laut vor, aber diesmal sehen Sie bitte Ihren Partner dabei direkt an und lesen ihm oder ihr vor. Erleben Sie gemeinsam die Tiefe und Größe der Liebe Gottes.

5.

Denn das Gesetz wurde durch Mose gegeben,
die Gnade und die Wahrheit kamen durch Jesus Christus.
JOHANNES 1,17, EINHEITSÜBERSETZUNG

Lassen Sie uns einmal auf ganz neue Weise betrachten, was Gnade ist:

»Wir verwenden den Begriff der Gnade zur Beschreibung vieler Dinge im Leben, zum Beispiel sprechen wir von begnadeten Sportlern oder Künstlern; von Rücksichtnahme, Freundlichkeit, Fürsorge und Barmherzigkeit.

Solche Beispiele erinnern mich an Jesus Christus. Was für eine treffende Veranschaulichung für Gnade er war! Lassen Sie uns dazu ein paar Beispiele bedenken. Er war bei einer Frau, die man beim Ehe-

bruch ertappt hatte. Das Gesetz damals besagte eindeutig, dass sie gesteinigt werden musste. Diejenigen, die keine Gnade kannten, forderten auch genau das. Er aber sagte zu den selbstgerechten Pharisäern: ›Wer von euch ohne Sünde ist, der werfe den ersten Stein.‹ Welche Gnade! …

Wenn er Geschichten erzählte, war Gnade eines seiner Lieblingsthemen. Vom verlorenen Sohn sprach er voller Gnade. Wenn er von Menschen in ausweglosen Situationen erzählte, war Gnade besonders reichlich vorhanden … wie auch beim barmherzigen Samariter. Und statt den überheblichen Schriftgelehrten zu loben, der davon sprach, wie stolz Gott doch sein könne, ihn in seinem Reich zu haben, lächelte Jesus dem namenlosen Sünder zu, der sagte: ›Gott, sei mir Sünder gnädig.‹

Selbst als er bereits am Kreuz hing, wurde er nicht wütend auf seine Feinde. ›Vater, vergib ihnen …‹ Kein Groll, keine Bitterkeit. Erstaunlich, diese Gnade! Erstaunlich, welch eine Freiheit und Befreiung sie mit sich brachte. Und sie wurde uns geschenkt von dem Einzigen auf der Erde, der grenzenlose Macht hatte, dem Sohn Gottes nämlich.

Es ist mein Anliegen, dass er nicht der Einzige ist, der eine solche Gnade schenkt. Auch wir können lernen, so gnädig zu sein wie er. Und weil wir das können, sollten wir es auch tun … nicht nur mit unseren Worten und in Taten des Mitgefühls und Verständnisses, sondern auch im Kleinen.«[3]

6.

Eure Liebe sei ohne Heuchelei. Verabscheut das Böse, haltet fest am Guten!

Römer 12,9, Einheitsübersetzung

Lassen Sie uns ein Problem ansprechen, von dem wir unser Leben lang geplagt werden. Es heißt Vergleichen.

Dazu folgende Worte von Charles Swindoll: »Die meisten Menschen schaffen es nicht, andere so stehen zu lassen, wie sie sind, und zwar auf Grund von zwei starken, sehr menschlichen Neigungen: Wir

vergleichen uns selbst mit anderen (was dazu führt, dass wir sie kritisieren und mit ihnen konkurrieren) und wir versuchen, andere zu kontrollieren (was dazu führt, dass wir sie manipulieren oder einschüchtern).

Christen sind anscheinend besonders anfällig für das Vergleichen. Aus irgendeinem für mich unerfindlichen Grund bereiten ihnen Unterschiede Unbehagen. Sie haben es lieber, wenn alle gleich sind, wenn alles berechenbar ist und wenn gemeinsame Interessen vorhanden sind. Wenn jemand anders denkt oder andere Entscheidungen trifft als sie, wenn er eine andere Art von Unterhaltung mag, sich anders kleidet, einen anderen Geschmack hat und andere Meinungen vertritt oder einfach einen ganz anderen Lebensstil hat, dann werden die meisten Christen nervös...

Wer behauptet denn, dass man sich vergleichen soll? In der Bibel ist jedenfalls an keiner Stelle zu finden, dass es Gott gefällt, wenn Menschen sich aneinander messen, denn das Vergleichen führt zu Neid. Es löst die Neigung zum Beurteilen aus ... und wir entwickeln Vorurteile. Und das Schlimmste von allem: Es macht die Gnade zunichte. Es war nie Gottes Absicht, dass all seine Kinder gleich aussehen und einen identischen Lebensstil haben. Schauen Sie sich doch nur einmal die Natur an, die er geschaffen hat. Welch eine Vielfalt! ...

Bevor wir anderen gnädig sein können, müssen wir frei von diesem gesetzlichen Hang zum Vergleichen werden. Gesetzlichkeit fordert nämlich, dass wir alle gleich sind, mit Einheitsüberzeugung und -erscheinung, und dazu sage ich: ›Nein, danke!‹

Gnade hat Freude an Unterschieden, ermutigt zur Individualität, lächelt über Vielfalt und lässt auch für Meinungsverschiedenheiten viel Raum. Denken Sie daran, weil es andere entlastet und sie sein lässt, wie sie sind; dazu sage ich: ›Ja, bitte!‹«[4]

7.

Dem einen gab er fünf Talente,
einem anderen zwei und wieder einem anderen eines,
je nach seinen Fähigkeiten.
MATTHÄUS 25,15, EINHEITSÜBERSETZUNG

Erinnern Sie sich noch an dieses Gleichnis? Sie können es nachlesen in Matthäus 25, 14–30. Zur Zeit des Neuen Testaments wurden große Gold- bzw. Silbermengen in der Gewichtseinheit »Talent« gemessen.

Das Gleichnis handelt von einem Grundbesitzer, der Tausende von Euro an seine Knechte verteilt, dann feststellt, was sie mit dem ihnen anvertrauten Geld gemacht haben, und sie entsprechend entlohnt. Es ist eine Geschichte, die veranschaulicht, wie wir die verschiedenen Gaben und Fähigkeiten nutzen sollen, die Gott jedem Menschen anvertraut hat.

Heute meint man mit dem Begriff Talent meist eine besondere Fähigkeit oder Begabung, oft im künstlerischen Bereich – zum Beispiel Singen, Tanzen, ein Instrument spielen etc. Im Gleichnis ist mit dem Talent jedoch all das gemeint, was Gott uns anvertraut hat, damit wir unseren Glauben praktizieren und andere Menschen beschenken können.

Vielleicht haben Sie den Eindruck, dass manche Christen mit vielen Fähigkeiten gesegnet sind, Sie aber so Ihre Mühe haben, bei sich selbst auch nur eine einzige zu entdecken. Trifft das auf Sie oder Ihren Partner zu?

Aber wie ja das Gleichnis deutlich macht, geht es gar nicht darum, WIE VIELE Talente Sie haben, sondern wichtig ist, WAS SIE DAMIT ANFANGEN. So unbedeutend Ihr Talent auch scheinen mag, es soll nicht vergraben, sondern zum Dienst an anderen genutzt werden.

Manchmal hat in einer Ehe der eine die gut entwickelte Fähigkeit, Gott zu vertrauen, und im Laufe der Jahre so manche Lektion gelernt. Vielleicht hat sein Partner dieses Maß an Vertrauen noch nicht. Was der schwächere Partner nun überhaupt nicht gebrauchen kann, sind platte Ermahnungen wie: »Du musst eben einfach mehr glauben«, sondern er braucht geduldige Unterstützung, Anleitung und Führung, damit sein oder ihr Glaube wachsen und sich entfalten kann.

Vielleicht ist es für Sie an der Zeit, einmal eine Inventur Ihrer besonderen Fähigkeiten und Gaben zu machen. Jedem Christen ist zumindest ein Talent anvertraut: Er weiß nämlich, wer Jesus Christus ist und hat auf seinen Ruf reagiert. Das ist ein Talent, das die ganze Welt gebrauchen kann! Mit wem werden Sie diese Gabe diese Woche teilen?

8.

Macht euch keine Sorgen, was ihr sagen sollt oder wie ihr es sagen sollt.
Es wird euch im entscheidenden Augenblick schon eingegeben werden.
Nicht ihr werdet dann reden, sondern der Geist eures Vaters
wird aus euch sprechen.
MATTHÄUS 10, 19.20, GUTE NACHRICHT

»Was um alles in der Welt soll ich bloß sagen?«

Es gibt Zeiten in unserem Leben, in denen wir mit genau dieser Herausforderung konfrontiert sind. Selbst in der Ehe mühen wir uns manchmal ab, die richtigen Worte zu finden, um dem Partner einen Gedanken oder ein Anliegen zu vermitteln. Und wenn wir in bestimmten Situationen richtig unter Druck stehen, dann sind wir manchmal sogar »völlig zu« und wissen überhaupt nicht mehr, was wir sagen sollen.

In der Bibelstelle für den heutigen Tag spricht Jesus unsere Sorge an, vielleicht nicht zu wissen, was wir sagen sollen, wenn wir in einem Umfeld über Jesus sprechen sollen, das dem christlichen Glauben eher feindselig gegenübersteht. Er versichert uns, dass der Heilige Geist uns rechtzeitig die nötigen Gedanken, Worte und den Mut geben wird.

Auch während Ihrer Ehe kann es Zeiten geben, in denen Sie mit Ihrem Partner über Ihren Glauben sprechen sollten oder Ihr Glaube hinterfragt wird. Sie können sich darauf verlassen, dass Gott gerade in dieser Situation die Quelle und der Urheber Ihrer Gedanken ist.

Lloyd Ogilvie schreibt dazu: »Unsere Aufgabe besteht darin, offen zu sein und ganz gelassen eine Weisheit zu erwarten, die außerhalb unserer eigenen Fähigkeiten liegt. Wenn wir meinen, es allein schaf-

fen zu können, dann bekommen wir echte Probleme. Ein Christ ist nicht jemand, der für Gott tätig ist, sondern jemand, in dem Gott tätig ist. Wir sollen nicht für Gott sprechen, sondern ihm unsere Zunge überlassen, um die Gedanken auszusprechen, die Gott in uns hineingelegt hat.«[5]

In welcher Aussage dieses Textes finden Sie sich selbst wieder? Hören Sie auf Gott, bevor Sie reden, und wenn Sie ihn gehört haben, sprechen Sie mit Zuversicht und Anteilnahme. Vielleicht können Sie ja heute einen Bereich benennen, von dem Sie wissen, dass Sie etwas sagen sollen, aber nicht wissen, was. Beten Sie für diese Situation und bitten Sie dann Gott um die Worte und die Überzeugung und Sicherheit, die Sie brauchen.

9.

Die Proben, auf die euer Glaube gestellt worden ist,
sind über das gewöhnliche Maß noch nicht hinaus gegangen.
Aber Gott ist treu und wird nicht zulassen,
dass die Prüfung über eure Kraft geht.
Wenn er euch auf die Probe stellt, sorgt er auch dafür,
dass ihr sie bestehen könnt.
1. Korinther 10,13, Gute Nachricht

Tagtäglich müssen wir zahlreiche Entscheidungen treffen – kleinere unwesentliche Entscheidungen, aber auch solche, die unser ganzes Leben verändern könnten.

Erinnern Sie sich an besonders bedeutsame Entscheidungen im Laufe der Jahre? Irgendwann haben Sie entschieden, Ihre/n Partner/Partnerin zu heiraten. Sie erneuern dieses Versprechen jeden Tag wieder, wenn Sie die Entscheidung treffen, sie/ihn zu ehren und zu lieben. Wenn Sie eine Entscheidung treffen, was veranlasst Sie dazu? Wer oder was beeinflusst Sie dabei? Manchmal treffen wir kluge Entscheidungen, besonders wenn wir die Führung Gottes suchen, manchmal aber auch unkluge, und zwar meistens dann, wenn wir uns auf unsere eigene Weisheit verlassen.

Manchmal bekommen Ehepaare im Laufe ihrer Ehe Schwierigkeiten, weil sie ihre Entscheidung auf der Grundlage dessen treffen, was sie sehen. Sie sind beispielsweise geblendet von dem, was andere angehäuft haben: Ein neues, größeres Haus, einen tollen Wagen, ein Boot.

Erinnern Sie sich an Lot? Er traf eine schlechte Entscheidung, weil er nur das sah, was er für vermeintlich gut hielt (1. Mose 13,10). Unsere Augen können uns dazu verleiten, begehrliche Blicke auf etwas zu werfen, das wir uns gar nicht leisten können. Wie kommt es, dass die Hauptursache für Konflikte in den ersten Ehejahren das Geld ist? Denken Sie nach, wenn Sie etwas sehen, das Sie gern hätten: Ist es notwendig oder reiner Luxus? Was würde sich an Ihrem Leben ändern, wenn Sie es hätten? Schreiben Sie Ihre Gedanken dazu einmal auf und Sie werden überrascht sein!

Manche Paare treffen Entscheidungen auch anhand dessen, was sie hören. Auf wen hören Sie und was hören Sie da? Wenn man sich ständig Klagen und Nörgelei anderer über deren Partner anhört, dann beeinflusst das auch irgendwann die Sicht vom eigenen Partner. Wenn man sich ständig anhört, wie andere ihr Verhalten rechtfertigen, dann kann das irgendwann die eigenen biblischen Werte untergraben.

Was hören und sehen Sie, das Ihre eigene Ehebeziehung aufbaut? Was sehen und hören Sie, das vielleicht zu Problemen in Ihrer eigenen Ehe führen könnte? Finden Sie heraus, was Ihr Partner dazu zu sagen hat.

10.

Die Liebe zu Gott besteht darin, dass wir seine Gebote halten.
1. JOHANNES 5,3, EINHEITSÜBERSETZUNG

Wären Sie nicht auch gern mal ein Mäuschen, wenn andere über Ihre Ehe reden? Vielleicht möchten Sie es ja auch gar nicht wissen. Es könnte ja bedrohlich, überraschend, enthüllend oder sogar schockierend sein.

Gibt es irgendwelche Richtlinien, an die sich ein Paar halten kann, das gern ein positives Vorbild sein möchte, und die vielleicht sogar anderen christlichen Ehepaaren Mut machen, sich näher an Jesus zu halten? Überlegen Sie einmal, wie die folgenden biblischen Grundsätze in Ihrer Ehe zum Ausdruck kommen könnten:

1. »Achtet darauf, dass ihr ruhig und besonnen lebt. Kümmert euch um eure eigenen Angelegenheiten, und sorgt selbst für euren Lebensunterhalt, so wie wir es euch schon immer aufgetragen haben. Auf diese Weise seid ihr von niemandem abhängig, und die Menschen außerhalb der Gemeinde werden euch achten und euch vertrauen« (1. Thessalonicher 4,11.12, Hoffnung für alle). Was bedeutet dieser Abschnitt für Sie persönlich? Wie können Sie die Aussage in Ihrer Ehe umsetzen und deutlich werden lassen?
2. »Seid weise im Umgang mit den Außenstehenden, nutzt die Zeit! Eure Worte seien immer freundlich, doch mit Salz gewürzt; denn ihr müsst jedem in der rechten Weise antworten können« (Kolosser 4,5.6, Einheitsübersetzung). Was bedeutet dieser Abschnitt für Sie persönlich? Wie können Sie ihn in Ihrer Ehe umsetzen und zum Ausdruck bringen?
3. »Ob ihr also esst oder trinkt oder etwas anderes tut: Tut alles zur Verherrlichung Gottes! Gebt weder Juden noch Griechen noch der Gemeinde Gottes Anlass zu einem Vorwurf! Auch ich versuche allen in allem entgegenzukommen; ich suche nicht meinen Nutzen, sondern den Nutzen aller, damit sie gerettet werden« (1. Korinther 10,31–33, Einheitsübersetzung). Was bedeutet dieser Abschnitt für Sie persönlich? Wie können Sie ihn in Ihrer Ehe zur Tat werden lassen?
4. »Bleibt niemand etwas schuldig; nur die Liebe schuldet ihr einander immer« (Römer 13,8, Einheitsübersetzung). Dieser letzte Vers möge ein Leben lang Ihr Ziel bleiben. Es ist ein schwieriger Leitfaden, besonders in der heutigen Zeit, aber es ist möglich, sich daran zu halten. Wie können Sie sich in Ihrer Ehe danach richten?

11.

Nimm dich in Acht und vergiss den Herrn, deinen Gott, nicht, missachte nicht seine Gebote, Rechtsvorschriften und Gesetze, auf die ich dich heute verpflichte.

5. Mose 8,11, Einheitsübersetzung

Denken Sie einmal über folgende Worte eines Ehepaares nach, in dessen Ehe früher einmal Jesus der Mittelpunkt war.

»Am Anfang unserer Ehe haben wir darauf geachtet, zusammen zu beten, gemeinsam in den Gottesdienst zu gehen und auch in der Gemeinde mitzuarbeiten. Jesus war für uns sehr real. Im Laufe der Jahre haben wir dann gemerkt, dass irgendetwas anders wurde. Wir haben damals beide gearbeitet und sehr gut verdient. Schon bald konnten wir uns vieles leisten und unser Lebensstandard stieg. Aber während wir immer weiter aufstiegen, schwand unsere Beziehung zu Jesus immer mehr. Je mehr wir verdienten und uns leisten konnten, desto schwieriger wurde es, Jesus im Blick zu behalten. Hat dieses Problem eigentlich jeder?«

Das ist eine gute Frage. Es ist mühsam, Gott im Blick zu behalten, wenn das Drumherum so viel Raum einnimmt. Bevor sie das Gelobte Land betraten, warnte Mose die Kinder Israel vor den Gefahren des Wohlstandes. Vielleicht haben auch wir heute diese Warnung dringend nötig:

»Wenn der Herr, dein Gott, dich in ein prächtiges Land führt ... in dem du nicht armselig dein Brot essen musst ... wenn du dort isst und satt wirst, und den Herrn, deinen Gott, preist, dann nimm dich in Acht und vergiss den Herrn, deinen Gott, nicht... und wenn du gegessen hast und satt geworden bist, dann nimm dich in Acht, dass dein Herz nicht hochmütig wird und du den Herrn, deinen Gott, nicht vergisst« (5. Mose 8,7.9–12.14, Einheitsübersetzung).

Es passiert leicht, dass wir unseren Besitz anbeten, statt den Einen, der ihn überhaupt erst ermöglicht. Ist das für Ihre Ehe auch eine Versuchung? Denken Sie darüber nach und sprechen Sie miteinander darüber.

12.

Wir [haben] eine Wohnung von Gott, ein nicht von Menschen errichtetes ewiges Haus.
2. Korinther 5,1, Einheitsübersetzung

In der Bibel steht, dass wir »Aliens« sind – vorübergehende Besucher auf der Erde – und dass unsere ewige Heimat der Himmel bei Gott ist. Wenn uns klar wird, was uns erwartet, hat das vielleicht Einfluss auf unser Denken, Handeln und unser Verhalten im Alltag. Lassen Sie folgende Bibelstellen einmal auf sich wirken:

»Wir dagegen haben schon jetzt Bürgerrecht im Himmel, bei Gott. Von dort her erwarten wir auch unseren Retter, Jesus Christus, den Herrn. Er wird unseren schwachen, vergänglichen Körper verwandeln, so daß er genauso herrlich und unvergänglich wird wie der Körper, den er selber seit seiner Auferstehung hat« (Philipper 3,20.21, Gute Nachricht).

»Ihr aber seid das erwählte Volk, das Haus des Königs, die Priesterschaft, das heilige Volk, das Gott selbst gehört. Er hat euch aus der Dunkelheit in sein wunderbares Licht gerufen, damit ihr seine machtvollen Taten verkündet. Früher wart ihr nicht sein Volk; aber jetzt seid ihr das Volk, das Gott gehört. Früher galt euch nicht sein Erbarmen; aber jetzt habt ihr sein Erbarmen erfahren. Ihr wißt, meine Lieben, daß ihr Gäste und Fremde in dieser Welt seid. Darum ermahne ich euch: Gebt den Leidenschaften nicht nach, die aus eurer selbstsüchtigen Natur aufsteigen, und die ständig mit eurem guten Willen im Streit liegen« (1. Petrus 2,9–11, Gute Nachricht).

»Denn auf der Erde gibt es keine Stadt, in der wir bleiben können. Wir sind unterwegs zu der Stadt, die kommen wird. Durch Jesus wollen wir Gott jederzeit und in jeder Lebenslage Dankopfer darbringen; das heißt: Wir wollen uns mit unserem Beten und Singen zu ihm bekennen und ihn preisen. Vergeßt nicht, Gutes zu tun und mit anderen zu teilen. Das sind Opfer, an denen Gott Gefallen hat« (Hebräer 13,14–16, Gute Nachricht).

Wie können Sie und Ihr Partner ein lebendiges Dankopfer sein? Sprechen Sie darüber, wie Sie heute Gutes tun und mit anderen teilen können.

13.

Wer bin ich?

2. Mose 3,11, Einheitsübersetzung

Irgendwann im Leben stellt sich jeder die Frage: »Wer bin ich eigentlich?« Viele Leute antworten darauf: »Ich weiß gar nicht, ob ich das weiß. Ich bin da ziemlich unsicher. Das Einzige, was ich sicher über mich weiß, ist, dass ich mich klein und mickrig und immer irgendwie unterlegen fühle. Wer ich auch sein mag, auf jeden Fall bin ich minderwertig!«

Haben Sie sich schon jemals minderwertig gefühlt, weil Sie nicht wussten, wer Sie sind? Wenn das der Fall ist, hindert es uns daran, auf andere zuzugehen, es hindert uns daran, auf Gott zu reagieren, ihm zu antworten, und es behindert uns dabei, wirklich so zu werden, wie wir von Gott gedacht sind.

Wenn Sie sich minderwertig fühlen, dann sind Sie bestimmt nicht der einzige Mensch, dem es so geht. Auch Mose hatte mit Minderwertigkeitsgefühlen so seine Mühe. Er hatte eine sehr interessante Begegnung mit Gott. Gott wollte, dass Mose sein Volk führte, aber Mose wollte es nicht, weil er eine negative Selbsteinschätzung hatte. Hören Sie einmal, wie er Gott antwortete: »Wer bin ich? . . . Was soll ich sagen? . . . Was aber, wenn sie mir nicht glauben und nicht auf mich hören? . . . Ich bin keiner, der gut reden kann . . . mein Mund und meine Zunge sind nämlich schwerfällig« (2. Mose 3,11.13; 4,1.10, Einheitsübersetzung).

Was antworten Sie, wenn Gott Ihnen aufträgt, etwas für ihn zu tun? Viele Menschen haben bestimmte Verhaltensmuster der Verweigerung. Aber wenn Gott Ihnen einen Auftrag gibt, dann lässt er Sie damit nicht allein. Mose sicherte er zu, dass er bei ihm sein würde. Er sagte Mose, was er sagen sollte. Er gab Mose Zeichen, die er vor dem ganzen Volk zeigen sollte. Gott sagte, er werde der Mund für ihn sein.

Mose hatte solche Mühe, den Auftrag von Gott anzunehmen, weil sein Selbstbild so schlecht war, aber wenigstens sprach er mit Gott darüber. Danach bekam er Antworten und auch Hilfe.

Wie ist das bei Ihnen? Empfinden Sie sich selbst gegenüber auch manches, das Sie eigentlich Gott mitteilen müssten? Der erste Schritt

besteht darin, ihm zu erlauben, Ihnen zu antworten. Versuchen Sie es. Wenn er Sie dazu beruft, etwas Bestimmtes zu tun, dann wird er Sie auch mit allem ausrüsten, was Sie dazu benötigen.[6]

14.

So nimmt sich auch der Geist unserer Schwachheit an.
Denn wir wissen nicht, worum wir in rechter Weise beten sollen;
der Geist tritt jedoch für uns ein mit Seufzen,
das wir nicht in Worte fassen können.
RÖMER 8,26, EINHEITSÜBERSETZUNG

»Ich weiß einfach nicht, was ich beten soll. Manchmal fehlen mir schlicht die Worte.«

Wenn es Ihnen manchmal so zu Mute ist, dann sind Sie damit gewiss nicht allein. Jedem geht es hin und wieder so. Oft wird uns gerade beim Beten bewusst, dass sich in unserem Leben ein geistlicher Kampf abspielt. Prompt in dem Augenblick, in dem wir uns hinsetzen, um zu beten, schweifen unsere Gedanken ab. Alle paar Minuten schauen wir verstohlen auf die Uhr, um festzustellen, ob wir schon genug gebetet haben.

Oft ist das Gebet eher eine Pflichtangelegenheit, die man eben hinter sich bringen muss, als etwas, das wir wirklich gern tun. Haben Sie oder Ihr Partner sich dadurch im Gebet schon manchmal beeinträchtigt gefühlt? Haben Sie schon einmal darüber gesprochen, was Ihnen beim Beten am meisten Schwierigkeiten bereitet?

Der Heilige Geist ist die Antwort Gottes, wenn wir nicht wissen, wie wir beten sollen. Oft sind wir in unserem Gebetsleben wie gelähmt. Und genau an der Stelle kommt das Wirken des Heiligen Geistes ins Spiel. Er hilft uns im Gebet, indem er uns zeigt, wofür wir beten sollen und wie wir beten können. Was für eine Verheißung!

J. B. Phillips übersetzt den Bibelvers von heute folgendermaßen: »Der Geist hilft uns auch in unseren gegenwärtigen Einschränkungen. Wir wissen beispielsweise nicht, wie wir würdig beten sollen, aber sein Geist in uns betet für uns in dem Sehnen, das keine Worte finden

kann. Er, der unsere innersten Geheimnisse kennt, versteht die Absicht des Geistes, wenn er nach dem Willen Gottes für diejenigen betet, die ihn kennen.«

Wenn Sie sich hilflos und hoffnungslos fühlen, unfähig zu beten, dann lesen Sie diesen Bibelvers und erinnern sich selbst an die Kraft, die Ihnen zur Verfügung steht. Wenn Sie schwach sind im Gebet, nimmt der Heilige Geist die Zügel in die Hand. Das ist doch eine entlastende Zusage.

15.

So nimmt sich auch der Geist unserer Schwachheit an.
Denn wir wissen nicht, worum wir in rechter Weise beten sollen;
der Geist selber tritt jedoch für uns ein mit Seufzen,
das wir nicht in Worte fassen können.
RÖMER 8,26, EINHEITSÜBERSETZUNG

Wir sind in der Ehe unter anderem dazu aufgefordert, dem Partner beizustehen, wenn er Hilfe braucht. Sie sollen also immer hinhorchen, ob Sie einen Hilferuf hören. Genauso ist da auch jemand, der darauf achtet und aufpasst, wenn wir Hilfe im Gebet brauchen: der Heilige Geist. Auf welche Weise hilft er uns aber ganz konkret?

Erstens: Wenn Sie durch Probleme in Ihrem Leben unter Druck stehen oder wenn Sie sich »down« fühlen, dann tritt der Geist für Sie ein, indem er Sie an einen Punkt bringt, an dem Sie beten können. Dass Sie überhaupt anfangen können zu beten, wird vom Heiligen Geist in Ihnen bewirkt. Vielleicht gibt es Zeiten, in denen Sie nur noch innerlich weinen oder seufzen können, aber selbst ein solches Gebet ist nur durch das Wirken des Heiligen Geistes möglich.

Zweitens: Der Geist offenbart Ihnen, wofür Sie beten sollen. Er macht Ihnen beispielsweise Ihre Bedürfnisse bewusst, Ihren Mangel an Glauben, Ihre Ängste, die Notwendigkeit, gehorsam zu sein. Er zeigt Ihnen, wo Sie geistlich bedürftig sind und hilft Ihnen, diese Bedürftigkeit vor Gott zu bringen. Er hilft Ihnen, indem er Ihre Ängste abbaut, Ihren Glauben wachsen lässt und Ihre Hoffnung stärkt.

Drittens: Der Geist leitet Sie, indem er Ihre Gedanken auf die Verheißungen in der Bibel lenkt, die Sie gerade am dringendsten brauchen. Er hilft Ihnen zu glauben, dass die Verheißungen Gottes wahr sind. Die Unterscheidungsfähigkeit, die Ihnen selbst fehlt, wird Ihnen vom Heiligen Geist geschenkt.

Und schließlich hilft Ihnen der Heilige Geist, auf die richtige Weise zu beten. Er hilft Ihnen, Ihre Gebete und Motive zu prüfen und Sie in Übereinstimmung zu bringen mit dem Zweck des Gebetes.

Wenn Sie Probleme mit dem Beten haben, dann denken Sie daran, dass Sie jemanden haben, an den Sie sich wenden können.[7]

16.

Jedes Ereignis, alles auf der Welt hat seine Zeit.
PREDIGER 3,1, HOFFNUNG FÜR ALLE

Wie wäre es mit zweiten Flitterwochen – oder auch dritten, vierten oder fünften? Sie finden das unrealistisch? Eigentlich ist es das doch gar nicht. Gehen Sie einmal folgenden Gedanken nach und fangen Sie an zu planen:

Spielen ist weniger eine Flucht als vielmehr Erholung, Neuerschaffung. Das Leben stagniert, wenn die Alltagsroutine ihm die Ursprünglichkeit und Frische nimmt. Auch die besten Ehen werden irgendwann schal, wenn alles berechenbar und vorhersehbar ist. Spiel füllt unsere Batterien wieder auf, füllt unseren Tank für die nächste Etappe.

Die zweiten, dritten, vierten (und weitere) Flitterwochen sollten also dem Zweck der Wiederherstellung, der Erholung dienen. Sie können uns erfrischen und erneuern. Wie wäre es mit einer neuen Sicht von Ihrer Arbeit? Oder einer neuen Sicht von Ihrem Alltagsallerlei und der damit verbundenen Routine? Eine neue Sicht, um sich einer schwierigen Zeit oder auch Verletzungen zu stellen?

Zusätzliche Flitterwochen können Ihnen Zeit und Abstand geben, um sich selbst als Einzelperson, aber auch als Paar ganz neu wahrzunehmen. Habe ich als Ehemann meiner Frau geholfen, als Einzelperson und Gegenüber Erfüllung zu erleben? Habe ich als Ehefrau

meinen Mann so unterstützt, wie ich es sollte? Habe ich Interesse an meinem Mann und seinem Beruf gezeigt? Diesen Fragen können Sie noch unzählige weitere hinzufügen, die eine ermüdete Ehe wieder verjüngen können ...

Solche Flitterwochen können eine Woche dauern, es kann aber auch einfach eine gemeinsame Mittagspause sein. Nehmen Sie sich manchmal ein paar Stunden Zeit, um einen Spaziergang zu machen, in Geschäften zu stöbern, zusammen ein Spiel zu spielen oder irgendetwas anderes zusammen zu unternehmen, das Ihnen beiden Spaß macht? Versuchen Sie es doch einmal.[8]

17.

Wenn das Herz uns aber nicht verurteilt, haben wir gegenüber Gott Zuversicht; alles, was wir erbitten, empfangen wir von ihm.
1. Johannes 3,21. 22, Einheitsübersetzung

Wir dürfen uns darauf verlassen, dass Gott unser Beten erhört, wenn wir ihn um etwas bitten, was seinem Willen entspricht.
1. Johannes 5,14, Hoffnung für alle

Es gibt zwei wichtige »Wenn« in diesen Bibelversen, die direkte Auswirkungen auf unser Gebetsleben haben. Das erste »Wenn« hat zu tun mit unserem Gefühl von Selbstverdammung. Ist das nicht ein interessanter Grundgedanke, den Johannes hier formuliert? Er wusste, dass wir dazu neigen, die Kraft des Gebets genau dann nicht zu nutzen, wenn wir uns nicht würdig fühlen, vor Gott zu kommen. Wir projizieren unsere eigenen Gefühle der Selbstverurteilung auf Gott und weigern uns, ihn unser Selbstwertgefühl wieder aufbauen zu lassen. Haben Sie schon jemals solche Gefühle erlebt?

Ist Ihnen das Wort »Zuversicht« in dem Vers aufgefallen? In gewisser Weise bringt es nämlich zum Ausdruck, wie wir beten sollen. Im griechischen Originaltext bedeutet es eigentlich »Kühnheit«. Es ist damit die Freiheit gemeint, mutig zu reden. Aber wodurch bekommen wir diese Zuversicht oder Kühnheit?

In dem Vers heißt es »Zuversicht gegenüber Gott«. Es handelt sich dabei also nicht um unsere eigene Zuversicht oder Kühnheit. Nur durch Jesus Christus sind wir in der Lage, kühn und mutig zu Gott zu sprechen. Unsere Zuversicht gegenüber Gott sollte stärker sein als die Gefühle der Selbstverdammung, die uns vom Gebet abhalten wollen.

Das zweite »Wenn« bezieht sich auf ein Beten nach dem Willen Gottes. Nach seinem Willen um etwas zu bitten, scheint gar nicht so einfach zu sein. Es ist aber weniger schwierig, wenn wir anfangen, Gott darum zu bitten, in uns ein Verlangen nach seinem Willen zu schaffen! Haben Sie schon jemals so gebetet?

Wir haben Zugang zu Gott und brauchen nicht zu zögern. Sie haben von ihm selbst das Recht bekommen, mutig zu sprechen. Nehmen Sie ihn beim Wort in Bezug auf sein Angebot, sowohl als Einzelperson als auch als Paar? Er wünscht sich das sehr von Ihnen – auch heute.[9]

18.

Wer antwortet, bevor er überhaupt zugehört hat, zeigt seine Dummheit und macht sich lächerlich.
SPRÜCHE 18,13, HOFFNUNG FÜR ALLE

»Bitte hör mir zu.« Das ist eine häufig vorgetragene Bitte, weil jeder, einschließlich unserem Ehepartner, sich wünscht, dass man ihm zuhört. Aber gehört zu werden ist mehr als die Erfahrung guter Verständigung. Wenn Sie Ihrem Partner zuhören, vermitteln Sie damit: »Du bist mir wichtig, und ich möchte an deinem Leben teilhaben, indem ich mich dafür interessiere, was du sagst.«

Wie gut hören Sie zu? Wie gut hört Ihr Partner zu? Heute geht es um ein paar Gedanken über das Zuhören und die Auswirkungen des Zuhörens auf unsere Ehe:

»Man kann das ungeheure Bedürfnis der Menschen gehört zu werden, gar nicht hoch genug einschätzen. Beobachten Sie einmal, wie Kommunikation heute aussieht, egal, ob sie zwischen Völkern oder Ehepaaren stattfindet. Es handelt sich dabei überwiegend um Dialoge zwischen Menschen, die anscheinend taub sind.«[10]

»Wenn wir lieben wollen, müssen wir einander zuhören. Das ist die wichtigste Arbeit in der Liebe. Im Zuhören reift eine Ehe heran.«[11]

»Zuzuhören bedeutet, nicht schon darüber nachzudenken, was Sie als Nächstes sagen wollen, bevor der andere ausgeredet hat. Stellen Sie sich stattdessen ganz auf das ein, was der andere sagt.«[12]

Liebe ist zuhören. Liebe bedeutet, dem anderen das Leben zu öffnen. Durch ernsthaftes Interesse, einfache Aufmerksamkeit, mitfühlendes Verständnis und ehrliches Sich-Mitteilen. Ein offenes Ohr ist das einzig glaubwürdige Zeichen für ein offenes Herz. Sie lernen, das Leben zu verstehen – Sie lernen zu leben –, während Sie das Zuhören lernen.[13]

Was hören Sie in diesen Worten über Ihre Ehe?

19.

Die vollkommene Liebe vertreibt die Furcht.
1. Johannes 4.18, Einheitsübersetzung

Für deinen Heiligen Geist, Gott, bin ich dankbar!

Ohne ihn bin ich nervös, ängstlich –
denke zu oft an mich selbst:
Was werden sie über mich denken?
Wie kann ich ihn beeindrucken?
Ob sie mich wohl merkwürdig finden?
Was, wenn ihnen meine Idee nicht gefällt?

Aber ach, wie glücklich ich mit deinem Heiligen Geist bin!
Er richtet meine Gedanken auf dich:
Wie spiegele ich am besten Jesus wider?
Gehe ich sorgsam mit seinem Ruf um?
Was wird ihre Reaktion auf seine Liebe durch mich sein?

Befreiung! Unterstützung! Bestätigung!
Und dann kommt seine zweite Chance!

In jedem Menschen, den er mir über den Weg schickt,
offenbart er seinen Sohn.
Er macht mich fähig,
mich über ihre Unterschiedlichkeit zu freuen!
Aufgrund dessen, was er für sie bezahlt hat;
aufgrund dessen, was er in ihnen bewirkt;
weil er versprochen hat, zu Ende zu bringen,
was er in jedem begonnen hat,
der sich für ihn entschieden hat,
kann ich sie lieben – ja mich sogar an ihnen freuen –
an jeder einzelnen, ganz besonderen Schöpfung.

Danke, Herr, dass du meine Furcht austauschst
gegen deine Liebe, meine Ängstlichkeit gegen Freude,
meine Zweifel gegen Hoffnung.

Dein Geist ist meine Festung!
Er ist mein Schatz, mein kostbarer Freund.[14]

20.

Wir wollen einander lieben; denn die Liebe ist aus Gott und jeder, der liebt, stammt von Gott und erkennt Gott.
1. Johannes 4,7, Einheitsübersetzung

Paare, die sich vor der Hochzeit mit dem Pastor zu einem Vorbereitungsgespräch treffen, werden oft gebeten, die Liebe, die sie füreinander empfinden, einmal etwas genauer zu definieren. Das ist eine gute Aufgabe, denn es ist wichtig, sich über dieses Gefühl klar zu sein. Lesen Sie einmal die folgenden Definitionen von Liebe und sprechen Sie dann gemeinsam darüber.

»Biblisch betrachtet ist Liebe kein Gefühl. Sie ist eine Ausrichtung, eine Haltung der gesamten Persönlichkeit, Herz und Seele, Verstand und Kraft betreffend. Sie ist dem anderen gegenüber offen, denn was geliebt wird, will ebenso geben und dienen.«[15]

»Jemanden zu lieben, ist nicht nur ein starkes Gefühl – es ist eine Entscheidung, es ist ein Entschluss, ein Versprechen.«[16]

»Liebe ist eine Aktivität; wenn ich liebe, befinde ich mich in einem anhaltenden Zustand aktiver Fürsorge für den geliebten Menschen.«[17]

»Genau in diesem Prozess, etwas für andere zu tun, fängt man an, sich zu verlieben. Und durch diesen Prozess, etwas mit anderen und für andere zu tun, bleibt man auch verliebt.«[18]

»Wenn wir den verborgenen Teil unserer selbst auch nur für einen kurzen Augenblick offen legen, dann brauchen wir jemanden, der darauf reagiert. Wir brauchen jemanden, der unsere starken Gefühle mit uns teilt. Wir brauchen jemanden, der so sehr Anteil hat an uns und unserem Leben, dass er/sie sich mit uns fürchtet, mit uns froh ist, mit uns deprimiert ist; jemanden, der sein eigenes Menschsein vor uns so offen legt, wie wir unseres vor ihm. Dieser Kontakt zwischen zwei Menschen, der ihre gemeinsamen Empfindlichkeiten offenbart, holt sie aus der Einsamkeit heraus und verbindet sie miteinander.«[19]

Nehmen Sie sich einen Augenblick Zeit, um gemeinsam die Aussage »Liebe ist . . .« mit Ihren eigenen Worten zu vervollständigen.

21.

Ein Mensch sieht, was in die Augen fällt: ich aber sehe ins Herz.
1. Samuel 6,7, Gute Nachricht

»Ich verstehe dich einfach nicht!«

Kommt Ihnen diese Aussage bekannt vor? Vielleicht haben Sie es ja auch schon hin und wieder von Ihrem Ehepartner gehört. Es ist frustrierend, missverstanden zu werden. Sie selbst wissen genau, was Sie vermitteln wollen, aber aus irgendeinem Grund versteht Ihr Gegenüber einfach nicht, was Sie meinen. Fühlen Sie sich dann nicht allein?

Missverständnisse gehören zum Leben, sie sind unvermeidbar. Wenn Sie sich entscheiden, die Gnade Gottes anzunehmen und seinen Willen zu tun, dann machen Sie sich darauf gefasst, auch mal missverstanden zu werden. Der Rest der Welt ist ebenso unvollkommen wie Sie selbst – und das gilt auch für Ihren Partner. Es ist jedoch

immer noch besser, einen Standpunkt einzunehmen und missverstanden zu werden, als sich wie ein Chamäleon anzupassen, um es allen recht zu machen. Das ist nämlich ein ziemlich sicherer Weg, sowohl Identität als auch Integrität zu verlieren und letztlich zum Opfer zu werden. Viele Leute sind süchtig nach Anerkennung und leben von den Brocken, die ihnen von anderen hingeworfen werden.

Wenn Sie missverstanden werden, dann denken Sie daran, dass es Jesus nicht anders ergangen ist; er weiß also, wie sich das anfühlt. Es ist tröstlich zu wissen, dass Menschen zwar oft nicht abschätzen können, was Sie sagen ... aber Gott weiß es.

Wenn Sie Opfer von Missverständnissen mit anderen werden, besonders wenn es sich um Ihren Partner handelt, dann reagieren Sie nicht kühl. Nur weil die Menschen Sie nicht verstehen, brauchen Sie ihnen nicht den Rücken zu kehren. Sie brauchen nicht zu sagen: »Es ist mir egal, was du denkst.« Ein Missverständnis ist nämlich auch eine Chance für eine bessere Kommunikation. Nutzen Sie diese Chance, um Ihre Aussagen zu erklären. Davon werden beide Seiten profitieren, Sie und diejenigen, die Ihnen zuhören.

Hier zwei wichtige Fragen zum Thema Missverständnisse, über die Sie mit Ihrem Partner sprechen können: Was versteht Ihr Partner an Ihnen nicht? Was verstehen Sie nicht an Gott? Wenn Sie heute als Paar miteinander reden, dann sorgen Sie dafür, dass es zwischen Ihnen keine Missverständnisse über diese Punkte gibt.[20]

22.

Ich liege und schlafe ganz mit Frieden; denn allein du,
Herr, hilfst mir, dass ich sicher wohne.
PSALM 8,9, LUTHER

Schlaflose Nächte – Sie wissen, wie das ist, besonders dann, wenn Sie früh zu Bett gehen, weil Sie morgens schon zu nachtschlafender Zeit wieder aufstehen müssen. Sie liegen da und sagen sich immer wieder, dass Sie jetzt unbedingt sofort einschlafen müssen. Aber Sie wälzen sich im Bett hin und her, stören Ihren Partner und sorgen dafür, dass

er/sie morgens ebenfalls missmutig aufwacht. Wir haben wohl alle hin und wieder mit Schlaflosigkeit zu kämpfen.

Wann schlafen Sie? Ist Ihr Schlaf erholsam? Ist es eine Zeit, in der Sie auftanken, oder wachen Sie morgens genauso erschöpft auf, wie Sie sich abends ins Bett gelegt haben? Und wenn Letzteres zutrifft, warum ist das so?

Manche Leute schlafen schlecht, weil sie ihre Ängste und Sorgen mit ins Bett nehmen. Haben Sie schon einmal einen Frieden erlebt, wie ihn der Psalmist in dem Vers beschreibt? Überlassen Sie Ihre Ängste und Sorgen Jesus, bevor Sie sich hinlegen? Sagen Sie: »Jesus, hier sind die Lasten, die ich heute den ganzen Tag mit mir herumgeschleppt habe. Ich hätte sie schon viel früher zu dir bringen und bei dir abladen sollen, aber ich tue es jetzt. Ich danke dir, dass du meine Sorgen trägst und dass sie mich nicht im Schlaf zu quälen brauchen. Danke, dass du mir das in deinem Wort versprichst.« Wenn Sie es so noch nicht probiert haben, tun Sie es heute einmal. Sie haben doch nichts zu verlieren.

Schauen Sie sich im Fernsehen noch die Nachrichten an, bevor Sie ins Bett gehen? Wenn ja, dann könnte auch das sich negativ auf Ihren Schlaf auswirken. Sich die schlechten Neuigkeiten aus aller Welt anzuhören ist nicht besonders förderlich für einen ruhigen Schlaf. Gemeinsam über etwas Positives zu reden, beruhigende Musik zu hören, einen Bibelabschnitt laut zu lesen oder sich zu lieben kann dagegen guten Schlaf fördern. Sprechen Sie darüber. Wie läuft bei Ihnen der Abend und dann das Zubettgehen ab? Ist es verbesserungsbedürftig?

23.

Wir wollen uns, von der Liebe geleitet, an die Wahrheit halten und in allem wachsen, bis wir ihn erreicht haben. Er, Christus, ist das Haupt.
EPHESER 4,15, EINHEITSÜBERSETZUNG

Wahrheit, Vertrauen, Angstfreiheit, Sicherheit – alles Aspekte, die Hand in Hand gehen und miteinander zu tun haben. Wahrhaftig zu sein ist in der Bibel eine Charaktereigenschaft, die viel zählt und hoch

gelobt wird. Folgende Sprüche sind in der Bibel zu finden: »Wer Hass geheim halten will, muss lügen; wer alles ausposaunt, muss verrückt sein« (Sprüche 10,18); »Wer die Wahrheit aussagt, hilft dem Recht zum Sieg; ein falscher Zeuge bringt es zu Fall« (12,17).

Das sind starke Worte – und auch wichtige. Lassen Sie uns diese Worte in unserer Ehe anwenden.

»Praktizierte Ehrlichkeit und Aufrichtigkeit sowie eindeutige Kommunikation sind Dinge, von denen eine Ehe ganz besonders profitiert, denn das alles ermutigt die Ehepartner, großzügig und tröstend zu sein. Wenn Ehepartner offen und ehrlich sein können in Bezug auf sich selbst, dann ist gegenseitige Unterstützung und Hilfe möglich.«[21]

»Ehrlichkeit gehört zur Liebe. Ehepartner sollten ehrlich miteinander sein können, ihre Gedanken, Ängste, Taten, Motive und Wünsche betreffend. Hinter einer Maske zu leben bedeutet, dem Partner das Vorrecht vorzuenthalten oder gar zu entziehen, auch mein Inneres kennen zu lernen. Außerdem raubt es einem die Kraft, die ein aufrichtiges Leben freisetzt.«[22]

»Weise ist der Ehepartner, der es lernt zuzuhören, um seinem Partner das Sprechen zu erleichtern. Wenn man in Liebe die Wahrheit sagt, ist eine natürliche Folge, dass diese Wahrheit auch gehört wird. Dadurch vermeidet man vorschnelle Entgegnungen. Man kann sich schweigend anhören, was der andere zu sagen hat, und dann mit Zärtlichkeit darauf reagieren oder auch mit einer bedeutsamen Aussage wie: ›Je besser ich dich kennen lerne, desto mehr liebe ich dich‹.«[23]

Wir können die Entscheidung treffen zu vertrauen – wenn wir wirklich vertrauen wollen. Vertrauen ist handelnde Liebe. Jemanden zu lieben, bedeutet, vertrauen zu wollen, das Vertrauen auszubauen und in diesem Vertrauen auch Risiken einzugehen.[24]

24.

Der Vater sah ihn schon von weitem kommen
und er hatte Mitleid mit ihm.
Er lief dem Sohn entgegen,
fiel ihm um den Hals und küsste ihn.
LUKAS 15,20, EINHEITSÜBERSETZUNG

Nonverbale Ausdrucksweisen wie Gestik und Mimik lügen nicht. Sie sind so automatisiert, dass es nur sehr wenige Menschen schaffen, sie bewusst zu beeinflussen. Nonverbale Ausdrucksweisen haben Macht. Ihre Botschaft hat oft mehr Einfluss als das gesprochene Wort. Auch Jesus benutzte sie. Er blickte Menschen zornig an, sein Gesichtsausdruck spiegelte Mitgefühl wider, oder er drückte seine Betroffenheit beispielsweise durch ein Seufzen aus.

Wir benutzen alle ständig nonverbale Ausdrucksformen, um Freude, Unwillen, Zufriedenheit, Groll, Verblüffung und Mitgefühl zu vermitteln. Viele Menschen in unserem Umfeld achten mehr auf unsere Körpersprache als auf das, was wir sagen, und das ist auch gut so, weil nonverbale Kommunikation sehr echt ist. Lächeln, Schmollen, Achselzucken, hochgezogene Augenbrauen, verschränkte Arme, ausgestreckte Arme, in die Hüften gestemmte Hände – das alles hat seine ganz eigene Bedeutung.

Was sagen Sie mit nonverbalen Mitteln? »Komm her zu mir, ich liebe dich. Ich möchte dich in meiner Nähe haben, ich akzeptiere dich.« Oder sagen Sie: »Nerv mich nicht, komm mir nicht zu nah, ich fühle mich durch dich bedroht, ich vergebe dir nicht.«

Im Gleichnis vom verlorenen Sohn (Lukas 15,11–32) demonstriert der Vater für jeden verständlich, wie wir auf andere zugehen und sie annehmen sollen. Als Erstes handelt er nonverbal. Sein auf Abwege geratener Sohn hat es eigentlich nicht verdient, vom Vater wieder aufgenommen zu werden, aber der Vater blickt eines Tages auf und sieht, wie der junge Mann sich nach Hause zurückschleppt. Bevor sein Sohn um Vergebung bitten kann, steht der Vater auf, rennt seinem Sohn entgegen und umarmt den schmutzigen, stinkenden Jungen. Er liebt ihn einfach und sagt: »Ich nehme dich genau so an, wie du jetzt bist. Willkommen zu Hause!«

Wen sollen Sie jetzt gleich auf nonverbale Weise oder auch mit Worten wieder in Ihrem Leben aufnehmen? Sollten Sie heute Ihrem Partner gegenüber irgendwie zum Ausdruck bringen, dass er/sie von Ihnen angenommen ist? Jeder ist doch schon auf irgendeine Weise der verlorene Sohn oder die verlorene Tochter gewesen, und als wir uns dann auf den Heimweg machten, hat Gott gelächelt und sich gefreut. Wie könnten wir da weniger tun für diejenigen, die Annahme, Vergebung und Bestätigung brauchen?

25.

Legt deshalb die Lüge ab und redet untereinander die Wahrheit; denn wir sind als Glieder miteinander verbunden.
EPHESER 4,25, EINHEITSÜBERSETZUNG

Wenn wir uns darauf verlassen können, dass unser Ehepartner ehrlich und aufrichtig ist, fühlen wir uns sicher. Im Buch der Sprüche lesen wir: »Eine aufrichtige Antwort ist ein Zeichen echter Freundschaft« (24,26, Hoffnung für alle); und »Wer einen anderen zurechtweist, wird am Ende mehr Dank bekommen als jemand, der den Leuten nach dem Mund redet« (28,23).

Von Aufrichtigkeit profitiert nicht nur Ihre Ehe, sondern auch Sie persönlich haben etwas davon.

»Was für eine Befreiung ist es doch, eine neue, echte Person zu werden, wahrhaftig zu werden; und was für eine Erleichterung, aufrichtig zu sein, ganz man selbst zu sein vor Gott, vor anderen und vor sich selbst. Kein Versteckspielen mehr vor dem eigenen Gewissen. Keine Fälschungen mehr, keine Schauspielerei, keine falschen Fassaden und Masken mehr. Sie sind frei. Frei, die Wahrheit zu leben, die ganze Wahrheit und nichts als die Wahrheit – so wahr Ihnen Gott helfe.«[25]

Wahrhaftigkeit in der Ehe hat viele Ausdrucksformen, wie David Augsburger beschreibt: »Es reicht nicht aus – es reicht nie aus –, nur davon zu reden, die Wahrheit zu sagen. Man kann die Wahrheit sagen und dennoch ein Lügner sein. Man braucht dazu nur genau auszu-

wählen, welche Wahrheiten man erzählen will oder welche Halbwahrheiten man miteinander kombiniert, und mit ein bisschen Übung und Können sowie ein wenig ›Glück‹ kann man ein ›ehrlicher‹ Lügner sein. Es genügt nicht, darüber zu reden, die Wahrheit zu sagen oder sogar die ganze Wahrheit zu sagen. Wir müssen die Wahrheit sein und leben. Wir sollen wahrhaftige Menschen sein. Wir sollen uns selbst treu sein, aber auch anderen und Gott, der die Quelle aller Wahrheit ist. Es ist eine Sache, die Wahrheit zu sagen – etwas ganz anderes ist es, sie auch zu sein. Genau das fällt an Jesus auf und unterscheidet ihn von allen anderen.«[26]

26.

Doch sehnt sich der Herr danach, euch gnädig zu sein.
JESAJA 30,18, HOFFNUNG FÜR ALLE

Ich habe eine gute und eine schlechte Nachricht. Welche möchten Sie zuerst hören?

Also zuerst die gute: Gottes Gnade ist umsonst, sie kostet nichts und sie steht unbegrenzt zur Verfügung. Die schlechte Nachricht lautet: Viele Menschen versuchen, sich die Gnade durch Leistung und Taten zu verdienen. Wir leisten und leisten und glauben, wir müssen so handeln, damit Gott uns lieben kann. Aber wir brauchen nichts zu leisten.

Als Jesus den Menschen half, war das nicht abhängig davon, wie gut sie sich verhielten. Er lehrte seine Jünger sogar, auch denen alles anzubieten, was sie hatten, die keine Möglichkeit zum Zurückzahlen besaßen. Und eine Autorin sagt: »Gottes Gnade funktioniert noch heute genauso – nicht nur was die Errettung angeht, sondern in Bezug auf das gesamte Leben. Er bietet den Unwürdigen die unfassbare Gnade an und enthält sie denen vor, die meinen, sie sich verdient zu haben. Glaube ist kein System, mit dem wir ihm beweisen können, dass wir der Gnade wert sind, sondern er ist das unverdiente Annehmen dessen, was er anbietet, wobei Glaube sich nicht auf die Stärke des Empfängers konzentriert, sondern auf den Charakter des Gebers.«[27]

Manchmal haben wir das Gefühl, die Gnade Gottes gar nicht verdient zu haben. Und die Wahrheit ist – wir haben sie wirklich nicht verdient. Er schenkt sie uns dennoch. Die Gnade Gottes steht uns zur Verfügung, wenn alles in unserem Leben glatt geht, aber auch dann, wenn nicht alles so glatt läuft. Sie werden im Leben stürmische Zeiten erleben.

In Matthäus 14,25–23 wird berichtet, wie Petrus auf einem See in einen Sturm gerät. Jesus sagt zu Petrus – und zu uns – in dem Sturm: »Komm doch, vertraue mir. Ich helfe dir da durch.«

Manchmal ist es schwer, Gott auch inmitten großer Probleme zu vertrauen, dieses Vertrauen ist jedoch nur möglich durch die Gnade Gottes.

In allen Lebensumständen ist die Gnade Gottes da – nicht um die Probleme wegzunehmen oder die Mühen zu erleichtern, sondern um uns zu stärken und uns durch diese schwierigen Situationen hindurchzuhelfen. Und wissen Sie was? Sie brauchen sich diese Gnade nicht zu verdienen. Nehmen Sie sie einfach als Geschenk von ihm an.

Inwiefern ist die Gnade Gottes ein Vorbild dafür, wie Männer und ihre Frauen miteinander umgehen sollten? Sprechen Sie darüber, wie Sie in Ihrer Beziehung Gnade leben können.[28]

27.

*Seid stille und erkennet, dass ich Gott bin!
Ich will der Höchste sein unter den Heiden,
der Höchste auf Erden.*
Psalm 46,11, Luther

Wie kommt es eigentlich, dass in den meisten Ehen einer eher von der schnellen Truppe ist und der andere eher gemütlich? Einer funktioniert eher langsam und bedächtig, während seine/ihr Partner(in) eher schnell, impulsiv und spontan ist. Der eine Partner sagt: »Nun mach doch mal langsam!«, und der andere drängt: »Los, nun komm schon!« Das Lebenstempo ist für die meisten Ehepaare ein Bereich, in dem sie sich einander anpassen müssen.

Es gibt im Leben immer wieder Situationen, die uns abverlangen, langsamer zu machen, ob wir es nun wollen oder nicht. Der energiegeladene, kraftstrotzende Manager wird zum Beispiel durch einen Herzinfarkt gezwungen, auf Schneckentempo umzuschalten. Sie rasen mit 150 Sachen über die Autobahn, sind aber durch eine Baustelle plötzlich gezwungen, auf Schritttempo abzubremsen. Sie müssen unbedingt den Garten in Ordnung bringen und winterfest machen, und dann kommt ein solcher Regen auf, dass Sie nicht einmal einen Schritt vor die Tür wagen können. Solche Verzögerungen sind frustrierend – besonders wenn wir sie nicht unter Kontrolle haben. Und wenn es dann dazu kommt, verliert man die zusätzlich gewonnene Zeit oft noch, statt sie zu nutzen, weil man sich ärgert!

Es gibt aber eine bessere, nicht so frustrierende Möglichkeit, solche unfreiwilligen Verzögerungen zu nutzen. Übernehmen Sie die Verantwortung für Ihr Leben und sorgen Sie selbst dafür, dass das Tempo gedrosselt wird. Ob Sie es glauben oder nicht, alles, was Sie tun, und auch die Geschwindigkeit, in der Sie es tun, lässt sich ändern!

Denken Sie einmal einen Augenblick darüber nach. Was wäre denn, wenn Sie die nächsten paar Wochen ans Bett gefesselt wären? Ginge dann die Welt unter? Ganz bestimmt nicht. Könnten Sie die gewonnene Zeit positiv nutzen? Aber sicher, und zwar indem Sie still würden in der Gegenwart Gottes, indem Sie mit ihm reden und ihn um seine Führung bitten würden. Vielleicht dringt Gott früher und eindeutiger zu Ihnen durch, wenn Sie langsamer machen und auf ihn hören.

Jesus war nie gehetzt. Er nahm sich Zeit zum Ausruhen und er entspannte sich gemeinsam mit anderen. Er beeilte sich nicht einmal, als Lazarus im Sterben lag!

Wenn Gott Ihnen aufträgt, sich zu beeilen und etwas zu tun, dann nur zu! Wenn aber nicht er es ist, der uns dazu auffordert, dann sollten wir uns fragen, wer oder was es ist – und warum. Sprechen Sie miteinander über Ihr Lebenstempo und über die Notwendigkeit, vor Gott still zu werden.

28.

Wo sich die ganze Macht der Sünde zeigte, da erwies sich auch Gottes Barmherzigkeit in ihrer ganzen Größe.
RÖMER 5,20, HOFFNUNG FÜR ALLE

Können Sie sich an Situationen erinnern, in denen es wehtat, versagt zu haben? Erinnern Sie sich an das Unbehagen und die Schwere, die Sie danach überkam? Fühlten Sie sich wie ein beschädigter Ballon, der immer mehr Luft verliert und schließlich in sich zusammenfällt? Sprechen Sie kurz miteinander darüber, wie Sie sich fühlen, wenn Sie versagt haben.

Wir haben alle schon versagt und sind gescheitert. Da hat man einen Termin vergessen, ein Kind angeschrien, weil es ein schlechtes Zeugnis mit nach Hause gebracht hat, einen wichtigen Punkt in einer Präsentation vergessen, oder die Verkaufszahlen sind rückläufig.

Wenn sich kleine Misserfolge häufen, fangen wir oft an, uns selbst für Versager zu halten. Aber das ist falsch. So oft wir auch versagen mögen, wir sind keine Versager. In der Bibel wird immer wieder von Menschen berichtet, die versagt haben, jedoch alles andere als Versager waren. Abraham log, Mose beging einen Mord, David brach die Ehe und beging ebenfalls einen Mord. Gemeinsam ist ihnen, dass sie sich ihrem Versagen stellten und Gott weiterhin dienen wollten – im Licht seiner Gnade. Und genau das sollen auch wir tun, wenn wir versagt haben.

Warum und wie häufig wir auch scheitern, wir sollten jedes Versagen aus der Perspektive der Gnade Gottes betrachten. Wir dürfen uns von ihm helfen lassen, aus dem Versagen zu lernen und es zu seiner Verherrlichung nutzbar machen.

Sich dem eigenen Versagen zu stellen ist dabei der erste Schritt. Einzugestehen: »Ich habe es vermasselt, ich habe einen Fehler gemacht, ich bin verantwortlich« – das ist nie leicht, aber absolut notwendig. Jede Art von Leugnung oder Vertuschung errichtet nicht nur eine Barriere zwischen uns und anderen, sondern hindert uns, den Trost und die Hilfe der Gnade Gottes anzunehmen. Die Gnade Gottes macht uns fähig, uns dem Schmerz zu stellen, den es mit sich bringt zu fragen: »Wo liegt meine Verantwortung in dem Versagen

und was kann ich daraus lernen?« So können wir weiterkommen, statt festzustecken. Gott sagt uns: »In meinen Augen bist du in Ordnung, egal ob du Erfolg hast oder scheiterst.«

Versagen gehört zum Leben dazu. Manche bezeichnen es als Fluch, aber es ist ein Fluch, der in Segen umgewandelt werden kann![29]

29.

Er ist das Haupt der Gemeinde, die sein Leib ist.
Mit ihm hat alles angefangen. Weil er in allen Dingen der Erste ist, war er auch der Erste, der von den Toten zu neuem Leben auferstand.
KOLOSSER 1,18, HOFFNUNG FÜR ALLE

Zwei Männer trafen sich und der eine fragte den anderen: »Was machst du?« Der andere beantwortete die Frage nicht, sondern entgegnete nur freundlich: »Wer bist du?« Der andere fragte hartnäckig weiter: »Was tust du?«, bekam aber wieder die Antwort: »Wer bist du?«

Zu welcher der beiden Fragen haben Sie eher Zugang? Welche der beiden Fragen macht für Ihren Partner mehr Sinn?

Manche Leute gehen als »Macher« durchs Leben, als Leute, die viel leisten. Sie kriegen es hin, mit einer Vielzahl verschiedener Aufgaben und Tätigkeiten gleichzeitig zu jonglieren. Ihr Leben besteht aus dem, was sie tun, auch für Gott. Ihre Identität ist in Taten verpackt, statt in ihrem Sein, mit der Folge, dass manchmal Chaos herrscht, weil ihr Leben Schlagseite hat und aus dem Gleichgewicht gerät.

Ausgewogenheit kann dort wachsen, wo wir Jesus Christus in allem an die erste Stelle setzen. Für Gott zu arbeiten bringt Ihnen nicht mehr Gnade. Gott interessiert sich mehr dafür, wer Sie sind als dafür, was Sie tun! Das ist für ihn die oberste Priorität. Ihr Wert vor Gott – und für Ihren Partner – beruht darauf, wer Sie in Jesus Christus sind, nämlich eine Person »angenommen in seinem geliebten Sohn« (Epheser 1,6).

Worauf liegt das Hauptaugenmerk in Ihrer Ehe? Mögen Sie sich dafür, was Sie tun oder als das, was Sie sind? Was wir tun, soll eine natürliche Folge dessen sein, wer wir sind. Unser Tun soll innere

Werte und Überzeugungen widerspiegeln. Wenn Jesus Christus in Ihrem Leben den zentralen Platz hat, der ihm zusteht, dann fangen Sie an, neue Charaktereigenschaften zu entwickeln. Wir entdecken unsere Stärken und Gaben, und das, was wir tun, bekommt einen ganz neuen Sinn. Unser Tun ist nicht mehr so unbedingt notwendig und hektisch. Stattdessen bringen wir ein tieferes Interesse für andere Menschen und ihre Bedürfnisse auf. Vielleicht liegt dann die Betonung nicht mehr so sehr auf Produktivität und Konkurrenzkampf, sondern eher auf Liebe, Anteilnahme und Fürsorge. Das kann Ihnen und Ihrer Ehe neues Leben und Heilung bringen.[30]

30.

Ihr habt Christus Jesus als Herrn angenommen.
Darum lebt auch in ihm.
KOLOSSER 2,6, EINHEITSÜBERSETZUNG

»Werd endlich erwachsen!« Das ist eine Botschaft, die bestimmt viele junge Menschen irgendwann im Leben von ihren Lehrern oder Eltern zu hören bekommen. Leider implizieren die Worte in aller Regel, dass das hier Geforderte schnell gehen soll – nach dem Motto: »Werd erwachsen, aber dalli!«

Das Erlangen von Reife ist jedoch auf allen Gebieten und immer ein Prozess. Bauern wissen, dass sie warten müssen, bis das Getreide ganz reif ist, um wirklich gutes Korn von hoher Qualität zu ernten.

Wachstum und Veränderung in unserem geistlichen Leben sind ebenfalls Prozesse.

Penelope Stokes schreibt: »Geistliche Reife ist keine Leiter, die wir erklimmen, oder ein Ziel, auf das wir abzielen. Es ist vielmehr der Prozess, im Laufe dessen wir all das werden, wozu Gott uns als Einzelne berufen hat. Wir brauchen nicht zu konkurrieren um den Titel ›reifster Christ des Jahres‹; wir müssen nicht sein wie Treibhaustomaten, die wegen eines willkürlich festgelegten Zeitplans auf dem Markt sein müssen. Wir können stattdessen ganz natürlich am Stock reifen, süße Früchte und gute Samen hervorbringen.«[31]

Zu geistlicher Reife zu gelangen ist ein Weg, auf dem wir auf die Gnade Gottes angewiesen sind. In der Bibel steht, dass Jesus derjenige ist, der Wachstum und geistliche Reife in unserem Leben hervorbringt. Er ist der »Urheber und Vollender unseres Glaubens« (Hebräer 12,2) und auch der Eine, »der das Werk in uns begonnen« hat »und es auch vollenden wird« (Philipper 1,6).

In Wirklichkeit bedeutet geistliches Reifen, näher zu Jesus Christus zu kommen und das Wort Gottes und das Leben als Christ immer besser und tiefgreifender zu verstehen. Reife spiegelt unseren Weg mit Jesus Christus wider. Und weil es ein Weg ist, sind wir auch für vieles dabei persönlich verantwortlich. Wofür nun im Einzelnen?

Erstens: Vergleichen Sie nicht Ihr Wachstum mit dem anderer, und stecken Sie Ihre Energie auch nicht in die »Aufgabe«, aufzupassen, dass andere (einschließlich Ihres Partners) schnell genug wachsen.

Zweitens: Werfen Sie einen ehrlichen Blick auf Ihr Leben und gestatten Sie dem Heiligen Geist zu sagen: »In diesem Bereich gäbe es noch Veränderungsbedarf.«

Drittens: Lernen Sie, vor Gott und Ihrem Ehepartner transparent und offen zu sein. Gestehen Sie Ihre Nöte und auch Bedürfnisse ein. Wo könnten Sie besser über innere Reife reflektieren als in Ihrer Ehe?[32]

31.

Ich bin ganz sicher, dass alles,
was wir jetzt erleiden, nichts ist,
verglichen mit der Herrlichkeit,
die wir einmal erfahren werden.

RÖMER 8,18, HOFFNUNG FÜR ALLE

Ist Ihnen manchmal ganz und gar nicht nach Beten zu Mute? Zum Beispiel, wenn irgendwelche negativen Umstände über Ihr Leben hereinbrechen? Manchmal ist uns nicht nach Beten, weil wir zu sehr mit der Frage beschäftigt sind, wieso etwas Bestimmtes passieren musste: »Warum, Gott? Warum gerade jetzt? Warum tut es so weh?«

Gott hört sowohl unsere ausgesprochenen als auch die unausgesprochenen Fragen. Tauschen Sie sich mit Ihrem Partner darüber aus, wann Sie Gott »warum?« gefragt haben.

Sie können die Umstände bestimmen lassen, wer Gott für Sie ist, Sie können aber auch Gott bestimmen lassen, wie Sie die Umstände auslegen und verstehen sollen. Gott ist nicht die Quelle Ihres Schmerzes, aber er ist die Quelle Ihres Trostes. In Römer 5,2–4 steht: »Voller Freude danken wir Gott dafür, dass wir einmal an seiner Herrlichkeit teilhaben werden. Doch nicht nur dafür sind wir dankbar. Wir danken Gott auch für die Leiden, die wir wegen unseres Glaubens auf uns nehmen müssen. Denn in solchen Leiden lernen wir, geduldig zu werden. Geduld aber festigt und vertieft unseren Glauben, und das wiederum gibt uns Hoffnung.«

Die Gesellschaft, in der wir leben, will uns weismachen, dass wir Schmerz vermeiden müssen und Spaß haben sollen. Schließlich sind ja auch Glück und Erfüllung das, was wir alle wollen. Aber Menschen lächeln eben nicht immer. Das wäre eine unrealistische Erwartung. Aus biblischer Sicht hat das Leben eine andere Ausrichtung. Wenn alles uns zum Besten dient (Römer 8,28), dann kann und sollte man aus den schweren Zeiten im Leben etwas lernen.

Penelope Stokes merkt dazu an: »Wer leidet, dem ist vielleicht nicht nach Beten, der hat vielleicht kein Bedürfnis nach Gemeinschaft, keinen Frieden inmitten der inneren Unruhe. Aber die Gnade Gottes stützt uns auch dann, wenn wir es nicht begreifen. Er hält uns mit unsichtbarer Hand und lässt uns niemals los. Er wartet geduldig, bis wir so weit sind, dass wir ihn wieder wahrnehmen können.«[33]

Wenn Ihnen also hin und wieder ganz und gar nicht nach Beten ist, dann sprechen Sie mit Gott darüber. Wenn Ihnen »Warum«-Fragen unter den Nägeln brennen, dann stellen Sie ihm diese Fragen. Es ist völlig in Ordnung, mit Gott offen und ehrlich zu sein. Was Sie ihm auch sagen – es wird ihn nicht überraschen oder schockieren. Er weiß es schon; warum es sich also nicht von der Seele reden und ans Licht bringen?[34]

JUNI

Es gibt einen Ersatz für Kritik. Er heißt Liebe.
Liebe heilt. Liebe schützt. Liebe baut auf.
Und durch Liebe geschieht mehr Veränderung
als durch Kritik.

1.

Ebenso sollt ihr Frauen euch euren Männern unterordnen …
Nicht auf äußeren Schmuck sollt ihr Wert legen …
sondern was im Herzen verborgen ist,
sei euer unvergänglicher Schmuck.
1. PETRUS 3,1.3.4, EINHEITSÜBERSETZUNG

Was empfinden Sie beim Lesen dieser Worte? Als Petrus sie schrieb, waren sie an eine Gesellschaft gerichtet, in der reiche Frauen extrem viel Wert auf äußerlichen Schmuck legten und einen Großteil ihrer Zeit in die Schönheitspflege investierten. Nun behauptet Petrus, dass Gott sehr viel mehr Wert legt auf die innere Schönheit einer Frau, als auf ihr Äußeres. Denn innere Schönheit erfordert Zeit und Pflege durch täglichen Umgang mit der Bibel und Gebet. In unserer Gesellschaft besteht ein krasses Ungleichgewicht zwischen dem Maß an Zeit, das wir für unser Äußeres investieren, und dem, was unserer inneren Entwicklung zugute kommt.

Viele Frauen gründen ihren Selbstwert darauf, wie sie aussehen, dabei sollte unser Selbstwertgefühl darauf beruhen, wie Gott uns sieht.

In Vers 4 behauptet Petrus, dass innere Schönheit von außen erkennbar ist an einem sanften Wesen.

Heißt das nun, dass eine Christin nie ihre Meinung sagen, Lösungen vorschlagen, leiten oder stark sein darf? Absolut nicht. Und es bedeutet auch nicht, dass sie sich schwach und hilflos verhalten soll. Sie soll die Gaben, die Gott ihr geschenkt hat, bestmöglich einsetzen und nutzen. Sanftheit ist eine Grundhaltung, in der man rücksichtsvoll ist und bereit, anderen zu dienen. In einer solchen Haltung ist es möglich, den Plan Gottes für die Ehe als beste Möglichkeit zu sehen, sich sicher zu fühlen und die Gegenwart Jesu in der eigenen Ehe widerzuspiegeln. Eine Frau mit einem sanften Wesen ist selbstsicher, weil sie sich auf Gott verlässt und dieses Geschenk nutzt, um anderen zu dienen.

2.

Ebenso sollt ihr Männer im Umgang mit euren Frauen rücksichtsvoll sein, denn sie sind der schwächere Teil; ehrt sie, denn auch sie sind Erben der Gnade des Lebens.

1. PETRUS 3,7, EINHEITSÜBERSETZUNG

Es gehört zur Verantwortung des Ehemanns, die richtige innere Einstellung zu seiner Frau zu entwickeln. Rücksichtsvoll zu sein als derjenige, der eher die Initiative ergreift, bedeutet, liebevoll mit der Frau umzugehen. Leider sind viele Ehemänner ausgesprochen passiv und nehmen dadurch in Kauf, dass ihre Fähigkeiten als Leiter brachliegen oder völlig verkümmern.

Verantwortung zu übernehmen und die Initiative zu ergreifen ist Teil der Berufung eines Ehemannes. Die ursprüngliche Bedeutung des Begriffs »rücksichtsvoll« kommt von »suchen«, »nachforschen«. Für einen Ehemann würde das bedeuten, Forscher zu werden und zu einer lebenslangen Entdeckungsreise aufzubrechen, um herauszufinden, was seine Frau mag und was nicht, wie sie sich die Befriedigung ihrer Bedürfnisse wünschen würde, ihre Liebessprache, ihre Stärken, Schwächen, Stimmungen, ihr Gefühl für Timing und ihre Ängste – und all dies im täglichen Umgang mit ihr zu bedenken.

Kein Ehemann ist Gedankenleser. Deshalb kann es eine große Hilfe sein, wenn Frauen ihren Männern konkret sagen, was sie mögen und was nicht. Das kann auch in Form einer Liste geschehen, auf der die Frau für ihren Mann ihre wichtigsten konkreten Bedürfnisse formuliert, zusammen mit Hinweisen, wie er damit umgehen kann. Eine Frau erkennt die Wertschätzung ihres Mannes auch daran, dass er ihr wirklich zuhört, statt ihre Sichtweise nur so eben zu tolerieren. Wenn ein Ehemann lernen will, von Herzen auf seine Frau zu reagieren, dann sollte er versuchen, die Dinge aus ihrer Sicht zu sehen und so ihre Einzigartigkeit zu begreifen.

Und immer wenn eine Frau merkt, dass ihr Mann das will, ist es außerordentlich hilfreich und für ihn ermutigend, wenn sie seine Bemühungen anerkennt und ihm Bestätigung dafür gibt, dass er sich damit an das Wort Gottes hält.

3.

Dienet dem Herrn mit Furcht.
Psalm 2,11, Luther

Anbetung und Ehe – haben diese beiden Themen etwas miteinander zu tun? Ganz bestimmt, denn sowohl das Leben als auch die Ehe stecken voller Überraschungen, wenn auch nicht immer nur freudigen. Manche dieser Überraschungen tun nämlich richtig weh, manche können sogar zerstören und manche ziehen sich auch jahrelang hin wie ein heimtückischer Krebs.

Was unterscheidet uns von anderen Ehen angesichts der vielen Überraschungen des Lebens? Es ist die Anbetung. Gott von Angesicht zu Angesicht zu begegnen und sich auf ihn zu konzentrieren und auszurichten, hilft uns dabei, mit den Überraschungen des Lebens fertig zu werden.

Richard Exley schreibt: »Wenn Sie schon eine ganze Weile leben, konnten Sie wahrscheinlich schon beobachten, wie unterschiedlich Menschen auf Widrigkeiten und Not reagieren. Dasselbe tragische Ereignis kann beim einen Menschen dazu führen, dass er etwas daraus lernt, beim anderen, dass er bitter wird. Was den Unterschied ausmacht? Es sind die Reserven; die inneren Reserven, die wir im Laufe unseres Lebens durch ein praktiziertes geistliches Leben angelegt haben. Wenn Sie nicht regelmäßig angebetet haben in den Gutwetter-Phasen Ihres Lebens, dann können Sie es wahrscheinlich auch in den düsteren Zeiten nicht. Wenn Sie Gott im gewöhnlichen Alltag nicht nahe und vertraut mit ihm waren, dann ist es eher unwahrscheinlich, dass Sie wissen, wo er zu finden ist, wenn das Leben einmal richtig hart wird. Wenn Sie Gott aber oft und regelmäßig in den guten Zeiten angebetet haben, dann werden Sie es ganz sicher auch in Zeiten größter Not tun.«[1]

Wenn Sie ihn in den guten Zeiten des Lebens anbeten, dann sammeln Sie damit sozusagen Vorräte für schlechte Zeiten. Deshalb sind Anbetung und Austausch als Paar über die persönlichen Erfahrungen mit Gott so entscheidend für eine lebendige Ehebeziehung.

Die meisten Choräle, die wir heute noch singen, wurden zur Anbetung verfasst. Haben Sie ein altes Gesangbuch? Blättern Sie es einmal durch und suchen Sie ein Lied heraus, das ausdrückt, was Sie und Ihr

Partner Gott heute mitteilen möchten. Singen oder lesen Sie den Choral laut vor. Ihre Ehe wird ganz bestimmt von dieser Anbetungserfahrung profitieren.

4.

Herr, wer darf weilen in deinem Zelt?
Wer darf wohnen auf deinem heiligen Berg?
PSALM 15,1, LUTHER

Bevor Sie den Text für den heutigen Tag weiter verfolgen, lesen Sie einander den Rest von Psalm 15 laut vor.

Hier wird eine wirklich interessante Frage gestellt! Unter welchen Bedingungen kann jemand bei Gott »wohnen«? Die Antwort in den Versen 2 bis 6 mag heute nicht unbedingt populär sein. Sie lässt sich in einem Begriff zusammenfassen und lautet: Heiligkeit. Es gibt ein vielleicht »moderneres« Wort, das diese Eigenschaft ebenfalls umschreibt: Integrität.

In dem Psalm ist von unserer Beziehung zu anderen Menschen die Rede. Wir können nicht erwarten, Gottes Gegenwart zu erleben, wenn wir unsere Mitmenschen schlecht behandeln. Der Psalm beschreibt Menschen, die tun, was richtig ist, und die ehrlich reden. Es wird beschrieben, dass auf Menschen Verlass ist, die heilig und integer sind. Sie kümmern sich auch um andere und nicht nur um sich selbst.

Um es in den heutigen Kontext zu übertragen – integre Menschen reden nicht schlecht über andere, verbreiten keinen Klatsch und Tratsch und verschaffen sich keine Vorteile auf Kosten anderer. In der heutigen Gesellschaft suchen die Menschen häufig ihren eigenen Vorteil, um Herrschaft über andere zu gewinnen. Sie möchten ganz oben sein. In den Ehen ist solch ein Bestreben daran zu erkennen, wie viele Machtkämpfe dort ausgetragen werden. Bei Menschen, die mit Gott leben und in seiner Nähe bleiben, passt es zusammen, was sie in ihren Ehen sagen, denken und tun. Sie stehen zuverlässig für den Ehepartner ein. Solche Qualitäten sind außerordentlich wichtig, damit sich in der Ehe Vertrauen entwickeln und auch erhalten bleiben kann.

Außerdem kommt der Psalmist zu der Schlussfolgerung, dass von Gott geheiligte Menschen keine Angst haben, Kritik zu äußern, wenn andere etwas Falsches tun. Sie halten ihre Versprechen, und auch wenn sie dadurch Nachteile in Kauf nehmen müssen, sind sie bereit, die Konsequenzen zu tragen. Sie beuten andere nicht aus.

Wer also Gott kennt, liebt seinen Nächsten. Auch Ihr Ehepartner ist Ihr Nächster. Wenn es Ihr Anliegen und Ihre Priorität ist, gemeinsam in Heiligkeit und Integrität bei Gott zu »wohnen«, dann werden Sie in den Höhen und Tiefen Ihres Lebens sicher und fest bleiben. Das ist eine wunderbare Zusage.

5.

Freut euch zu jeder Zeit! Betet ohne Unterlass!
Dankt für alles; denn das will Gott von euch,
die ihr Christus Jesus gehört.
1. Thessalonicher 5,16–18, Einheitsübersetzung

Erfüllt Ihnen Ihr Partner jede Bitte? Wenn ja, dann haben Sie ein Ausnahme-Exemplar erwischt! Und wenn Sie ehrlich sind, müssen Sie wahrscheinlich zugeben, dass Sie ihm/ihr aber auch schon so manche Bitte abgeschlagen haben. Das gehört ganz einfach zum Leben und ist normal. Manchmal wird Ihre Bitte vielleicht nicht erfüllt, weil Ihr Partner im Augenblick mehr Über- oder Durchblick hat als Sie oder einfach über mehr Informationen verfügt. Oft wird Ihnen vielleicht erst viel später klar, dass Ihr Partner klug war, Ihre Bitte nicht zu erfüllen.

Mit Gottes Antworten auf unsere Gebete ist es ebenso. Er erhört sie, aber wann er das tut und wie, kann ganz anders aussehen, als wir es erwarten.

Lloyd Ogilvie schreibt: »Weil Gott sehen kann, was wir nicht sehen können, und weil er in Dimensionen zu Hause ist, zu denen wir keinen Zugang haben, erhört er unsere Gebete nach einem Plan, der zu hoch für uns ist, als dass wir ihn begreifen könnten. Wir sollen ihm unsere Bedürfnisse sagen und dann alles ihm überlassen. Erst

rückblickend können wir dann erkennen, wie eng unsere eigene Sicht war und dass seine Antwort weit besser war, als wir auch nur erwartet hätten.

Gott beantwortet unsere Gebete nicht nur wann und wie er will, sondern er formt vor allem unser Leben zu unserem Besten. Im stillen meditativen Gebet fangen wir an, die Dinge aus einer anderen Perspektive zu betrachten und bekommen die Kraft, darauf zu warten, dass sich der Plan Gottes erfüllt.«[2]

Es gibt Zeiten, da muss in unseren Gebeten Folgendes vorkommen: »Herr, bitte zeig mir, worum ich bitten soll und was dein Wunsch für mein Leben ist. Schenke mir die Geduld, auf den Zeitpunkt zu warten, an dem du mein Gebet erhörst. Und mach mich bitte fähig, mit Antworten fertig zu werden, die ich so nicht erwartet habe.«

Wissen Sie, was zur Zeit in den Gebeten Ihres Partners im Mittelpunkt steht? Vielleicht könnten Sie es heute erfahren, indem Sie ihn/sie fragen.

6.

Dein Wort ist meines Fußes Leuchte und ein Licht auf meinem Weg.
PSALM 119,105, LUTHER

Sie blicken angestrengt nach vorn. Sie zwinkern, reiben sich die Augen und wischen die Windschutzscheibe mit einem Lappen ab, aber nichts verbessert Ihre Sicht. Sie fahren im Nebel – diesem schweren, nassen, dunstigen, undurchdringlichen Schleier.

Viele Menschen steigen erst gar nicht ins Auto, wenn Nebel angesagt ist. Manche Arten von Nebel lassen sich vermeiden. Oft ist unser Leben wie in dichten Nebel gehüllt, der in unserem Inneren, in unserem Denken und Fühlen existiert. Als Paar müssen wir auch immer wieder schnelle Entscheidungen treffen, und die Klarheit, die wir uns dann wünschen, ist nur schwer fassbar. Verwirrung und Unsicherheit behindern uns. Wir brauchen ein starkes Licht, das den Dunst durchdringen und für geistige wie geistliche Klarheit sorgen kann.

Der Psalmist sagt, dass Gottes Wort das Licht ist, das uns leiten kann, und zwar in klaren Zeiten wie auch in Phasen, in denen unser Denken vernebelt ist. Der Apostel Johannes spricht von einem anderen Licht, das uns aus dem Nebel herausführen kann: »In ihm war das Leben und das Leben war das Licht der Menschen. Und das Licht leuchtet in der Finsternis und die Finsternis hat es nicht erfasst … Das wahre Licht, das jeden Menschen erleuchtet, kam in die Welt« (Johannes 1,4.5.9, Einheitsübersetzung). Die Bibel offenbart jenes Licht, das jedes Leben hell machen kann, und diese Helligkeit ist im Sohn Gottes zu finden, in Jesus Christus.

Dieses Licht hat jedoch auch noch einen anderen Nutzen. Gott möchte, dass wir sein klärendes, leitendes Licht mit anderen teilen. Wir sollen wie Leuchtfeuer sein, die den Nebel durchdringen, um andere aufzunehmen, die sich ebenfalls abmühen. Wir sollen ihnen von dem Licht erzählen, das Leben verändern kann. Kennen Sie andere Ehepaare, die dieses Licht brauchen? Wenn ja, sind Sie dann auch bereit, es ihnen zu bringen?[3]

7.

So fern der Morgen ist vom Abend,
läßt er unsere Übertretungen von uns sein.
PSALM 103,12, LUTHER

»Vergiss es einfach! Wenn du vergessen könntest, was passiert ist, dann könnten wir weiter leben.«

Das ist ein wichtiger Appell, und zwar unabhängig davon, ob er in zorniger Entrüstung ausgesprochen wird oder als flehende Bitte. Bestimmt haben Sie dies oder Ähnliches schon zu Ihrem Ehepartner gesagt, denn die Ehe bietet viele »Möglichkeiten« gegenseitiger Verletzung und Kränkung. Wenn wir sagen: »Bitte, vergiss es«, sagen wir dann damit nicht im Grunde: »Lass mich vom Haken, gib mir eine weitere Chance, vergib mir«?

Was für eine Erleichterung, dass wir Gott gegenüber wegen unserer Sünden nicht betteln, feilschen oder uns aufregen müssen. Wir brau-

chen nichts anderes zu tun, als uns an 1. Johannes 1,9 zu halten: »Wenn wir unsere Sünden bekennen, ist er treu und gerecht; er vergibt uns die Sünden und reinigt uns von allem Unrecht.«

Was tut er mit unserer Sünde? Er vergibt uns. Was macht er mit unseren Übertretungen? Er vergisst sie. Beim Propheten Jesaja steht: »Ich, ich bin es, der um meinetwillen deine Vergehen auslöscht, ich denke nicht mehr an deine Sünden« (43,25). Jeremia fügt hinzu: »Alle, Klein und Groß, werden mich erkennen – Spruch des Herrn. Denn ich verzeihe ihnen die Schuld, an ihre Sünde denke ich nicht mehr« (31,34).

Gott ist allwissend und kann deshalb eigentlich gar nicht alles vergessen. Er kann aber beschließen, sich an Sünden, die vergeben sind, nicht wieder zu erinnern, und genau das tut er auch. Wir Menschen neigen dazu, andere an ihre Übertretungen zu erinnern. Das tut Gott nicht! Welche Möglichkeiten haben wir, wenn andere uns kränken? Wir können beschließen, ihnen zu vergeben, aber wir können nicht wirklich vergessen. Dann haben wir aber die Wahl, uns entweder mit Bitterkeit und Empörung oder aber mit Mitgefühl zu erinnern.

Wie sieht es aus? Geben Sie einen Segen oder einen Fluch weiter, wenn es darum geht zu vergeben und zu vergessen? Sie haben die Wahl.[4]

8.

Witwen und Waisen in ihrer Not zu helfen und sich vom gottlosen Treiben dieser Welt nicht verführen zu lassen: das ist wirkliche Frömmigkeit, mit der man Gott, dem Vater, dient.

JAKOBUS 1,27, HOFFNUNG FÜR ALLE

Frömmigkeit ist ein weiter Begriff. Was meint Jakobus damit? Ganz einfach Folgendes: Normalerweise verwendet er diesen Begriff, um den Dienst eines Christen an Gott und den Menschen zu beschreiben. Und dann verdeutlicht er weiter, wie wir unseren Glauben an Jesus Christus ganz praktisch leben können.

Die Veranschaulichung, die er hier benutzt, traf damals die Leser, denn die schwierige Lage der Witwen und Waisen war ein drängendes

Problem. Auch zur Zeit des Alten Testamentes stand es auf der Tagesordnung, denn Gott hatte Mitgefühl mit den benachteiligten Menschen: »Ihr sollt keine Witwe oder Waise ausnützen. Wenn du sie ausnützt und sie zu mir schreit, werde ich auf ihren Klageschrei hören« (2. Mose 22,21–22, Einheitsübersetzung).

Außerdem wies Gott die Menschen, die zu ihm gehörten, immer wieder an, sich um Ausländer und Fremde zu kümmern und sie nicht schlecht zu behandeln (2. Mose 22,20; 5. Mose 10,17–19). Jesus wiederholte dieses Anliegen des Vaters ebenfalls in Markus 12,38–40.

Der Grundsatz der Fürsorge für die Benachteiligten ist nicht beschränkt auf die biblische Zeit und die damalige Kultur, sondern gilt bis heute für alle, die sich an Gott halten. Gott will, dass Sie und Ihr Partner sich um Leute kümmern, die in irgendeiner Form bedürftig sind und um die sich sonst niemand kümmert. Nehmen Sie sich eine Weile Zeit zum Überlegen: Welche Leute brauchen Sie? Leben sie in Afrika oder China oder wohnen sie in Ihrer Straße? Könnten sie vielleicht sogar in Ihrer Gemeinde sein? In welchen Nöten stecken sie und welche Bedürfnisse haben sie? Wir sind berufen, uns um die Bedürfnisse der Christen ebenso zu kümmern wie um die der Nichtchristen.

Gott möchte, dass wir auch die Bedürfnisse von Familienangehörigen im Blick haben. Manchmal ist es schwierig, Angehörige als Menschen zu sehen, denen wir auf diese Weise helfen sollen, besonders wenn sie das nicht zu schätzen wissen. Vielleicht müssen Sie schon sehr genau hinschauen, um bei Menschen, die Sie lieben, Bedürfnisse und Nöte zu entdecken. Vielleicht ist es ihnen peinlich, wenn Sie von ihrer misslichen Lage erfahren, aber Sie werden sie finden, wenn Sie wirklich genau hinschauen.

Unseren Glauben zu leben, ist etwas sehr Praktisches. Es bedeutet, positive Veränderungen im Leben anderer zu bewirken. An wen denken Sie heute zuerst?[5]

9.

Ein reiner und makelloser Dienst vor Gott, dem Vater, besteht darin … sich vor jeder Befleckung durch die Welt zu bewahren.
JAKOBUS 1,27, EINHEITSÜBERSETZUNG

Umweltverschmutzung – ein Wort, das Unbehagen bei uns auslöst. Bilder von Ölteppichen, Smog und Giftmüll fallen uns ein. Umweltverschmutzung ist überall, und das meiste davon könnte durch etwas mehr Sorgfalt, Rücksichtnahme und persönlichen Einsatz verhindert werden.

Es gibt allerdings noch eine schlimmere Art der Verschmutzung. Ich meine die persönliche Verschmutzung, die innere Umweltverschmutzung sozusagen.

Jakobus stellt fest, dass sich ein echter Glaube unter anderem dadurch zeigt, sich vor »Verunreinigung« durch die Welt zu schützen. Sie leben in einer sündigen Welt, deren Einfluss überall vorhanden ist. Aber die Frage lautet, wer beeinflusst wen? Verunreinigt die Welt Sie oder nehmen Sie Einfluss auf die Welt so wie Gott es will? Wenn Sie zulassen, dass die Verunreinigung durch die Welt Sie beeinträchtigt, dann werden Ihre Einstellungen und Überzeugungen auch in Ihre Ehe Einzug halten.

Die Bibel ist sehr klar und eindeutig, wenn es darum geht, sich von einer Verunreinigung durch die Welt zu schützen: »Nehmt nicht die Forderungen dieser Welt zum Maßstab, sondern ändert euch, indem ihr euch an Gottes Maßstäben orientiert. Nur dann könnt ihr beurteilen, was Gottes Wille ist« (Römer 12,2).

»Wie erbärmlich vergeltet ihr Gottes Treue! Ist euch denn nicht klar, dass Freundschaft mit der Welt zugleich Feindschaft mit Gott bedeutet?« (Jakobus 4,4).

Das ist ja schön und gut, aber die große Frage bleibt doch, wie wir diese Verunreinigung durch die Welt vermeiden können. Und wieder hilft ein Blick in die Bibel weiter: » Er [hat] uns das Größte und Wertvollste überhaupt geschenkt: seine Zusage, dass alle, die dem verdorbenen und todbringenden Wesen dieser Welt entflohen sind, an Gottes ewigem Wesen und Leben Anteil haben werden« (2. Petrus 1,4).

Gottes Zusagen sind das Gegenmittel gegen innere Umweltverschmutzung. Tauschen Sie miteinander einige Verheißungen aus der Bibel aus, die eine Verunreinigung durch die Welt vermeiden helfen. Zitieren Sie abwechselnd Verse, die Ihnen dazu einfallen. Das ist der erste Schritt zu einem tiefen Glauben.

10.

Haltet den Glauben … frei von jedem Ansehen der Person …
Wenn ihr dagegen nach dem Wort der Schrift:
Du sollst deinen Nächsten lieben wie dich selbst!
das königliche Gesetz erfüllt, dann handelt ihr recht.
Wenn ihr aber nach dem Ansehen der Person urteilt,
begeht ihr eine Sünde.

JAKOBUS 2,1.8.9, EINHEITSÜBERSETZUNG

Wissen Sie, was heute passieren wird? Sie werden wahrscheinlich diese Bibelstelle aus dem Jakobusbrief im Umgang mit Mitmenschen umsetzen dürfen bzw. müssen. In diesen Versen ist die Rede von einer Krankheit, die in unserer Gesellschaft und bei uns allen hin und wieder ausbricht. Ihr Name? Vorurteile. Sie wissen, was das bedeutet – ein voreiliges oder parteiisches Urteil gegen eine andere Person zu fällen.

Bevorzugung oder negative Vorurteile können die Beziehung eines Ehepaares zu anderen Menschen völlig vergiften. Haben Sie oder Ihr Ehepartner schon einmal Bemerkungen wie die folgenden gemacht? »Wir laden sie besser nicht ein. Sie passen einfach nicht dazu«; »Sie haben nur einen Hauptschulabschluss, ich bin sicher, dass sie sich in unserem Hauskreis nicht wohl fühlen würden. Da sind doch fast nur Akademiker«; »Es ist besser, nicht zu viel mit ihnen zusammen zu sein, denn wir sind Abtreibungsgegner und sie denken da doch anders.«

Wir neigen dazu, Menschen auszugrenzen, die sich anders kleiden, anders reden, leben oder anderen Umgang haben als wir. Und jeder, der/die anders ist als wir, stellt ein Problem dar. Vielleicht ist das jetzt ja der richtige Moment, um Jakobus 2,1–13 einmal ganz zusammen zu lesen.

Jesus sagte zu seinen Jüngern: »Wie ich euch geliebt habe, so sollt ihr einander lieben« (Johannes 13,34). Das ist die Grundlage, die uns von Parteilichkeit und Bevorzugung in unseren Beziehungen frei macht. Jesus hat nicht gesagt: »Ich nehme euch an, wenn . . .«. Er hat keinem, der zu ihm kam, irgendwelche von Vorurteilen besetzten Bedingungen gestellt, bevor er ihn/sie annahm. Es darf in unseren Beziehungen zu anderen Menschen keine »wenn«-Sätze geben, keine Bedingungen, die erfüllt sein müssen, bevor wir uns mit ihnen abgeben. Es gibt eine Liebe, die alle sozialen, wirtschaftlichen, ethnischen und religiösen Barrieren übersteigt – und das bedeutet Liebe Jesu Christi.

Fällt Ihnen jemand ein, den Sie als Paar wegen Vorurteilen meiden? Wenn ja, was können Sie dann heute tun, um diese Einstellung zu verändern und Ihre Beziehung zu der betreffenden Person zu verbessern?

11.

Aber seine Zunge kann kein Mensch zähmen. Ungebändigt und unkontrolliert verbreitet sie ihr tödliches Gift. Mit unserer Zunge loben wir Gott . . . und mit derselben Zunge verfluchen wir unsere Mitmenschen . . . Aber genau das darf es nicht geben.
JAKOBUS 3,8.10, HOFFNUNG FÜR ALLE

Wir haben alle wahrscheinlich schon erlebt oder gesehen, welche verheerenden Folgen ein Feuer in einem bis dahin wunderschönen Wald haben kann. Es ist schwer vorstellbar, dass eine solche Katastrophe mit einem scheinbar harmlosen kleinen Funken beginnt, wo doch die Folgen eines Waldbrandes noch Jahrzehnte später deutlich sichtbar sind.

Ihre Zunge hat dasselbe Potenzial zur Zerstörung wie ein Funke im trockenen Wald. Manche Personen und auch Ehepaare brauchen eigentlich ständig jemanden in der Nähe, der Schadensbegrenzung betreibt, weil sie das Geschenk des Sprechens missbrauchen. Es gibt viele Arten, die Zunge zu missbrauchen. Hier drei der Hauptarten: Klatsch und Tratsch, bewusst verletzende Kommentare und unsensible Bemerkungen.

Bösartiger Tratsch ist der bewusste Versuch, jemandem zu schaden oder ihn zu verletzen, indem man unwahre oder übertriebene Geschichten über ihn oder sie erzählt. Es sind nicht sehr viele Ehepaare, die so miteinander umgehen, aber leider wird ein solches Verhalten häufig gegen die angeheiratete Familie eingesetzt.

Manchmal redet man sich ein, dass man verletzende Bemerkungen deshalb macht, weil das, was man sagt, zwar wehtun kann, aber »einfach mal gesagt werden muss«. Denn man will »ja nur das Beste« für den anderen. Zum Besten anderer ist jedoch nur das, was ihn/sie aufbaut.

Eine dritte Art, die Zunge zu missbrauchen, sind Bemerkungen, die einfach unsensibel sind und ohne Rücksicht auf die Gefühle des anderen dahergesagt werden. Tragischerweise kommt so etwas in der Ehe nur allzu häufig vor! Fragen Sie sich lieber, ob das, was Sie denken, wirklich ausgesprochen werden muss. Kann der Partner damit emotional fertig werden? Ist es wirklich wahr oder nur die persönliche Meinung oder der persönliche Eindruck einer Einzelperson? Hat Jesus die Kontrolle über meine Zunge, wenn ich diese Bemerkung mache?

Wenn Sie wirklich wissen wollen, wie weit Sie als Persönlichkeit gereift sind, dann werten Sie aus, ob das, was Sie sagen, ein Segen oder ein Fluch ist. Ist das Ergebnis ein warmes einladendes Lagerfeuer oder ein tobender, zerstörerischer Waldbrand?

12.

Der Blinde sagte: »Ich möchte wieder sehen können.«
MARKUS 10,51

Augenärzte können heutzutage Erstaunliches beim Beheben bzw. Korrigieren von Sehstörungen leisten. Es gibt nicht nur Bi-, sondern sogar Tri-Fokus-Brillengläser, und zwar mit Gleitsicht! Es ist auch möglich, mit einer Kontaktlinse Weitsichtigkeit und mit einer anderen Kurzsichtigkeit zu korrigieren. Und das Gehirn ist in der Lage, jedem Auge einzeln zu melden, wie es richtig arbeiten soll.

Diese Durchbrüche in der Augenheilkunde ermöglichen, dass Menschen mit massiven Sehstörungen nahezu beschwerdefrei leben können.

Manche Menschen sind von Geburt an blind, andere erblinden durch Unfälle oder Krankheiten. Manchen kann geholfen werden, andere dagegen bleiben ohne Sehvermögen. Haben Sie sich schon einmal vorgestellt, wie es wäre, blind zu sein? Verbinden Sie sich einmal die Augen und versuchen Sie, sich zu Hause so zu bewegen wie sonst auch. Wahrscheinlich werden Sie sich dabei ein paar blaue Flecken holen und den einen oder anderen Gegenstand zerbrechen. Aber wenn Sie es eine Weile durchgehalten haben, werden Sie mit Sicherheit mehr Mitgefühl mit blinden Menschen haben.

Die meisten blinden Menschen möchten wieder sehen können, wie auch der Mann in dem Bibelvers, der Jesus anspricht. Aber können Sie sich auch vorstellen, dass jemand sehen könnte, es jedoch nicht will? Vielleicht sind wir alle ein Stück weit bewusst und absichtlich blind. Wir schauen uns um und sehen dabei nicht, was andere in unserem unmittelbaren Umfeld brauchen. Oft sind wir sogar blind für das, was unser Partner – der Mensch, der uns am nächsten steht – braucht. Und manchmal sehen wir noch nicht einmal die Notwendigkeit, uns geistlich weiterzuentwickeln und zu verändern, oder wir sind blind für die Sünden in unserem Leben.

Wo sind Sie heute absichtlich blind? Wenn Sie Jesus bitten sollten, Ihre selektive Blindheit zu heilen, was müsste er dann anrühren? Was müsste er tun, um Sie sehend zu machen? Was würde er im Leben Ihres Partners gern sehen? Jesus Christus war und ist einer, der sehend macht. Er stellt auch heute noch das Augenlicht wieder her, und oft bedarf die geistliche Sehkraft der dringlichsten Heilung.

13.

Vergeltet niemand Böses mit Bösem!

RÖMER 12,17, EINHEITSÜBERSETZUNG

Sie trifft. Sie verletzt. Sie kann einem den ganzen Tag ruinieren. Niemand wird gern kritisiert, besonders wenn die Kritik nicht gerechtfertigt ist. Jemand hat einmal gesagt: »Zeige mir jemanden, der gern kritisiert wird, und ich zeige dir einen Masochisten!«

Je näher der Mensch Ihnen steht, der Sie kritisiert, desto schmerzlicher ist die Kritik. Ehepartner gehen oft überaus kritisch miteinander um. Manchmal ist unsere Kritik aneinander berechtigt, aber oft ist sie es nicht, weil sie auf einer falschen Einschätzung Ihres Ehepartners oder seines Verhaltens beruht. Sie haben es kaum im Griff, dass auch Sie irgendwann mit unberechtigter Kritik konfrontiert werden, Sie haben allerdings sehr wohl Einfluss darauf, wie Sie damit umgehen.

Wir können von Menschen der Bibel lernen, mit Kritik umzugehen. Mose wurde von dem gesamten Volk kritisiert, dem er im Auftrag Gottes dienen sollte, und außerdem von seinen Untergebenen. Aber so richtig schmerzhaft wurde es, als die Kritik aus seiner eigenen Familie kam. Moses eigener Bruder und seine Schwester kritisierten ihn, weil er eine Kuschiterin geheiratet hatte (4. Mose 12,1). Aaron und Mirjam waren eifersüchtig auf Mose und hinterfragten, ob Gott wirklich durch ihn gesprochen hatte (12,2), und das auch noch in aller Öffentlichkeit. Kritik in dieser Form tut richtig weh! Deshalb ist es auch am besten, nicht Eltern und andere Angehörige einzubeziehen, wenn es in Ihrer Ehe Probleme gibt. Sie werden das Problem wahrscheinlich eines Tages lösen und überwinden, aber Ihre Angehörigen machen sich eventuell noch jahrelang Gedanken darüber.

Nehmen Sie sich im Umgang mit Kritik Mose als Vorbild. Erstens verteidigte er sich nicht selbst gegen die Kritik seiner Familie. Er wusste, dass die Wahrheit ihn irgendwann entlasten würde, und so war es dann auch. Zweitens versuchte er nicht, seinem Bruder und seiner Schwester etwas heimzuzahlen. Das ist ja oft die erste Reaktion auf Kritik. Wenn Sie aber zurückschlagen, dann lösen Sie das Problem damit nicht, sondern Sie verstärken es noch, indem Sie genauso handeln wie diejenigen, die Ihnen wehgetan haben.

Wann haben Sie sich das letzte Mal von Ihrem Partner ungerechtfertigt kritisiert gefühlt? Sprechen Sie miteinander darüber und sorgen Sie dafür, dass Vergebung geschieht.[6]

14.

Jene verlassen sich auf Wagen und Rosse;
wir aber denken an den Namen des Herrn, unseres Gottes.
PSALM 20,7, LUTHER

Ein Nachrichtensender führte auf einer stark befahrenen Kreuzung im Zentrum von New York City eine Umfrage durch. Die Frage lautete: »Was gibt Ihnen heute Sicherheit? Worauf setzen Sie Ihr Vertrauen?«

Wie würden Sie auf diese Frage antworten? Haben Sie überhaupt schon einmal darüber nachgedacht? Auf was könnten Sie verzichten, ohne Angst um Ihre Sicherheit zu bekommen? Wie verliefe Ihr Leben ohne die Möglichkeit gesundheitlicher Vorsorge und einer Rentenversicherung? Wie wäre ein Leben ohne soziales Netz?

Beziehen Sie Ihre Sicherheit aus der Politik der Regierung oder aus der Börse? Haben Sie Vertrauen in Ihre eigenen Fähigkeiten, Ihre Alltagsprobleme zu bewältigen? Wie würden Sie Ihr Leben meistern, wenn Ihr Ehepartner nicht mehr da wäre? Könnten Sie weiterleben und sich sicher fühlen, wenn er/sie morgen sterben würde?

Manche dieser Fragen sind nicht gerade angenehm, aber sie offenbaren die Realitäten des Lebens. Und die Aspekte weltlicher Sicherheit in diesen Fragen spiegeln auch die vielen Antworten wider, die der Nachrichtensender auf seine Fragen bekam. Viele Menschen setzen ihr Vertrauen auf irdische Strukturen, aber die sind so instabil, dass sie von heute auf morgen zusammenbrechen können, eine Tatsache, die mir nicht gerade ein Gefühl von Sicherheit gibt. Wie ist es bei Ihnen?

David beschäftigte sich ziemlich intensiv mit diesen Fragen. Er wusste, wie wichtig damals die Kriegsgeräte seiner Zeit waren, aber er wusste auch, dass menschliche Stärke und menschlicher Erfindungsgeist nicht ausreichen. Dem Namen Gottes zu vertrauen und uns darauf zu verlassen, was er durch Jesus Christus für uns getan hat, ist

unsere größte Quelle der Sicherheit. Was auch um uns her geschehen mag, wir haben das Versprechen seines Friedens und seiner Sicherheit.

Können Sie sich etwas Besseres vorstellen? Tauschen Sie sich heute darüber aus, was Ihnen Trost und Sicherheit gibt. Inwiefern könnte die Gegenwart Jesu Ihnen ein größeres Maß an Sicherheit geben?

15.

In der Zeit meiner Not suche ich den Herrn; meine Hand ist des Nachts ausgestreckt und lässt nicht ab; denn meine Seele will sich nicht trösten lassen . . . ich denke und sinne des Nachts und rede mit meinem Herzen.
PSALM 77, 3.7, LUTHER

Wann kommen Ihnen die Probleme Ihres Lebens schlimmer vor – tagsüber oder nachts? In manchen Nächten wälzt man sich nur im Bett hin und her, kann nicht schlafen und die Gedanken lassen sich einfach nicht abschalten. Immer wieder durchdenken Sie Ihr Problem, aber je länger Sie grübeln, desto größer scheint es zu werden. Es sind keine Lösungen in Sicht, und Sie fangen an, sich einsam zu fühlen.

Asaph, der Verfasser von Psalm 77, spricht davon, dass seine Gedanken ihn bei Nacht quälen. Er fühlt sich mitten in seinem persönlichen Schmerz von Gott im Stich gelassen, aber er tut in dieser Situation genau das Richtige, indem er seine Gefühle Gott hinhält. Gerade wenn man verzweifelt ist, erinnert man sich an Gott. Er antwortet sehr wohl, und der erste Schritt, von Gott eine Lösung der eigenen Probleme zu bekommen, besteht darin, ehrlich sich selbst gegenüber zu sein in seinen eigenen Gedanken und Gefühlen.[7]

»Vor lauter Kummer konnte ich nichts sagen. Vor lauter Sorge konnte ich nicht schlafen. Abgelehnt, ungeliebt, mein Verlangen unerfüllt. Ich bat Gott um Hilfe: ›Herr, hörst du mich denn nicht?‹

Erschöpft streckte ich ihm meine Hände entgegen. Seine Stimme sagte: ›Friede, sei still!‹

Dann erinnerte ich mich, wie er mich angerührt und mich zu seinem Erben gemacht hatte, wie er mich einem Hirten gleich geführt hat und ich ein Wunder seiner Fürsorge bin. Als ich daran dachte, was er alles für mich getan hat, wurde ich aus meiner Verzweiflung herausgehoben – er hörte mich, er rührte mich an, und er erhörte mein Gebet.«[8]

16.

Wenn ich sehe die Himmel, deiner Finger Werk, den Mond und die Sterne, die du bereitet hast: was ist der Mensch, dass du seiner gedenkst, und des Menschen Kind, dass du dich seiner annimmst?

Psalm 8, 4.5, Luther

Der Psalmist wirft eine interessante Frage auf: »Was ist der Mensch?« Man könnte diese Frage genauso gut auch heute stellen. Normalerweise stellt man sie zum ersten Mal in der Pubertät, dann fangen junge Menschen nämlich an, sich selbst zu entdecken. Zwischen 30 und 40 machen sich Männer und Frauen häufig erneut Gedanken darüber. Die Frage nach unserer Identität ist oft schwer zu beantworten.

Manchmal werden Menschen gebeten, einmal zu beschreiben, wer sie sind, und zwar ungeachtet ihrer Arbeit und ihres Familienstandes. Was würden Sie antworten auf die Frage: »Wer bist du?« Wenn Sie aus Münster sind, können Sie sagen, Sie sind ein Westfale. Aber das besagt ja nicht, wer Sie sind, sondern woher Sie kommen. Sie könnten auch antworten, dass Sie Baptist sind oder Pfingstler, aber das sind Denominationen. Sie könnten auch sagen, Sie sind Vater bzw. Mutter, aber was wäre, wenn Ihnen Ihre Kinder plötzlich genommen würden? Wer wären Sie dann?

Vielleicht sagen Sie, Sie sind Angestellter oder Lehrer. Das SIND Sie aber auch nicht, sondern das ist Ihre Tätigkeit. Was würde mit Ihrer Identität passieren, wenn es zu einer Rezession käme und Sie entlassen würden? Was passiert, wenn Sie in den Ruhestand gehen? Geht Ihre Identität dann ebenfalls in Rente? Sie könnten auch sagen: »Ich bin Konzertpianist.« Aber was geschieht mit Ihrer Identität, wenn Sie durch einen Unfall Ihre Finger verlieren? Wer sind Sie dann?

Wenn jemand fragt: »Wer bist du?«, dann gibt es eine Möglichkeit, Ihre Identität zu bestimmen, die völlig ehrlich ist und sich darüber hinaus weder mit der Zeit noch durch irgendwelche Umstände ändert. Sie können sagen: »Ich bin ein Sünder, der durch die Gnade Gottes gerettet ist. Ich gehöre zu Gottes Bodenpersonal, erlöst durch Jesus Christus.« Vollständiger können Sie eigentlich nicht werden. Das ist die einzige Identität, die alle Erfahrungen des Lebens überdauert, welche sich auf die Arbeit, die Familie und die Gemeinde auswirken.

Nehmen Sie sich eine Weile Zeit, um miteinander über Ihre wahre Identität als Einzelperson und als Paar zu sprechen. Üben Sie die Beantwortung der Frage: »Wer bist du?« miteinander ein.[9]

17.

Wie mich der lebendige Vater gesandt hat und wie ich durch den Vater lebe, so wird jeder, der mich isst, durch mich leben.
JOHANNES 6,57, EINHEITSÜBERSETZUNG

Wie können Sie wirklich als Christ leben? Die Antwort auf diese Frage lässt sich wunderbar an der Polarseeschwalbe veranschaulichen. Sie gehört zu den Zugvögeln und tritt jedes Jahr die längste Reise aller Vogelarten an, und zwar Tausende von Kilometern von einem Pol zum anderen.

Die Polarseeschwalbe hat jedoch noch eine weitere ganz erstaunliche Eigenart. Wenn ihre Jungen flügge sind und für sich selbst sorgen können, machen sich die Eltern auf den Weg zum Südpol. Wochen vergehen, und die Jungen wachsen und entwickeln ihre Flugmuskulatur, indem sie Fliegen üben. Dann eines Tages treten sie die Reise mit unbekanntem Kurs zu einem unbekannten Ziel an. Und sie schaffen es tatsächlich bis zum Südpol.

Die Seeschwalben wissen, dass sie an dem Ort, wo sie geboren wurden, nicht bleiben können, sondern weiterziehen müssen. Ihr Instinkt treibt sie dazu, dieselbe Reise zu unternehmen wie ihre Eltern Monate zuvor. Aber woher wissen sie, wann sie losfliegen müssen, und warum

warten sie so lange, bis sie ihrem Trieb dann nachgeben? Sie warten, bis sie stark genug sind für die Reise.

Als Sie Jesus als Ihren Herrn angenommen haben, da ist er zu Ihnen gekommen, um in Ihnen zu leben. Weil er da ist, haben Sie den inneren Wunsch, nach seinem Willen zu leben. Aber wie machen Sie das? Indem Sie die Kraft nutzen, die Ihnen zur Verfügung steht. Schauen Sie sich den Vers von heute noch einmal an. Sie haben dieselbe Kraft, die auch Jesus zur Verfügung steht. Jesus hat gesagt: »Wie der Vater mich gesandt hat, so sende ich euch« (Johannes 20,21).

Sie sind jetzt schon stark genug, um als Christ leben zu können. Die Kraft ist in Ihnen durch Jesus Christus. Zapfen Sie diese Kraft an und dann schwingen Sie sich empor. Vielleicht finden Sie es ja beide hilfreich, darüber zu sprechen, in welcher Hinsicht die Kraft Gottes in Ihrem Leben genutzt werden soll. Wie kann Ihre Ehe ein Ausdruck dieser Kraft sein und dadurch andere Menschen zu Jesus ziehen?[10]

18.

Haltet fest zusammen und schafft Frieden in eurer Gemeinde.
2. KORINTHER 13,11, HOFFNUNG FÜR ALLE

Wenn Sie abends im Fernsehen die Nachrichten anschauen, gehört auch der Wetterbericht dazu. Sie erfahren die derzeitige Großwetterlage und die Aussichten für die kommenden Tage. Der Meteorologe erklärt meistens in allen Einzelheiten Höchst- und Tiefsttemperaturen, Niederschläge und Windstärken.

Wenn Sie die derzeitige Großwetterlage in Ihrer Ehe beschreiben sollten, wie würde der Bericht dann wohl aussehen? Genau wie das Wetter ändern sich nämlich auch in der Ehe manche Bedingungen täglich oder wöchentlich. Welches Wetterschema überwiegt in Ihrer Ehe? Manche Leute beschreiben ihre Ehe als »viel Sonnenschein und Wärme mit einer leichten Brise«. Andere sagen vielleicht: »Bedeckt mit gelegentlichen Schauern, aber auch Aufheiterungen.« Wieder andere würden ihre Ehe als schwere Sturmfront mit Orkanböen beschreiben.

Manche Stürme in der Ehe toben eine Zeit lang über das Paar hinweg und hinterlassen eine frische Brise und neu gewonnene Erkenntnisse. Andere Stürme, dauern sie lange an, hinterlassen eine Schneise der Verwüstung und ehelicher Zerstörung. Die Ehe wird nach und nach lahm gelegt, indem sie durch unablässig hohen Wellengang, der dagegen schlägt, unterhöhlt wird.

Wenn Sie einmal über den derzeitigen Zustand Ihrer Ehe nachdenken, welche Prognose würden Sie dann geben? Sind die Aussichten heiter und ermutigend oder ist immer noch ein Sturmtief da, das einfach nicht abziehen will? Denken Sie daran: Sie können das Wetter in Ihrer Ehe mitbestimmen. Sie können mit dafür sorgen, dass Sturmwolken irgendwann wieder abziehen. Sie können sogar eine Dürreperiode beenden, indem Sie eine Flutwelle der Liebe, der Annahme und der Ermutigung Ihres Partners auslösen.

Paulus' Rat in dem Vers für heute kann eine Ehe stabilisieren. Durch Reden und Zuhören können Meinungsverschiedenheiten mit dem Partner gelöst und kann Einigkeit wiederhergestellt werden. Wie kann dieser Vers heute in Ihrer Ehe ganz praktisch umgesetzt werden?

19.

Seid vielmehr freundlich und barmherzig, immer bereit, einander zu vergeben, so wie Gott euch durch Jesus Christus vergeben hat.

EPHESER 4,32, HOFFNUNG FÜR ALLE

Die Aufforderung zu vergeben ist manchmal sehr schwer zu befolgen, besonders in der Ehe. Vielleicht möchten Sie Ihrem Partner gar nicht immer vergeben, denn das Festhalten der Verletzung scheint Ihren Schmerz zu betäuben, den Sie empfinden, nachdem Sie abgewiesen oder gekränkt worden sind. Und trotzdem ist Vergebung das Verbindende, das eine Ehe lebendig erhält und dafür sorgt, dass sie sich ein Leben lang weiterentwickelt. Die Berufung zur Ehe impliziert auch die Aufforderung, dem Partner im Laufe der Jahre Hunderte Male zu vergeben.

Vergebung ist nicht immer fair oder gerecht. So ist die Realität eben. Manchmal haben Sie vielleicht das Gefühl, dass Sie Ihren Partner bezahlen lassen möchten für das, was er/sie getan hat. »Das ist einfach ungerecht!«, beklagen wir uns. »Ich möchte, dass mein Partner meine Verachtung spürt. Schließlich hat mich das, was er gesagt/getan hat, immer und immer wieder schwer getroffen.«

Aber wenn Sie nicht vergeben, sind letztlich Sie selbst der Verlierer. Am Ende stehen Sie nämlich mit einer Art innerem Video da von der Situation, in der Ihnen so wehgetan wurde, das jetzt endlos in Ihrer Erinnerung abläuft. Wenn Sie nicht vergeben, lassen Sie zu, dass Sie die andere Person beeinflussen kann und Ihr Verhalten diktiert. Wenn Sie aber vergeben, dann überlassen Sie Gott die Kontrolle über Ihr Leben und Ihr Verhalten. Gibt es da noch etwas zu überlegen? Denken Sie darüber nach!

Vergeben ist nicht vergessen. Was auch immer geschehen ist, bleibt in Ihrer Erinnerung bestehen. Vergebung heißt, sich zu erinnern, zu vergeben und im Leben weiterzugehen. Und irgendwann vollziehen Sie dann den Schritt von der schmerzlichen Erinnerung zur gewesenen Erinnerung: »Ja, das ist passiert, aber es beeinträchtigt mein Leben nicht mehr. Ich will jetzt weitergehen.«

Vergebung ist nicht ein Vortäuschen oder ein Leben in der Verdrängung. Sie stellen sich der Kränkung und der daraus resultierenden Verletzung und sprechen darüber, damit es kein Schema in Ihrem Leben wird, das sich zwanghaft wiederholt.

Und wenn Sie wirklich vergeben, dann können Sie nicht mehr Vorfälle aus der Vergangenheit hervorholen und sie Ihrem Partner verbal oder auch nur gedanklich entgegenschleudern. In Sprüche 17,9 steht: »Wer über die Fehler der anderen hinwegsieht, gewinnt ihre Liebe; wer alte Fehler immer wieder ausgräbt, zerstört jede Freundschaft.«

Worüber sollten Sie heute miteinander im Zusammenhang mit dem Thema Vergebung sprechen?

20.

Sie waren von seinen Worten tief beeindruckt.
Markus 1,22, Gute Nachricht

»Erstaunlich! Unglaublich!«

Wann haben Sie zuletzt so etwas oder Ähnliches gesagt, um Ihre Gefühle oder eine Reaktion auf etwas Außergewöhnliches zu beschreiben? Wodurch wurde dieses Staunen bei Ihnen ausgelöst? Oder ist das Leben inzwischen so »kühl« geworden, so voller logischer Erklärungen und Gründe, dass es Ihnen schwer fällt, überhaupt mit Staunen oder Ehrfurcht zu reagieren?

Leider geht vielen Menschen die Fähigkeit kindlichen Staunens mit der Zeit verloren. Es gibt Menschen, die sich durch das Unerklärliche in ihrem Leben sogar bedroht fühlen und deshalb das eigene Staunen oder das anderer darüber einfach vom Tisch wischen. Das ist traurig – besonders wenn es in unserer Beziehung zu Jesus Christus geschieht.

Wenn Sie die Evangelien lesen oder Berichte darüber hören, was Gott im Leben von Christen tut, reagieren Sie dann auch so wie die Menschen damals auf Jesus? »Alle, die ihn hörten, waren erstaunt über sein Verständnis und über seine Antworten« (Lukas 2,47); »als Jesus diese Rede beendet hatte, war die Menge sehr betroffen von seiner Lehre« (Matthäus 7,28). Haben Sie schon über die Tatsache gestaunt, dass Jesus in Ihnen lebt? Stehen Sie ehrfürchtig vor der Macht Gottes, die in Ihnen selbst wirksam ist? Sind Sie offen für das Staunen und erstaunt über Gott? Denken Sie darüber nach.

Wir brauchen Gottes Gnade, um offen zu bleiben, um zu staunen, bereit zu sein, den Schubs von Gott, das Drängen des Heiligen Geistes und die Offenbarung von Dingen tief im Innern ganz gewöhnlicher Menschen anzuerkennen. Es erfordert Gnade, aber es ist ein großes Geschenk. Wenn es in Ihrem Leben Stellen gibt, an denen Sie nur noch nach Luft schnappen können, Ihnen die Knie weich werden und Sie wirklich überwältigt sind, dann können Sie noch staunen. Und wenn Sie offen sind zu staunen, dann sind Sie auch bereit für die Überraschungen Gottes, sogar für die größte von allen, dass es nämlich ganz in Ordnung sein kann, wenn alles falsch zu sein scheint.[11]

Bitten Sie Gott, Ihnen die Augen zu öffnen und Sie heute zum Staunen zu bringen.

21.

Habt ihr denn keine Augen, um zu sehen ...?
MARKUS 8,18, EINHEITSÜBERSETZUNG

Augen – wir benutzen sie, um den Raum zu erfassen, jemanden so genau zu betrachten, dass alles andere in unserem Blickfeld verschwimmt. Unsere Augen erzählen uns Geschichten. Sie nehmen Kontakt auf, laden Menschen in unser Leben ein. Ihre Augen waren ein wichtiges Instrument bei der »Eheanbahnung«.

In seinem Buch »Das Geheimnis der Ehe« schreibt Mike Mason: »Die Ehe ist vor allem anderen ein Akt der Kontemplation. Sie ist ein göttliches Nachsinnen, eine Übung im Staunen. Das ist von Anfang an offensichtlich, von dem Augenblick an, in dem ein Mann und eine Frau sich zum ersten Mal ansehen und beiden klar ist, dass sie sich verliebt haben. Die ganze Sache fängt an mit einem staunenden Hinsehen, einem hilflosen Anstarren, einem unwiderstehlichen Drang, einfach nur zu schauen. Denn plötzlich gibt es so viel zu sehen! So vieles wird offenbart, wenn zwei Menschen es wagen, im Strahlen der Liebe des anderen zu stehen. Und darin liegt ein göttliches Stillesein durch Anbetung; alles andere bleibt stehen, zumindest verschwindet es im Hintergrund, und die Liebe selbst steht im Mittelpunkt.«[12]

Was haben Sie gesehen, als Sie Ihren Ehepartner zum ersten Mal sahen? Die Erfüllung all Ihrer Träume? Ausbaufähiges Potenzial? Haben Sie ihn/sie durch eine rosarote Brille gesehen?

Manchmal sehen wir, was wir sehen wollen, und ignorieren dabei die Realität. Wir sehen mit kritischem Blick und entdecken all die Unvollkommenheiten. Oder wir schauen mit annehmenden Augen und sehen die Möglichkeiten und den Wert, den Gott in einem Menschen sieht. Wir können beobachten, wie die zarte Haut unseres Partners faltig wird, aber statt uns dann abzuwenden, können wir uns ent-

scheiden, stattdessen die Liebe zu sehen, die in ihm oder ihr wohnt. Und diese Wahl kann jeder treffen.

Bitten Sie Gott, Ihnen die Augen zu öffnen, damit Sie die verborgene innere Schönheit Ihres Partners sehen können. Sehen Sie ihn/sie mit den Augen Gottes. Vielleicht entdecken Sie etwas, was Sie bisher nie bemerkt haben.

22.

Verlass dich nicht auf deine eigene Urteilskraft,
sondern vertraue voll und ganz dem Herrn.
Sprüche 3,5, Einheitsübersetzung

Sportler lieben ihre Trainer nicht unbedingt immer. Klar, ein Trainer gibt vielleicht hervorragende Anweisungen, aber er muss seine Spieler auch immer wieder drängen und anspornen, hart zu trainieren und Spitzenleistungen zu bringen. Ein Sportler sagte einmal: »Der Trainer trieb mich an Grenzen, von denen ich wusste, dass sie außerhalb meiner Reichweite lagen. Manchmal hatte ich das Gefühl zu ertrinken.« Aber dieser Sportler ertrank nicht, sondern er gewann olympisches Gold.

Viele Sportler entdecken im Training schon bald, dass ihr Engagement mehr Disziplin erfordert als sie eigentlich zu investieren bereit waren. Ist es nicht mit der Ehe ganz ähnlich?

Mike Mason beschreibt es so: »Einfach ausgedrückt ist die Ehe eine Beziehung, die uns sehr viel mehr in Anspruch nimmt, als wir eigentlich erwartet hatten. Sie ist beunruhigend intensiv, störend vereinnahmend, und genau so ist sie auch gedacht. Sie soll – fast – mehr sein, als wir verkraften können. Sie ist als lebenslange Begegnung gedacht, die rigoroser und anspruchsvoller ist als alles, was Menschen sich je ausgesucht, erträumt, gewünscht oder selbst erfunden hätten. Schließlich entscheiden wir uns ja nicht einmal bei unseren engsten und liebsten Freunden, uns einer so intensiven Begegnung auszusetzen. Nur die Ehe drängt uns in diese tiefen, unbekannten Gewässer. Denn das ist genau ihr Zweck, uns herauszulocken aus dem Schatten unseres

sicheren Egoismus, hinein in die gefährlichen unvorhersehbaren Tiefen einer echten zwischenmenschlichen Begegnung.«[13]

Haben Sie schon entdeckt, dass die Ehe genau das ist? Deshalb können Sie sie nicht allein leben. Lassen Sie Gott mit in diese Tiefen hineinkommen, die Sie manchmal zu überwältigen drohen. In ihm können Sie mit der Intensität Ihrer Ehebeziehung fertig werden. Sie und Ihr Partner können sich weiter entwickeln, als Sie es sich je vorgestellt hätten.

23.

Der Herr hat gegeben, der Herr hat genommen;
gelobt sei der Name des Herrn.
HIOB, 1,21, EINHEITSÜBERSETZUNG

Ist das nicht ein seltsamer Vers für eine Andacht für Ehepaare?

Vielleicht, vielleicht aber auch nicht. Zum Leben gehört sowohl das Nehmen als auch das Geben – und dasselbe gilt auch für die Ehe. Als Sie geheiratet haben, haben Sie die Liebe Ihres Ehepartners erhalten, aber gleichzeitig haben Sie auch Ihre Freiheit aufgegeben, nur für sich selbst zu denken und zu handeln. Nehmen macht große Freude, aber wenn man eine Ehe eingeht, dann bringt das auch das Leiden des Gebens mit sich.

Lewis Smedes behauptet mutig: »Jeder Mensch erntet mit der Ehe Leid … Ihr Eheversprechen war ein Versprechen zu leiden. Sie haben gelobt zu leiden, nur dass Sie jetzt mit statt an leiden … Eine Ehe ist ein Leben geteilten Schmerzes.«[14]

Denken Sie einmal einen Augenblick darüber nach: In der Ehe haben Sie die Chance, eine ganz neue Welt des Verletztseins zu erleben. Diese neue erschreckende Welt wird ihnen eröffnet durch die Verletzlichkeit, die zur Ehe dazugehört. Ihr Partner kann Ihre kühnsten Träume erfüllen oder Sie so sehr enttäuschen, dass die Beziehung zu einem einzigen Alptraum wird. Das ist eine Art von Leiden. Eine andere Art ist das Anteilhaben am Schmerz und den Verletzungen des Partners und zu lernen, ihm/ihr darin Trost und Hilfe zu sein.

Die Ehe ist die Berufung, jeden Aspekt des Lebens mit dem Partner zu teilen. Vielleicht entdecken Sie diese Wahrheit gerade. Sie haben ja beide schon Leiden erlebt, als Sie noch Singles waren, aber vielleicht erleben Sie jetzt als Ehepaar noch mehr. Mike Mason schreibt: »Denn es ist nicht das Wesen der Liebe, Schmerz abzuleiten, sondern ihn aufzunehmen, und zwar immer mehr. Die Ehe gibt dem Leiden ein Gesicht, genauso, wie sie auch der Freude eines gibt.«[15]

Denken Sie darüber nach und sprechen Sie darüber. Wie leiden Sie miteinander? Wie können Sie einander trösten? Leid wird es unweigerlich geben. Kümmern Sie sich darum, dass Sie sich auch gegenseitig Trost und Hilfe geben.

24.

Dankt für alles.

1. Thessalonicher 5,18, Einheitsübersetzung

Bevor Sie jetzt weiterlesen, holen Sie Ihr Fotoalbum von der Hochzeit hervor und nehmen Sie ein Foto von der gesamten Hochzeitsgesellschaft heraus. Wenn Sie sich jetzt dieses Foto genauer anschauen (oder falls es kein Foto gibt, versuchen Sie sich zu erinnern, welche Leute bei Ihrer Hochzeit waren), rufen Sie sich noch einmal diesen ganz besonderen Tag in Erinnerung.

- Wissen Sie noch, wie Sie sich gefühlt haben, als Sie an Ihrem Hochzeitstag morgens aufwachten und überlegten, wie dieser Tag wohl verlaufen würde?
- Mit wem haben Sie an diesem Morgen als Erstes gesprochen?
- Haben Sie sich gegenseitig angerufen oder vor der Trauung noch miteinander gesprochen? Wenn ja, worüber?

Vielleicht ist es gar nicht so einfach, sich an alles genau zu erinnern, weil es schon so lange her ist. Viele Menschen erleben ihre Hochzeit auch in einer Art Schockzustand, um dieses Ereignis überhaupt zu überstehen. Können Sie sich noch erinnern ...

- was Ihr Vater/Ihre Mutter an jenem Tag zu Ihnen gesagt hat?
- was der Geistliche vor der Trauung zu Ihnen gesagt hat?
- was der Geistliche bei der Trauung gepredigt hat? Würden Sie sich wünschen, dass er noch einmal dieselbe Predigt hält, wenn Sie heute heiraten würden?
- wer auf der Hochzeitsfeier war? Was ist aus den Gästen von damals geworden? Wissen Sie, wie deren Ehen heute sind?

Erinnern Sie sich auch ...

- an drei Gründe, weshalb Sie Ihren Ehepartner geheiratet haben?
- welche Erwartungen Sie für Ihre Ehe hatten?

Wenn Sie heute heiraten würden, was würden Sie dann in den ersten sechs Ehemonaten anders machen als damals? Inwiefern hätte Jesus in Ihrer Ehe eine andere Stellung als damals? Nehmen Sie sich Zeit zum Nachdenken und zum Austauschen von Erinnerungen und danken Sie Gott für Ihre Ehe.

25.

Sie werden also eins sein und nicht zwei voneinander getrennte Menschen. Was aber Gott zusammengefügt hat, darf der Mensch nicht trennen.
MATTHÄUS 19,6, HOFFNUNG FÜR ALLE

Erinnern Sie sich noch an diesen ganz besonderen Tag: Sie standen sich am Altar gegenüber und sprachen das Ehegelöbnis. Können Sie sich noch an den genauen Wortlaut erinnern? Was bedeutete das, was Sie sich versprachen, damals für Sie? Was bedeutet es Ihnen heute?

Wie kann ein Ehepaar in der heutigen Zeit so verbindlich leben und durchhalten, wie es sich das bei der Hochzeit versprochen hat? Nur durch Gnade. Die Gnade Gottes ist die einzige Möglichkeit, wie ein Paar all dem Druck und den Verführungen der heutigen Zeit standhalten kann.

Keine Ehe ist dauerhaft ohne die ständige Verbindung zu seiner Gnade. Ein Paar erlebt sie zum Beispiel in der Fähigkeit, eine Reihe höchst unwahrscheinlicher Versprechen zu halten, die die Partner sich gegenseitig gegeben haben. Zudem noch Versprechen, zu deren Einhaltung normalerweise sich verflüchtigende Eigenschaften gehören wie Liebe, Ehre, Vertrauen und Treue.[16]

Kamen in Ihrem Ehegelöbnis die Worte »Treue« und »ehren« vor? Was bedeuten diese Worte Ihnen heute in Ihrer Ehe? Es gibt nur sehr wenige Paare, die einander erklären, was das Eheversprechen für sie ganz persönlich bedeutet. Wir gehen normalerweise ganz einfach davon aus, dass jeder weiß, was diese Worte meinen. Aber wissen wir es wirklich? Vielleicht wäre jetzt ein guter Zeitpunkt, einander zu erklären, was es für Sie persönlich bei der Hochzeit bedeutet hat, sich zu versprechen, einander zu ehren, zu lieben, zu achten etc.

Bei Ihrer Hochzeit haben Sie sich gegenseitig versprochen, das Ehegelöbnis zu halten. Jesus hat Sie vor die Herausforderung gestellt, niemanden zwischen sich kommen zu lassen, damit Sie Ihr Versprechen nicht brechen.

Wie werden Eheversprechen gehalten? Ganz bestimmt nicht aus eigener Kraft, sondern »das Eheversprechen gibt Gott die Ehre. Es stimmt zwar, dass an ihrem Hochzeitstag ein Mann und eine Frau einen Schritt tun in Richtung einer einzigartigen Erfüllung des Liebesgebotes. Aber eine noch zutreffendere Aussage über die Ehe lautet, dass sie durch ein großes Maß der Gnade Gottes ein Sakrament ist, die eine solche Liebe überhaupt erst möglich macht.«[17]

Danken Sie Gott dafür, dass er Ihnen durch seine Gnade Ihre Ehe ermöglicht und erhält.

26.

Jesus sah ihn voller Liebe an: »Eins fehlt dir noch: Verkaufe alles, was du hast, und gib das Geld den Armen. Damit wirst du im Himmel einen Reichtum gewinnen, der niemals verloren geht. Und dann komm und folge mir nach.«

MARKUS 10,21, HOFFNUNG FÜR ALLE

Was haben Sie aufgegeben, um Ihren Partner heiraten zu können? Haben Sie darüber schon jemals nachgedacht? Heutzutage versuchen viele Menschen einfach nur, ihren Lebensstil als Single in die Ehe zu übertragen. Sie glauben, dass der Partner nur noch ein weiterer Aspekt ihres ohnehin schon geschäftigen Lebens ist. Sie meinen, dass sie schon irgendwie in der Lage sein werden, einen Ehemann bzw. eine Ehefrau und den Rest ihres Lebens unter einen Hut zu bekommen.

Es kommt aber in aller Regel zu einem bösen Erwachen, wenn diese Leute dann begreifen, was Ehe wirklich ist: »Eine Ehe ist nicht das Verbinden zweier Welten, sondern ein Verlassen zweier Welten, um eine neue zu gestalten. In diesem Sinne hat die Aufforderung, verheiratet zu sein, schon Ähnlichkeit mit dem Rat Jesu an den reichen Jüngling, alles zu verkaufen und ihm nachzufolgen. Es ist die Aufforderung, das Alte wirklich ganz zu verlassen.«[18]

Als Sie geheiratet haben, mussten Sie sich in manchen Punkten bestimmt dem Partner anpassen und auch einige Lebensgewohnheiten ändern. Vielleicht haben Sie Ihre Ausbildungspläne erst einmal auf Eis gelegt oder auch den Kauf eines neuen Autos vertagt. Was aber Jesus dem reichen Jüngling vermitteln will, ist ja, dass echte Verbindlichkeit noch viel mehr bedeutet.

Als Sie geheiratet haben, haben Sie auch angefangen, eines der Gebote Jesu zu erfüllen. Mike Mason schreibt dazu: »Für die meisten Menschen … ist die Ehe der einzige wirklich von Herzen vollzogene Schritt, das Gebot Gottes, unseren Nächsten zu lieben, zu erfüllen; und oft ist es ein Nächster, der verletzt und geschlagen auf der Straße der Liebe liegen gelassen wurde, an dem der Rest der Welt gewissermaßen vorbeigegangen ist.«[19]

Wie können Sie den Auftrag und Befehl Jesu, Ihren Partner selbstlos zu lieben, ganz praktisch und auch treu umsetzen? Das ist ohne die

Gnade und Liebe Gottes nicht vorstellbar, geschweige denn durchzuhalten. Es wäre doch furchtbar, wenn wir keinen Zugang zu seiner Gnade hätten.

27.

Schließlich, Brüder: Was immer wahrhaft, edel, recht, was lauter, liebenswert . . . und lobenswert ist – darauf seid bedacht.
PHILIPPER 4,8, EINHEITSÜBERSETZUNG

Warum haben Sie Ihren Partner eigentlich geheiratet? Denken Sie einmal darüber nach. Warum haben Sie sich für ein ganzes Leben an diesen einen Menschen gebunden? Und haben Sie eigentlich wirklich den Menschen geheiratet, den Sie damals zu heiraten glaubten?

Nach einer heftigen Meinungsverschiedenheit mit seiner Frau äußerte ein Mann seinen Frust über die Situation mit den Worten: »Mary, du bist nicht mehr die Frau, die ich damals zu heiraten geglaubt habe.« Sie sah ihn daraufhin mit einem nur angedeuteten Lächeln an und sagte: »Ich war nie die Frau, die du zu heiraten geglaubt hast!«

Ist denn überhaupt irgendjemand von uns der Mensch, den der Ehepartner zu heiraten glaubte? Manche Leute heiraten ein Phantom, eine Illusion, dem/der sie dann während ihrer gesamten Ehe nachjagen. Viele Paare stolpern Hals über Kopf in die Ehe. Gehören Sie auch dazu?

Aber egal, warum Sie geheiratet haben – Tatsache ist, dass Sie jetzt verheiratet sind! Jedes Paar ist in der Ehe mit Überraschungen konfrontiert und muss sich einander anpassen. Wir können nun zulassen, dass uns das völlig umhaut, oder wir können es als Chance für unsere persönliche Entwicklung nutzen. Wenn man einmal verheiratet ist, wird man mit der Realität konfrontiert, aber diese Realität ist ja nicht gleichbedeutend mit Enttäuschung oder Problemen! Die Realität bzw. Wahrheit birgt die Möglichkeit, Neues zu entdecken sowie Flexibilität und Wachstum zu entwickeln.

Was macht nun den Unterschied aus? Zu lernen, in der Stärke, dem Trost und der Kraft der Gnade Gottes zu leben, zu lernen, unser Augenmerk auf die Eigenschaften zu richten, die Paulus in Philipper 4,8 aufzählt, zu lernen, diese Entdeckungen über Ihren Partner, die auch Grund zur Enttäuschung sein könnten, anzunehmen und sie in Freude zu verwandeln.

Das Thema ist gar nicht, wen Sie warum geheiratet haben, sondern wer Sie sind und wer Sie in dieser Ehe werden. Weil sich jeder von uns in Jesus Christus weiterentwickelt, werden Sie entdecken, dass Sie einen besseren Ehepartner haben, als Sie dachten.

28.

Wenn also jemand in Christus ist, dann ist er eine neue Schöpfung: Das Alte ist vergangen, Neues ist geworden.

2. Korinther 5,17, Einheitsübersetzung

Wie lange ist jetzt Ihre Geistestransplantation her? »Ich habe schon viel von Herz- und Lebertransplantationen gehört«, sagen Sie jetzt vielleicht, »aber was um alles in der Welt ist eine Geistestransplantation?«

Sie hat stattgefunden, als Sie Jesus in Ihr Leben aufgenommen haben. In 1. Korinther 2,16 heißt es: »Wir aber haben den Geist Christi.« Und in 1. Korinther 1,30 steht: »Von ihm her seid ihr in Christus Jesus, den Gott für uns zur Weisheit gemacht hat, zur Gerechtigkeit, Heiligung und Erlösung.« Nehmen Sie diese beiden Verse einmal zusammen, und Sie haben nicht nur den Geist Jesu Christi, sondern können darüber hinaus auch die Weisheit Gottes nutzen, indem Sie den Geist Christi in Ihrem Leben wirken lassen.

Was für eine große Transplantation und eine dringend notwendige noch dazu! Die meisten großen Kämpfe des Lebens finden im Geiste statt. Die meisten großen Konflikte und Kämpfe in der Ehe haben ihren Ursprung im Kopf. Als Sie auf diese Welt kamen, hatten Sie einen durch den Sündenfall belasteten Geist – die Erbsünde. Dieser geschädigte Geist neigt zu negativem Denken. Und selbst jetzt noch, wo Sie ja bereits Christ sind, schleichen sich Reste dieses alten Denkens hin und

wieder noch ein. In Ihrem Geist entsteht, was Sie Ihrem Partner mitteilen, und auch unser Verhalten und viele emotionale Reaktionen.

Deshalb brauchen wir einen neuen Geist und die Weisheit Gottes. Machen Sie sich jeden Tag wieder neu bewusst, dass Sie den Geist Christi haben, und seien Sie offen dafür, ihn in Ihrem Leben zu nutzen. Paulus war sich jedenfalls völlig sicher, was wir brauchen: einen vom Geist Gottes bestimmten Geist (Römer 8,6); ein erneuertes Denken (Epheser 4,32); einen verwandelten Geist (Römer 12,2); einen christusgleichen Geist (1. Korinther 2,11) und einen wachen Geist (2. Timotheus 1,7).

Was wünschen Sie sich für Ihre Ehe? Freude? Liebe? Harmonie? Erfüllung? Vertrautheit und Nähe? Die Gegenwart Jesu Christi? Es gibt eine Lösung, durch die all das möglich wird. Sie heißt verwandeltes Denken – eine Geistestransplantation. Und jeder kann sie bekommen.

29.

Die Weisheit aber, die von Gott kommt, ist lauter und rein. Sie sucht den Frieden. Sie ist freundlich, bereit nachzugeben und lässt sich etwas sagen.
JAKOBUS 3,17, HOFFNUNG FÜR ALLE

Zur Vorbereitung auf ein Gespräch über die Weisheit Gottes lesen Sie einmal folgenden Abschnitt gemeinsam laut vor:

»Die Weisheit aber, die von Gott kommt, ist lauter und rein. Sie sucht den Frieden. Sie ist freundlich, bereit nachzugeben und lässt sich etwas sagen. Sie hat Mitleid mit anderen und bewirkt immer und überall Gutes; sie ist unparteiisch, ohne Vorurteile und ohne alle Heuchelei« (Jakobus 3,17–18).

Nun bearbeiten Sie gemeinsam folgende Fragen:

1. Was bedeutet Weisheit für Sie?
2. Wie zeigen Sie und Ihr Ehepartner anderen, dass die Weisheit Gottes freundlich ist und bereit nachzugeben?

3. Beschreiben Sie, wie man Ehekonflikte lösen und dabei Frieden suchen kann.
4. Inwiefern spiegelt Höflichkeit eine Weisheit wider, die vom Himmel kommt?
5. Was bedeutet es für Sie, dass Weisheit, die vom Himmel kommt, auch Diskussionen zulässt?
6. Gibt es in Ihrer Ehe zur Zeit Ihrer Meinung nach etwas, das eigentlich diskutiert werden müsste, aber nicht zur Sprache kommt?
7. Wie kann in Ihrer Beziehung Barmherzigkeit zum Ausdruck kommen?
8. Für welche guten Taten Ihres Partners sind Sie heute am dankbarsten?
9. Beschreiben Sie, was es für Sie bedeutet, nicht zu heucheln und unparteiisch zu sein.
10. Sagen Sie mit eigenen Worten, was für Sie Früchte der Gerechtigkeit und Friedfertigkeit sind.

30.

In eurem Herzen herrsche der Friede Christi;
dazu seid ihr berufen als Glieder eines Leibes.
Kolosser 3,15, Einheitsübersetzung

Eine der wichtigsten Personen auf dem Spielfeld beim Fußball ist der Schiedsrichter. Er ist aus einem ganz konkreten Grund eingesetzt, nämlich um strittige Situationen zu klären und dafür zu sorgen, dass die Regeln eingehalten werden. Seine Entscheidungen stoßen nicht immer auf Gegenliebe, aber sie sind einfach notwendig.

In dem Bibelvers von heute hat das Verb »herrschen« die Bedeutung von »schiedsrichten«. Der Friede Christ soll derjenige in unserem Leben sein, der entscheidet bzw. klärt. Wenn Sie den Frieden Christi in Ihrem Leben haben, verändern sich Ihre Einstellung und auch Ihre Perspektive. Wenn Sie Ihre Probleme am Arbeitsplatz und in Ihrer Ehe so betrachten, dass Jesus widergespiegelt wird, dann werden Sie einen Unterschied erkennen.

Wenn Sie beispielsweise erwarten, dass Dinge positiv ausgehen, dann werden Sie wahrscheinlich mit einer positiven Grundhaltung an diese Sache herangehen und zuversichtlicher sein. Ihre Art zu sprechen und Ihre ganze Haltung wird Ihre innere Einstellung zum Ausdruck bringen. Wenn Sie aber ängstlich und negativ sind, dann wird auch das erkennbar, und oft trägt genau diese negative Grundhaltung dazu bei, die negativen Früchte Ihrer Furcht zu ernten. Wenn Sie zu Ihrem Partner sagen: »Du willst heute wahrscheinlich nicht mit mir essen gehen, nicht wahr?«, dann ist das negativ. Vergleichen Sie dazu den positiven Ansatz: »Es wäre doch toll, heute Abend zusammen essen zu gehen, oder?«

Wie können Sie nun positiver und konstruktiver werden, besonders in der Einstellung zu Ihrem Partner? Erstens: Machen Sie sich klar, dass Sie den Frieden Christi in Ihrem Leben haben.

Zweitens: Ersetzen Sie Ihre negativen Gedanken durch positive.

Drittens: Entscheiden Sie sich dafür zu glauben, dass der Friede Christi Ihr Leben verändern kann. Lassen Sie ihn in Ihrem Leben herrschen. Und dann handeln Sie so, als ob dieser neue Lebensstil funktioniert, egal, ob Sie das auch so fühlen oder nicht.

Sie müssen nämlich nicht zuerst darauf warten, dass Ihre Gefühle sich verändern; Sie können auf der Grundlage dessen handeln, was Sie wissen und Jesus Ihnen zugesagt hat. Und während Sie anfangen, sich in Ihrer Grundhaltung zu verändern, werden Sie einen größeren Frieden in Ihrem Leben feststellen. Irgendwann wird dann Ihr Partner sagen: »Du wirkst irgendwie viel ruhiger und gelassener. Das merke ich sogar daran, wie du mit mir umgehst. Und es gefällt mir.«

JULI

Beständigkeit verleiht der Ehe Stabilität und Sicherheit. Beständig zu sein heißt Ausdauer und Beharrlichkeit an den Tag zu legen. Sie ist etwas, worauf Sie sich heute und auch morgen noch verlassen können. Zur Beständigkeit gehören Entschlossenheit, Geduld und Stärke.

1.

Nicht auf äußeren Schmuck sollt ihr Wert legen ...
sondern was im Herzen verborgen ist, das sei euer unvergänglicher Schmuck: Ein sanftes und ruhiges Wesen.
Das ist wertvoll in Gottes Augen.

1. PETRUS 3,3.4, EINHEITSÜBERSETZUNG

Viele Männer freuen sich über diesen Vers, in dem Ehefrauen aufgefordert werden, sanft und ruhig zu sein. Sie leiten daraus ab, dass Frauen nicht reden oder gar ihre Meinung vertreten sollen. Aber Petrus meint hier ganz und gar nicht, dass die Ehefrau ein stummes »Nichts« an der Seite ihres Mannes sein soll.

Das griechische Wort für »still« oder »ruhig« hat die Bedeutung von innerer Gelassenheit. Wenn eine Frau diesen inneren Frieden und diese Ruhe hat, dann muss sie sich weder ihrem Mann noch sonst irgendjemandem beweisen. Sie ist stark und weiß es auch. Sie hat dennoch nicht das Bedürfnis, ihre Stärke einzusetzen, um andere zu beherrschen oder zu kontrollieren. Sie hat eine innere Zufriedenheit, die nicht auf Leistung, Stellung, Anerkennung durch andere oder auf dem Streben beruht, Familienangehörige zu kontrollieren.

Der innere Friede einer Ehefrau, ihre Stärke, Zuversicht und Ruhe kommen daher, dass sie sich ganz auf Gott verlässt und von ihm abhängig ist. Sie bezieht ihre Kraft und Weisheit von Gott. Wenn eine Frau so lebt, bemerken das auch ihr Mann, ihre Kinder, ihre Freunde und Kollegen. Sie ist frei von Konkurrenzdenken und dem angestrengten Bestreben, ihren Wert zu beweisen. Sie weiß, was Gelassenheit ist, weil sie ihre Bestätigung von Gott bezieht. Wenn sie etwas sagt, kann ihre Familie sicher sein, dass sie es nur zu ihrem Wohl tut.

Das sanfte und ruhige Wesen einer Frau, die zu Gott gehört und entsprechend lebt, ist außerdem an ihrer Bereitschaft zu erkennen, sich danach zu richten, was in der Bibel über die Rolle der Ehefrau und Mutter steht. Das kann sich durchaus von dem unterscheiden, was der Zeitgeist darüber sagt. Den Plan Gottes für Ehefrauen gibt es mittlerweile seit fast 2000 Jahren – eine Bestätigung dafür, wie wertvoll er ist.

2.

Ebenso sollt ihr Männer im Umgang mit euren Frauen rücksichtsvoll sein, denn sie sind der schwächere Teil. Ehrt sie.

1. Petrus 3,7, Einheitsübersetzung

Auf vielen Päckchen und Paketen, die mit der Post verschickt werden, klebt ein Aufkleber mit der Aufschrift: »Vorsicht! Zerbrechlich.« Auch wenn eine Ehefrau gar nicht körperlich zart und zerbrechlich ist, braucht sie eine behutsame, sorgfältige Behandlung. Gott fordert Ehemänner dazu auf, ihren Frauen Achtung und Wertschätzung entgegenzubringen. Sie sollen ihre Frau als etwas ganz Besonderes betrachten und ihr einen Ehrenplatz in ihrem Leben einräumen. Die Frau muss sicher sein, dass sie für ihren Mann etwas ganz Besonderes ist, und in den allermeisten Fällen weiß sie intuitiv, ob seine Haltung echt ist oder nicht.

Manche Leute reagieren sehr heftig auf die Aussage von Petrus, dass die Frau der schwächere Teil in einer Partnerschaft sei. Hier ist aber nicht ihre Intelligenz, Arbeitskraft oder ihr geistliches Leben gemeint, sondern die Aussage wird von Exegeten weitgehend so ausgelegt, dass sich die beschriebene Schwäche auf die offensichtlichen körperlichen Unterschiede zwischen Mann und Frau bezieht. Die Aussage über die Schwäche der Frauen soll die Männer dazu veranlassen, auf ihre Frauen zu achten und ihr Wohl im Blick zu haben.

Hier einige Vorschläge, wie Sie als Ehemänner Ihren Ehefrauen Achtung zeigen können:

- Lassen Sie nicht zu, dass jemand respektlos mit Ihrer Frau umgeht oder ihr in irgendeiner Form schadet.
- Legen Sie Wert auf ihre Meinung, auch wenn sie sich von Ihrer unterscheidet.
- Betreten Sie einen Raum ZUSAMMEN mit ihr und nicht VOR ihr.
- Wenn Sie zusammen mit anderen in Gesellschaft sind, achten Sie darauf, dass Sie merken, was Ihre Frau braucht, und gehen Sie darauf ein. Lassen Sie sie nicht allein.
- Machen Sie ihr in der Öffentlichkeit, aber auch wenn Sie allein sind, Komplimente.

- Seien Sie sensibel für ihre Gefühle und für Verletzungen aus der Vergangenheit. Trampeln Sie nicht in diesen Bereichen herum, sondern unterstützen Sie Ihre Frau stattdessen.

Vielleicht könnten Sie sich darüber austauschen, wie in Ihrer Ehe gegenseitige Achtung noch besser zum Ausdruck kommen kann.

3.

Denn auch die Frauen sind Miterben der Gnade des Lebens.
1. PETRUS 3,7, LUTHER

Miterben! Was für ein spannender Ausdruck. In 1. Petrus 2,9 werden wir als »auserwähltes Volk« bezeichnet, und genauso sieht uns Gott – als Menschen, die von ihm und für ihn auserwählt worden sind. Außerdem sind wir Königskinder und tragen damit den Titel Prinz bzw. Prinzessin. Jedem, der an Jesus Christus glaubt, steht dieses Vorrecht zu.

Sind Sie bereit, sich zwei sehr direkten Fragen zu stellen? Behandeln Sie sich selbst wie einen Miterben? Behandeln Sie Ihren Ehepartner wie einen Miterben? Nach Gottes Plan sind Sie in Jesus ja geistlich beide gleich, und der Ehemann ist aufgefordert, seine Frau zu behandeln wie eine Miterbin des großzügigen Geschenks des Lebens. Eine Ehefrau ist geistlich genauso ausgestattet und wird ebenso von Gott berücksichtigt wie ihr Mann.

Wie kann ein Ehemann nun in seiner Einstellung zu seiner Frau diese geistliche Gleichheit zum Ausdruck bringen? Beispielsweise indem er sie achtet. Jemanden zu achten bedeutet, ihn als jemanden zu betrachten, der unseren Respekt wert ist – was nicht immer einfach ist. Ihr Partner hat andere Aufgaben als Sie und sieht das Leben mit ganz anderen Augen. Es kann bedrohlich scheinen, für die Sichtweise des anderen genauso viel Wertschätzung aufzubringen wie für die eigene. Und manchmal ist das Verhalten Ihres Ehepartners ja auch ein bisschen – na sagen wir – unmöglich, und Ihr erster Reaktionsimpuls ist tatsächlich nicht Achtung. Aber Gott sagt: »Nur zu, achte deinen Ehepartner trotzdem.«

Ein Ehemann soll für seine Frau ein »Befähiger« sein. Sie zu befähigen heißt genau genommen, Dinge für sie überhaupt möglich oder möglichst einfach zu machen. Ein Ehemann versucht bei allem, was beide gemeinsam tun, seiner Frau zur Seite zu stehen und ihr in allem zu helfen. Er tut sein Bestes, um es ihr zu ermöglichen, sich als Christin weiterzuentwickeln. Und die Segnungen, die er im Leben erfährt, wünscht er sich auch für sie.

Miterben! Nehmen Sie sich ein paar Minuten Zeit, um herauszufinden, was das für Sie als Einzelperson und als Paar konkret bedeutet.

4.

Der Herr selbst zieht vor dir her. Er ist mit dir.
Er lässt dich nicht fallen und verlässt dich nicht.
Du sollst dich nicht fürchten und keine Angst haben.
5. MOSE 31,8, EINHEITSÜBERSETZUNG

Lesen Sie sich zunächst 5. Mose 31,1–8 gegenseitig vor.

Mose war ein Mann, der von Gott auf besondere Weise eingesetzt wurde. In dem zitierten Bibelvers ist er schon sehr alt und sein Leben neigt sich dem Ende entgegen. Das Volk Israel steht unmittelbar vor dem Betreten des Gelobten Landes und hat am Jordan sein Lager aufgeschlagen. Josua ist zum Nachfolger Moses gewählt worden.

Was meinen Sie, wie Josua sich mit seiner neuen Aufgabe gefühlt hat? Ein ganzes Volk erwartet von ihm, dass er es anführt und leitet. Vor ihnen liegt ein neues Land mit unbekannten, nicht einschätzbaren Problemen und unberechenbaren Feinden. Die Herausforderungen, vor die Josua am Jordan gestellt ist, unterscheiden sich gar nicht so sehr von einigen der Herausforderungen, mit denen Sie heute täglich am Arbeitsplatz konfrontiert sind.

Die Worte Moses aus dem Bibelvers von heute können für uns genauso Trost sein wie sie es damals für Josua waren. Jeder Schritt, den Sie heute tun, folgt dem Weg, den Gott für Sie bereitet hat. Ob Sie zu Hause arbeiten oder an einem anderen Arbeitsplatz – denken Sie daran, dass Gott für Sie ist und Sie nicht verlassen wird! Wie könnte

sich diese Wahrheit auf Ihre Zuversicht auswirken? Haben Sie diesen Vers schon einmal Ihrem Partner gesagt, bevor er/sie zur Arbeit ging? Schauen Sie ihm/ihr doch einmal fest in die Augen und sagen Sie: »Der Herr selbst zieht vor dir her. Er ist mit dir. Er lässt dich nicht fallen und verlässt dich nicht.« Der Tag wird Ihnen ganz anders vorkommen, wenn dieser Vers Sie und Ihren Partner den ganzen Tag über begleitet und in Ihnen nachklingt.

Josua befand sich an einer Schnittstelle seines Lebens. Auch Sie werden in diesem Jahr und im Laufe Ihrer Ehe viele solche Schnittstellen erleben. Wie werden Sie sie bewältigen? Manche solcher Schnittstellen sind vorhersehbar und man kann sich sogar darauf freuen: Die Geburt von Kindern, ihr Heranwachsen zu Jugendlichen, dann das leere Nest, Mitte des Lebens, Ruhestand etc. Aber es gibt auch viele Übergänge, die überraschend kommen und über die man sich nicht freuen kann. An jedem dieser Übergänge ist der Herr da und will Ihr Trost, Ihre Stärke und Ihre Führung sein. Denken Sie an diesem Tag daran, wem Sie nachfolgen.

5.

Das sagte der Schwiegervater zu Mose:
Es ist nicht richtig, wie du das machst.
So richtest du dich selbst zugrunde und auch das Volk.
2. Mose 18, 1.18, Einheitsübersetzung

Anscheinend war Mose ein Workaholic. Sind Sie auch einer? Oder vielleicht Ihr Partner? Wenn Sie dazu neigen, zu viel zu arbeiten, dann denken Sie einmal über Folgendes nach:

»Wenn ich mein Leben noch einmal leben könnte, würde ich beim nächsten Mal versuchen, mehr Fehler zu machen. Ich würde mich entspannen, ich würde lockerer sein, ausgelassener, als ich es auf dieser Reise war.

Ich weiß nur sehr wenige Dinge, die ich dann ernst nehmen würde. Ich würde mehr verreisen. Ich würde verrückter sein. Ich würde auf mehr Berge steigen, in mehr Flüssen schwimmen und mir mehr Son-

nenuntergänge anschauen. Ich würde mehr spazieren gehen und mehr hinschauen. Ich würde mehr Eis und weniger Bohnen essen. Ich hätte mehr echte Probleme und weniger eingebildete.

Sie sehen, ich gehöre zu denen, die ihr Leben vorsorgend und vernünftig führen, Stunde um Stunde, Tag für Tag. Oh ja, ich habe meine Momente gehabt, aber wenn ich noch einmal von vorn anfangen könnte, hätte ich mehr davon. Ja, ich würde versuchen, nur das zu haben, nur Augenblicke, einen nach dem anderen, statt jeden Tag so viele Jahre im Voraus zu leben. Ich gehöre zu den Menschen, die nie irgendwo hingehen ohne Fieberthermometer und Wärmflasche, Gurgellösung, einen Regenmantel, Aspirin und einen Fallschirm.

Wenn ich noch einmal von vorn anfangen könnte, dann würde ich Orte und Dinge aufsuchen und mit leichterem Gepäck reisen als früher. Wenn ich mein Leben noch einmal leben könnte, dann würde ich früher im Frühjahr barfuß laufen und bis später in den Herbst hinein dabei bleiben. Ich würde öfter die Schule schwänzen. Ich hätte nicht mehr so viele gute Noten – außer aus Versehen. Ich würde häufiger Karussell fahren und mehr Gänseblümchen pflücken.«[1]

Wer in Ihrer Beziehung ist gefährdet, zu viel zu arbeiten? Wer muss lernen, mehr zu spielen? Wenn Sie zu viel tun, dann haben Sie bald nichts mehr zu geben, und Sie verlieren die Freude am Leben!

6.

Die Himmel erzählen die Ehre Gottes;
und die Feste verkündigt seiner Hände Werk.
PSALM 19,1, LUTHER

Lesen Sie sich zunächst den Rest von Psalm 19 gegenseitig vor.

Lärm. Durcheinander. Smog. Verseuchte Umwelt – das sind nur einige der negativen Aspekte, mit denen wir jeden Tag leben müssen. Wo ist Gott in all dem Durcheinander? Der Psalmist versichert, dass Gott wirklich da ist. Er gibt sich jedem auf der Welt durch die Natur zu erkennen. Die Schönheit eines Sonnenaufgangs kann einen Tag völlig verändern. Achten Sie jeden Tag auf den Sonnenaufgang und

denken Sie daran: Das ist ein Beispiel dafür, wie Gott sich durch seine Schöpfung offenbart. Er und nicht der Mensch hat die Welt und die Himmel gemacht.

In den Versen 8–12 wird eine weitere Art gezeigt, wie Gott sich offenbart: nämlich durch die Bibel. Beachten Sie zwei Dinge im Zusammenhang mit dem Wort Gottes: Zum einen, was es ist, und zum anderen, was es tut. Sein Wort ist vollkommen, das wird deutlich an den Begriffen, die in diesen Versen verwendet werden: gewiss, richtig, lauter, rein und allesamt gerecht. Anders ausgedrückt – auf das Wort Gottes ist Verlass.

Was tut sein Wort? Inwiefern profitieren Sie davon? Es belebt Ihre Seele, macht Sie weise, macht Ihnen Freude und öffnet Ihnen die Augen. Das alles können Sie haben, wenn Sie sich jeden Tag ins Wort Gottes hineinfallen lassen. Und es hat auch Auswirkungen auf Ihre Ehe.

Der Psalmist schließt mit einigen Aussagen über Sünde und Versagen (Verse 12–15). Wie können wir unsere Fehler und Irrtümer erkennen? Das Wort Gottes ist eine Möglichkeit und der Ehepartner eine weitere, auch wenn wir nicht immer hören mögen, wie unser Partner unser Versagen und unsere Schwächen sieht. Selbst wenn unser Partner Recht hat, wehren wir uns oft mit Händen und Füßen dagegen und verteidigen uns. Wenn der Psalmist hier dazu auffordert, uns vor bewussten Sünden zu hüten, dann meint er damit Trotzhandlungen. Je mehr wir uns auf solche Sünden einlassen, desto mehr werden wir von ihnen beherrscht, und manche davon können auch unserer Ehe schaden.

Tauschen Sie sich darüber aus, wie dieser Psalm Sie anspricht, und bitten Sie Gott um seine Kraft und Stärke.

7.

Ich, der Herr, habe mich nicht geändert.
MALEACHI 3,6, EINHEITSÜBERSETZUNG

Eine der Eigenschaften Gottes ist seine Unveränderlichkeit. Er verändert sich nie. Er ist gleichbleibend und beständig und wir sollen im Einklang mit seinem Willen beten. Lassen Sie uns ein paar der Charaktereigenschaften Gottes betrachten und überlegen, was sie für unser Gebet bedeuten.

- Gott ist heilig, also dürfen wir nicht für etwas beten, das seine Heiligkeit kompromittieren oder unsere Heiligkeit aufs Spiel setzen könnte (Psalm 99,10; Jesaja 6,3; Offenbarung 15,4).
- Gott ist Liebe und wir sollten in unserem Gebet sowohl die Liebe Gottes für andere Menschen erbitten als auch die Liebe Gottes in unserer eigenen Grundhaltung widerspiegeln (Jeremia 31,3; Johannes 3,16; Römer 5,8).
- Gott ist gut, und das Ergebnis meines Gebetes soll Gutes im Leben all derer bewirken, die es betrifft (Psalm 25,8; 33,6; 34,9; Nahum 1,7; Matthäus 19,17; Römer 2,4).
- Gott ist barmherzig, und in unserem Gebet sollte deutlich werden, dass wir seine Barmherzigkeit empfangen haben und auch selbst barmherzig sein sollen – sowohl anderen als auch uns selbst gegenüber (Psalm 108,5; Klagelieder 3,22; Joel 2,13).
- Gott ist eifersüchtig, und wir sollen nicht um etwas bitten, das in unserem Herzen Gottes Stelle einnimmt (2. Mose 20,5; 5. Mose 4,24; 1. Korinther 10,22).
- Gott ist gerecht, und wir können nicht erwarten, dass er uns eine Bitte erfüllt, die jemand anders gegenüber ungerecht oder unfair wäre (Psalm 103,7; Zefanja 3,5; Johannes 5,30; Römer 2,2).
- Gott ist langmütig, und weder unser Gebet noch unser Warten auf eine Erhörung sollte ungeduldig sein, denn er hat doch so viel Geduld mit uns (Jesaja 48,9; Römer 9,22; 1. Petrus 3,20).
- Gott ist die Wahrheit, und unser Gebet darf kein Versuch sein, die Wahrheit zu verfälschen oder zu verschleiern (5. Mose 32,4; Römer 3,4; Hebräer 6,18).[2]

Sprechen Sie noch kurz darüber, wie sich diese Aussagen auf Ihr gemeinsames Gebet auswirken können.

8.

Glücklich ist der zu nennen, der die Bewährungsproben besteht und im Glauben festbleibt. Gott wird ihn mit dem Siegeskranz, dem ewigen Leben, krönen. Das hat er allen versprochen, die ihn lieben.

JAKOBUS 1,12, HOFFNUNG FÜR ALLE

Druck! Sie wissen, was das ist – wir kennen ihn alle zur Genüge! Kürzlich sorgten überdurchschnittlich starke Regenfälle in unserer Gegend dafür, dass die Flüsse und Seen der Umgebung anstiegen und Wasser in einen Stausee abgeleitet wurde. Die zusätzlichen Wassermassen übten einen so gewaltigen Druck auf den Staudamm aus, dass er schon nach zwei Tagen anfing zu bröckeln und die gesamte Konstruktion dadurch instabil wurde. Schließlich gab der Damm nach und viele Menschen kamen ums Leben.

Genau wie ein so geschwächter Staudamm bersten auch wir manchmal unter zu viel Stress und Druck. Jakobus wusste das. Im ersten Kapitel seines Briefes spricht er über die Bewährungsproben und Prüfungen, vor die wir gestellt werden, aber er beschreibt auch, was geschieht, wenn wir standhaft bleiben. Wer unter solchen Prüfungen, unter Druck und Verspottung nicht zu bröckeln beginnt, beweist dadurch, dass er eine tiefe Beziehung zu Jesus Christus hat.

Die Prüfungen, mit denen wir es heutzutage zu tun haben, unterscheiden sich von denen anderer Christen zu anderen Zeiten und in anderen Ländern. Überlegen Sie einmal: Es wird geschätzt, dass im Mittelalter etwa 5 Millionen Christen für ihren Glauben starben. Als die Kommunisten in China die Macht übernahmen, kamen über eine Million Christen ums Leben. Warum haben sie nicht einfach ihren Glauben widerrufen, um am Leben zu bleiben? Weil Jesus Christus für sie ganz real war.

Sprechen Sie über folgende Punkte miteinander auf der Grundlage des Bibelverses aus dem Jakobusbrief:

- Beschreiben Sie, wie in Ihrem Leben die Gegenwart Jesu Christi zum Ausdruck kommt.
- Wann ist es am schwierigsten, über Ihren Glauben zu sprechen?

- Bei welchen Menschen empfinden Sie den stärksten Druck und möchten am liebsten Ihren Glauben leugnen?
- Haben Sie sich schon einmal überlegt, was Sie Menschen entgegnen können, die Ihren Glauben oder Ihr Leben als Christ hinterfragen? Wie können Sie einem anderen Menschen von Ihrer Liebe zu Gott und Ihrer persönlichen Beziehung zu Jesus Christus erzählen? [3]

9.

Niemand, der in Versuchung gerät, kann behaupten:
»Diese Versuchung kommt von Gott.«
Denn Gott, der für das Böse unangreifbar ist,
wird niemanden zum Bösen verführen.
Es sind vielmehr unsere eigenen begehrlichen Wünsche,
die uns immer wieder zum Bösen verlocken.
JAKOBUS 1,13.14, HOFFNUNG FÜR ALLE

Tief in unserem Inneren wissen wir, dass wir dazu neigen, die Schuld für unsere Sünden auf andere zu schieben – auf den Teufel, auf andere Menschen oder sogar auf Gott. Fällt es Ihnen leicht zu sagen: »Ich habe einen Fehler gemacht, ich war es; dafür bin ich verantwortlich«? Wahrscheinlich nicht. Und besonders schwer ist es bestimmt Ihrem Partner gegenüber! Anscheinend verhalten wir uns wie damals Adam, indem wir die Schuld auf andere abwälzen. Er gab erst Eva die Schuld und dann Gott (1. Mose 3,12).

Jakobus spricht hier mutig das Thema an, wer für die Sünde verantwortlich ist.

Erstens: Gott ist nicht verantwortlich. Er kann durch das Böse nicht in Versuchung geführt werden, weil er heilig und gerecht ist. Jesaja bezeichnet Gott 30-mal als »der Heilige«. Gott führt uns nicht in Versuchung. Er versucht nicht, uns dazu zu bringen zu sündigen.

Zweitens: Der Teufel kann Sie ebenfalls nicht dazu bringen zu sündigen. Es stimmt zwar, dass er Sie in Versuchung führt, aber er kann Sie nicht zwingen, eine Sünde zu begehen.

Drittens: Kein anderer Mensch kann Sie dazu bringen zu sündigen. Andere Menschen können Sie durcheinander bringen und den Anschein erwecken, dass ein nicht christlicher Lebensstil sehr viel attraktiver ist, aber letztlich können nur Sie selbst die Grenze überschreiten und Gott ungehorsam sein.

Fazit: Jeder Mensch steht in der Versuchung, mit seinem alten Wesen auf das Leben zu reagieren. Wir nennen es das sündige Wesen, und es ist in jedem Menschen vorhanden. Manchmal geben wir diesem sündigen Wesen nicht nur nach, sondern wir nähren es und geben ihm Raum und Macht. Die Verantwortung für unsere sündhafte Reaktion liegt allein bei uns. Diese Last der Entscheidung müssen dann schon wir selbst übernehmen, denn wir haben eine Wahl.

Denken Sie einmal über Folgendes nach: Welche Versuchungen machen Ihrem Partner am schwersten zu schaffen? Wie könnten Sie ihm/ihr helfen, solchen Versuchungen zu widerstehen? Welches ist der größte Kampf gegen die Sünde in Ihrer Ehe? Wie können Sie ihn gewinnen?[4]

10.

Geben wir ihnen [den eigenen begehrlichen Wünschen] nach, dann folgt diesen Wünschen die böse Tat. Die aber führt unweigerlich zum Tod.
JAKOBUS 1,15, HOFFNUNG FÜR ALLE

Es gibt eine Kletterpflanze, die am Fuße eines Baumes wächst, langsam am Stamm hinaufrankt und schließlich den Baum abtötet, indem sie ihn erstickt. Wenn sie im Baumwipfel angekommen ist, bildet sie eine Blüte aus, so als wollte sie sagen: »Jetzt habe ich den Baum besiegt.«

Der Name dieser Kletterpflanze ist »Matador«, was so viel heißt wie »der Töter«. Diese Pflanze ist eine gute Veranschaulichung für das, worüber Jakobus in 1,15 spricht. Verlangen bewirkt die Sünde und die Sünde führt zum Tod. Groll in der Ehe bringt den Tod. Eifersucht in der Ehe untergräbt das Vertrauen zwischen den Ehepartnern und errichtet mit der Zeit eine Barriere zwischen ihnen.

Sie haben zwei Seiten in sich, und zwar das alte Wesen und das neue. Egal, ob man die eine oder andere Seite auslebt, beides hat deutlich erkennbare Folgen. Lesen Sie einmal Galater 5,19–21 und entdecken Sie, welche Sünden von begehrlichen Wünschen ausgelöst werden können. In Beziehungen, in denen die Sünde herrscht, sind sie ziemlich offensichtlich. Das neue Wesen wird in Galater 5, 22.23 beschrieben.

Vor vielen Jahren versuchte ein französischer Prediger namens Bourdaloue, an das Gewissen von Ludwig XIX. zu appellieren. Er wollte ihm vermitteln, dass die Worte von Paulus in Römer 7,19 wahr sind, wo es heißt: »Denn ich tue nicht das Gute, das ich will, sondern das Böse, das ich nicht will.« Bevor er den Vers vorlas, bemerkte er noch einleitend: »In mir finde ich zwei Männer.« Der König unterbrach ihn schnell und sagte: »Ach ja, diese beiden Männer, die kenne ich auch gut.«

Wahrscheinlich kennen auch Sie die beiden gut. In jedem von uns findet ein Kampf zwischen ihnen statt.

Wie kann man nun diesen Kampf gewinnen?

Erstens: Geben Sie nicht Gott die Schuld dafür, dass Sie mit Versuchungen konfrontiert werden.

Zweitens: Akzeptieren Sie die Tatsache, dass in Ihnen zwei Wesensarten gegeneinander kämpfen.

Drittens: Meiden Sie Situationen, die Sie in Versuchung führen können.

Viertens: Setzen Sie das Wort Gottes ein, um der Versuchung zu widerstehen. Lesen Sie 1. Korinther 10,13. Es ist ein machtvoller Vers.

Und schließlich: Machen Sie sich klar, dass Jesus selbst jede Versuchung erlebt hat, mit der Sie es zu tun bekommen – und er hat allen widerstanden! Schließen Sie die heutige Stille Zeit ab, indem Sie Hebräer 4, 15.16 vorlesen. Sie sind mit Ihren Versuchungen nicht allein.[5]

11.

Lasst euch also nichts vormachen, liebe Brüder!
Alles, was gut und vollkommen ist, das kommt von Gott,
dem Vater des Lichts. Er ist unwandelbar;
niemals wechseln bei ihm Licht und Finsternis, Gutes und Böses.
JAKOBUS 1,16.17, HOFFNUNG FÜR ALLE

Für manche Menschen ist Täuschung eine Art Lebensstil. Bei Spionen beispielsweise ist Täuschung Grundvoraussetzung für ihre Tätigkeit, und sie müssen sich auf ihre Fähigkeit, andere zu täuschen, verlassen können.

Manchmal lassen wir Christen uns leicht täuschen. Die Warnung von Jakobus, uns nichts vormachen zu lassen, steht in Zusammenhang mit dem, was er zum Ursprung von Versuchung und Sünde sagt (1,13–15). Wenn wir seine Warnung missverstehen und Gott, dem Teufel oder anderen Menschen die Schuld geben, obwohl wir ganz allein verantwortlich sind, dann öffnen wir dadurch nur einer noch größeren Verzerrung über Gottes Wesen und seine Beziehung zu uns Menschen Tür und Tor.

Jakobus sagt hier, dass jedes gute und vollkommene Geschenk von Gott kommt. Auch so einfache Dinge wie unser Essen oder auch Sex sind gute Gaben Gottes. Ehepaare danken Gott zwar oft vor dem Essen, aber viel zu selten nach dem Sex. Wie alles, was gut ist, kann auch der Genuss von Essen und Sex pervertiert werden. Manche Leute leben förmlich fürs Essen und ihr gesamter Tagesablauf ist darauf ausgerichtet. Sie brauchen es, um Befriedigung zu erlangen, und zwar in der irrigen Überzeugung, sie könnten die Leere in ihrem Leben ausfüllen, indem sie sich mit Essen voll stopfen. Auch Sex als wunderbares Geschenk Gottes kann missbraucht werden, sogar innerhalb der Ehe. Es kommt gar nicht so selten vor, dass Sex mit dem Ehepartner ausschließlich der eigenen Befriedigung dient und nicht als Geschenk an den Partner verstanden wird. Die Bedürfnisse des Partners rangieren dann eindeutig hinter dem eigenen Wunsch nach sexueller Befriedigung.

Folgendes können Sie und Ihr Ehepartner zusammen tun: Nennen Sie eine Reihe von Gaben, die Sie als Paar von Gott bekommen haben und ausleben dürfen. Denken Sie sorgfältig darüber nach, welche Gaben das sind, denn oft betrachten wir solche Geschenke ja als Selbstverständlichkeit.

Wie wünscht sich Gott Ihrer Meinung nach, dass Sie diese Gaben nutzen? Wie könnten Sie sie nutzen, um Gott zu verherrlichen? Das könnte ein spannendes Projekt für Sie werden, besonders wenn Sie gemeinsam daran arbeiten.

12.

Seid immer sofort bereit, jemandem zuzuhören; aber überlegt genau, bevor ihr selbst redet.
JAKOBUS 1,19, HOFFNUNG FÜR ALLE

Diese Ermahnung des Paulus wird sehr schön veranschaulicht durch einen Text von C. A. Lufburrow:

Das Echo

Ich rief laut und lauter,
als ich eines Tages in der Ebene stand;
der Laut wurde immer leiser und leiser,
bis er schließlich ganz erstarb.
Meine Worte waren für immer fort.
Sie hinterließen keine Spur,
aber die Hügel in der Nähe nahmen den Ruf auf
und schickten das Echo zurück.
Ich sagte ein Wort im Zorn
zu jemandem, der mein Freund war,
und es schnitt ihn tief, wie ein Messer,
eine Wunde, die schwer zu schließen war.
Das Wort, so gedankenlos dahergesagt,
ich wünschte, wir könnten es beide vergessen,
aber sein Echo ist am Leben, und das Gedächtnis
sammelt noch die Erinnerung daran.

Wie viele Herzen wohl gebrochen werden,
wie viele Freunde verloren
durch irgendein unfreundlich dahergesagtes Wort,
bevor der Preis bedacht wurde!
Aber ein freundliches Wort oder eine gute Tat
werden hundertfach zurückgezahlt,
denn auch sie klingen nach im Herzen
der Menschen
und bringen ungeahnte Freude mit sich.[6]

13.

Darum legt alles Schmutzige und Böse ab, seid sanftmütig und nehmt euch das Wort zu Herzen, das in euch eingepflanzt worden ist.
JAKOBUS 1,21, EINHEITSÜBERSETZUNG

Die Begriffe »das Schmutzige« und »das Böse« klingen ja ziemlich hart. Der Befehl, sich davon frei zu machen, folgt direkt auf Jakobus' Ausführungen und Anweisungen über das Reden und den Zorn (Vers 19.29). Schmutziges und Böses können sich bei einem Menschen auf vielerlei Weise zeigen. Gängig ist beispielsweise die Art, wie wir uns verhalten, wenn wir zornig sind – oder uns bekannt ist auch Fluchen, Lügen, das Äußern von Anzüglichkeiten oder obszönen Bemerkungen.

Als Christen sollen wir uns von so etwas distanzieren.

Paulus hat den Ephesern ganz ähnliche Anweisungen gegeben, als er ihnen schrieb: »Über eure Lippen komme kein böses Wort, sondern nur ein gutes, das den, der es braucht, stärkt, und dem, der es hört, Nutzen bringt« (4,29).

Warum machen Jakobus und Paulus in diesem Zusammenhang dermaßen radikale Aussagen? Weil sich unser Reden und Verhalten radikal unterscheiden soll von dem der Menschen, die Jesus Christus nicht kennen. Wir sind aufgefordert, uns von der Masse abzuheben, aber nicht durch Stolz und Überheblichkeit, sondern in einer schlichten, nicht kränkenden, liebevollen Weise.

Wenn Sie Jesus die Frage stellen würden: »Gibt es in meinem Leben und meiner Ehe zur Zeit etwas, das schmutzig und böse ist?«, was würde er dann wohl sagen? Das ist sicher eine unbequeme Frage, aber man gerät so leicht in ein Lebensmuster hinein, an dem nicht mehr erkennbar ist, dass wir zu Jesus gehören. Manchmal lässt sich ein Partner etwas zuschulden kommen und der andere ist darüber gekränkt, schnell kommt es zum Konflikt.

Nach Aussage von Jakobus ist das Gegenmittel gegen moralischen Schmutz und gegen das Böse die Bibel mit Gottes guten Worten, die in uns hineingepflanzt sind. Damit sind zwei Dinge gemeint: Jesus Christus wohnt in Ihnen, und wenn Sie ihm Ihr Leben ausliefern, dann macht er Sie fähig, ein Leben in seiner Gegenwart zu führen.

Das geschriebene Wort Gottes wohnt ebenfalls in Ihnen, wenn Sie es lesen, auswendig lernen, darüber meditieren und sich daran halten. Wenn Sie in diesem Prozess treu bleiben, dann wird Ihnen die Aussage in Jakobus 1,21 kaum Unbehagen bereiten.[7]

14.

Hört das Wort nicht nur an, sondern handelt danach;
sonst betrügt ihr euch selbst. . . .
Wer sich aber an das vollkommene Gesetz . . . hält . . .
und an ihm festhält, der wird durch sein Tun selig sein.
JAKOBUS 1,22.25, EINHEITSÜBERSETZUNG

Gehorsam. Eltern geben viel Geld aus für Bücher, Kassetten und Beratung, um zu lernen, wie sie ihre Kinder zum Gehorsam erziehen können. In allen Bereichen des Militärs wird von den Soldaten Gehorsam gefordert. Gehorsam ist eine Eigenschaft, von der Einzelne, Familien und die Gesellschaft allgemein ungeheuer profitieren können.

Jakobus sagt, dass wir diese Eigenschaft auch im Zusammenhang mit der Bibel einsetzen sollen. Er sagt: »Hört nicht nur zu, sondern tut es dann auch!« Das ist schon eine ziemlich direkte Aufforderung. Wir sollen uns nicht dem Wort Gottes aussetzen, feststellen, was sich in

unserem Leben ändern muss, und uns nicht mehr weiter damit beschäftigen, dass wir uns ja eigentlich geistlich weiterentwickeln sollen (Verse 23.24).

Ein Mensch, der das Wort hört UND darauf reagiert, bekommt zwei attraktive Dinge: Freiheit und Segen (V. 25). Gott zu gehorchen, führt im Gegensatz zum Ungehorsam gegen Gott nicht zur Versklavung. Ein Diener Gottes zu sein, bringt sogar mehr Lebensfreude mit sich und auch mehr Freiheit. Sklave der Sünde zu sein, schränkt nur unglaublich ein und hat sehr negative Folgen! Wir haben jedoch alle die Wahl und können entscheiden, was wir wollen.

Gehorsam gegenüber Gott und seinem Wort bringt Segen in unser Leben. Immer wieder finden wir in der Bibel diese Zusage (Josua 1,7.8; Psalm 24, 4–6; Sprüche 10,6).

Unter dem Segen Gottes zu stehen, heißt allerdings nicht automatisch, keine Probleme mehr zu haben. Gott segnet uns, wenn wir gehorsam sind. Wir können seinen Segen aber auch in sehr kummervollen Zeiten erleben oder in Phasen, in denen wir große Probleme haben. Schmerz und Freude gehören zusammen, aber wahrscheinlich wissen Sie das ja auch längst schon aus eigener Erfahrung.

15.

Glücklich sind die Traurigen, denn Gott wird sie trösten.
MATTHÄUS 5,4, HOFFNUNG FÜR ALLE

Klagen – nicht gerade ein beliebtes Wort. Es weckt in uns Bilder von Kummer und Trauer. Was bedeutet das Wort für Sie persönlich? Klagen wird oft als Synonym für Trauer verwendet. Trauer ist heftiger emotionaler Kummer oder tiefe Traurigkeit, hervorgerufen durch Verlust, Katastrophen oder Tod etc. Das Wort kommt ursprünglich aus dem Lateinischen und bedeutet so viel wie »aufbürden«. Wenn man also trauert, trägt man eine Last von Gefühlen, die durch tragische Umstände hervorgerufen wurden. Klagen ist das, was man in einer solchen Situation tut. Zum Trauern gehört die Erinnerung an einen großen Verlust.

Überlegen Sie einmal, wie das mit Ihrem Leben ist. Wann haben Sie zum letzten Mal über jemanden getrauert und geklagt? Worüber haben Sie als Kind getrauert? Haben Sie schon einmal mit Ihrem Ehepartner darüber gesprochen, wann und um was Sie im Laufe Ihres Lebens getrauert haben?

Auch Jesus hat geklagt und getrauert. Er weinte über die Sünde der Menschen und die Folgen, die sie nach sich zog. Er weinte über die Stadt Jerusalem, die ihn nicht aufnehmen wollte. Der Psalmist sagte zu Gott: »Meine Augen fließen von Tränen, weil man dein Gesetz nicht hält« (Psalm 119,139).

Wen meinte Jesus mit den Traurigen? Er meinte diejenigen, die über die Sünde in ihrem Leben trauern. Die Verheißung dieser Seligpreisung ist Trost. Wenn wir über die Tatsache trauern, dass wir gesündigt haben, werden wir von Gott durch das Geschenk der Vergebung getröstet. Jesaja schreibt, dass Jesus denjenigen aufhelfen will, die ein gebrochenes Herz haben (40,1; 61,1.2).

Wenn Sie über Ihre Sünde trauern, dann gibt es wirklich nur einen, der Sie trösten kann. Manche Menschen finden diesen Tröster nie und lernen ihn nie kennen. Wenn Sie ihn kennen, dann erzählen Sie jemandem von ihm, der/die Trost braucht.

16.

Meine Kinder, ich leide noch einmal Geburtswehen um euch,
bis Christus in eurer Mitte Gestalt angenommen hat.
GALATER 4,19, GUTE NACHRICHT

Erinnerungen. Das ganze Leben besteht daraus – viele davon sind gut, andere schlecht. Auch in einer Ehe gibt es viele Erinnerungen. Manche davon haben Sie gemeinsam erlebt und bewusst gestaltet, andere sind anscheinend einfach so passiert.

Manchmal können Erinnerungen, die Sie mit in die Ehe gebracht haben, noch lange darin herumspuken, wie beispielsweise Erinnerungen an Verletzungen, die Sie oder Ihr Partner schon in der Kindheit erfahren haben. Als Sie dann heirateten, waren vielleicht manche

dieser Verletzungen noch nicht verheilt, sondern es hatten sich lediglich Krusten darüber gebildet. Solche ungeheilten seelischen Wunden platzen durch Probleme in der Ehe oft wieder auf.

Es ist ganz wichtig, wie Sie sich an das Geschehen in Ihrer Vergangenheit erinnern, denn oft werden Erinnerungen im Laufe der Zeit verfälscht.

Lloyd Ogilvie sagt in einer seiner Predigten: »Wir verpfänden die Zukunft gegen das, was in der Vergangenheit passiert ist. Wir haben positive Erinnerungen an die Vergangenheit, von denen wir uns nicht vorstellen können, dass sie sich je wiederholen, wir haben auch negative Erinnerungen, von denen wir wissen, dass sie sich wiederholen werden. Oft spiegeln wir nur das wider, woran wir uns erinnern, statt die Erinnerungen zu einer Ahnung werden zu lassen, was wir für die Zukunft noch erwarten dürfen!«

Wie ist das bei Ihnen und Ihrem Partner? Hat einer von Ihnen Erinnerungen, die Ihre Ehe belasten? Ist die Zukunft Ihrer Ehe schon besetzt durch Erinnerungen an die Vergangenheit?

Um Verletzungen aus der Vergangenheit zu überwinden, müssen Sie die Mauern, die Sie um Ihre Verletzungen herum errichtet haben, abtragen und diese Verletzungen ansehen. Manchmal findet dann sofort eine Veränderung statt, aber meistens ist die Heilung eher ein langsamer Prozess. Sie können es wagen, diese Schutzmauern abzutragen, weil Jesus in Ihrem Leben bei Ihnen ist. Veränderung ist möglich, da unser Glaube nicht nur äußerliche Anpassung, sondern eine innere Verwandlung ist. Darum geht es in dem heutigen Vers. Ihr neues Leben in Jesus Christus entwickelt sich von innen nach außen weiter.

Denken Sie einmal darüber nach, auf welche Weise die Gegenwart Gottes Ihr Leben bereits verändert hat. Und damit Sie stetig weiterwachsen, gewähren Sie ihm Zugang zu Ihren schmerzlichen Erinnerungen. Das ist zwar ein langsamer Prozess, aber einer, für den sich alle Mühe und Kraft lohnen.

17.

Seine Geschöpfe sind wir, in Christus Jesus dazu geschaffen, in unserem Leben die guten Werke zu tun, die Gott für uns im Voraus bereitet hat.
EPHESER 2,10, EINHEITSÜBERSETZUNG

Ihr Partner ist ein Kunstwerk und Sie sind auch eines. Ist Ihnen das eigentlich klar? Denken Sie, angeregt durch den Bibelvers von heute, einmal über Folgendes nach:

Als ein Fanatiker die PIETA von Michelangelo mehrfach beschädigt hatte, war die Welt entsetzt. Es überraschte niemanden, dass die besten Künstler der Welt zusammenkamen, um das beschädigte Meisterwerk zu restaurieren.

Als die Bildhauer in Italien eintrafen, fingen sie nicht gleich an, das entstellte Gesicht wiederherzustellen, sondern verbrachten Monate damit, die PIETA einfach anzuschauen, die fließenden Linien zu berühren, darüber zu staunen, wie jeder einzelne Teil der Statue Leiden und gleichzeitig Verzückung ausdrückte. Manche Künstler verbrachten Monate damit, nur einen einzigen Aspekt des Kunstwerkes zu studieren, beispielsweise eine Hand, bis sie schließlich immer mehr mit den Augen Michelangelos sahen, sich immer mehr in ihn hineinfühlten und so empfanden wie der große Künstler selbst bei der Erschaffung der PIETA. Als die Bildhauer schließlich begannen, das Gesicht zu restaurieren, waren die Handgriffe dabei fast genauso wie die Michelangelos.

Nicht die gestaltende Hand Michelangelos, sondern die Hand Gottes hat uns aus Staub zu einem Meisterwerk erschaffen, das sogar die PIETA übertrifft (1. Mose 2,7). Es sollte uns deshalb nicht weiter überraschen, dass Gott uns ständig umgestaltet – sobald wir uns selbst zerstören, formt er die Teile wieder zusammen ...

Wenn wir Gott für die Gaben danken, die er uns gibt, dann fangen wir an, uns nicht mehr nur mit unseren eigenen Augen zu sehen, sondern mit seinen. Wenn wir unsere Bestimmung kennen, dann wissen wir, wie sehr wir Heilung brauchen. Wir wissen auch, dass wir dadurch voll und ganz so werden können, wie es sich unser Bildhauer vorstellt.[8]

Jesus ist der Bildhauer, der Sie gestaltet. Er kann die rauen Kanten und Risse, durch die Sie heute entstellt sind, wegnehmen. Lassen Sie sich von ihm nach seinem Bild erneuern.

18.

Alles, was Odem hat, lobe den Herrn! Halleluja!
PSALM 150,6, LUTHER

Haben Sie schon einmal laut gesagt: »Gelobt sei der Herr!«? Lob ist nicht nur unsere Reaktion auf einen großen Gott, sondern es ist auch ein Schritt, um selbst Veränderung zu erfahren. Wenn Sie Gott loben für das, was er ist, was er getan hat und noch tun wird in Ihrem Leben, dann bekommen Sie die Freiheit, sich immer mehr auf ihn und weniger auf sich selbst zu verlassen.

Es ist nicht schwer, Gott für das zu preisen, was er getan hat, denn Sie können sich erinnern und etwas Sicht- und Greifbares benennen. Aber wie sieht es mit der Zukunft aus? Wie schwer fällt es Ihnen, Gott für das zu preisen, was er noch tun wird?

Ein solches Loben eröffnet in Ihrem Leben vielleicht Möglichkeiten, an die Sie von sich aus niemals gedacht hätten. Indem Sie Gott loben, gehen Sie nicht nur ein Risiko ein, sondern Ihnen wird auch stärker bewusst, was er für Sie sein möchte. Vielleicht ist das ein Gedanke, der Ihnen unangenehm ist, denn möglicherweise bedeutet es, dass Sie lernen sollen, ihn auch in einer schwierigen Situation an Ihrem Arbeitsplatz zu loben oder in Zeiten, in denen es Ihnen finanziell schlecht geht. Es kann bedeuten, Gott auch in Krisenzeiten in Ehe und Familie zu loben. Vielleicht machen Sie sich Sorgen über etwas ganz Bestimmtes in Ihrem Leben. Genau das sind die Situationen, in denen Gott von Ihnen möchte, dass Sie ihn loben.

Lloyd Ogilvie formulierte in diesem Zusammenhang einen interessanten Gedanken. »Stetiges Loben über einen bestimmten Zeitraum prägt uns allmählich darauf, das anzunehmen, was der Herr uns schon länger zeigen oder geben wollte.«[9]

Gott zu loben ist eine Reaktion auf seine Liebe, seine Güte, seine Treue und seine unglaubliche Fürsorge für jeden von uns. Wenn Sie Gott loben, dann erkennen Sie damit seine Souveränität an. Wenn Sie Gott loben, dann vollziehen Sie den Wechsel vom Selbstvertrauen zum Vertrauen auf ihn.

Wofür haben Sie Gott heute gelobt? Nehmen Sie sich ein paar Minuten Zeit, um sich mehrere Dinge in Erinnerung zu rufen, für die Sie

Gott in der Vergangenheit gelobt haben und wofür Sie ihn in der Zukunft loben wollen. Tauschen Sie sich darüber aus und loben Sie ihn dann gemeinsam.

19.

Freut euch zu jeder Zeit ... denn das will Gott von euch, die ihr zu Jesus Christus gehört.
1. THESSALONICHER 5,16.18, EINHEITSÜBERSETZUNG

Wenn wir uns im Herrn freuen, dann tun wir das nicht nur, weil uns eben gerade danach ist. Sich zu freuen ist ein Willensakt, ein sich darauf Einlassen. Wenn wir uns im Herrn freuen, dann fangen wir an, das Leben aus der Sicht Gottes zu sehen. Loben ist eine Hilfe, eine neue Perspektive und neue Orientierung für unser festgefahrenes Leben zu bekommen.

Vielleicht meinen Sie, dass Sie tagsüber einfach zu viel zu tun haben, um einmal kurz innezuhalten und Gott zu loben, aber genau dann sollten Sie es tun – wenn Sie viel zu tun haben, hektisch sind und Ihnen alles über den Kopf wächst. Machen Sie eine Pause, werden Sie innerlich klar und loben Sie Gott. Es wird Sie erfrischen.

Gott zu loben, bevor eine Lösung in Sicht ist, ist ein Glaubensakt. »Ich weiß nicht, wie die Sache ausgeht, aber ich bin bereit zu vertrauen.«

Lloyd Ogilvie schreibt: »Wenn wir den Herrn loben, bewirkt das Bereitschaft in uns und setzt unsere Vorstellungskraft frei, so dass wir uns schon ein inneres Bild davon machen, was er für uns tun will. Wenn wir uns dem bewusst widersetzen, folgt daraus, dass uns eine Vision fehlt für die Möglichkeiten Gottes. Er möchte unsere Fantasie nutzen, indem wir uns bildhaft vorstellen, wohin er uns führt, auf was wir hoffen dürfen, was wir wagen und auch erwarten können. Wir werden zu dem, was wir uns unter der Führung des Geistes vorstellen. Deshalb brauchen wir auch für unser Selbstbild, für unser Bild von anderen Menschen, von unseren Zielen und unseren Projekten die Anregung durch unsere Vorstellungskraft. Aber wenn nicht der Hei-

lige Geist damit beginnt, sie freizusetzen durch sein Wirken, bleibt sie verkümmert und unreif.«[10]

Denken Sie daran, dass Loben unser Leben verändert, weil es ein Akt des Loslassens ist. Loben Sie Gott für das, was er noch tun wird, denn letztlich sind seine Sicht, seine Pläne und Lösungen für uns das Allerbeste. Loben Sie den Herrn!

20.

Mein Gott aber wird euch durch Christus Jesus alles, was ihr nötig habt, aus dem Reichtum seiner Herrlichkeit schenken.

PHILIPPER 4, 19, EINHEITSÜBERSETZUNG

Manche Geschäfte werden heute auf der Grundlage von Defiziten und nicht von Überschüssen abgewickelt. Es gibt Menschen und auch Ehen, die ebenso funktionieren. Solche Menschen fühlen sich leer, einsam, isoliert, unfähig und hilflos. Viele Leute gehen mit Bedürfnissen durchs Leben, deren Erfüllung überaus wichtig wäre, und manche gehen genauso auch durch ihre Ehe.

Kennen Sie eigentlich Ihre grundlegenden Bedürfnisse, einmal abgesehen von den rein körperlichen? Sie brauchen: Sicherheit; Liebe und Zugehörigkeitsgefühl (erwünscht zu sein, jemanden zu haben, der zuhört und sich kümmert, der einen versteht und akzeptiert); Sie brauchen Selbstwertgefühl (Aufmerksamkeit, Achtung, Bedeutung und Wert); und Sie brauchen die Erfüllung der Möglichkeiten, die durch die Gaben, die Sie mitbekommen haben, in Ihnen schlummern.

Wahrscheinlich erwarten Sie und Ihr Ehepartner voneinander, dass Sie sich diese Bedürfnisse gegenseitig erfüllen, und das zu Recht. Aber Ihr Partner kann nicht alle Ihre Bedürfnisse erfüllen. Der Einzige, der das kann, ist Gott. Er ist die erste und wichtigste Instanz zur Befriedigung unserer körperlichen Bedürfnisse nach Nahrung und Schutz (Matthäus 6,26.27). Er stillt unser Bedürfnis nach Sicherheit und Liebe (Römer 5,8; 8,35.38.39). Gott erfüllt unser Bedürfnis nach Bedeutung und Sinn (Epheser 2,10; Philipper 1,21).

Je überzeugter wir von der Zuverlässigkeit dieser Verse sind, desto größer ist die Chance, unsere Möglichkeiten und Gaben voll auszuschöpfen. In Wirklichkeit müssen wir nämlich nie auf der Basis eines Defizits leben. Auf der Grundlage dessen, was Gott für uns getan hat und über uns sagt, können wir aus einem Gefühl der Fülle heraus auf uns selbst, auf andere und auf das Leben an sich reagieren.

Wenn Sie Jesus Christus kennen, sind Sie nicht unfähig und Ihr Partner ist es auch nicht. Erleben Sie die Quellen, aus denen Jesus schöpft, und nutzen Sie sie. Verschenken Sie die Fülle, die Sie haben, an Ihren Partner und an die Welt![11]

21.

Kommt alle zu mir, die ihr euch plagt und schwere Lasten zu tragen habt, ich werde euch Ruhe verschaffen.
MATTHÄUS 11,28, EINHEITSÜBERSETZUNG

Was tun Sie, wenn Sie mutlos und depressiv sind? Wie helfen Sie Ihrem Partner, wenn er mutlos und depressiv ist? Wenn Sie darüber noch nie miteinander gesprochen haben, dann ist jetzt vielleicht eine gute Gelegenheit, es zu tun.

Wohl jeder ist hin und wieder depressiv verstimmt, aber bei manchen Menschen kommt es häufiger und heftiger vor als bei anderen. Man bezeichnet Depression auch als Wunde der Traurigkeit. Jesus erlebte Depression, als er mit einigen seiner Jünger am Tag vor seiner Festnahme im Garten Gethsemane war: »Petrus, Jakobus und Johannes nahm er mit. Tiefe Mutlosigkeit und Angst überfielen Jesus« (Matthäus 26,37, Hoffnung für alle). Er erlebte ein Gefühl von Verlust, als ihm der Tod am Kreuz unmittelbar bevorstand.

Es ist nicht »falsch«, deprimiert zu sein. Depression dient dem Zweck, uns darauf aufmerksam zu machen, dass irgendetwas in unserem Leben nicht stimmt. Depressionen sind ein Warnsignal, auf das wir achten sollten. Wenn Sie eine Depression erleben, dann lassen Sie zu, dass Ihr Partner sich Ihnen zuwendet, Sie tröstet und ermutigt, und entziehen Sie sich nicht. Reagieren Sie sofort auf die Depression

und warten Sie nicht damit, etwas zu unternehmen, bis Sie völlig von Dunkelheit eingeschlossen sind.

In der Bibel stehen tröstende Worte, die in einer Depression sehr helfen können. Der Herr möchte uns aus der Dunkelheit herausführen. In Jesaja 61,1 steht, dass er gekommen ist, den Armen die frohe Botschaft zu bringen, die Verzweifelten zu trösten, die Gefangenen zu befreien und ihnen die Kerker zu öffnen. In Johannes 8,12 heißt es: »Ich bin das Licht der Welt. Wer mir nachfolgt, wird nicht in der Finsternis umhergehen, sondern wird das Licht des Lebens haben.«

Der Psalmist freut sich über Gottes heilende, liebende Gegenwart: »Du lässt mein Lebenslicht strahlen, Herr. Du selbst, mein Gott, machst mir das Dunkel hell« (Psalm 18,28, Gute Nachricht).

Vielleicht können Sie beide in Zeiten der Mutlosigkeit und Niedergeschlagenheit Trost finden in den Worten Jesu: »Ich bin gekommen, dass sie das Leben haben und es in Fülle haben« (Johannes 10,10).

22.

Eisen wird mit Eisen geschärft, und ein Mensch bekommt seinen Schliff durch Umgang mit anderen.
SPRÜCHE 27,17, GUTE NACHRICHT

Kommunikation hat höchste Priorität in jeder Beziehung, ganz besonders aber in der Ehe. Zur Kommunikation gehören all die verschiedenen Ebenen des Redens, sich Mitteilens, Zuhörens und Beobachtens. Lesen Sie dazu folgende hilfreiche Hinweise für Kommunikation in der Ehe von David und Vera Mace, und sprechen Sie dann darüber:

»Eine Ehe ist wie ein großes Haus mit vielen Zimmern, das ein Ehepaar am Tag seiner Hochzeit erbt. Sie haben die Hoffnung, all die Räume bewohnen und genießen zu können für die vielen Aktivitäten, die ihr gemeinsames Leben ausmachen.

In etlichen Ehen gibt es aber Räume mit abgeschlossenen Türen. Sie stehen für Bereiche dieser Beziehung, die das Paar nicht gemein-

sam erkunden kann. Versuche, diese Türen zu öffnen, scheitern und sorgen für Frustration. Der richtige Schlüssel ist einfach nicht aufzutreiben. Also beschränkt sich das Paar darauf, nur einige der vorhandenen Räume gemeinsam zu bewohnen, und zwar die Räume, die leicht zu öffnen sind. Der Rest des Hauses mit all seinen verheißungsvollen Möglichkeiten bleibt unerforscht und auch ungenutzt.

Es gibt jedoch einen Generalschlüssel, der in jede Tür passt. Er ist nicht so einfach zu finden – er muss nämlich genau genommen von dem Paar gemeinsam nachgemacht werden –, und zwar durch die hohe Kunst effektiver Kommunikation in der Ehe.«[12]

Haben Sie freundschaftliche Gespräche? Gibt es in Ihrer Ehe verschlossene Türen? Vielleicht können Sie heute damit beginnen, einen Generalschlüssel zu schmieden, mit dem Sie die verschlossenen Türen in Ihrer Beziehung öffnen können.

23.

Wem es freilich gelingt, nur das zu sagen, was dem anderen hilft und ihm nicht schadet, den kann man als vollkommen bezeichnen. Denn wer seine Zunge beherrscht, der kann auch seinen ganzen Körper beherrschen.

JAKOBUS 3,2, HOFFNUNG FÜR ALLE

Worte. Welch ungezügelte Macht sie doch haben! Man kann Menschen durch Worte vollkommen vernichten. Hier ein paar Bibelstellen über Worte und die Notwendigkeit, sie unter Kontrolle zu haben:

»Wer sich für fromm hält, dabei aber geschwätzig ist und seine Zunge nicht zügeln kann, der macht sich selbst etwas vor. Seine Frömmigkeit ist nichts wert« (Jakobus 1,26, Hoffnung für alle).

»Mit einem solchen Feuer lässt sich auch die Zunge vergleichen. Sie kann eine ganze Welt voller Ungerechtigkeit und Bosheit sein, die uns und unser Leben vergiftet. Es gibt nichts und niemand, der vor ihrem Höllenfeuer sicher wäre. Die Menschen haben es gelernt, wilde Tiere, Vögel, Schlangen und Fische zu zähmen und unter ihre Gewalt

zu bringen. Aber seine Zunge kann kein Mensch zähmen. Ungebändigt und unkontrolliert verbreitet sie ihr tödliches Gift. Mit unserer Zunge loben wir Gott, unseren Herrn und Vater, und mit derselben Zunge verfluchen wir unsere Mitmenschen, die doch nach Gottes Ebenbild geschaffen sind« (Jakobus 3,6–9).

»Wer sich am Leben freuen und gute Tage erleben will, der achte auf das, was er sagt. Keine Lüge, kein gemeines Wort soll über seine Lippen kommen« (1. Petrus 3,10).

»Worte haben Macht: sie können über Leben und Tod entscheiden. Darum ist jeder für die Folgen seiner Worte verantwortlich« (Sprüche 18,21).

Das sind starke, wahre Worte. Was bedeuten sie für Sie persönlich und für Ihre Ehe? Wie könnte durch einen dieser Verse Ihre Ehe besser werden? Denken Sie über die einzelnen Aussagen nach und sprechen Sie dann darüber.

24.

Ein freundliches Wort schenkt Freude am Leben,
aber eine böse Zunge verletzt schwer.
SPRÜCHE 15,4, HOFFNUNG FÜR ALLE

Jeder freut sich, wenn er treffend zu antworten weiß –
wie gut ist ein wahres Wort zur rechten Zeit.
SPRÜCHE 15,23, HOFFNUNG FÜR ALLE

Gott ist das Vorbild für unsere Kommunikation. Er ist auf uns zugegangen und ist von sich aus mit uns in Verbindung getreten. Er möchte, dass auch wir Kontakt mit ihm und anderen Menschen aufnehmen. Er hat uns nicht zum Alleinsein geschaffen, sondern zur Gemeinschaft miteinander. In den Sprüchen gibt es viele kluge Ratschläge zu diesem Thema: »Ein zuverlässiger Mensch überlegt sich, was er sagt; ein gewissenloser platzt mit giftigen Worten heraus« (15,28, Hoffnung für alle); »Wie goldene Äpfel auf einer silbernen Schale ist ein rechtes Wort zur rechten Zeit« (25,11).

Welche Worte Ihres Partners tun Ihnen gut, besänftigen Sie, haben eine heilsame Wirkung? Wie können Sie den Austausch solcher Worte noch fördern? Tauschen Sie sich darüber aus.

Und denken Sie noch eine Weile über folgende Worte von Dwight Small zum Thema Kommunikation nach: »Kein noch so großes Maß an Kommunikation kann eine Ehe vollkommen machen, und deshalb sollten wir das auch nicht erwarten. Gott ist vollkommen, das Ideal der christlichen Ehe ist vollkommen, und die Mittel, die Gott christlichen Ehepaaren zur Verfügung stellt, sind vollkommen. Aber es gibt keine perfekte Ehe und keine perfekte Kommunikation in der Ehe. Der Erfolg der christlichen Ehe liegt darin, die lebenslange Aufgabe zu akzeptieren, sich innerhalb der schwierigen menschlichen Existenz ständig anzupassen, laufend an den Kommunikationsfertigkeiten zu arbeiten, die dazu nötig sind, und sich dabei nach der Kraft Gottes auszustrecken, die das alles überhaupt erst möglich macht.«[13]

Sie können nicht NICHT kommunizieren. Auch Schweigen ist Kommunikation und Schweigen sagt manchmal mehr als viele Worte. Aber wir sind auch dazu aufgefordert, ganz direkt und verbal mit unserem Ehepartner zu kommunizieren.

Wie ist der Austausch in Ihrer Beziehung? Sprechen Sie darüber, wie sich die Kommunikation in Ihrer Ehe verbessern ließe. Schon allein darüber zu sprechen, ist ein erster Schritt.

25.

Die Liebe ... glaubt alles.
1. KORINTHER 13,7, EINHEITSÜBERSETZUNG

Vermutungen – wir alle stellen sie an und richten manchmal unsere Vorstellungen danach aus, was wir vermuten. Das Leben mancher Menschen besteht manchmal ganz und gar aus Vermutungen. Andere leben auf der Grundlage solcher Vermutungen, was ein bisschen problematisch werden kann, weil zum Wesen von Vermutungen gehört, dass sie zu einem gewissen Maß auch immer Spekulationen enthalten. Vermutungen unterhöhlen oft die Stabilität einer Ehe. Wir

denken das Schlechteste von unserem Partner, statt im Zweifelsfall zu seinen Gunsten zu entscheiden. Statt an die Unschuld unseres Ehepartners zu glauben, bis seine Schuld bewiesen ist, vermuten wir das Gegenteil.

Zu welchen Annahmen und Vermutungen neigen Sie – eher zu positiven oder zu negativen?

Wenn es um Beziehungen geht, speziell um die Ehebeziehung, dann werden wir ermahnt, im Zweifel für den Beschuldigten zu stimmen. Wie lässt sich das praktisch umsetzen? Eine Möglichkeit besteht darin, das neu zu definieren, was man normalerweise als negativ bewertet. Oft bewerten wir nämlich Dinge negativ, nur weil sie anders sind als unsere eigene Vorstellung. Hier einige Vorschläge, wie man seine Perspektive an dieser Stelle ändern kann:

- Unterstellen Sie nicht, dass er/sie das, worüber Sie sich so aufregen, absichtlich tut.
- Wenn Ihr Partner Sie morgens früh weckt, weil er/sie eine halbe Stunde früher aufsteht, um zu joggen oder sich sonst wie sportlich zu betätigen, dann freuen Sie sich darüber, dass er/sie den Wunsch und die Ausdauer hat, sich fit zu halten.
- Wenn Ihr Partner gern redet, dann betrachten Sie das doch als Freundlichkeit und den Wunsch, durch Worte etwas zu geben.
- Wenn Ihr Partner sehr still ist, dann durchdenkt er/sie wahrscheinlich erst alles sorgfältig, bevor er/sie es ausspricht.
- Ein sturer Mensch kann auch als ausdauernd und entschlossen betrachtet werden.

Wenn Sie ein bestimmtes Verhalten negativ einordnen, dann verschwindet es dadurch nicht, sondern wird oft sogar noch verstärkt. Wenn Sie im Zweifel für Ihren Partner stimmen, dann zeigt das nur, dass Sie an seine Fähigkeit glauben, alles zu werden, was er/sie mit Hilfe der Gnade Gottes werden kann. So können Sie die »Verbindlichkeiten« Ihres Partners in »Aktivposten« verwandeln.

26.

Deshalb wollen wir uns nicht länger gegenseitig verurteilen. Keiner soll durch sein Verhalten den anderen in Bedrängnis bringen oder in seinem Glauben verunsichern.

RÖMER 14,13, HOFFNUNG FÜR ALLE

Im Gegensatz zur landläufigen Meinung ist das Beurteilen keine Geistesgabe. Es ist nicht einmal ein Wesensmerkmal, das genetisch durch die Eltern weitervererbt wird. Viele Menschen finden es aber sehr viel einfacher, andere zu beurteilen, als selbst korrekt zu sein.

Das Beste, was man mit Beurteilen und negativer Kritik tun kann, ist, sie zu begraben. Beurteilen zerstört, spaltet und trennt. Es schafft Distanz zwischen Menschen, und oft beurteilt man andere, um zu verhindern, dass diese bei einem selbst Mängel aufdecken. Jesus sagt: »Urteilt nicht über andere, damit Gott euch nicht verurteilt« (Matthäus 7,1).

Denken Sie doch einmal über folgende Aussage nach: »Jemanden zu beurteilen, gibt uns kaum eine gültige Erkenntnis über das Leben. Ganz bestimmt ruft das Beurteilen anderer Gefühle hervor, aber es sind Überlegenheitsgefühle, kein Mitgefühl. Nein, die meisten beurteilenden Anmerkungen über Menschen enthalten mehr Feindseligkeit als Mitgefühl.«[14]

Wenn Sie nun aber beispielsweise von Berufs wegen einen Menschen oder ein bestimmtes Verhalten beurteilen sollen, was tun Sie dann?

David Augsburger schreibt: »Nur wenn ein Mensch versucht, ehrlich, demütig und in Nächstenliebe zu beurteilen, ist sein Blick klar. Nur dann ist der Balken eines lieblosen, bösartigen oder rachsüchtigen Geistes bei ihm entfernt. Nur dann wird ihm der Balken seiner eigenen sündigen Handlungsweisen und Einstellungen genommen. Dann kann er klar erkennen, wie er den Splitter aus dem Auge seines Bruders entfernen kann. Nicht indem er ihn einordnet und dadurch seinem Bruder ein gereiztes Auge verpasst, sondern indem er Hilfe und Heilung anbietet.«[15]

Es gibt einen Ersatz fürs Beurteilen und Einordnen. Er heißt Liebe. Liebe heilt. Liebe beschützt. Liebe baut auf. Und es geschieht ganz sicher mehr Veränderung durch Liebe als durch Beurteilen.

27.

Der innere [Mensch] wird Tag für Tag erneuert.
2. KORINTHER 4,16

Erneuert euren Geist und Sinn.
EPHESER 4,23, EINHEITSÜBERSETZUNG

Anhand der Plakette auf dem Nummernschild Ihres Autos wissen Sie, wann es wieder Zeit für den TÜV ist. Sie müssen Ihr Auto auf Verkehrstauglichkeit und Mängel untersuchen lassen. Der TÜV-Stempel muss erneuert werden. Erneuerung gehört zum Leben. Ob wir es merken oder nicht, wir sind ständig einem Erneuerungsprozess unterworfen.

Wissen Sie eigentlich, was Erneuerung bedeutet? Im Wörterbuch wird der Begriff erklärt als »etwas so behandeln, dass es wie neu ist, etwas frisch machen, etwas mit neuer Lebenskraft versehen«. Bei einer Erneuerung kommt etwas wieder zum Leben. Erneuerung ist Zeichen von Entwicklung und Wachstum und damit das Gegenteil von Stillstand und Verfall.

Verfallene Häuser werden wieder erneuert durch einen Prozess der Sanierung. Dasselbe gilt auch für den geistlichen Dienst oder für Geschäfte. Es gibt aber noch zwei weitere Bereiche, in denen Erneuerung für noch mehr Spannung sorgt: unser Leben und unsere Ehe.

Vielleicht hat in Ihrem Leben eine solche Erneuerung ja schon stattgefunden, wenn nicht, dann kann sie immer noch geschehen!

Das Leben einzelner Menschen, das von Stillstand und Verfall gekennzeichnet ist, kann wieder neu und lebendig werden, wenn wir uns auf Jesus Christus einlassen. Seine Gegenwart bringt Erneuerung und macht unser Leben frisch. In seinem Brief an die Epheser behauptet Paulus, dass wir in der Lage sind, unseren alten Lebensstil fallen zu lassen und uns einen neuen anzueignen (4,22–24). Das geschieht durch den Prozess der Erneuerung unseres Geistes.

Auch Ehen können wieder lebendig werden. Ich habe schon erlebt, wie stagnierende, sich auflösende Ehen wieder erblühten und lebendig wurden, als sie durch Jesus erneuert wurden. Ein neues Gefühl

von Liebe, Romantik, Nähe, Verbindlichkeit, Vertrauen und Hoffnung keimte auf.

Wie sieht es mit Ihrer Ehe aus? Hat darin schon Erneuerung stattgefunden? Wo würden Sie sich Erneuerung wünschen? Wo würde sich Ihr Partner Ihrer Meinung nach Erneuerung wünschen? Vielleicht sind das schwierige Fragen, aber sie sind auch notwendig. Machen Sie einen Anfang, indem Sie Gott um Führung bitten, und dann sprechen Sie als Paar über diese Fragen. Vielleicht ist das ein erster Schritt auf dem Weg zur Erneuerung.

28.

Die Liebe hört niemals auf.

1. Korinther 13,8, Einheitsübersetzung

Verheiratet zu sein, ist eine gemeinsame Wachstumserfahrung. Das biblische Grundprinzip, durch das beide Ehepartner dazu befreit werden, sich ganz zu entfalten und alle in ihnen angelegten Möglichkeiten auszuschöpfen, ist das Grundprinzip gegenseitiger Unterordnung. Statt einander zu unterdrücken, haben wir die Freiheit, einander zu dienen und zu helfen, weil der Heilige Geist in unserem Leben gegenwärtig und wirksam ist.

Wenn unsere Ehe sich in diese Richtung bewegt, dann ist der Weg vielleicht nicht immer eben, aber die Reise bringt außerordentlich viel Erfüllung für beide Partner. Das wird auch in dem folgenden Gedicht von Roy Croft deutlich:

> Ich liebe dich nicht nur für das, was du bist,
> sondern dafür, wer ich mit dir zusammen bin.
>
> Ich liebe dich nicht nur für das, was du aus dir gemacht hast,
> sondern für das, was du aus mir machst.
>
> Ich liebe dich, weil du mir hilfst,
> aus dem Bauholz meines Lebens keine Kneipe zu machen,

sondern einen Tempel;
aus den Worten meines Alltags keine Widerrede,
sondern ein Lied.

Ich liebe dich für den Teil von mir, den du zum Vorschein bringst;
ich liebe dich dafür,
dass du deine Hand an mein übervolles Herz legst
und all die törichten, schwachen Dinge übergehst,
die du eigentlich gar nicht übersehen kannst,
und dafür, dass du all die wunderschönen Besitztümer hervorholst,
die noch niemand gesehen hat, weil sich noch nie jemand
so weit vorgewagt hat, sie zu suchen.[16]

29.

Die Ausdauer aber soll zu einem vollendeten Werk führen.
JAKOBUS 1,4, EINHEITSÜBERSETZUNG

Kürzlich kaufte ein Mann viele Quadratmeter Teppichboden für sein Büro. Er wollte ihn so bald wie möglich verlegt haben, aber der Verkäufer sagte: »Wegen der großen Menge muss ich erst mehr im Teppichwerk nachbestellen. Ich kann Ihnen die Hälfte von Ihrer Bestellung sofort aus unserem Lager holen, aber ich kann Ihnen nicht garantieren, dass die Nachlieferung genau denselben Farbton hat.«

Haben Sie es auch schon mal mit einem solchen Problem zu tun gehabt? Mit einem Mangel an Zuverlässigkeit oder Beständigkeit?

Beständigkeit sorgt für gute Geschäfte. Sie gibt auch einer Ehe Stabilität und Sicherheit. Beständig zu sein heißt, ausdauernd und standhaft zu sein, und zwar sowohl heute als auch morgen. Beständig zu sein, beinhaltet auch Entschlossenheit, Geduld und Stärke, selbst wenn die Welt um einen her auseinander fällt. Manche Ehepartner sind beständig in ihrem Gespür fürs Timing. Manche sind beständig darin, immer an besondere Gelegenheiten zu denken.

Die Bibel ist unser Leitfaden, was diese Charaktereigenschaft angeht. »Predige das Wort, stehe dazu, zur Zeit oder zur Unzeit« (2. Thes-

salonicher 4,2, Luther); »Lasst uns nicht müde werden, das Gute zu tun; denn wenn wir darin nicht nachlassen, werden wir ernten, sobald die Zeit dafür gekommen ist« (Galater 6,9, Einheitsübersetzung); »Jesus Christus ist derselbe gestern, heute und in Ewigkeit« (Hebräer 13,8). Jesus ist bei uns. Er verändert sich nicht, und auch seine Liebe zu uns bleibt immer gleich.

Wie sieht es in Ihrem Leben mit der Beständigkeit aus? Vielleicht hilft es Ihnen ja, Bereiche aus Ihrem Leben zu benennen, in denen diese Bibelstellen anwendbar wären. Bevor Sie jetzt Ihr Gespräch als Paar beginnen, denken Sie noch darüber nach, an welchen Stellen sich Ihr Partner von Ihnen vielleicht ein bisschen mehr Beständigkeit wünschen könnte.

Und noch ein letzter Gedanke: Ein beständiges Zeugnis für Christus nimmt auch lange Wege in Kauf, um andere zu ihm hin zu ziehen. Oft geschieht das, wenn eine Ehe beständig seine Gegenwart widerspiegelt.

30.

Sorgt nicht um euer Leben und darum,
dass ihr etwas zu essen habt,
noch um euren Leib und darum,
ob ihr etwas anzuziehen habt.
MATTHÄUS 6,25, EINHEITSÜBERSETZUNG

Sind Sie ängstlich oder besorgt? Gibt es einen Unterschied zwischen beidem? Den gibt es durchaus. Ängstlichkeit kann lähmen, aber Besorgtheit führt zum Handeln. In vielen Ehen neigt ein Partner zur Ängstlichkeit, der andere nicht. Wer von Ihnen ist eher ängstlich? Wie wirkt sich das auf Ihre Ehe aus?

Warum sagt Jesus, dass wir uns nicht sorgen sollen? Lesen Sie einmal Matthäus 6,25–34 und achten Sie auf die Gründe, die dort genannt werden.

Sorge um materielle Dinge wirkt sich auf unser Gefühl für Verhältnismäßigkeit aus. Wenn Sie Ihre geistliche Kraft damit verbrau-

chen, sich um materielle Dinge Sorgen zu machen, dann bleibt wenig Kraft, um die anderen wichtigen Freuden und Genüsse des Lebens auszukosten.

Sorgen und Ängstlichkeit können auch unsere geistliche Wahrnehmung verzerren. Sie hindern uns daran zu erkennen, wie viel wir Gott wert sind. In Vers 26 sagt Jesus ja, dass wir mehr wert sind als ein Vogel!

Denken Sie einmal über Folgendes nach: Können Sie durch Sorgen wirklich etwas in Ihrem Leben verändern? Sie können Ihr Leben nicht verlängern, indem Sie sich Sorgen machen, aber Sie können es dadurch erheblich verkürzen. Das ist eine Tatsache. Hat einer von Ihnen beiden körperliche Beschwerden, die durch Sorgen hervorgerufen sind?

Es gibt noch einen weiteren Grund, weshalb man sich keine Sorgen machen soll. Gott rüstet uns mit allem aus, was wir brauchen. Sorgen sind ein Verhaltensmuster des Unglaubens.

Gott sagt: »Vertraue mir, glaube an mich, mache dir klar, wer ich bin.« Wenn man sich Sorgen macht, versucht man, das Leben selbst zu bewältigen und ohne Gott für alles zu sorgen, was man braucht. Wir sollen lieber »zuerst nach seinem Reich und seiner Gerechtigkeit« trachten (Matthäus 6,33).

Gott sagt zu uns: »Gib mir deine Sorgen und Ängste. Vertraue mir.« Das ist doch ein gutes Angebot und wir sollten es annehmen.

31.

Die Gnade Jesu Christi, des Herrn, die Liebe Gottes und die Gemeinschaft des Heiligen Geistes sei mit euch allen.
2. KORINTHER 13,14, EINHEITSÜBERSETZUNG

Jeder, der an Gottesdiensten, Trauungen oder Beerdigungen teilnimmt, kennt Segensworte – das sind die positiven, aufbauenden Worte, die meist am Ende des Gottesdienstes gesprochen werden.

Der Bibelvers von heute wird oft als Segen gesprochen. Achten Sie einmal genau auf die Segensworte, die Sie in den kommenden Wochen und Monaten hören. Sie sind mehr als ein paar nette Sprüche,

die den Schluss des Gottesdienstes signalisieren. Was sagen solche Segensworte eigentlich? Welche Verheißungen enthalten sie?

Manche Geistliche überlegen sich heute ihren eigenen Segen als spontanes, persönliches Wort an ihre Gemeinde. Hier ein Segen, den Lloyd Ogilvie in seiner Gemeinde oft spricht: »Lassen Sie sich von Gott lieben.«

Ein anderer Segen lautet: »Möge der Herr vor dir her gehen, um deinen Weg zu erleuchten und dir die Richtung zu zeigen. Möge er hinter dir gehen, um deine Schritte zu lenken. Möge er neben dir gehen, um dich vorm Straucheln zu bewahren. Möge er über dir sein, um dich zu beschützen, und möge er in dir sein, um dir die Kraft des Heiligen Geistes zu geben.«

Welche Segensworte brauchen Sie heute? Wir alle brauchen Verheißungen aus der Bibel als Stärkung, als Ermutigung, als Worte, die uns aufrichten und dafür sorgen, dass wir weitergehen in unserem Leben.

Lesen Sie in seinem Wort und schreiben Sie sich die Verheißungen heraus, die Sie nötig haben. Schreiben Sie auch die Verheißungen heraus, von denen Sie glauben, dass Ihr Partner sie braucht, und stecken Sie ihm hin und wieder eine davon ins Portemonnaie, wo es ihm ins Auge fällt.

Welches Segenswort möchten Sie Ihrem Partner zum Abschluss der heutigen Stillen Zeit gern mit auf den Weg in den Tag geben? Nehmen Sie sich ein paar Minuten Zeit, darüber nachzudenken, und dann sprechen Sie darüber. Welche Verheißung aus dem Wort Gottes bedeutet Ihnen heute besonders viel? Ein täglicher Segen ist gar keine so schlechte Idee. Wir haben es jeden Tag aufs Neue nötig, daran erinnert zu werden, wer Gott ist und was er für jeden von uns getan hat.

AUGUST

Eine Ehe wird nicht durch Theorie eine gleichberechtigte Partnerschaft, sondern dadurch, wie sie gelebt wird. Der Mann und seine Frau dienen sich gegenseitig in Liebe; das ist der gewaltige Unterschied, den Christus ausmacht.

1.

Einer ordne sich dem anderen unter in der gemeinsamen Ehrfurcht vor Christus.

EPHESER 5,21, EINHEITSÜBERSETZUNG

Eine Ehe wird nicht durch Theorie eine gleichberechtigte Beziehung, sondern dadurch, wie sie gelebt wird. Mann und Frau dienen sich gegenseitig in Liebe; das ist der gewaltige Unterschied, den Christus ausmacht. Vielleicht lässt sich das folgendermaßen veranschaulichen:

Haben Sie sich schon einmal ein Ballett angeschaut? Im Ballett gibt es einen ersten Tänzer, an dem die anderen sich orientieren, und das nicht deshalb, weil er/sie besser ist als die anderen (das kann zwar sein, muss aber nicht), sondern weil die Rollen so verteilt sind.

Charlie Shedd meint, dass nach der biblischen Ordnung die Einrichtung der Ehe vergleichbar ist mit einem Dirigenten, der eine Symphonie dirigiert, und eben nicht mit einem Machthaber, der über seinen Machtbereich herrscht. Was wie eine Vormachtstellung mit hohem Prestige aussieht, ist in Wirklichkeit ein Dienen in hingebungsvoller Liebe. Die Stellung der Ehefrau ist keineswegs von Ohnmacht oder Tatenlosigkeit bestimmt, sondern von der schöpferischen Kraft einer ebenfalls dienenden Stellung.

Ehemänner und -frauen, die Christen sind, sind dazu aufgefordert, sich im gegenseitigen Dienen anzunehmen und zu ergänzen. Dwight Small sagt dazu: »Der Ruhm der Frau ist das Eingeständnis, dass der Mann ohne sie unvollständig ist; die Demut der Ehefrau das Eingeständnis, dass sie für ihn geschaffen wurde. Der Ruhm des Mannes ist es, dass die Frau für ihn geschaffen wurde. Die Demut des Mannes ist die Anerkennung der Tatsache, dass er ohne sie unvollständig ist. Beide sind mit derselben Würde, Achtung und demselben Wert ausgestattet.«[1]

James Bjorge fasst das Wesen dieser Beziehung folgendermaßen zusammen: »Weise Ehepartner sehen einander an mit offenen Händen, damit niemand in seiner Unterordnung erstickt.«[2] Was halten Sie von dieser Aussage? Tauschen Sie sich über Ihre Gedanken und Gefühle dazu aus.

2.

Ertragt euch gegenseitig und vergebt einander, wenn einer dem anderen etwas vorzuwerfen hat. Wie der Herr euch vergeben hat, so vergebt auch ihr.
Kolosser 3,13, Einheitsübersetzung

Was ist eigentlich Vergebung? Entgegen der Vorstellung mancher Leute ist Vergebung kein Gefühl, sondern eine eindeutige und bewusste Entscheidung des Einzelnen. Nachdem man die Entscheidung getroffen hat zu vergeben, dauert es meistens noch eine Weile, bis wirklich Heilung und Entlastung geschieht, und diese Zeitspanne kann individuell durchaus unterschiedlich lang sein.

Wenn Sie oder Ihr Partner länger brauchen, bedeutet das nicht, dass derjenige, bei dem es schneller geht, geistlich überlegen ist. Nehmen Sie es einfach als Unterschied in der Persönlichkeitsstruktur.

Vergebung verlangt vom anderen nicht, dass er sich ändert, bevor ihm vergeben werden kann. Ihr Partner kann Ihnen nämlich nicht garantieren, dass er denselben Fehler nie wieder machen wird. Vergebung bedeutet, dem anderen einen Vertrauensvorschuss zu gewähren. Ihr Partner muss die Freiheit haben zu versagen und sich in Ihrer Ehe weiterzuentwickeln. Vergebung ist oft so schwierig, weil sie einen Preis hat, sie kostet Sie nämlich Ihre Liebe und Ihren Stolz.

Vergebung bedeutet nicht, Verhaltensweisen zu entschuldigen oder zu decken, die anderen schaden. Jemanden zu lieben bedeutet, den betreffenden Menschen direkt anzusprechen und zu sagen: »Ich glaube an dich. Ich glaube, dass du durch die Gnade Gottes die Möglichkeit hast, dich zu verändern.«

Glauben Sie so an Ihren Partner? Teilen Sie dies Ihrem Partner auch auf irgendeine Weise mit? Sagen Sie sich jemals gegenseitig: »Weißt du, ich hab's wirklich vermasselt. Was ich getan habe, war gedankenlos und falsch. Es tut mir Leid. Mit Gottes Hilfe wird sich an dieser Stelle bei mir etwas ändern. Ich will mich nicht mehr so verhalten. Vergibst du mir«? Sagen Sie sich manchmal gegenseitig: »Danke, dass du mich um Vergebung bittest. Ja, ich vergebe dir«? Können Sie zugeben: »Ja, ich bin dabei, dir zu vergeben. Vielleicht dauert es ein Weilchen, aber es wird geschehen. Und ich werde das, was du getan hast, nie gegen dich verwenden«?

Das sind schwere, aber auch heilende Worte. Es sind jedoch heilende Worte, die nur ausgesprochen werden können, wenn Ihre Beziehung auf Jesus Christus aufgebaut ist.

3.

Ich liege wach, ich bin wie ein Vogel,
einsam und allein auf dem Dach.
PSALM 102,8, GUTE NACHRICHT

EINSAMKEIT. Haben Sie schon einmal den bohrenden Schmerz der Einsamkeit empfunden, obwohl viele Menschen um Sie herum waren? Eine Frau sagte einmal, dass ihre Einsamkeit sich kalt anfühle, so wie die Einsamkeit, die die Erde im Winter verspüren muss, wenn die Zugvögel im Süden und die Blumen abgestorben und tot sind. Ihre Einsamkeit bewirkte bei dieser Frau ein Gefühl, als wäre sie ganz allein auf dieser Welt.

Eine Liedermacherin beschreibt, wie sie Einsamkeit empfindet:

Wenn ich eine Wolke wäre, würde ich weinen,
wenn ich die Sonne wäre, würde ich dasitzen und seufzen.
Aber ich bin keine Wolke und auch nicht die Sonne,
ich sitze einfach nur hier und bin niemand.

Wenn ich der Wind wäre, würde ich hier und dort wehen,
wenn ich Regen wäre, würde ich überall fallen.
Aber ich bin nicht der Wind und auch kein Regen,
ich bin einfach niemand – und fühle Schmerz.

Wenn ich der Schnee wäre, würde ich ganz sacht fallen,
wenn ich das Meer wäre, würden die Wellen über mich hinweg gehen.
Aber ich bin nicht der Schnee und auch nicht die See,
ich bin einfach nur niemand – und einsam.[3]

Haben Sie sich schon einmal so gefühlt? Wann war das? Was hat Sie aus dieser Situation wieder herausgeholt? In der heutigen Welt kann man sich leicht isoliert und entmenschlicht fühlen. Man kann sich auch in der Ehe einsam fühlen, und diese Art Einsamkeit ist oft noch unerträglicher, als wirklich niemanden zu haben. Um die Einsamkeit zu verdrängen, versuchen wir dann, pausenlos beschäftigt zu sein. Aber wenn wir wieder zu uns kommen, das Tempo drosseln, ist die Einsamkeit noch immer da.

Jesus hat gesagt, dass er immer bei uns ist, dass sein liebender Arm uns hält. Unsere Einsamkeit kann vergehen, wenn wir ihm sagen, dass wir seinen Trost und seine Nähe brauchen. Und es ist auch eine Hilfe, anderen mitzuteilen, dass wir einsam sind. Wenn wir es ihnen nicht sagen, wer dann?

4.

Wohl dem, dem die Übertretungen vergeben sind,
dem die Sünde bedeckt ist!
PSALM 102,7

Lesen Sie sich zunächst den Rest des Psalms gegenseitig vor.

Leugnung hat immer ihren Preis. David, der Verfasser dieses Psalms, wusste das sehr genau. Er versuchte, seinen Ehebruch und auch den Mord, den er begangen hatte, zu vertuschen. Vielleicht haben Sie ja einen solchen Gewissenskonflikt wie seinen und eine solche Reue auch schon einmal erlebt. Wahrscheinlich versucht jeder einmal etwas zu verbergen, was Gott nicht gefällt. Körperliche Symptome durch nicht bekannte Schuld kommen oft in Depressionen und psychosomatischen Erkrankungen zum Ausdruck.

Der Psalmist benutzt drei verschiedene Begriffe für Sünde: Übertretungen, Sünde und Schuld. Wenn man eine bekannte und klar gesetzte Grenze überschreitet, ist das eine Übertretung. Sünde ist Zielverfehlung. Schuld ist eine Verkehrung der Werte. Wie man sie auch bezeichnet, Sünde muss auf jeden Fall bekannt und vergeben werden. Es ist verhängnisvoll, sie zu verbergen.

Wie würden Sie einem anderen Menschen erklären, was Vergebung ist? In dem Psalmtext bedeutet Vergebung, dass eine Last weggenommen wird, die Hässlichkeit dieser Last zugedeckt, eine Schuld erlassen wird.

Wenn Sie Ihrem Partner etwas vergeben, dann hat er das Gefühl, dass eine Last von ihm genommen wird. Die Hässlichkeit der Sünde wird bedeckt. Er oder sie hat dann ein Gefühl, als wäre ihm/ihr eine gewaltige Schuld erlassen worden. Wir können einander vergeben, weil uns von Gott vergeben wird, was auch immer wir getan haben. Seine Vergebung hat keine Grenzen, und so sollte es auch mit unserer Vergebung dem Ehepartner gegenüber sein.

Der Psalm sagt nicht nur, dass Gott sich um die Vergangenheit kümmert, sondern dass er auch für die Zukunft sorgt. Er will uns lehren und beraten. Und daran möchte er uns beteiligen, indem wir den Geist einsetzen, den er uns geschenkt hat. Beteiligen Sie sich aktiv an der Vergebung Gottes. Bekennen Sie Ihre Sünden, empfangen Sie die Vergebung Gottes, vergeben Sie Ihrem Ehepartner, und freuen Sie sich darüber, dass Ihr Leben und Ihre Ehe dann frei sein werden von den verheerenden Folgen verborgener Sünde.

5.

Jeder von euch muss seine Frau lieben wie sich selbst.
Die Frau aber soll ihren Mann achten.
EPHESER 5,33, GUTE NACHRICHT

Stellen Sie sich vor, Sie wären Gast in einer Talkshow, und Sie würden gefragt: »Wie lautet Ihre Definition von Ehe?« – Was würden Sie dann antworten? Haben Sie über diese Frage schon einmal so gründlich nachgedacht, dass Sie eine klare und knappe Antwort geben könnten?

Es ist wichtig, ein klares Verständnis vom Sinn und Zweck der Ehe zu haben, damit jeder erkennen kann, was die Ehe widerspiegeln soll. Denken Sie einmal kurz über folgende Definition nach: »Eine Ehe zwischen zwei Christen bedeutet, dass sich beide verbindlich ganz aufeinander und auch auf Jesus Christus einlassen. Nichts wird zu-

rückgehalten oder ausgeklammert, es ist ein sich Einlassen ohne Hintertüren. Ehe ist ein gegenseitiges Treueversprechen; es ist eine Partnerschaft auf der Grundlage gegenseitiger Unterordnung.

Eine christliche Ehe hat Ähnlichkeit mit einem Lösungsmittel, sie ist eine Freisetzung des Mannes und der Frau, alles zu werden, was sie nach dem Willen Gottes sein sollen. Die Ehe ist ein Läuterungsprozess, den Gott benutzt, damit wir uns zu dem Mann bzw. der Frau entwickeln, als die er uns gedacht hat.«

Was halten Sie von dieser Definition? Es gibt darin Schlüsselbegriffe, über die Sie als Ehepaar sprechen sollten. Was bedeutet Verbindlichkeit für Sie? Was heißt es, sich einzulassen? Was ist ein Gelöbnis? Was bedeutet gegenseitige Unterordnung für Sie? Inwiefern kann die Ehe Sie eher freisetzen als einschränken? Wo haben Sie dies schon erfahren?

Wir erleben alle immer wieder Dinge, die uns als Einzelperson oder auch als Paar läutern können. Manche dieser Ereignisse werden als Erschütterungen, Krisen oder Tragödien bezeichnet. Welche Ereignisse hat Gott im Laufe Ihrer Ehe schon benutzt, um Sie zu formen? Es braucht schon ein bisschen Zeit, über diese Fragen nachzudenken und darüber zu sprechen, aber Sie werden dadurch eine bessere Orientierung für Ihre Ehe bekommen.

6.

Mein Volk hat eine dünne Schutzwand aus losen Steinen aufgeschichtet.
Und ihr habt sie mit weißer Farbe übertüncht,
als sei sie eine feste Mauer. Ihr Schönfärber! Eure Wand wird einstürzen!
HESEKIEL 13,10.11, HOFFNUNG FÜR ALLE

In dem Bibeltext für heute verwendet der Prophet Hesekiel ein anschauliches Bild zur Beschreibung der falschen Propheten in Israel. Jerusalem war wie eine brüchige Mauer, die man mit Farbe übermalt hatte, damit sie gut aussah. Das äußere Erscheinungsbild konnte jedoch nicht darüber hinwegtäuschen, wie die Mauer wirklich aussah, und sie stürzte ein.

Wir wissen um das Problem eines falschen äußeren Scheins. Manchmal wird auch heute bei großen Bauprojekten mit minderwertigem Material gearbeitet und eine schlechte und minderwertige Konstruktion wird getarnt durch eine schicke Optik, um Käufer anzulocken. Obwohl die minderwertigen Baustoffe und die schlechte Konstruktion nicht direkt erkennbar sind, werden sie doch zwangsläufig irgendwann offenbar – oft mit verheerenden Folgen.

Ähnliches geschieht häufig auch beim Kauf eines Gebrauchtwagens. Man fragt sich gleich, was sich wohl unter dem glänzenden Lack und Chrom und dem blitzsauberen Motor verbirgt. 1.000 Kilometer später zeigt sich dann der Rost wieder und die Kupplung beginnt zu schleifen!

Tünche und Tarnung scheinen in der Gesellschaft von heute gang und gäbe zu sein, auch in der Ehe. Wie viele Paare tun so, als sei ihre christliche Ehe glücklich und befriedigend, obwohl das schon längst nicht mehr stimmt. Wir lächeln, um die Niedergeschlagenheit zu übertünchen. Wir tun glücklich, um den Schmerz zu tarnen. Wir demonstrieren Gemeinsamkeit vor den anderen, wenn wir in Gesellschaft sind oder auch in der Gemeinde, aber hinter den geschlossenen Türen unseres Hauses gibt es kaum noch etwas, wodurch die Ehe zusammengehalten wird.

Warum sind wir so überrascht, wenn ein scheinbar glückliches Ehepaar verkündet, dass es die Scheidung eingereicht hat? Alles war gut übertüncht. Niemand hat Hilfe gesucht. Keiner hat gesagt: »Was ihr da seht, ist nicht die Wirklichkeit. Wir kommen nicht zurecht, tun uns gegenseitig weh. Bitte helft uns. Wir haben unsere Ehe auf Sand gebaut und jetzt brauchen wir ein stabiles Fundament.«

Eine Ehe schön zu übertünchen, ist keine Lösung. Sich ganz neu auf Jesus einzulassen, die Bereitschaft, sich persönlich zu verändern, der Wunsch, sich an die Bibel zu halten – all das zusammen bildet ein stabiles Gerüst, das nicht übertüncht zu werden braucht. Gibt es in Ihrer Ehe brüchige Mauern? Jetzt ist der Zeitpunkt für einige grundlegende Reparaturen. So kann man für die Zukunft ein solides Fundament bauen.

7.

Alles, um was ihr in meinem Namen bittet, werde ich tun,
damit der Vater im Sohn verherrlicht wird.
JOHANNES 14,13, EINHEITSÜBERSETZUNG

Haben Sie es schon einmal erlebt, dass Sie von jemandem zitiert wurden, das Zitat aber aus dem Zusammenhang gerissen oder unvollständig war? Wenn andere nur einen Teil Ihrer Gesamtaussage zitieren, entsteht dadurch eine Verzerrung der ursprünglichen Aussage. Wie fühlen Sie sich, wenn Sie von anderen falsch zitiert werden?

Sicher fühlt sich Gott auch manchmal so. Oft klammern sich Christen nämlich an den einen Teil des heutigen Verses und ignorieren den Zusammenhang, in dem er steht. Wir halten uns oft nur an den ersten Teil: »Alles, was ihr in meinem Namen bittet, werde ich tun«, und ignorieren den zweiten Teil: » ... damit der Vater im Sohn verherrlicht wird«. Das Ergebnis unseres Gebetes soll nicht sein, dass wir bekommen, was wir uns wünschen, sondern dass Gott verherrlicht wird!

Sind Sie schon einmal »verherrlicht« worden? Haben Sie schon einmal eine andere Person verherrlicht? Das griechische Wort, das in Johannes 14,13 als »verherrlichen« übersetzt wird, ist das Wort, von dem der Begriff Doxologie abstammt. Wenn wir im Gottesdienst die Doxologie singen, dann ehren wir die göttliche Gegenwart oder die Herrlichkeit Gottes. Das Wort »Herrlichkeit« wird übersetzt als Gegenwart, Gewicht oder Gehalt. Im alten Griechenland spürte man die Wichtigkeit, die »Herrlichkeit« einer angesehenen oder wichtigen Person, wenn sie sich erhob, um vor der Versammlung zu sprechen.

Wenn wir beten, sollen wir uns der Herrlichkeit Gottes bewusst sein – dem Gewicht seiner großen Bedeutung und seiner Gegenwart in unserem Leben. Unser Gebet hat den Zweck, Gott zu verherrlichen und nicht nur ein persönliches Anliegen vorzubringen. Unser Leben und unsere Ehe sollen der Verherrlichung Gottes dienen. Immer wenn wir beten, ist es wichtig zu fragen: »Wer wird verherrlicht, wenn dieses Gebet erhört wird?« Wir sind dazu berufen, durch unser Leben Gott zu verherrlichen. Ist an Ihrem Leben und Ihrer Ehe erkennbar, dass Gott darin wirkt? Darüber sollten Sie nachdenken. Und wenn Sie beten, dann tun Sie es so, dass der Name Christi dadurch geehrt und verherrlicht wird.[4]

8.

Ach, heile sie doch!

4. Mose 12,13, Einheitsübersetzung

Sie und Mose haben etwas gemeinsam – Sie beide wurden kritisiert. Mose wurde von seinem Bruder und seiner Schwester kritisiert (4. Mose 12), aber er wehrte sich nicht und übte auch keine Vergeltung. Indem er nicht selbst aktiv wurde, ließ Mose Gott Raum, in seinem Namen zu handeln. Gott reagierte auf das selbstsüchtige Verhalten von Mirjam und Aaron, indem er zu ihnen sagte: »Warum habt ihr es gewagt, über meinen Knecht Mose zu reden?« (V. 8). Und weil Mirjam die Anstifterin war, schlug Gott sie mit Lepra.

Es ist nicht gerade wahrscheinlich, dass Gott mit denjenigen, die Sie ungerechtfertigt angreifen und kritisieren, genauso verfährt. Vielleicht hätten Sie das gern, aber er wird es nicht tun. Sie sollten froh darüber sein, denn sehr wahrscheinlich würde es Sie dann auch ereilen, weil Gott genauso zornig ist, wenn Sie über andere urteilen!

Sehen Sie sich an, was Mose tat, anstatt seine Schwester oder seinen Bruder anzugreifen oder Groll gegen sie zu hegen. Stellen Sie sich vor, Sie sind Mose. Sie sind von Gott gerechtfertigt worden, die falschen Anschuldigungen gegen Sie sind aufgeklärt. Sie schauen Ihre Schwester an und sehen, dass sie durch Lepra weiß wie Schnee ist (Vers 10). Sie sehen Ihren Bruder an und bekommen mit, wie er seine Sünde bekennt (Vers 11). Was geht Ihnen dabei durch den Kopf? Vielleicht möchten Sie schadenfroh reagieren. »Geschieht ihnen ganz recht. Sie haben es nicht anders verdient.« Aber so dachte Mose nicht. Er war nicht auf Rache aus, obwohl wir oft gern Vergeltung üben möchten, wenn wir ungerechtfertigt kritisiert werden.

Die Reaktion von Mose lässt sich in dem Begriff Mitgefühl zusammenfassen. Mose sah seine Schwester, und trotz der Schwierigkeiten, die sie ihm gemacht hatte, rief er zum Herrn: »Ach, heile sie doch!« (Vers 13).

Wenn andere Ihnen Unrecht tun, wie beten Sie dann für diese Menschen? Bitten Sie Gott, es ihnen durch ein elendes Leben heimzuzahlen, oder bitten Sie ihn, ihnen zu helfen, sie zu trösten, ihr Leben zum Besseren zu verändern, sie zu segnen und zu heilen? Für welche

Menschen in Ihrem Leben – Verwandte, Nachbarn, Freunde, Arbeitskollegen – sollten Sie so beten?[5]

9.

Rufe zu mir, so will ich dir antworten und dir große, unfassbare Dinge mitteilen, die du nicht kennst.
JEREMIA 33,3, EINHEITSÜBERSETZUNG

Manchmal ist die Zukunft völlig ungewiss. Manchmal ist sie wolkenverhangen oder im Nebel verborgen. Manchmal hindert uns die ungewisse Zukunft auch daran weiterzugehen. Die Verheißung aus dem Buch Jeremia ist wirklich großartig, wenn man das spannende Feld der Ehe vor sich hat. Vielleicht regt Sie das folgende Gedicht eines unbekannten Verfassers zum Nachdenken über die Zukunft Ihrer Ehe an:

Keine Ehe ist vollkommen

Ehe ist eine tägliche Neuschöpfung, kein fertiges Produkt.
Die Ehe ist wie ein Kind, das aufgehoben und
in den Arm genommen werden muss,
das persönliche Aufmerksamkeit braucht.
Die Ehe ist nichts Einfaches,
das gegen die Erwartungen abgewogen werden kann
und abgelehnt, wenn als unzulänglich befunden.
Die Ehe braucht zarte Berührung und geduldige Behandlung.
Der Umgang damit kann nicht immer
im Voraus bedacht werden.
Oft muss der Weg langsam, vorsichtig
im Dunkeln ertastet werden.
Die Gefahr liegt dabei nicht in der Dunkelheit.
Die Gefahr liegt darin, die Hoffnung oder die Geduld zu verlieren.

Nehmen Sie sich ein paar Minuten Zeit, um folgende Fragen schriftlich zu beantworten:

- Wie können Sie Ihre Ehe »in den Arm nehmen«?
- Wie können Sie Ihre Ehe zart berühren?
- Was kann Ihr Partner tun oder sagen, um Ihnen dabei zu helfen, Hoffnung und Geduld zu behalten?

Denken Sie darüber nach, schreiben Sie vieles auf und seien Sie dabei ruhig sehr offen. Und dann sprechen Sie morgen über das, was Sie heute aufgeschrieben haben.

10.

Zum Ekel ist mein Leben mir geworden, ich lasse meiner Klage freien Lauf, reden will ich in meiner Seele Bitternis.
Hiob 10,1, Einheitsübersetzung

»Wenn du glaubst, du hättest Probleme, dann will ich dir mal von meinen erzählen! Du kannst dir nicht vorstellen, was für einen Tag ich heute mit deinen Kindern hatte!«

Klagen. Nörgeln. Jammern. Es gibt so vieles, worüber man sich heute beklagen kann: über den Verkehr, das Wetter, Schlangen an Supermarktkassen, die Preise für Nahrungsmittel und die Mieten, über Kinder, die sich nicht benehmen können, den Ehepartner, der nicht zuhört, und den Kirchenchor, der schräg singt. Es gibt eine Zeit, Sorgen und Beschwerden zu artikulieren, aber manche Leute hören einfach nicht mehr auf damit. Sie merken gar nicht, dass das Wiederholen ihnen keine Erleichterung verschafft, sondern die Unzufriedenheit nur noch vertieft.

Hiob hatte wirklich vieles zu beklagen. Er hatte seinen gesamten Besitz verloren, alle seine Kinder waren gestorben und auch gesundheitlich stand es mit ihm nicht zum Besten. Er verstand nicht, was das alles sollte, und deshalb beklagte er sich bei Gott. Beklagen Sie sich auch manchmal bei Gott? Die meisten Menschen tun das. Erst wenn

wir fertig sind mit dem Klagen, können wir hören, was er uns antwortet. Hiob rang sich durch, die Autorität Gottes zu akzeptieren. Anscheinend können wir diesen Punkt klarer erkennen, nachdem wir uns beklagt haben, und dann auch den Segen entdecken, den wir bisher übersehen haben.

Was bewirkt denn nun das Klagen? Ist es möglich, die Beschwerden, die wir haben, unserem Ehepartner gegenüber so vorzubringen, dass sich dadurch etwas ändert? Normalerweise nicht. Meistens ist eine Beschwerde gegen jemanden, besonders wenn es der Ehepartner ist, eher als Angriff gedacht denn als hilfreicher Vorschlag. Sie soll nicht verändern helfen, sondern eher bestrafen. Wenn eine Frau sich bei ihrem Mann beschwert: »Nie zeigst du mir deine Zuneigung«, dann wird er höchstwahrscheinlich antworten: »Tu ich wohl!« Wir wollen uns bis zum letzten Atemzug verteidigen. Wenn die besagte Frau aber dasselbe Anliegen äußern würde mit den Worten: »Es gefällt mir wirklich, wenn du mich umarmst und mir einen Kuss gibst, wenn du von der Arbeit kommst und wenn du mich dann fragst, wie mein Tag war«, dann wäre die Wahrscheinlichkeit, dass sich etwas ändert, schon erheblich größer. Es ist ein ganz einfacher Prozess: Weisen Sie lieber auf das Verhalten hin, das Sie sich wünschen, statt auf das, was Ihnen missfällt.

Wenn Ihr Partner nicht das tut, was Sie gern hätten oder mögen, dann machen Sie sich klar, dass er oder sie vielleicht etwas Positives tut, was Sie gar nicht bemerken. Denken Sie darüber einmal nach.

11.

Den Weg der Weisheit zeige ich dir,
ich leite dich auf ebener Bahn.
Wenn du gehst, ist dein Schritt nicht beengt,
wenn du läufst, wirst du nicht straucheln.
SPRÜCHE 4,11.12, EINHEITSÜBERSETZUNG

Es ist dir gesagt worden, Mensch, was gut ist …
in Ehrfurcht den Weg gehen mit deinem Gott.
MICHA 6,8, EINHEITSÜBERSETZUNG

Man sieht sie in Parks, am Rand von Landstraßen und am Strand. Sie haben einen konzentrierten, entschlossenen Gesichtsausdruck. Oft haben sie noch Bleimanschetten an ihren Armen, mit denen sie heftig rudern. Sie schreiten kraftvoll und zielgerichtet voraus. Die Rede ist von »Walkern«. Sie erinnern uns daran, dass Gehen gut für die Gesundheit ist, auch wenn wir selbst es vielleicht vorziehen, gemütlich durch die Gegend zu schlendern und uns an der Stille der Natur zu erfreuen.

Haben Sie schon einmal über manche der Wege und Straßen nachgedacht, die Sie in Ihrem Leben gegangen sind? Auf unserem Lebensweg haben wir es ja auch immer wieder mit Umwegen zu tun, die uns von unserer Beziehung zu Jesus wegführen können. Wie schnell kann man vom Weg abkommen, und hoffentlich schafft man es dann auch, ihn wieder zu finden.

Vielleicht besteht ja eine Möglichkeit, auf dem richtigen Weg zu bleiben, darin, sich an das zu halten, was der Prophet Micha sagt. In Ehrfurcht den Weg vor dem Herrn zu gehen, bedeutet, dass unser Augenmerk auf ihn gerichtet ist und wir uns nicht auf unsere eigenen Fähigkeiten und Wünsche verlassen sollen. Auch der Rat in 1. Johannes 1,7 ist hilfreich: »Wenn wir aber im Licht leben, wie er im Licht ist, haben wir Gemeinschaft miteinander und das Blut seines Sohnes Jesus reinigt uns von aller Sünde.«

Darüber hinaus ist es eine Hilfe, immer wieder an den Weg zu denken, den Jesus selbst auf dieser Erde gegangen ist. Haben Sie sich schon einmal gefragt, was ihm wohl durch den Kopf gegangen sein

mag, als er den Weg nach Golgatha ging? Er wusste, was ihn erwartete, und er litt unter der schweren Last des Kreuzes. Und dennoch nahm er keine Abkürzung, sondern blieb auf dem Weg, den der Vater für ihn vorbereitet hatte.

Gibt es zur Zeit in Ihrem Leben oder Ihrer Ehe einen Umweg, der Sie vom Weg Gottes für Sie abbringen könnte? Haben Sie falsche Schritte gemacht und dann gemerkt: »Das hier ist riskant«? Manchmal rechtfertigen wir uns ja und sagen: »Das schadet mir oder meiner Ehe ja nicht weiter« oder »Das ist doch keine große Sache, die anderen tun es doch auch.« Aber wenn Sie aus Ihrem Leben wirklich so viel wie möglich herausholen wollen, dann müssen Sie beständig in Ehrfurcht auf dem hellen Weg gehen, den Gott Ihnen zeigt.[6]

12.

Das ist mein Gebot:
Liebt einander, so wie ich euch geliebt habe.
Johannes 15,12, Einheitsübersetzung

Im Mittelpunkt der Stillen Zeit für den heutigen Tag steht der Text einer Frau über ihren Mann. Sie als Ehefrau lesen Ihrem Mann den Text vor. Danach denken beide darüber nach, was er für Ihre Ehe bedeuten könnte.

> Ich habe einen Mann geheiratet, den ich achte;
> ich brauche mich nicht vor ihm zu bücken
> und mich ihm zu unterwerfen.
> Ich habe einen Mann geheiratet, den ich bewundere;
> ich brauche keine Anleitung unter der Überschrift:
> »Wie ich sein Ego aufbauen kann« oder:
> »Das Bedürfnis des Mannes nach Bewunderung«.
>
> Liebe, Anbetung, Loyalität, Vertrauen –
> sie sind in mir; sie motivieren mein Handeln.
> Sie auf Regeln zu reduzieren, zerstört die Motivation.

Ich entscheide mich dafür, ihm zu dienen, Freude an ihm zu haben.
Wir entscheiden uns, zusammen zu leben
und uns zusammen zu entwickeln,
unsere Liebesfähigkeit auszubauen,
selbst wenn das wehtut und aussieht wie Konflikte.
Wir entscheiden uns, einander als
reale Menschen kennen zu lernen,
als zwei einzigartige Individuen, wie es keine zwei anderen gibt.

Unsere Ehe ist das sich Einlassen auf die Liebe;
zueinander zu gehören,
zu kennen und zu verstehen,
sich zu kümmern,
uns selbst mitzuteilen,
unsere Ziele, Interessen, Sehnsüchte, Bedürfnisse.

Aus dieser inneren Verpflichtung, diesem sich Einlassen,
folgt dann das Tun.
Liebe bestimmt unser Verhalten
und die Art, wie wir zusammenleben.
Und weil wir es nicht schaffen,
auch nicht die ganz einfachen Anforderungen der Liebe zu erfüllen,
sind wir gezwungen, an Vergebung zu glauben . . . und an Gnade.[7]

13.

Das ist mein Gebot: Liebt einander, so wie ich euch geliebt habe.
JOHANNES 15,12, EINHEITSÜBERSETZUNG

Ein Ehemann schrieb in einer Phase, in der er große Mühe mit Zeitdruck und Überlastung in seinem Leben hatte, Folgendes an seine Frau. Treffen diese Gedanken zur Zeit auch auf Ihre Ehe zu? Ehemann, lesen Sie diesen Abschnitt Ihrer Frau vor und sprechen Sie dann zusammen darüber. Teilen Sie Ihrem Partner mit, was Sie bei den Worten empfinden, besonders wenn sie Ihre Gefühle zur Zeit treffend widerspiegeln.

Das Wesen von Liebe und Zeit

Eine seltene Zartheit berührt ihre weiche Wange;
sie ist kein gewöhnliches Mädchen.
Sie geht mit sanfter Eleganz,
dieser bezaubernden Eleganz, der dennoch nicht die Wärme fehlt.
Oft beobachte ich sie schweigend:
Charme liegt nicht allein in Kleidung oder Bildung;
er scheint vielmehr die einfachen Dinge zu krönen.
Einen Blick, eine Berührung, ein Lächeln.
Das Vermitteln von Schönheit durch einfaches Sein.
Die Tragödie unserer Liebe ist Zeit. . . .
Es braucht Zeit, um zu erfassen, dass
Zartheit und Charme wirklich da sind.
Und dennoch . . .
Wir können mit der Zeit kämpfen oder sie umarmen,
o unser Befreier füreinander.
Weil die Stunden, in denen ich dich still beobachten kann,
so selten sind, meine Geliebte,
werde ich diese Augenblicke befreien und trinken
und diese Stunden als großen Reichtum betrachten –
selbst (von Gott gewährte) Tage, an denen,
endlich allein, wir entfaltet werden durch die Wärme
und Schönheit unserer Liebe.[8]

14.

Darum wird der Mann Vater und Mutter verlassen und sich an seine Frau binden und die zwei werden ein Fleisch sein.
EPHESER 5,31, EINHEITSÜBERSETZUNG

Die Ehe ist eine Beziehung zwischen Partnern. In der Ehe gehört man zusammen (1. Korinther 7,4). Bedenken Sie einmal folgende poetische Definition von Ehe. Nachdem Sie den Text gelesen haben, tauschen Sie sich darüber aus, welcher Teil davon für Sie am meisten Bedeutung hat.

Ich brauche dich

Ich brauche dich in Zeiten der Stärke und in meiner Schwäche;
ich brauche dich, wenn dir etwas wehtut genauso
wie wenn mir etwas wehtut.
Wir haben keine Wahl mehr in Bezug auf das,
was wir miteinander teilen wollen.
Entweder teilen wir alles im Leben miteinander
oder wir sind gebrochen.
Ich habe dich nicht geheiratet, weil ich dich brauchte
oder um gebraucht zu werden.
Wir waren nicht getrieben durch Instinkt oder Leere;
wir haben die Entscheidung getroffen zu lieben.
Aber ich glaube, etwas Übernatürliches geschieht an dem Punkt,
an dem man sich auf die Verbindlichkeit der Ehe einlässt
(oder vielleicht ist es ja in Wirklichkeit auch ganz natürlich).
Ein Ehemann beginnt zu existieren; eine Ehefrau wird geboren.
Er ist ein vollständiger Mann vorher und auch danach,
aber an einem bestimmten Punkt wird er ein Mann,
der auch ein Ehemann ist;
das heißt – ein Mann, der seine Frau braucht.
Sie ist eine vollständige Frau vor- und nachher.
Aber von jetzt an braucht sie ihn.
Sie ist sie selbst, aber jetzt auch Teil einer neuen Einheit.
Vielleicht ist das die Bedeutung von: »Was Gott zusammenfügt«.
Könnte es sein, dass er bei unserem »Ich will« etwas ganz
Besonderes tut?
Deine Verzweiflung ist auch meine,
selbst wenn du nicht mit mir darüber sprichst.
Aber wenn du mir davon erzählst,
dann fällt es mir leichter, mich mitzuteilen;
und du kannst dann auch in dieser Schwäche
an meiner Stärke teilhaben.[9]

15.

Was ich zu ertragen hatte, war so schwer,
dass es über meine Kraft ging ...
aber das geschah,
damit ich nicht auf mich selbst vertraue,
sondern mich allein auf Gott verlasse.
2. Korinther 1,8.9, Gute Nachricht

Sie kommt selbst in der Ehe vor, wo es sie eigentlich nie geben sollte. Von Ablehnung ist die Rede. Und egal, ob sie absichtlich oder ganz unbewusst existiert, Ablehnung tut immer weh.

Ron Lee Davis zeigt eine Möglichkeit, wie man mit Ablehnung umgehen kann: »Gott formt im Laufe unseres Lebens in uns einen stabilen, erprobten Charakter, der sowohl in guten wie in schlechten Zeiten stark ist. Sie werden diese Art von Stabilität niemals kennen lernen, wenn Sie sich beim Entwickeln Ihrer Grundeinstellung auf Menschen statt auf Gott verlassen. Menschen können Sie optimistisch machen – oder sie können Sie deprimieren. Sie können Sie lieben – oder sie können Sie auch ablehnen. Wenn Ihr Blick für das Leben davon abhängt, wie Menschen Sie behandeln, statt von der unveränderlichen, bedingungslosen Liebe Gottes, dann wird Ihr Leben eine emotionale Achterbahn sein – eine wilde Fahrt, bei der die Hochs die Tiefs nicht mehr wettmachen können.

Lloyd Ogilvie hat gesagt: ›Eine Abweisung kann die Waage umkippen lassen, auf der schon hundert Bestätigungen liegen.‹

Das stimmt. Die Ablehnung durch einen Menschen kann ganz leicht all das Positive vom Tisch wischen, das wir bereits im Leben erfahren haben. Deshalb habe ich einen ganz bestimmten Ordner in meinem Aktenschrank. Er ist unter ›E‹ wie ›Ermutigung‹ einsortiert, und er enthält über hundert Briefe, die ich im Laufe der Jahre gesammelt habe. An Montagen, wenn ich mich unter Druck fühle oder von Menschen angeklagt werde oder wenn mein Selbstbild arg angegriffen ist, dann hole ich meinen ›E-Ordner‹ hervor und nehme einen Brief heraus. Die Briefe trösten mich, bestätigen mich und rücken meine Perspektive wieder zurecht. Positive Worte von anderen machen mich fähig, Ablehnung zu überstehen.«[10]

Als Ehepaar haben Sie beide den Auftrag, einander ein lebendiger Ermutigungsordner zu sein. Entscheiden Sie sich dafür, dass Sie Ihren Partner so oft wie möglich ermutigen – mehrmals am Tag.

16.

Als mir die Sinne schwanden, dachte ich an dich,
und mein Gebet drang zu dir in deinen heiligen Tempel.
JONA 2,7, GUTE NACHRICHT

Haben Sie sich schon einmal gewünscht, noch einmal ganz von vorn anzufangen? Das passiert andauernd. Sie kochen etwas und völlig in Gedanken tun Sie eine Zutat doppelt hinein. Jetzt würden Sie wahrscheinlich am liebsten das Ganze ins Klo schütten und von vorn anfangen.

Manche Leute wünschen sich, ihr Leben noch einmal von vorn anfangen zu können. Haben Sie diesen Gedanken auch schon einmal im Zusammenhang mit Ihrer Ehe gehabt? Haben Sie sich schon einmal gewünscht, Sie könnten die Uhr zurückdrehen und noch einmal zurück an den Start gehen? Vielleicht haben Sie sich ja sogar eine Liste mit Punkten gemacht, die Sie jetzt anders machen würden.

Jona war ein Mann, der einen Neuanfang brauchte, der dafür betete und ihn von Gott bekam. Vielleicht muss Ihr egoistischer Plan für Ihre Ehe ausgetauscht werden gegen Gottes Plan.

Denken Sie einmal über folgende Worte von Ron Lee Davis und M. Scott Peck nach:

»Gott wirkt zu seinem Besten in unserem Leben. Das bedeutet, dass nicht alles, was uns im Leben passiert, angenehm ist. In seinem Buch THE ROAD LESS TRAVELLED (Der wunderbare Weg) schreibt M. Scott Peck: ›Das Leben ist schwierig. Das ist eine große Wahrheit, eine der größten Wahrheiten überhaupt. Wenn wir einmal wirklich wissen, dass das Leben schwierig ist – wenn wir das erst einmal wirklich verstanden haben und auch akzeptieren –, dann ist das Leben nicht mehr schwierig. Denn wenn sie erst einmal akzeptiert ist, dann ist die Tatsache, dass das Leben schwierig ist, nicht mehr wichtig.‹

Das Leben ist selten schwieriger als gerade in den Situationen, wenn ein alter Traum stirbt und der neue noch nicht in Sicht ist. In dem Augenblick können wir nur den Verlust sehen; wir können noch nicht die Chance erkennen, die darin liegt. Wir wollen eher die Sicherheit des Vertrauten suchen. Der Gedanke, unsere lieb gewonnenen Träume aufzugeben und Gott in eine völlig neue Richtung zu folgen, erschreckt uns.«[11]

Lassen Sie sich heute von Gott einen neuen Traum für Ihre Ehe schenken.

17.

Was betrübst du dich, meine Seele, und bist so unruhig in mir?
Harre auf Gott; denn ich werde ihm noch danken,
dass er meines Angesichts Hilfe und mein Gott ist.
PSALM 43,5, LUTHER

Der Wecker klingelt und Sie schrecken aus dem Schlaf hoch. Die Sonne steht schon am Himmel und die Vögel zwitschern. Aber Sie singen nicht. Über Ihnen schwebt eine düstere Wolke. Sie haben das Gefühl, absolut kraftlos zu sein. Sie stehen auf, aber Ihr Kopf ist gesenkt und Sie blicken zu Boden. Sie fühlen eine innere Schwere, als ob Sie die Last der ganzen Welt zu tragen hätten. Sie wissen nicht, was Sie tun sollen, und Ihr Partner weiß auch nicht, was er für Sie tun kann. Sie gehen antriebslos durch den Tag, fühlen sich erschöpft. Alles scheint so hoffnungslos zu sein.

Haben Sie sich schon einmal so gefühlt? Wahrscheinlich. Ob Sie sich in diesem Leben noch einmal so fühlen werden? Ebenso wahrscheinlich. Wenn Sie niedergeschlagen oder deprimiert sind, fühlen Sie sich von Gott und anderen Menschen abgeschnitten. Ja, wahrscheinlich gehen Sie dann Gott sogar aus dem Weg, und manchmal auch Ihrem Ehepartner, weil Sie so deprimiert sind.

Der Psalmist kannte das Gefühl der Depression. Es hat den Anschein, dass er sich selbst meint, wenn er sagt: »Was betrübst du dich?« Aber dann zeigt er eine Lösung für seine eigene Depression auf:

»Harre auf Gott!« Schauen Sie auf Gott, wenn Sie sich »down« fühlen. Wenn Sie mutlos und deprimiert sind, wird Jesus zu Ihnen kommen, wenn Sie ihn darum bitten. Er weiß, wie es ist, die Last der Welt auf den Schultern zu spüren.

Man kann Gott auch loben, wenn man niedergeschlagen ist. Es muss einem nicht einmal danach zu Mute sein, ihn zu loben. Ja vielleicht ist das sogar eine gute Möglichkeit, um anzufangen, ihm nämlich einfach zu sagen, dass einem nicht danach zu Mute ist, ihn zu loben, man es jetzt aber trotzdem tut. Unser Glaube ist keine entweder/oder-Erfahrung. Wir sind nicht entweder erfüllt vom Glauben oder erfüllt von Niedergeschlagenheit und Mutlosigkeit. Das Leben ist ein Zusammenspiel von Freude und Schmerz, Mutlosigkeit und Lob, Hoffnung und Kampf. Zögern Sie nicht, Gott mit dem einen Atemzug zu loben und ihm mit dem nächsten zu sagen, was Ihnen Kummer macht.

Bitten Sie Ihren Partner, Ihnen dabei zu helfen, Gott zu loben. Lob und Anbetung können den Tag für Sie und Ihren Partner völlig umkrempeln. Es hilft noch mehr, wenn Sie es gemeinsam tun.

18.

Denn in ihm ist alles erschaffen worden,
was im Himmel und auf der Erde lebt ...
Er steht über allem, und alles besteht durch ihn.
KOLOSSER 1,16.17, GUTE NACHRICHT

Sie werden gefragt: »Glaubst du an Gott?« und Sie antworten: »Ja.«

»Dann erzähl mir etwas über deinen Gott. Wie ist er so? Ich möchte etwas Konkretes hören. Welche Eigenschaften hat er?«

Welche Einzelheiten über den Charakter Gottes würden Sie beschreiben?

Das Bibelwort von heute konzentriert sich auf einen Hauptwesenszug. Gott ist völlig unabhängig. Er braucht nichts und niemanden. Sie brauchen Nahrung, Wasser und Luft, aber für Gott ist das alles nicht nötig. Alles, was das Leben ausmacht und beinhaltet, ist in Gott, und das Leben ist ein Geschenk von ihm. Gott hat nicht etwa Interesse

an Ihnen, weil er ohne Sie unvollständig wäre. Er lässt sich mit Ihnen ein, weil er Sie liebt, und nicht, weil er Sie braucht.

Lassen Sie uns an dieser Stelle noch ein bisschen weiterdenken. Glauben Sie, dass Gott wirklich der Höchste ist? Über ihm ist nichts mehr. Niemand kann ihn befördern oder degradieren wie einen Angestellten in einer Firma. Gott ist völlig unabhängig von jedem und allem. Wir können ihn nicht noch mehr zu Gott machen, als er es bereits ist. Wenn heute jeder Mensch blind würde, würden die Sterne trotzdem noch leuchten. Sie existieren einfach so, von sich aus, völlig unabhängig von unserer Existenz. Ähnlich wäre es, wenn es uns Christen nicht gäbe. Gott wäre dann nicht weniger oder geringer als er es ist. Vielleicht glauben Sie, dass Gott Ihre Unterstützung braucht oder dass er Sie braucht, damit Sie ihn vor anderen verteidigen. Er braucht Sie nicht, aber es ist seine Entscheidung, durch Sie zu wirken und Sie zu sich zu rufen.

Es ist interessant, dass dieser Gott, der genügsam ist, sich mit einer rebellierenden Menschheit abgeben will. Er braucht uns ganz bestimmt nicht, um sein Leben spannender oder interessanter zu machen oder eine größere Herausforderung zu haben. Er hätte uns also nicht zu erschaffen brauchen. Irgendeinen Grund muss er aber gehabt haben. Vielleicht ist es genau das, worum es in der Liebe geht.[12]

19.

Ich bin es, ich, der Erste und auch der Letzte.

JESAJA 48,12, EINHEITSÜBERSETZUNG

Gott verändert sich nicht. Er wird nicht besser oder schlechter. Er ist ganz und gar ewig und heilig. Er verbessert sich nicht und er zerfällt auch nicht. Die Welt um uns her verändert sich, und auch Menschen verändern sich, aber Gott bleibt immer derselbe und unveränderbar. Das ist einer der Punkte, an denen sich Gott von uns unterscheidet. Wir sind so unstet und launisch, selbst wenn wir unser Wort geben. Es gibt nichts auf der Welt, was Gott dazu veranlassen könnte, anders zu sein als er ist. Und er lässt sich auch nicht dazu überreden, ein selbst-

süchtiges Gebet zu erhören. Er ist nicht da, um sein Leben mit unserem Willen in Einklang zu bringen.

Welchen Wert haben die Beständigkeit und Unveränderlichkeit Gottes in einer Welt, in der kein Verlass auf andere ist?

A.W. Tozer schreibt dazu: »Was für einen inneren Frieden es dem Christen bringt, wenn ihm klar wird, dass der himmlische Vater sich nie verändert! Wenn wir jederzeit zu ihm kommen können, brauchen wir uns nicht zu fragen, ob wir ihn auch gerade bei guter Stimmung antreffen. Er hat immer ein offenes Ohr für Not und Elend, ebenso wie für Liebe und Glauben. Er hat weder festgesetzte Sprechzeiten noch Zeiten, in denen er für niemanden zu sprechen ist. Und er ändert auch nie seine Meinung über irgendetwas. Heute, in diesem Augenblick, empfindet er dasselbe für seine Geschöpfe, für Babys, für die Kranken, die Gefallenen, die Sünder, wie damals, als er seinen einzigen Sohn auf die Welt schickte, um für die Menschen zu sterben. Gottes Stimmung verändert sich nicht, seine Zuneigung kühlt nicht ab und er verliert auch seine Begeisterung nicht.«[13]

Gott verändert sich nicht, darauf können Sie sich verlassen! Sprechen Sie darüber, wie Ihre Beziehung von der Unwandelbarkeit Gottes profitiert.[14]

20.

Wen fragt [der Herr] um Rat und wer vermittelt ihm Einsicht?
Wer kann ihn über die Pfade des Rechts belehren?
Wer lehrt ihn das Wissen und zeigt ihm den Weg der Erkenntnis?
Jesaja 40,14.15, Einheitsübersetzung

»Ich muss noch viel lernen.«

»Was denn?«

»Na, alles.«

Wahrscheinlich waren auch Sie schon hin und wieder an einem solchen Gespräch beteiligt. Wir müssen alle so viel lernen. Wenn Sie verheiratet sind, müssen Sie bis an Ihr Lebensende etwas über die Ehe lernen. Wenn Sie Eltern sind, müssen Sie den Rest Ihres Lebens das

Elternsein erlernen. Auch in Ihrem Beruf hören Sie (hoffentlich) nicht auf, sich fortzubilden und Ihre Fertigkeiten auszubauen.

Es gibt nur einen, der nicht lernen muss, und der auch noch nie zu lernen brauchte, und das ist Gott. Er hat schon immer über ein vollkommenes Wissen verfügt. Was bedeutet das nun aber für uns? Er weiß alles immer und sofort. Er braucht nicht darauf zu warten, dass Sie ihm etwas sagen, damit er es dann weiß. Er kennt Sie und Ihren Partner durch und durch. Er kennt nicht den einen von Ihnen besser oder schlechter als den anderen.

Gott ist niemals erstaunt über irgendetwas. Er entdeckt auch nichts, was ihm neu wäre, denn er kennt Sie ganz und gar. Es gibt nichts, was Sie sagen, tun oder denken könnten, das er nicht schon weiß, selbst Ihre geheimsten Sünden: »Denn du siehst die geheimsten Fehler; alle unsere Vergehen deckst du auf« (Psalm 90,8). Sie haben keine Chance, sich vor Gott zu verstecken: »Wohin kann ich gehen, um dir zu entrinnen, wohin fliehen, damit du mich nicht siehst? Sage ich: ›Finsternis soll mich bedecken, rings um mich werde es Nacht‹, so hilft mir das nichts; denn auch die Finsternis ist für dich nicht dunkel und die Nacht ist so hell wie der Tag« (Psalm 139, 7,11.12, Gute Nachricht).

Gott kannte Sie schon, bevor Sie überhaupt wussten, dass es ihn gibt. Er kennt jeden Gedanken und jedes Gefühl, das Sie je hatten – und je haben werden – über Ihren Ehepartner. Er kennt Ihre Bestrebungen und Kämpfe. Die Gute Nachricht lautet, dass er Sie trotz all dessen, was er über Sie weiß, liebt.[15]

21.

Wolken und Dunkel sind um mich her,
Gerechtigkeit und Gericht sind seines Thrones Stütze.
PSALM 97,2, LUTHER

»Ich möchte jemanden, der fair und gerecht ist, aber ich möchte auch jemanden mit einem guten Herzen. Ist es möglich, jemanden zu finden, der beide Eigenschaften hat?«

Es gibt viele Menschen, von denen wir gleichermaßen Gerechtigkeit und Güte erwarten: von Richtern, Therapeuten, Finanzbeamten und Lehrern beispielsweise. Aber oft gibt es Menschen, die zwar fair und gerecht sind, dabei aber kalt und bösartig. Oder wir finden Güte bei einem Menschen, dessen Urteil und Verhalten aber ungerecht ist. Es ist wohltuend, dass bei Gott beide Seiten gleich stark sind. Wenn Sie einmal im Alten Testament lesen, werden Sie feststellen, dass Gott völlig fair und gerecht und gleichzeitig auch völlig gut ist.

Gott kann gar nicht anders als gerecht sein, denn das ist sein Wesen. Er muss die Gottlosen strafen, aber er tut es auf gerechte Weise. Er hat dafür gesorgt, dass für unsere Sünde der Preis bezahlt wurde, und er hat es getan, indem er seinen Sohn hergab. Er hat nicht nur den Maßstab für Gerechtigkeit gesetzt, sondern auch für eine Möglichkeit gesorgt, dass jeder ihn erfüllen kann, und zwar durch Jesus Christus. Das ist ziemlich fair, oder nicht?

Gott ist auch gut. Weil er gut ist, profitieren wir von seinem Mitgefühl. Er ist freundlich, und er beweist, dass er es gut mit uns meint. Und weil Gott sich nicht verändert, bleibt auch das Ausmaß seiner Güte immer gleich. Wer zugibt, dass er gesündigt hat und Gott braucht, wird selbst entdecken, wie groß seine Güte ist. Was wir in der Vergangenheit getan haben, wird uns nicht mehr vorgehalten. So weit reicht seine Güte.

Was bedeuten diese Eigenschaften nun für Sie und Ihre Ehe? Vielleicht machen Ihnen diese Gedanken klar, dass der Gott, dem Sie nachfolgen und den Sie anbeten, zu groß ist, als dass Sie ihn erfassen könnten. Und das wäre auch völlig in Ordnung, denn die Unbegreiflichkeit seines Wesens bringt uns dazu, ehrfürchtig vor ihm zu stehen und ihn anzubeten. Und wenn Sie ihm als Paar treu nachfolgen und seine Gerechtigkeit und Güte füreinander widerspiegeln, wie kann dann Ihre Ehe noch scheitern?[16]

22.

Verzaubert hast du mich ... ein Blick aus deinen Augen
und ich war gebannt.
Hoheslied 4,9, Gute Nachricht

Ein paar wundervolle Gedanken über die romantische Liebe:

»Manche ernsthaften Christen betrachten die romantische Liebe als die Schlagsahne auf dem Kuchen der Ehe – hübsch, aber unnötig. Sie sehen sie als niedere Form der Liebe, die Eheleute nicht so wichtig nehmen sollten, wenn sie nach Höherem streben.

Trotzdem sehnt sich fast jeder innerlich nach einer prickelnden, spannenden Liebesbeziehung, zu der auch das Einssein gehört, eine tiefe Vertrautheit und Nähe mit dem anderen, Freude und Optimismus, Würze und Spannung und das wundervolle, euphorische, fast unbeschreibliche Gefühl, das auch unter der Bezeichnung ›Verliebtheit‹ bekannt ist. Manche Leute sagen, sie sind dann auf ›Wolke sieben‹. Damit meinen sie, dass sie energiegeladen, motiviert und siegessicher sind, weil sie sich von der geliebten Person geliebt wissen. Es löst so etwas wie Ehrfurcht aus, wenn man sich für diesen gesegneten Zustand erwählt fühlt. Damit geht die Begeisterung der Vorfreude einher, zusammen zu sein. Und was das Wichtigste ist, ein frisches Gefühl von Sinn und Zweck versüßt das Leben, weil zwei sich gefunden und ineinander verliebt haben.

Ohne Übertreibung: Romantische Liebe ist eine gute Medizin gegen Ängste, Furchtsamkeit und ein angeschlagenes Selbstwertgefühl. Psychologen weisen darauf hin, dass echte romantische Liebe eine konstruktive Wirkung auf unsere Persönlichkeit hat. Sie bringt das Beste in uns hervor, schenkt uns den Willen, besser zu werden und uns um mehr Reife und Verantwortungsgefühl zu bemühen. Die Liebe macht uns fähig, auf unserer höchsten Ebene zu funktionieren.

Mal ehrlich: Wenn Sie nicht auf diese Weise in Ihren Ehepartner verliebt sind, dann entgeht Ihnen etwas Wundervolles, egal, wie ernsthaft Ihre Hingabe für diesen Menschen auch sein mag. Sich zufrieden zu geben, kann langweilig und öde werden im Vergleich mit der Freude, die Gott für uns und unseren Ehepartner vorgesehen hat.«[17]

23.

Nur ihm, meinem Liebsten, gehöre ich,
und mir gilt sein ganzes Verlangen.
HOHELIED 7,10, GUTE NACHRICHT

Wie war es bei Ihnen, als Sie sich in den Menschen verliebten, den Sie dann später geheiratet haben? Denken Sie einmal darüber nach, welche Eigenschaften Sie an ihm/ihr besonders anziehend fanden.

Ed Wheat schreibt Folgendes zur Erneuerung der Liebe: »Ich schlage vor, dass sowohl der Mann als auch die Frau ihre Fantasie einsetzen, um sich neu zu verlieben, die romantische Liebe zu erneuern oder die erotische Seite ihrer Liebe lebendig zu erhalten. Denken Sie daran, dass Liebe sich entweder weiterentwickelt oder aber stirbt. Die Fantasie ist vielleicht die stärkste Kraft, über die wir von Natur aus verfügen. Sie fördert Gefühle etwa in der Weise, wie Illustrationen die Wirkung eines Buches verstärken. Es ist, als hätten wir innere Filmleinwände und auch die Fähigkeit, Bilder darauf zu projizieren – und zwar Bilder unserer Wahl. Wir können uns erregende und schöne Situationen mit unserem Partner vorstellen, wann immer wir wollen.

Versuchen Sie das doch einmal. Wählen Sie einen romantischen Augenblick mit Ihrem Partner aus der Vergangenheit, der Gegenwart oder einer hoffnungsvollen Zukunft. Wenn Sie anfangen, über dieses Gefühl nachzudenken, wirkt Ihre Fantasie. Sie speist Ihre Gedanken und verstärkt sie; dann wieder verstärken Ihre Gedanken die Gefühle. So funktioniert das. Unsere Fantasie ist ein Geschenk vom Schöpfer und sie soll zum Guten eingesetzt werden. Sie soll dabei helfen, auf vielfältige Weise seinen Willen zu bewirken. Also bauen Sie die romantische Liebe in Ihrer Beziehung aus, indem Sie an Ihren Partner denken, sich auf positive gemeinsame Erfahrungen und Freuden konzentrieren und sich auf künftige schöne Gemeinsamkeiten freuen. Die Häufigkeit und Intensität dieser positiven, warmen, erotischen, zärtlichen Gedanken über Ihren Partner, verstärkt durch Ihre Fantasie, wird dafür sorgen, dass Sie verliebt bleiben oder sich wieder neu verlieben.«[18]

24.

Zieht nun wie eine neue Bekleidung alles an, was den neuen Menschen ausmacht: herzliches Erbarmen, Freundlichkeit, Bescheidenheit, Milde, Geduld.
KOLOSSER 3,12, GUTE NACHRICHT

Zeit ist für uns alle ein kostbares Gut. Oft nehmen wir die Zeit, die wir gemeinsam mit unserem Ehepartner verbringen, als selbstverständlich hin.

Hier ein guter Rat über Zeit und Ehe aus dem Buch THE MARRIAGE COLLECTION (Die Ehesammlung): »Nutzen Sie Zeit so, dass dadurch Segen für Ihre Ehe entsteht? Danken Sie Gott beispielsweise für das tägliche Geschenk der Zeit, die Sie als Mann und Frau gemeinsam verbringen können? Zeit ist doch schließlich der unschätzbar wertvolle Rohstoff, aus dem unsere Ehen gemacht sind. Sie wachen morgens auf und immer sind sie da, diese 24 kostbaren Stunden, die Sie ausfüllen und gestalten können, wie Sie es möchten. Aber leben und lieben Sie so, als wäre es der letzte Tag, an dem Sie das Geschenk der Zeit genießen können? Was würden Sie tun, wenn Sie wüssten, dass Ihre letzten gemeinsamen 24 Stunden vor Ihnen lägen? Was würden Sie sagen? Wie würden Sie miteinander umgehen?

Bitten Sie Gott regelmäßig mit in diese kostbare gemeinsame Zeit hinein? Haben Sie eine Vision, wie er sich Ihre Ehe wünscht?

Beruht Ihr Leben im Alltag auf Gegenseitigkeit? Das heißt, passen Sie sich einander an, akzeptieren Sie sich gegenseitig, vergeben Sie einander, indem Sie immer alles auf Gegenseitigkeit anlegen im liebevollen Geben und Nehmen? …

Wissen Sie den Wert der ganz gewöhnlichen Tage zu schätzen – selbst der Tage mit der langweiligen Routine? Würden Sie einen ganz normalen gemeinsamen Tag mit dem Partner eintauschen gegen zehn ›spannende‹ ohne ihn/sie? Überlegen Sie sich Ihre Antwort sehr genau, denn vielleicht haben Sie ja schon eine Wahl getroffen, es aber einfach ›besonders hart im Büro arbeiten‹ oder ›ganz in den Kindern aufgehen‹ genannt …

Fliehen Sie vor der größten aller Sünden – Zeit zu verschwenden mit Egoismus, Selbstrechtfertigung, Selbstmitleid, Selbstbeweihräucherung und Selbstgerechtigkeit – denn dazu ist sie wirklich zu kostbar.«[19]

25.

Denn jede Schrift, die von Gottes Geist eingegeben wurde, ist nützlich für die Unterweisung im Glauben, für die Zurechtweisung und Besserung der Irrenden, für die Erziehung zu einem Leben, das Gott gefällt.
2. Timotheus 3,16, Gute Nachricht

Charlie und Martha Shedd geben für den Tag heute einen klugen Rat: »›Ist es ein Sakrileg, in der Bibel Anmerkungen zu machen?‹ Es ist schon erstaunlich, wie häufig uns diese Frage gestellt wird. Für uns ist die Antwort darauf ein lautes, deutliches Nein!

Die Charlie-und-Martha-Bibellese-Methode beruht auf drei konkreten Zeichen: Kerze, Pfeil und Fragezeichen. Wenn morgens jeder für sich in der Bibel liest, unterstreichen und markieren wir den Text.

Wenn wir zu einem ganz neuen Gedanken kommen, einer neuen Erkenntnis, dann unterstreichen wir das und machen das Kerzen-Zeichen an den Rand – es steht dafür, dass uns ein Licht aufgegangen ist.

Wenn wir etwas lesen, das wir nicht verstehen, woran wir Zweifel haben, etwas, das wir nicht glauben können, dann unterstreichen wir das auch und machen ein Fragezeichen an den Rand.

Dann gibt es Stellen, an denen wir überführt werden. Wir erkennen, dass wir nicht so sind, wie wir sein sollten. Dort unterstreichen wir den Text ebenfalls und machen einen Pfeil an den Rand. (Wir machen die Pfeile nicht für den anderen, sondern lassen dem anderen die Würde, seine Sünden selbst zu erkennen.) …

Einmal in der Woche (manchmal auch öfter) setzen wir uns zusammen und tauschen uns über unsere Zeichen und Markierungen aus. Und direkt aus der Bibel kommt dann der Anstoß zu reden und zu reden und zu reden.

Wo fangen wir an?

Wenn einer von uns beispielsweise ein Zeichen gemacht hat im ersten Vers von Kapitel 1, dann fangen wir dort an. ›Eine Kerze?‹ ›Das ist ein neuer Gedanke für mich. Was meinst du dazu?‹

Für uns ist das gemeinsame Bibellesen fürsorgliche Freundschaft. Im Reden über die Pfeile tauschen wir uns auch über Macken und Schwächen aus. Mit zarter Berührung der Liebe und mit Gottes Hilfe entwirren wir verwirrte Gedankenstränge. Wir helfen einander und Gott verhilft uns zu neuem Frieden.«[20]

26.

Gepriesen sei der Gott und Vater unseres Herrn Jesus Christus;
er hat uns mit allem Segen seines Geistes gesegnet
durch unsere Gemeinschaft mit Christus im Himmel.
EPHESER 1,3, EINHEITSÜBERSETZUNG

»Was bringt es mir?« – das ist heute oft eine vordringliche Frage. Wir möchten wissen, inwiefern wir einen Nutzen davon haben, wenn wir eine neue Arbeit annehmen, eine größere Anschaffung machen oder ein Verkaufsgespräch führen. Als Sie zum ersten Mal daran dachten, Ihren Partner zu heiraten, da haben Sie – bewusst oder unbewusst – auch überlegt, was Ihnen eine lebenslange Verbindung mit diesem Menschen bringt. Einen Teil der Herausforderung einer Ehe macht es ja aus zu entdecken, was sie einem in verschiedenen Lebensbereichen bringt, ebenso die Beantwortung der Frage, ob unsere Erwartungen realistisch waren.

Aber was den Nutzen einer Ehe angeht, sollten Sie sich in erster Linie darauf konzentrieren, dass Ihr Partner von Ihnen profitiert, und nicht darauf, was die Beziehung Ihnen selbst bringt. Die Ehe ist ein andauernder Prozess, in dem die Beteiligten dem Partner etwas bringen, ihm nützen sollen.

Es gibt noch einen weiteren Bereich, in dem Nutzen eine Rolle spielt: Ihr Glaube an Jesus Christus. Stellen Sie sich einmal vor, es kommt jemand auf Sie zu und fragt: »Was ist denn so toll daran, Christ zu sein? Was bringt es dir eigentlich? Und jetzt komm mir bitte nicht mit irgendwelchen Klischees. Was sagt die Bibel dazu? Kannst du mir da ein bestimmtes Kapitel mit Versangabe nennen?«

Gute Fragen! In Epheser 1,4–6 gibt es darauf eine gute Antwort. »Schon bevor er die Welt erschuf, hat er uns vor Augen gehabt als Menschen, die zu Christus gehören; in Christus hat er uns schon damals erwählt, dass wir heilig und fehlerlos vor ihm stehen. Aus Liebe

hat er uns dazu bestimmt, seine Söhne und Töchter zu werden – durch Jesus Christus – im Blick auf ihn. So war es sein eigener gnädiger Wille, damit wir seine große Güte preisen, die Gnade, die er uns erwiesen hat durch Jesus Christus, seinen geliebten Sohn.«

Paulus beginnt den Abschnitt, indem er Gott lobt und dann beschreibt, wie Gott jeden Menschen schon gesegnet hat, indem er ihn erwählte. Ihre Erwählung war keine nachträgliche Idee. Gott dachte nicht in letzter Minute: »Ach ja, ich muss ja noch XY erlösen.« Sie waren schon in Gottes Gedanken und in seinem Herzen, bevor er die Welt erschuf. Können Sie das begreifen und ist Ihnen klar, wie wichtig es ist?

Wie können Sie und Ihr Ehepartner heute Gott zum Segen werden?

27.

Betet ohne Unterlass!

1. Thessalonicher 5,17, Einheitsübersetzung

Wie wurde in der Familie Ihres Ehepartners gebetet? Betete die Familie gemeinsam oder jeder für sich? Oder wurde dort vielleicht gar nicht gebetet? Wie sah es mit dem Gebet in Ihrer Ursprungsfamilie aus? Haben Sie über diese Fragen schon einmal miteinander gesprochen? Vielleicht wäre ja jetzt der geeignete Zeitpunkt, es zu tun. Nehmen Sie sich dazu eine Weile Zeit, bevor Sie weiterlesen.

Wenn Sie in einem Zuhause aufgewachsen sind, in dem Gebet und Familienandachten einfach dazugehörten, dann haben Sie vielleicht erwartet, dass es in Ihrer eigenen Familie genauso weitergeht. Und Sie erwarten, dass dabei Ihr Partner die Leitung übernimmt. Aber was passiert, wenn Familienandachten und Gebet ihm völlig fremd sind? Das Praktizieren Ihres geistlichen Lebens wird sich ändern, wenn Sie heiraten und auch danach noch im Laufe Ihrer Ehe. Ihr Gebetsleben ist Ihre eigene, ganz persönliche Kommunikation mit Gott, aber die kann man auch verändern. Überlegen Sie einmal, was Gebet ist:

»Gebet ist ein Wissen um die Gegenwart eines heiligen und liebenden Gottes und die Gewissheit, dass Gott auch zum Ehepartner in Beziehung steht. Gebet bedeutet, auf Gott zu hören, und es ist auch eine wertvolle Lektion im Hören-lernen auf den anderen. Das gemeinsame Gebet lässt die kleinlichen Elemente täglicher Konflikte und Unruhe einmal außen vor und gestattet es einem Ehepaar, eine neue Sicht vom Leben zu erlangen, indem beide zulassen, dass ihr Geist dazu eingesetzt wird, um über ewige Werte und auch dauerhafte Beziehungen nachzudenken. Gebet hilft einem Paar, unnötige Sorgen beiseite zu lassen und sich auf höhere Lebensziele zu konzentrieren. Alles Bedrohliche, das einem Ehepaar Sorgen bereitet, kann in der Gegenwart Gottes Linderung erfahren.«[21]

Haben Sie schon selbst erlebt, welchen Nutzen das Familiengebet haben kann? Lassen Sie dieses Gebet zu einem Bestandteil Ihres Lebens werden.

28.

Denn ein Gemeindeleiter darf als Hausverwalter Gottes
keinerlei Anlass zum Tadel geben.
TITUS 1,7

Können Sie sich noch an Ihre ersten Verabredungen mit Jungen/Mädchen erinnern? Ihre Eltern haben bestimmt auch Wert darauf gelegt, dass Sie sich nicht mit Jungen/Mädchen verabredeten, die einen »schlechten Ruf« hatten. Ein Ruf ist wie eine Art Etikett. Wenn man es erst einmal hat, wird man es nur schwer wieder los, und es ist immer sofort sichtbar, egal wo man hingeht. Andere wissen dann vielleicht schon alles über einen, bevor sie einen kennen gelernt haben.

Wie würden Sie Ihren Ruf beschreiben? Beurteilen andere Sie als »tadellos«, die Eigenschaft, die in dem heutigen Vers erwähnt wird? Hat auch Ihre Ehe den Ruf, tadellos zu sein? Das ist ein neuer Gedanke – eine tadellose Ehe, eine Ehe, die einen guten Ruf hat, eine, die Menschen zu Jesus zieht.

Haben Sie schon jemals darüber nachgedacht, wodurch ein Mensch einen schlechten Ruf bekommt? Lassen Sie uns einmal einiges nennen, was einen schlechten Ruf ausmacht, und zwar nach Titus 1,7 im Unterschied zu Untadeligkeit.

Der Apostel spricht hier von Leuten, die in dem Ruf stehen, »anmaßend, jähzornig oder gewalttätig« zu sein. Solche Leute haben eine kurze Lunte und explodieren schnell. Zornausbrüche ziehen Menschen nicht zu Jesus hin und ein solches Verhalten ist auch für andere Christen oft ein Hindernis.

Paulus warnt Christen davor, zu viel Alkohol zu trinken. Zur Zeit von Paulus waren viele neue Christen ständig versucht, in ihren alten sündigen Lebensstil zurückzufallen, und auch bei den Christen von heute ist das ein Problem. Aber gereifte Christen kontrollieren alles, was ihrem Körper schaden könnte.

Ein anderes Merkmal eines schlechten Rufes ist »darauf aus zu sein, sich zu bereichern«. Menschen, die so sind, wollen für sich selbst so viel wie möglich herausholen, egal wie. Menschen, die so leben, sind egoistisch, und es fehlt ihnen an Integrität.

Nehmen Sie sich ein paar Minuten Zeit, um miteinander über Ihren Ruf als Einzelpersonen und als Paar zu sprechen. Welchen Ruf hätten Sie gern? Was können Sie tun, um an Ihrem Ruf etwas zu ändern?[22]

29.

[Ein Gemeindeleiter] soll gastfreundlich sein und das Gute lieben. Er soll besonnen sein, gerecht, untadelig und beherrscht.
TITUS 1,8, GUTE NACHRICHT

Was macht einen guten Ruf aus? Welchen Eigenschaften sind nötig, um ihn zu bekommen? Die Eigenschaften, die von Paulus in dem heutigen Vers genannt werden, gelten nicht nur für Gemeindeleiter. Die fünf Eigenschaften sind für jeden Gläubigen eine Hilfe, einen guten Ruf zu bekommen und zu behalten.

Gastfreundschaft ist bei einem Christen ein Zeichen von Reife und das Gegenteil von Egoismus. Wer dafür bekannt ist, auf andere zuzu-

gehen und ihnen in Zeiten der Not zu helfen, hat über kurz oder lang einen guten Ruf. Wie könnten Sie als Ehepaar Gastfreundschaft praktizieren?

»Das Gute zu lieben« bedeutet, mit dem Leben und der Ehe das Gute zu verfolgen. Gute Werke sind das Thema in Epheser 2,10: »Wir sind ganz und gar Gottes Werk. Durch Jesus Christus hat er uns so geschaffen, dass wir nun Gutes tun können.«

Paulus erwähnt auch die Eigenschaft der Besonnenheit in seinem Brief insgesamt fünfmal. Er will dadurch hervorheben, wie wichtig diese Eigenschaft in unserem Leben ist. Jeder Christ, egal welches Temperament er mitbekommen hat, ist dazu aufgefordert, Besonnenheit zu entwickeln. Wissen Sie, was das biblisch gesehen bedeutet? Es bedeutet, alle seine Möglichkeiten unter Kontrolle zu haben – die körperlichen, psychischen und auch die geistlichen. Wenn Sie über Besonnenheit verfügen, dann sind Sie nicht der Sklave Ihrer Befindlichkeiten.

»Gerecht und untadelig« zu sein, fördert einen guten Ruf ungemein. Wie lassen sich diese Eigenschaften am besten beschreiben? Ganz einfach. Sie beschreiben ein Leben, das nicht von der Sünde beherrscht ist. Man kann auch mit Menschen umgehen, die Jesus nicht kennen, hält dabei aber nicht damit hinterm Berg, dass man zu Jesus Christus gehört.

Die letzte der in dem Vers genannten Eigenschaften ist Selbstbeherrschung. Das Leben eines Christen ist ein von Disziplin geprägtes Leben. Bei der Arbeit, in der Schule und in der Ehe erfolgreich zu sein, das erfordert Selbstbeherrschung.

Nehmen Sie sich jetzt eine Weile Zeit, um darüber zu sprechen, wie diese fünf Eigenschaften in Ihrer Ehe zum Ausdruck kommen können, sodass auch Ihre Ehe einen guten Ruf bekommt und behält.

30.

[Ein Gemeindeleiter] soll gastfreundlich sein und das Gute lieben.
Er soll besonnen sein, gerecht, untadelig und beherrscht.
TITUS 1,8, GUTE NACHRICHT

Die folgenden Fragen werden Ihnen beiden helfen, anhand der Bibel herauszufinden, welchen Ruf Sie haben.

- Bin ich herrisch? Lasse ich zu, dass mein altes Wesen meine Beziehungen zu anderen Menschen beherrscht? Muss ich beispielsweise in jedem Gespräch das letzte Wort haben? Fällt es mir schwer, anderen zuzustimmen? Zwinge ich anderen Menschen meine Meinung auf?
- Bin ich jähzornig? Das heißt, verliere ich schnell die Beherrschung? Rede ich, ohne vorher nachzudenken? Fällt es mir schwer, objektiv zu bleiben, wenn ich kritisiert werde? Verletze ich Menschen leicht? Sind Menschen eher zögerlich, mich in sensiblen Fragen um Rat zu fragen?
- Bin ich abhängig von irgendetwas, was mein psychisches und körperliches Wohlbefinden beeinträchtigt? Wie steht es mit dem Essen? Was ist mit Trinken, Rauchen oder sonstigen negativen Angewohnheiten?
- Bin ich ein streitsüchtiger Typ? Verteile ich physisch oder verbal Schläge? Wende ich subtile Methoden an, um anderen wehzutun, auch wenn es von außen ganz nett erscheint? Tratsche ich über Leute unter dem Deckmantel der Fürsorglichkeit?
- Verfolge ich unehrliche Ziele? Bin ich in finanziellen Dingen ehrlich? Ist meine Buchhaltung in Ordnung? Bin ich als Arbeitgeber meinen Angestellten gegenüber ehrlich? Bin ich der Regierung und dem Finanzamt gegenüber korrekt?
- Bin ich gastfreundlich? Benutze ich mein Zuhause auch als Ort, anderen zu dienen? Bin ich grundsätzlich uneigennützig, was meinen persönlichen Besitz angeht?
- Liebe ich das Gute? Welche Indizien sprechen dafür, dass ich das Böse durch Gutes überwinde? Wie sieht es mit meinem Lebensstil ganz allgemein aus? Könnte ich das, was ich lese, ansehe, anhöre und tue, als »gut« bezeichnen?

- Bin ich beherrscht? Kann ich mich selbst als vernünftig, nüchtern und als jemanden mit gesundem Menschenverstand einordnen?[23]

31.

Macht euch also ... gegenseitig Mut.
1. THESSALONICHER 4,18, GUTE NACHRICHT

Hier ein Beispiel für Fürsorge in Form einer chinesischen Fabel:

Ein sehr alter Mann wusste, dass er bald sterben würde. Bevor er starb, wollte er wissen, wie Himmel und Hölle sind, also besuchte er den weisen Mann in seinem Dorf.

»Kannst du mir bitte sagen, wie Himmel und Hölle sind?«, fragte er den weisen Mann.

»Komm mit mir, dann zeige ich es dir«, erwiderte der weise Mann.

Die beiden Männer gingen eine lange Straße entlang, bis sie an ein großes Haus kamen. Der weise Mann nahm den alten Mann mit hinein, und dort fanden sie einen großen Speisesaal mit einem riesigen Tisch darin, der mit allen nur vorstellbaren Speisen beladen war. Um den Tisch herum saßen viele Leute, alle dünn und hungrig, die drei Meter lange Essstäbchen in der Hand hatten. Jedes Mal, wenn sie versuchten, sich etwas in den Mund zu stecken, fiel es von den Stäbchen herunter.

Der alte Mann sagte zu dem Weisen: »Das muss wirklich die Hölle sein. Kannst du mir jetzt auch noch den Himmel zeigen?«

Der weise Mann entgegnete: »Komm mit.«

Die beiden Männer verließen das Haus und gingen den Weg weiter. Wieder kamen sie an ein Haus, und wieder fanden sie darin einen großen Essraum sowie einen Tisch, der mit allerhand Speisen beladen war. Die Leute dort waren glücklich und schienen wohlgenährt, aber auch sie hatten drei Meter lange Stäbchen zum Essen.

»Wie kann das sein?«, fragte der alte Mann. »Diese Leute haben auch so lange Stäbchen, aber sie sind glücklich und zufrieden.«

Der Weise antwortete: »Im Himmel füttern die Menschen sich gegenseitig.«[24]

Wie können Sie beide heute Ihre Fürsorge für jemanden zum Ausdruck bringen?

SEPTEMBER

Vergebung bedeutet, nicht Veränderung zu erwarten,
bevor man dem anderen vergeben kann.
Ihr Partner kann Ihnen nicht garantieren,
dass er bzw. sie nie wieder denselben Fehler machen wird.
Vergebung ist ein Vertrauensvorschuss.

1.

Alles, was ihr in Worten und Werken tut,
das geschehe im Namen Jesu, des Herrn.
Durch ihn dankt Gott, dem Vater!
KOLOSSER 3,17, EINHEITSÜBERSETZUNG

Wir haben sie alle, sprechen aber nicht darüber. Sie gehören zu unseren tiefsten, finstersten Geheimnissen, zumindest glauben wir das. Unser Ehepartner weiß normalerweise von ihnen, und das ist auch gut so, weil er/sie die Person sein kann, die uns Mut macht, sie nicht mehr zu ignorieren, sondern uns ihnen zu stellen.

Wovon die Rede ist? Von den kleinen unangenehmen Aufgaben, die wir einfach hassen und deshalb nur zu gern vor uns her schieben oder verschleppen. Wir glauben, dass sie irgendwann von selbst verschwinden, wenn wir sie immer wieder aufschieben, oder besser noch, dass jemand anders einspringt und sie für uns übernimmt. Aber das ist meist eher unwahrscheinlich!

Warum verschleppen wir Dinge? Vielleicht mussten Sie in Ihrer Kindheit und Jugend eine (diese) spezielle Aufgabe dauernd übernehmen und konnten es kaum erwarten, endlich erwachsen zu werden, um sie los zu sein. Aber wissen Sie was? Die Aufgabe ist immer noch da! Es kann eine wöchentliche Arbeit sein wie Rasen mähen oder Unkraut jäten. Es kann das Aufräumen der Flurgarderobe oder der Garage sein, in die Ihr Auto nicht mehr hineinpasst. Wir meiden diese Aufgabe und nennen auch Gründe dafür. Wir drücken uns vielleicht sogar vor diesen Arbeiten, indem wir uns beruflich noch stärker engagieren. Bei genauerem Überlegen ist Ihnen aber wahrscheinlich klar, dass das Aufschieben der Aufgabe oder Pflicht Ihren Partner kränkt oder verletzt und sich dadurch sehr negativ auf Ihre Ehe auswirkt.

Als jemand, der/die zu Jesus gehört, haben Sie sowohl den Auftrag als auch die Möglichkeit, sich so zu verhalten, dass es Gott Ehre bringt und ihn verherrlicht. Denken Sie einmal darüber nach! Sogar das Aufräumen einer Garage kann Ihnen ein Gefühl von Zufriedenheit bereiten, ein Lächeln auf das Gesicht Ihres Partners zaubern und als Zeugnis dafür dienen, dass Jesus die Macht hat, auch lebenslange Verhaltensmuster zu verändern! Wenn das keine Belohnung ist …

In der Bibel steht: »So soll euer Licht vor den Menschen leuchten, damit sie eure guten Werke sehen und euren Vater im Himmel preisen« (Matthäus 5,16, Einheitsübersetzung). »Ich ermahne euch, ein Leben zu führen, das des Rufes würdig ist, der an euch erging« (Epheser 4,1, Einheitsübersetzung).

Setzen Sie heute das Wort Gottes in die Tat um. Es ist eine große Chance!

2.

Was bleibt zu alledem noch zu sagen?
RÖMER 8,31, GUTE NACHRICHT

Haben Ihnen schon einmal die Worte gefehlt? Vielleicht fällt es ja Ihrem Partner leichter, diese Frage zu beantworten. Aber denken Sie einmal einen Augenblick ernsthaft darüber nach: Waren Sie von einem Geschenk, einer Überraschung oder einer Wertschätzung schon einmal so überrascht, dass Sie nicht wussten, wie Sie reagieren sollten?

Paulus stellt in dem Bibelvers für heute eine interessante Frage im Zusammenhang mit dieser Vorstellung. Um aber seine Frage richtig und ganz zu verstehen, müssen wir die vorhergehenden beiden Verse ebenfalls lesen: »Die aber, die er vorausbestimmt hat, hat er auch berufen, und die er berufen hat, hat er auch gerecht gemacht; die er aber gerecht gemacht hat, die hat er auch verherrlicht« (Römer 8,29.30).

Angesichts der Guten Nachricht, dass Gott uns berufen und gerecht gemacht hat, scheint Paulus ziemlich sprachlos zu sein. Vielleicht sind auch Sie sprachlos, wenn Sie überlegen, was Sie alles bekommen, weil Gott Sie erwählt hat. Ob Sie die reichste Person im Landkreis sind oder die Ärmste in den Armenvierteln, Ihre Stellung hier auf der Erde hat keinerlei Einfluss darauf, was Sie in Christus sind, weil Gott Sie erwählt hat. Was Sie in Ihrem Leben erreichen oder anhäufen, beeindruckt Gott nicht im Geringsten. Er beruft Sie, rechtfertigt Sie und verherrlicht Sie, und zwar einzig und allein, weil er das so beschließt als Reaktion auf Ihren Glauben.

Paulus stellt in Römer 8,31–35 noch sechs weitere rhetorische Fragen angesichts dieser Wahrheit. Achten Sie einmal darauf, wie er seine Reaktion auf sein Erwähltsein durch Gott in den Versen 37–39 zusammenfasst. Er stellt fest, dass wir mehr sind als Überwinder und dass uns nichts von der Liebe Gottes in Christus trennen kann.

Warum schreibt Paulus das jetzt alles? Der Grund liegt auf der Hand: Er möchte uns Sicherheit und Hoffnung geben. Wenn Sie mutlos oder deprimiert sind, schauen Sie sich immer wieder die Verheißungen an, die Gott Ihnen zusagt. Diese Maßnahme könnte Sie allerdings auch ziemlich sprachlos machen. Tauschen Sie sich darüber mit Ihrem Partner aus, denn er/ sie kann sicher auch Ermutigung gebrauchen.

3.

Er erleuchte die Augen eures Herzens, damit ihr versteht, zu welcher Hoffnung ihr durch ihn berufen seid.
EPHESER 1,18, EINHEITSÜBERSETZUNG

Fühlen Sie sich manchmal wie ein Jojo?

Vielleicht kommt Ihnen die Frage etwas seltsam vor, aber manche von Ihnen werden Sie bestimmt mit »Ja« beantworten. Manchmal fühlt man sich geistlich oder emotional wie ein Jojo, ganz oben im einen Augenblick und im nächsten ganz unten. Nehmen Sie sich eine Weile Zeit, um mit Ihrem Partner darüber zu sprechen, ob er sich hin und wieder auch wie ein Jojo vorkommt.

Viele Christen erleben dieses Jojo-Phänomen auch im geistlichen Bereich, und zwar manchmal in einem solchen Ausmaß, dass sie deshalb sogar ihren Glauben oder ihr ewiges Schicksal in Frage stellen. Paulus erlebte, dass die Christen in Ephesus ebenfalls mit diesem Problem zu kämpfen hatten. Sie waren nicht sicher, ob sie nach dem Tod wirklich bei Gott sein würden. Paulus nahm sich Zeit, sie zu ermutigen und ihnen Sicherheit zu vermitteln. Er betete, dass sie ruhig würden und die innere Sicherheit hätten, dass ihnen das ewige Leben fest zugesagt war und sie sich auf diese Zusage auch verlassen konnten.

Das Wort Hoffnung wird hier in direkter Verbindung mit dem ewigen Leben verwendet. Welche Bibelstellen würden Sie nennen, wenn jemand Sie nach Ihrer Hoffnung fragen würde? Vielleicht folgende: »Wir aber … wollen nüchtern sein und uns rüsten mit … dem Helm der Hoffnung auf das Heil« (1. Thessalonicher 5,8); »Paulus, Knecht Gottes und Apostel Jesu Christi, berufen, um die Auserwählten Gottes zum Glauben und zur Erkenntnis der wahren Gottesverehrung zu führen, in der Hoffnung auf das ewige Leben, das der wahrhaftige Gott schon vor ewigen Zeiten verheißen hat« (Titus 1,1.2); »Während wir auf die selige Erfüllung unserer Hoffnung warten: auf das Erscheinen der Herrlichkeit unseres großen Gottes und Retters Christus Jesus« (Titus 2,13); »Er hat uns in seinem großen Erbarmen neu geboren, damit wir durch die Auferstehung Jesu Christi von den Toten lebendige Hoffnung haben« (1. Petrus 1,3).

Wenn Sie begreifen, was für eine Hoffnung Sie in Jesus Christus haben, dann werden Sie die Sicherheit, Stabilität und Ausdauer erleben, die Sie in den Jojo-Erfahrungen des Lebens brauchen (1. Thessalonicher 1,3). Hoffnung gibt uns etwas, woran wir uns festhalten können (Hebräer 10,23).

Wenn also Sie und Ihr Partner erleben, wie Sie geistlich ins Schlingern geraten, dann bringt Sie die Hoffnung wieder ins Gleichgewicht.

4.

Die Stimme des Herrn ergeht mit Macht,
die Stimme des Herrn ergeht herrlich.
Psalm 29,4, Luther

Lesen Sie sich den Rest von Psalm 29 gegenseitig vor.

Haben Sie schon einmal erlebt, dass die Stimme Gottes zu Ihnen sprach? Der Psalmist beschreibt Gottes Stimme mit Bildern aus der Natur. Er hat keine Angst vor krachendem Donner, sondern empfindet ihn als Zeichen der Herrlichkeit Gottes. Haben Sie diesen Psalm schon einmal während eines Gewitters laut vorgelesen? Versuchen Sie es einmal, wenn Sie hören, dass ein Gewitter aufzieht.

Sieben Mal wird die Stimme Gottes in diesem Psalm mit einem Donnerschlag verglichen. Schauen Sie sich den Psalm jetzt noch einmal an und achten Sie auf die Wirkung des Donners. Fallen Ihnen dabei auch die Worte »Ehrfurcht gebietend« ein? Manchmal erleben wir dieselbe Wirkung, wenn Gott unser Herz durchdringt und zu uns als Einzelperson oder als Ehepaar spricht.

Was tut der Psalmist hier? Er beschreibt nicht nur poetisch die Schönheit der Natur, sondern er erinnert uns daran, dass Gott allmächtig und souverän ist. Geben Sie Gott, was ihm zusteht. In den Versen 1 und 2 heißt es: »Bringet dar dem Herrn, ihr Himmlischen, bringet dar dem Herrn Ehre und Stärke! Bringet dar dem Herrn die Ehre seines Namens.« Unser Gott ist der Gott der Herrlichkeit. In Psalm 89,7 und Hiob 1,6 sowie 2,1 wird behauptet, dass mit den »Himmlischen« hier Engel gemeint sind, die Gott die Ehre geben und ihn verherrlichen. Aber als Erlöste können auch wir in das Lob des allmächtigen Gottes einstimmen.

In Psalm 29, 10 wechselt der Psalmist dann vom Bild des Donners als Zeichen der Größe Gottes zur Beschreibung der Macht Gottes, der in Ewigkeit auf dem Thron sitzt. Er ist heute wie damals und in alle Ewigkeit der Gott der Macht und Kraft, und aufgrund dieser Stellung kann und will er Ihre Ehe mit Frieden segnen und stärken. Als souveräner Herrscher kann er Sie dazu ausrüsten, Ihren Partner mit Frieden zu segnen. Er kann Ihnen helfen, so auf Ihren Ehepartner zu reagieren, dass er/sie sich in Ihrer Gegenwart sicherer und geborgener fühlt. Weil Sie Frieden bekommen haben, lassen Sie ihn weiterfließen zu den Menschen in Ihrer Umgebung, besonders zu Ihrem Partner.

5.

Er öffne euch das innere Auge, damit ihr seht, zu welch großartigem Ziel er euch berufen hat. Er lasse euch erkennen, wie reich er euch beschenken will und zu welcher Herrlichkeit er euch in der Gemeinschaft der Heiligen bestimmt hat.
EPHESER 1,18.19, GUTE NACHRICHT

»Du bist reich!«

Wie würde wohl Ihr Partner reagieren, wenn Sie das zu ihm/ihr sagen würden, und andersherum, wie würden Sie reagieren? In einer Hinsicht stimmt es vielleicht nicht, denn wenn es um Geld geht, sind ja nur wenige von uns so richtig reich. Vielleicht verfügen Sie über einen gewissen Wohlstand, aber richtig viel Besitz haben die meisten nicht.

Im heutigen Vers wird jedoch behauptet, dass in gewisser Hinsicht jeder Christ reich ist. Ja, Sie sind wirklich reich. In den ersten drei Kapiteln des Epheserbriefes spricht Paulus fünfmal von unserem Reichtum, und zwar in der Beschreibung der Segnungen durch Christus (1,18; 2,4.7; 3,8.16). Worin besteht nun dieser Reichtum?

Paulus beschreibt ihn in Epheser 1,3–14. Erstens hat Gott der Vater Sie schon vor Grundlegung der Welt in Christus auserwählt (Vers 4). Er hat Sie dazu ausersehen, als sein Kind angenommen zu sein (Vers 5).

Zweitens: Gott, der Sohn, hat Gottes Plan zur Erlösung ausgeführt, indem er am Kreuz sein Blut vergoss. Er hat Sie erlöst durch sein Blut und damit die Vergebung Ihrer Sünden geschenkt (Vers 7).

Drittens: Gott, der Heilige Geist, befähigt Sie, mit Glauben auf die Liebe Gottes zu reagieren, und er hat Ihnen das Erbe zugesprochen. (Verse 13.14).

Also, was sagen Sie jetzt? Sind Sie arm oder reich? Sie haben Reichtümer, die Ihnen niemand mehr nehmen kann, und diese Reichtümer geben Ihnen Frieden und Sicherheit, egal ob Sie der ärmste oder reichste Mensch der Welt sind – zumindest was materiellen Besitz angeht.

Und noch ein letzter Gedanke: Was wird normalerweise von denen erwartet, die reich sind? Genau – dass sie ihren Reichtum in Christus mit anderen teilen.[1]

6.

*Auch ist es mit dem Himmelreich wie mit einem Kaufmann,
der eine schöne Perle suchte. Als er eine besonders wertvolle Perle fand,
verkaufte er alles, was er besaß und kaufte sie.*
MATTHÄUS 13, 45.46, EINHEITSÜBERSETZUNG

Wie viel ist Ihr Partner wert? Wie viel sind Sie selbst wert? Sie und Ihr Partner haben für Gott und auch füreinander einen unschätzbaren Wert, das ist eine Tatsache. Aber sind Sie sich Ihres Wertes auch bewusst? Glauben Sie wirklich, dass Sie wertvoll sind? Was sagt oder tut Ihr Partner, um Ihnen zu zeigen, dass Sie von ihm/ihr wertgeschätzt sind? Wie vermitteln Sie ihm/ihr, wie viel er/sie Ihnen wert ist? Nehmen Sie sich eine Weile Zeit, um sich gegenseitig zu sagen, wie wertvoll der andere für Sie ist.

Jesus erzählt das Gleichnis von der Perle, um deutlich zu machen, wie wertvoll Sie ihm sind. Jesus begab sich auf den Sklavenmarkt der Sünde und des Schmerzes und hat für Ihre Erlösung bezahlt. Sie sind teuer erkauft worden (1. Korinther 6,20). Lesen Sie bitte 1. Petrus 1,18.19. Dort werden Sie entdecken, was für einen hohen Preis Gott für Sie gezahlt hat!

Normalerweise gehen wir mit wertvollen Dingen, die wir besitzen, besonders sorgfältig um. Wenn Sie das Gemälde eines Hobbykünstlers an der Wand hängen hätten, dann würden Sie wahrscheinlich keine Alarmanlage einbauen lassen, und Sie würden sich auch keine Sorgen machen, dass es gestohlen werden könnte. So wertvoll ist das Bild nicht. Wenn Sie aber im Besitz eines unbezahlbaren Van Gogh oder Monet wären, wäre Ihnen vermutlich ziemlich unwohl dabei, das Bild unbewacht zu Hause zu wissen. Wahrscheinlich hätten Sie es gar nicht zu Hause, denn solche Gemälde sind so wertvoll, dass sie normalerweise irgendwann in einem streng bewachten Kunstmuseum oder einer privaten Sammlung landen. Der Wert einer Sache bestimmt in aller Regel, wie damit umgegangen wird.

Weil Sie Gott so wertvoll sind, verdienen Sie es, mit Respekt, Fürsorge und Liebe behandelt zu werden. Aber einen Augenblick noch! Bevor Sie jetzt Ihren Partner ermahnen, Sie mit mehr Respekt zu behandeln, denken Sie über folgende Fragen nach: Behandeln Sie sich selbst respektvoll? Behandeln Sie Ihren Partner mit Respekt, Fürsorge und Liebe?

Wenn Sie beide Wert darauf legen, diese beiden Fragen mit Ja zu beantworten, dann werden Sie über den Respekt überrascht sein und über die Fürsorge und Liebe, die Sie voneinander bekommen können.

7.

Herr, lehre uns beten!
LUKAS 1,11, EINHEITSÜBERSETZUNG

Das hier ist ein unangekündigter Test: Wissen Sie, aus welchen fünf Elementen das biblische Gebet besteht? Beraten Sie sich fünf Sekunden mit Ihrem Partner und lesen Sie dann weiter.

Im Laufe eines Durchschnittstages wird eine für uns unvorstellbare Menge von Gebeten an Gott gerichtet, und eine bedrückend hohe Anzahl dieser Gebete enthält nicht die folgenden fünf Elemente, wie Jesus sie gelehrt hat. Lassen Sie uns diese fünf Elemente des Gebetes etwas genauer betrachten.

Das erste Element ist die Anbetung. »Wenn ihr betet, so sprecht: Vater, dein Name werde geheiligt« (Lukas 11,2). Das ist Anbetung. Gebet enthält immer Anbetung und Lob Gottes für sein Wesen und was er getan hat.

Ein zweites Element des Gebetes ist das Danken. Paulus sagt: »Vor allem fordere ich zu Bitten und Gebeten, zu Fürbitte und Danksagung auf, und zwar für alle Menschen« (1. Timotheus 2,1). Wofür haben Sie Gott im Augenblick als Paar zu danken? Denken Sie darüber nach, sprechen Sie darüber und dann danken Sie ihm.

Das dritte Element ist das Sündenbekenntnis: »Hätte ich Böses im Sinn gehabt, so hätte der Herr mich nicht erhört« (Psalm 66,18, Einheitsübersetzung). Gebet ist auch ein Ort der Reinigung, der Ort, um die eigene Sünde zu bekennen und Gottes Vergebung zu empfangen. Sie können dabei allerdings nur Ihre eigenen Sünden bekennen, nicht die Ihres Partners.

Das vierte Element ist das Bitten. Dabei geht es darum, Gott die eigenen Bedürfnisse, Nöte und Wünsche vorzutragen. »Wendet euch in jeder Lage an Gott und bringt eure Bitten vor ihn« (Philipper 4,6), lehrte Paulus. Welche Nöte oder Bedürfnisse haben Sie im Augenblick, die Sie vor Gott bringen könnten?

Das letzte Element ist die Fürbitte, das Gebet für andere. Paulus fordert auf: »Betet für uns« (2. Thessalonicher 3,1).

Haben Sie als Ehepaar eine Liste von Menschen, für die Sie beten? Wenn nicht, dann überlegen Sie doch einmal, ob das nicht eine Möglichkeit wäre. Lassen Sie darauf auch Platz zum Notieren der Gebetserhörungen. Lassen Sie andere wissen, dass Sie für sie beten. Gebet kann vieles verändern, in Ihrem Leben und im Leben anderer.[2]

8.

Liebe deinen Nächsten wie dich selbst.
3. Mose 19,18, Einheitsübersetzung

»Du bist egoistisch! Du liebst niemanden außer dir selbst. Weißt du denn nicht, dass du andere zuerst lieben sollst?«

Heftige Worte sind das. Sie wurden im Zorn gesagt, und zwar eines Tages im Laufe eines hitzigen Wortgefechtes zwischen einem Mann und seiner Frau. Ein Partner bezichtigte dabei den anderen des Egoismus. Natürlich ist es falsch, egoistisch zu sein, aber ist Ihnen eigentlich klar, dass Gott uns dazu auffordert, uns selbst zu lieben? Das Wort Gottes ist da ganz eindeutig. Außer in 3. Mose 19,18 gibt es die Anweisung, sich selbst zu lieben, noch an vier weiteren Stellen in der Bibel: Markus 12,31; Römer 13,9; Galater 5,14; Jakobus 2,8. Das ist sehr wichtig. Egoismus ist falsch, aber eine gesunde Selbstliebe ist richtig und wichtig!

Manchmal ist es schwierig, andere zu lieben, selbst wenn es sich um Familienmitglieder handelt, und manchmal macht es sogar richtig Mühe, den Ehepartner zu lieben. Kränkendes Benehmen anderer, Ablenkungen, die Sie von ihnen entfernen, körperliche oder emotionale Erschöpfung, das Wegdriften von Jesus – all das kann dazu beitragen, dass die Liebe zu anderen langsam versiegt. Das Wort Gottes sagt aber, dass wir uns selbst lieben sollen, und nur auf der Grundlage einer solchen angemessenen Selbstliebe sind wir überhaupt in der Lage, andere zu lieben.

Die Art von Liebe, die wir für andere und uns selbst haben sollen, ist AGAPE. Sie kennen das Wort sicher. Agape-Liebe hat nichts mit permanentem Kreisen um die eigene Person zu tun oder mit narzisstischer Selbstverliebtheit. Agape ist die Liebe, deren Hauptaugenmerk auf dem Wert und der Bedeutung eines Menschen liegt. Darum geht es bei der biblisch verstandenen Selbstliebe nämlich. Haben Sie Selbstachtung? Messen Sie sich selbst als Kind Gottes einen hohen Wert bei? Gott tut das, und es ist völlig in Ordnung, wenn Sie es auch tun. Gott fordert Sie außerdem auf, Ihren Partner auf die gleiche Weise wertzuschätzen, weil auch er/sie ebenso wichtig und wertvoll ist.

Sprechen Sie über Ihren Wert, und zwar mit Gott und miteinander. Schämen Sie sich nicht, vor Ihrem Partner festzustellen, dass Sie ein wertvoller Mensch sind. Aber denken Sie dann auch daran, ihm/ihr zu sagen, dass das auch für ihn/sie gilt.

9.

Ihr sollt begreifen, wie überwältigend groß die Kraft ist, mit der er an uns,
den Glaubenden, wirkt. Es ist dieselbe gewaltige Kraft,
mit der er an Christus gewirkt hat, als er ihn vom Tod auferweckte
und in der himmlischen Welt an seine rechte Seite setzte.

EPHESER 1,19.20

Vorsicht! Nicht fallen lassen, sonst haben Sie eine explosive Begegnung mit einer gefährlichen Kraftquelle – auch Dynamit genannt. Wahrscheinlich haben Sie in Ihrem Alltag nicht unmittelbar mit Dynamit zu tun, aber wer damit umgehen muss, hat großen Respekt vor seiner gewaltigen Sprengkraft.

Es gibt jedoch noch eine andere große Kraft, mit der Sie sehr wohl schon konfrontiert waren, die Kraft Gottes. Paulus wollte ganz sicher sein, dass den Ephesern klar war, wie die Kraft Gottes ist, also verwen-

dete er vier griechische Worte zur näheren Beschreibung. Er schreibt: »Er erleuchte die Augen eures Herzens, damit ihr versteht, zu welcher Hoffnung ihr durch ihn berufen seid, welchen Reichtum die Herrlichkeit seines Erbes den Heiligen schenkt und wie überragend groß seine Macht sich an uns, den Gläubigen, erweist durch das Wirken seiner Macht und Stärke« (Epheser 1,18.19, Einheitsübersetzung).

Das Wort »Kraft« hat als Entsprechung den griechischen Begriff DYNAMIS, von dem auch das uns bekannte Wort Dynamit abgeleitet ist. »Wirken« ist gleichgesetzt mit ENERGEIA, dem Ursprung des deutschen Wortes Energie. Und Paulus benutzt noch zwei weitere Worte, um das Bild zu vervollständigen: MACHT und STÄRKE.

Diese vier Begriffe haben unterschiedliche Bedeutungsschwerpunkte. Kraft ist die Fähigkeit, etwas zu erreichen, was geplant, versprochen oder schon begonnen worden ist. Wirken bedeutet innewohnende Stärke. Macht ist die Kraft, Widerstand zu leisten und Hindernisse zu überwinden, und Stärke ist die konkrete Ausübung von Kraft.

Was will Paulus wohl vermitteln, indem er diese vier verschiedenen Begriffe für Kraft in einem einzigen Satz verwendet? Er will die große Macht Gottes bildhaft hervorheben, die um unsretwillen zum Einsatz kam, damit wir wirklich erlöst werden (Epheser 2,1.4–6).

Wie können Sie Ihr Wissen um die Kraft und Macht Gottes im Leben umsetzen? Wenn Sie begreifen, wie ungeheuer groß die Macht Gottes ist, dann kann Ihnen das eine Hilfe sein, sich in Jesus Christus sicher zu fühlen (1. Petrus 1,3–5). Wenn Sie wissen, wie groß die Macht Gottes ist, können Sie sich seiner Führung und seines Schutzes auch inmitten aller Probleme und bei allem Druck sicher sein. Und wir brauchen wohl alle hin und wieder diese Bestätigung und Zusicherung.[3]

10.

Er erniedrigte sich und war gehorsam bis zum Tod, bis zum Tod am Kreuz. Darum hat Gott ihn über alles erhöht.

PHILIPPER 2,8.9, EINHEITSÜBERSETZUNG

Demut – was ist das eigentlich? Bitten Sie doch mal mehrere Leute zu definieren, was Demut ist. Sie werden innehalten, sich am Kopf kratzen und wahrscheinlich Schwierigkeiten mit einer klaren, eindeutigen Definition haben. Können Sie genau definieren, was Demut ist? Sind Sie demütig? Wenn ja, können Sie dann erklären, warum Sie sich für demütig halten, und würde Ihnen Ihr Partner darin zustimmen?

Wir sind aufgefordert, demütig zu sein. In Philipper 2,3 steht: »Dass ihr nichts aus Ehrgeiz und nichts aus Prahlerei tut, sondern in Demut schätze einer den andern höher ein als sich selbst.« Jesus Christus ist unser Vorbild in Sachen Demut. Wenn man aber etwas über sein Leben liest, kann man eine interessante Tatsache feststellen: Jesus war demütig, aber er machte sich nicht selbst schlecht. Seine Demut hatte ihre Wurzel nicht in Minderwertigkeitsgefühlen oder Unsicherheit, dann wäre es nämlich falsche Demut gewesen.

Echte Demut entsteht aus einer richtigen Einschätzung unserer eigenen Stärke und unseres Wertes. Jesus wusste, was er für den Vater wert war. Wenn Sie wissen, wie wertvoll Sie für Gott sind, dann ist das der erste Schritt zur Demut.

Wenn Paulus uns auffordert, andere höher zu schätzen als uns selbst, dann sagt er damit keineswegs, dass wir uns selbst als wertlos betrachten sollen. Durch das, was Jesus für uns getan hat, können wir eine starke Identität entwickeln. Und aus dieser Stärke heraus können wir dann auch die Bedürfnisse der anderen im Blick haben und entdecken, wie wir ihnen am besten dienen können.

Bruce Narramore hat einmal zusammengefasst, was Demut alles beinhaltet: Zu erkennen, dass wir Gott brauchen, unsere Möglichkeiten realistisch einzuschätzen und die Bereitschaft zum Dienen zu haben. Das ist gesunde Demut. Wo wäre es besser als in der Ehe, darüber einmal nachzudenken?[4]

11.

Sie bezeugen damit, dass ihnen die Forderung des Gesetzes ins Herz geschrieben ist; ihr Gewissen legt Zeugnis davon ab, ihre Gedanken klagen sich gegenseitig an und verteidigen sich.
RÖMER 2,15, EINHEITSÜBERSETZUNG

»Gib sie doch auf. Häng doch nicht mehr so daran. Lass sie einfach los.«

Wovon hier die Rede ist? Es geht um einen ganz einfachen Begriff: Schuldgefühle. Ja, ganz richtig: Schuldgefühle. »Aber sollten wir uns denn nicht schuldig fühlen?«, werden Sie jetzt fragen. Nein, eigentlich nicht. Vielleicht ist das jetzt ein Schock für Sie, weil sich die meisten Menschen wirklich schuldig fühlen, manche Leute haben sogar fast immer Schuldgefühle. Sie wissen gar nicht, wie es ist, ohne Schuldgefühle zu leben, aber Schuldgefühle können sich ausgesprochen negativ auf Beziehungen auswirken, besonders auf die Ehebeziehung.

Wenn man sich einmal einige der griechischen Wörter anschaut, in denen es um Schuld geht, ist dabei etwas Interessantes zu beobachten: Das »Schuldgefühl« ist nicht dabei. Nach dem Wort Gottes kann man sich eines Verbrechens schuldig machen und mit Verurteilung und Bestrafung rechnen. Es gibt auch Schuld, die man zurückzahlen muss. Wenn in der Bibel von »Sündenüberführung« die Rede ist, ist damit kein Gefühl gemeint. Das griechische Wort für Überführung bedeutet wörtlich »ans Licht bringen« oder »ins Bewusstsein bringen«. Überführung ist ganz einfach der Prozess, durch den Gott uns unser Versagen, unsere Schwächen und Unzulänglichkeiten bewusst macht und unsere Aufmerksamkeit darauf lenkt. Aber Gott will uns damit keine seelische Last auferlegen.

Wenn Sie Schuldgefühle haben, dann sagen Sie doch damit, dass Sie Ihre Sünde wieder gutmachen, zumindest aber dafür leiden müssen. Das sieht der Plan Gottes jedoch nicht vor. Konstruktiver Kummer ist eine weit gesündere Reaktion auf unsere Sünden und unser Versagen. Sie können bereuen und auch Kummer haben, ohne sich selbst zu verurteilen und klein zu machen. Schuldgefühle sind selbsterniedrigend, und wenn Sie zur Selbsterniedrigung neigen, dann erniedrigen Sie vielleicht ja auch andere durch Ihre Haltung, Ihr Reden und Ihr Verhalten.

Stören Ihre Schuldgefühle Ihre Beziehungen, speziell die Ehebeziehung in irgendeiner Form? Sprechen Sie miteinander darüber und beten Sie auch darüber.[5]

12.

Lasst uns durchhalten in dem Wettlauf, zu dem wir angetreten sind,
und alles ablegen, was uns dabei hindert, vor allem die Sünde,
die uns so leicht umgarnt.
HEBRÄER 12,1, GUTE NACHRICHT

In den meisten Rennen sind mehr Leute am Start, als letztlich im Ziel ankommen. Schauen Sie sich nur einmal an, wie viele Menschen versuchen, den Ärmelkanal zu durchschwimmen und wie wenige ankommen; wie viele Radfahrer bei der Tour de France am Start sind und wie viele zwischendurch aussteigen; wie viele beim Hamburg-Marathon an den Start gehen und wie viele nicht durchhalten. In den meisten Ausdauerrennen gibt es einen Punkt, an dem der Teilnehmer »gegen die Wand rennt«. »Die Wand« ist dabei der Punkt, an dem er/sie so erschöpft ist, dass er/sie nur noch stöhnt: »Ich kann nicht mehr. Ich habe alles gegeben. Ich bin völlig fertig.«

Wenn Sie »gegen die Wand laufen«, dann müssen Sie sich selbst anfeuern, um weiterzumachen, müssen gegen das angehen, was Ihnen Ihr Körper und auch Ihr Kopf sagen, und einfach weitermachen.

Es gibt ein Wort für das, was die Starter von den »Ankommern« unterscheidet: »Durchhaltevermögen« oder auch »Stehvermögen«. An den Start gehen kann jeder, aber nur diejenigen mit Stehvermögen kommen auch an.

So gibt es auch in der Ehe mehr Leute, die an den Start gehen, als solche, die am Ende auch das Ziel erreichen. Inzwischen kommen nur noch die Hälfte der startenden Paare ans Ziel, das heißt: »bis dass der Tod euch scheidet.« Alle Paare rennen hin und wieder gegen die Wand und wollen aufgeben. Da gibt es die Wand der Finanzen und die Wand der persönlichen Differenzen. Es gibt die Wand, morgens aufzuwachen und sich mitten in einer Liebes-Rezession zu befinden. Ihre

Liebesgefühle sind nicht mehr so intensiv wie in der ersten Zeit Ihrer Ehe. Sie brauchen Stehvermögen in der Ehe oder Sie werden vor dem Überqueren der Ziellinie »aussteigen«.

Was soll ein Paar also tun, wenn es gegen die Wand läuft? Durchhalten! Durchhaltevermögen ist die Fähigkeit, dem Druck standzuhalten, dem unweigerlich jede Ehe unterliegt. Es ist die Fähigkeit, sich wirklich reinzuhängen und nicht nur weiter in der Ehe rumzuhängen. Wenn Sie in Ihrer Ehe gegen diese Wand laufen, dann igeln Sie sich nicht ein und laufen Sie auch nicht weg, sondern schauen Sie sich die Wand gemeinsam an und helfen Sie sich gegenseitig hinüber. Sie können es schaffen. Der erste Schritt besteht darin herauszufinden, vor welchen Wänden Sie zur Zeit stehen. Und dann packen Sie's an![6]

13.

»Herr, wenn mein Bruder oder meine Schwester an mir schuldig wird, wie oft muss ich ihnen verzeihen? Siebenmal?«
Jesus antwortete: »Nein, nicht siebenmal, sondern siebzigmal siebenmal!«
MATTHÄUS 18,21.22, GUTE NACHRICHT

Als Ehepaar können Sie an einem schöpferischen Akt beteiligt sein! Nein, die Rede ist hier nicht von Familienzuwachs, sondern jedes Mal, wenn Sie Ihrem Partner vergeben, haben Sie Anteil an einem schöpferischen Neuanfang in Ihrer Ehe. Es stimmt, dass zwar die Verletzungen und Kränkungen immer noch vorhanden sind, aber wenn Sie vergeben, weigern Sie sich, sie zum Anker werden zu lassen, der Sie daran hindert, voranzukommen.

David Augsburger beschreibt Vergebung treffend: »Vergebung findet statt, wenn die Liebe – bewusst – die Verletzungen und den Verschleiß durch das Leben annimmt und alle Anklagen gegen den anderen fallen lässt. Vergebung heißt, dem anderen auch dann zu vergeben, wenn Sie beide wissen, dass er/sie etwas ziemlich Unannehmbares getan hat.

Vergebung heißt lächelnde, stille Liebe Ihrem Partner gegenüber, wenn Sie die Rechtfertigungen dafür, an einer Beleidigung oder Ver-

letzung festzuhalten, schon auf der Zunge haben, sie aber dann doch herunterschlucken, und zwar nicht, weil Sie es müssen, sondern weil Sie Frieden schaffen wollen.

Vergebung ist nicht Annahme, die nur unter der Bedingung gewährt wird, dass der andere erst annehmbar wird, sondern sie wird großzügig geschenkt, und zwar in dem Wissen, dass der Vergebende ebenfalls auf Vergebung angewiesen ist, und das täglich.

Vergebung setzt die Stärke und Liebe Gottes in die Tat um und nimmt die andere Person an ohne eine Sicherheit völliger Wiedergutmachung.

Vergebung ist eine Beziehung zwischen gleichen Menschen, denen klar ist, dass sie einander brauchen, und die teilen, und zwar zu gleichen Teilen. Jeder braucht die Annahme des anderen. Jeder braucht den anderen. Und deshalb lässt vor Gott jeder alle Anklagen fallen, unterlässt alle Selbstrechtfertigung und vergibt. Und vergibt. Siebenmal siebzigmal, wie Jesus sagt.«[7]

14.

So, wie wir jetzt dem Menschen gleichen, der aus Erde gemacht wurde, so werden wir künftig dem gleichen, der vom Himmel gekommen ist.

1. KORINTHER 15,49, GUTE NACHRICHT

Sehen Sie sich Ihre/n Partner/in an. Achten Sie auf seine/ihre körperlichen Eigenschaften. Was sehen Sie? Vielleicht sind Sie frisch verheiratet und freuen sich noch sehr an der Erregung körperlicher Anziehung. Oder vielleicht sind Sie schon eine ganze Weile verheiratet und Ihre gegenseitige Anziehung ist eher innerlich als äußerlich. Make-up, Toupets und geschickte Kleidung helfen dabei, körperliche »Unebenheiten« zu kaschieren.

In diesem Leben werden Sie keinen perfekten Körper mehr bekommen. Sie können Tage im Fitnessstudio verbringen, aber manche Makel und Macken werden einfach bleiben. Aus diesem Grund müssen wir in der Ehe üben, vieles anzunehmen. Keiner von uns ist der griechische Gott oder die Göttin, für die uns unser Partner vor der Hei-

rat gehalten hat. Aber das ist auch in Ordnung so. Wir sitzen alle im selben Boot. Das, was wir einander wert sind, beruht nicht auf unserem Aussehen – sollte es zumindest nicht. Ist das dennoch der Fall, ist Gefahr im Verzug. Wir sind dadurch nicht nur der Gnade des anderen ausgeliefert, sondern wir machen uns selbst verrückt, indem wir versuchen, etwas perfekt zu machen, das überhaupt noch nie perfekt war.

Was unseren Körper angeht, können wir aufatmen. Es wird der Tag kommen, an dem er vollkommen sein wird. In der Ewigkeit bekommen wir nämlich einen neuen Körper, denn wir werden verwandelt. Und wir werden uns auch nicht mehr so viele Gedanken über unser Aussehen machen. In Jesus sind Sie innerlich schon ein neuer Mensch. Der Prozess der Umgestaltung hat in Ihrem Inneren schon begonnen. Wenn Sie Jesus von Angesicht zu Angesicht begegnen, dann werden Sie ganz heil sein.

Schauen Sie sich Ihren Körper an. Schauen Sie sich den Körper Ihres Partners an. Sagen Sie einander: »Es ist völlig in Ordnung, wenn wir körperlich unvollkommen sind. Lass uns einfach abwarten. Wir sind nach dem Bild Gottes geschaffen und unser Körper wird nach unserem Tod verwandelt werden.«

Nach dem Plan Gottes für jeden einzelnen Menschen soll unser Körper verherrlicht werden. Allerdings ist sein Timing ein wenig anders als unseres!

15.

Eine tüchtige Frau – wer findet sie schon? Sie ist wertvoller als viele Juwelen. Ihr Mann kann sich auf sie verlassen, sie bewahrt und vergrößert seinen Besitz.
SPRÜCHE 31,10.11, HOFFNUNG FÜR ALLE

Viele Männer zitieren Sprüche 31, um ihren Frauen deren Mängel unter die Nase zu reiben. Sie wünschen sich eine Frau, die so tüchtig und emsig ist wie die dort beschriebene. Sie kauft ein, treibt Handel, ist im Immobiliengeschäft tätig, kümmert sich um die Mahlzeiten und beaufsichtigt die Arbeit ihrer Bediensteten. In

Vers 17 heißt es: »Unermüdlich und voller Tatkraft ist sie bei der Arbeit; was getan werden muss, das packt sie an. Sie merkt, dass ihr Fleiß Gewinn bringt; beim Licht der Lampe arbeitet sie bis spät in die Nacht!«

Den Männern gefällt meistens besonders die Aussage: »Ihr Leben lang tut sie ihm [ihrem Mann] Gutes.« Manche Männer sagen: »Ich wünschte, meine Frau wäre so wie die aus den Sprüchen, aber solche Frauen sind eine vom Aussterben bedrohte Art.«

Dabei müssten sie gar keine Seltenheit sein. In Sprüche 31 werden nämlich nicht nur die Eigenschaften dieser Frau beschrieben, sondern es steht darin auch, wie sie so geworden ist.

Das (bzw. der) Erste, was dazu nötig ist, ist Gott. Sehen Sie sich Vers 30 an: »Anmut kann täuschen und Schönheit vergeht wie der Wind – doch wenn eine Frau Gott gehorcht, verdient sie Lob.« Wenn eine Frau in ihrem Leben zu Gott Ja sagt und mit ihm lebt, dann ergeben sich daraus viele der in Sprüche 31 beschriebenen Eigenschaften. Und für die Ehemänner: Eine Möglichkeit, eine Frau wie die aus Sprüche 31 zu bekommen, besteht darin, ihr dabei zu helfen, sich geistlich weiterzuentwickeln.

Als Zweites muss sich ihr Mann einsetzen. Er ist hauptverantwortlich dafür, wenn es darum geht, all das zu werden, was in ihr angelegt ist. Das überrascht Sie? In Vers 11 heißt es: »Das Herz ihres Mannes vertraut auf sie« (Einheitsübersetzung). Dieser Mann erkennt die Fähigkeiten seiner Frau an und nimmt sie nicht einfach als Selbstverständlichkeit hin. Er bringt ihr Wertschätzung entgegen. Lieber Ehemann: Wenn Sie Ihrer Frau Vertrauen entgegenbringen und an sie glauben, dann wird sie aufblühen.

Denn in Vers 28 steht: »Ihr Mann lobt sie mit überschwänglichen Worten« (Hoffnung für alle). Der Ehemann in diesem Kapitel macht seiner Frau vor anderen Männern Komplimente. Es gibt viele Männer, die das tun, aber viele Männer hören an der Stelle auch auf. Sie loben ihre Frau nicht direkt und persönlich. Von Herzen kommende, echte Komplimente verhelfen einer Frau zu der Freiheit, alles zu entfalten, was in ihr steckt.

Wenn ein Mann eine tolle Frau haben will, dann kann er sie ganz sicher bekommen – vorausgesetzt er ist bereit, seinen Part zu spielen!

16.

Denn Gott hat die Menschen so sehr geliebt, dass er seinen einzigen Sohn für sie hergab. Jeder, der an ihn glaubt, wird nicht verloren gehen, sondern das ewige Leben haben.

JOHANNES 3,16, HOFFNUNG FÜR ALLE

»Ich fühle mich immer unbeholfen, wenn ich mit meinem Partner über Gott spreche. Ich weiß nicht, was ich dann sagen soll, und ich möchte weder superfromm noch geistlich unterbelichtet wirken.«

Wenn es Ihnen so schon einmal gegangen ist, dann sind Sie richtig Mensch! Es ist wirklich nicht immer einfach, über geistliche Dinge zu sprechen. Worüber sprechen Sie? Die folgenden Übungen können als eine Art Leitfaden für Ihr geistliches Gespräch dienen. Die Themen werden wahrscheinlich etwas zusätzliche Zeit zum Überlegen und zum Austausch erfordern, aber es ist eine Zeitinvestition, die sich lohnt.

- Wann haben Sie zum ersten Mal eine Nähe zu Gott empfunden? Beschreiben Sie, wann und wie das war.
- Beschreiben Sie, wie Sie einmal ganz klar und eindeutig erkannt haben, dass der Heilige Geist zu Ihnen gesprochen hat.
- Wann fühlen Sie sich Gott am nächsten und wann am fernsten?
- Zu wem beten Sie normalerweise: Zu Gott dem Vater, zu Jesus dem Sohn oder zum Heiligen Geist?
- Welche inneren Bilder haben Sie von Gott? Auf welche dieser Bilder würden Sie gern verzichten? Welche hätten Sie gern intensiver?
- Beschreiben Sie, wie Gott Ihnen in der Vergangenheit geholfen hat, Schuldgefühle zu überwinden. Beschreiben Sie, welche Schuldgefühle immer noch vorhanden sind.
- Wenn Sie Jesus bitten könnten, Sie anzurühren und Sie auf der Stelle von etwas zu heilen, was würden Sie sich dann aussuchen?
- Was wird Jesus Ihrer Meinung nach zu Ihnen sagen, wenn Sie sich im Himmel gegenüberstehen?
- Welche Bibelstellen bedeuten Ihnen am meisten und warum?
- Welche Bibelstelle haben Sie als erste auswendig gelernt?

Vielleicht lösen ja diese Gedanken und Fragen auch Gespräche über weitere Themen aus, so dass Ihr Austausch weitergehen kann. Wenn Sie erst einmal angefangen haben, werden Sie sich im Laufe des Prozesses immer wohler fühlen.[8]

17.

Angesichts des Erbarmens Gottes ermahne ich euch, meine Brüder, euch selbst als lebendiges und heiliges Opfer darzubringen, das Gott gefällt; das ist für euch der wahre und angemessene Gottesdienst.
RÖMER 12,1, EINHEITSÜBERSETZUNG

Stellen Sie sich vor, Sie finden eines Tages einen Brief mit folgendem Inhalt in Ihrem Briefkasten: »Herzlichen Glückwunsch! Sie sind ausgewählt worden, an einer Opferfeier teilzunehmen – und das Opfer sollen Sie sein. Dies ist kein Vorschlag, sondern eine Aufforderung. Sie werden nachdrücklich aufgefordert, Ihr Einverständnis zu geben.«

Wie würden Sie wohl auf einen solchen Brief reagieren?

Einen Brief mit ungefähr diesem Inhalt schickte Paulus an die Christen in Rom. Paulus' Aufforderung ist von einer heftigen Dringlichkeit gekennzeichnet. Er sagt nämlich nicht, dass es doch nett wäre, wenn wir Gott unseren Körper als lebendiges, heiliges Opfer darbringen, sondern er fordert es praktisch ein, und er bringt diese Aufforderung mit Leidenschaft vor. Durch den Apostel fordert Gott uns auf, ihm etwas zu überlassen, das für uns von entscheidender, grundlegender Bedeutung ist – nämlich unser Leben.

Gott will von uns nicht, dass wir ihm tote Opfer bringen, sondern er möchte ein lebendiges, aktives Opfer. Er möchte, dass wir ihm unseren Körper darbringen, dann vom Altar herunterkommen und als Ehepartner, die ganz und gar ihm gehören, zusammenleben. Er fordert uns auf, durch unser Leben zum Ausdruck zu bringen, dass er bei uns ist, und zwar durch tägliches Bemühen und moralisches Verhalten.

Wie können wir ihm aber unseren Körper als lebendiges Opfer darbringen? Vielleicht kann dabei das folgende Gebet von Charles Swindoll eine Hilfe sein:

»Herr, in diesem Körper gibt es bestimmte Triebe und viele Begierden. Für meine Augen gibt es Interessantes, das nicht von dir kommt, und in meinen Ohren und in meinen Händen und den vielen anderen Körperteilen gibt es etwas, das wie durch einen Magneten von Dingen in der Welt angezogen wird. Deshalb überlasse ich dir ganz bewusst freiwillig meine Augen, meine Ohren, meine Sinne, meine Gedanken als einen Akt der Anbetung und des Gottesdienstes. Ich gehöre dir. Bitte übernimm du die Kontrolle über alle diese Bereiche.«[9]

Beten Sie das jeden Tag. Beten Sie es auch gemeinsam als Paar. Entdecken Sie, was Gott mit einem Paar lebendiger Opfer machen kann.

18.

Gleicht euch nicht dieser Welt an, sondern wandelt euch und erneuert euer Denken, damit ihr prüfen und erkennen könnt, was der Wille Gottes ist: was ihm gefällt, was gut und vollkommen ist.

RÖMER 12,2, EINHEITSÜBERSETZUNG

Haben Sie sich schon mal von anderen unter Druck gesetzt gefühlt, etwas zu tun, was Sie eigentlich nicht tun wollten? Sie fühlten sich eingeengt und unangenehm eingeschränkt durch den Druck, sich anzupassen.

Genau darüber spricht Paulus in dem Vers von heute. J. B. Phillips übersetzt diesen Vers: »Lass dich nicht von der Welt um dich her in ihre Form pressen.« Und in einer anderen Bibelübersetzung heißt es: »Passt euch nicht den Maßstäben dieser Welt an« (Gute Nachricht).

Sich anpassen – das ist ein interessanter Begriff. Es bedeutet, äußerlich etwas darzustellen, das durch die innere Haltung nicht abgedeckt ist. Sich anzupassen bedeutet, eine Maske zu tragen. Wir passen uns der Welt an, wenn Jesus Christus zwar in uns ist, dies aber durch unser Handeln nicht zum Ausdruck kommt. Wir passen uns nicht der Welt an, wenn seine Gegenwart in uns an unserem Handeln erkennbar ist. Kennen Sie eine der Stellen, an denen es am leichtesten zu einer solchen Anpassung kommt? Es ist die Ehe. Manchmal sind wir mit unserem Partner so vertraut, dass wir lasch werden, was unsere Disziplin angeht, und so schwindet langsam unsere Beständigkeit im Glauben.

Das Gegenteil von Anpassung ist Verwandlung, das heißt zuzulassen, dass das, was wir äußerlich zum Ausdruck bringen, von innen kommt. Eine Raupe wird zum Schmetterling, und auch Sie können eine verwandelte Person werden. Wie das geht? Indem Sie Ihr Denken erneuern. Das ist alles – ganz klar und einfach. Wenn Ihr Denken erneuert ist, dann verändern sich Worte, Handeln und Verhalten.

In 1. Korinther 2,16 heißt es, dass wir alle den Geist Christi haben. Das ist ein ungeheurer Besitz, und Besitz wird am besten eingesetzt, indem man ihn nutzt. In Kolosser 3,1–3 heißt es, dass wir unseren Sinn auf das Himmlische richten sollen. Vielleicht möchten Sie diese Verse jetzt einmal laut vorlesen und dann miteinander darüber sprechen.

Zwei Worte: anpassen und verwandeln. Was drücken Sie in Ihrem Leben aus? Denken Sie darüber nach und lassen Sie Jesus Ihr Leben und Ihre Ehe verwandeln.[10]

19.

Richtet eure Gedanken nach oben und nicht auf die irdischen Dinge.
KOLOSSER 3,2, GUTE NACHRICHT

Sie gehören zu einer Gegenkultur. Ihr Denken und Ihre Werte als verheiratete Christen stehen im Gegensatz zu den Werten der heutigen Gesellschaft. Dieser Gegensatz ist in vielen Bereichen erkennbar. Lassen Sie uns im Folgenden einige der Einstellungen der Welt mit unserer Sichtweise als Christen vergleichen.

Die Welt sagt, dass der Schlüssel zum Glück das Geld ist, und zwar je mehr, desto besser. Sehen Sie sich einmal in Ihrem Umfeld um. Diese Wertung ist nahezu in jedem Lebensbereich deutlich, aber Sie entdecken auch, dass die Reichen ihr Glück trotzdem nicht darin finden. Je mehr man hat, desto mehr gibt man auch aus, und mit zunehmendem Reichtum nimmt auch der Stress zu. Echtes, dauerhaftes

Glück finden wir nur in unserer Beziehung zu Jesus Christus (Johannes 10, 10).

Die Gesellschaft sagt, dass das Anhäufen von Geld unsere Bedürfnisse befriedigt und uns Bedeutung verleiht. Unser Wert spiegelt sich angeblich darin wider, was und wie viel wir besitzen. Eine solche Sichtweise führt dazu, dass wir unsere Beziehungen opfern, um zu arbeiten und so viel wie irgend möglich anzuhäufen. In der Bibel steht jedoch, dass unser Wert darauf beruht, wer wir in Christus sind. Beziehungen sind etwas Dauerhaftes, Reichtum nicht.

Das letztgültige Ziel der Welt ist Überfluss und ein leichtes Leben. Aussagen wie »ich habe es geschafft« oder »mit 50 gehe ich in den Ruhestand und lass es mir gut gehen« sind immer häufiger zu hören. Aber das leichte Leben stellt nicht zufrieden. Je mehr man hat, desto mehr will man. Salomo schreibt: »Je reicher jemand ist, desto mehr Leute wollen von seinem Reichtum leben. Welchen Nutzen hat er am Ende davon? Gar keinen« (Prediger 5,10, Gute Nachricht). Das eigentliche Ziel im Leben besteht darin zu lernen, zufrieden zu sein, und zwar völlig unabhängig davon, wie viel oder wenig man hat (Philipper 4,11.12).

Wie ist das bei Ihnen? Wie passt das, was Sie über Reichtum denken, in die heutige Diskussion? Vielleicht ist es ja hilfreich, gemeinsam über Ihre Ziele und Wünsche im Zusammenhang mit Geld zu sprechen.[11]

20.

Aber Gott ist reich an Erbarmen. Er hat uns seine ganze Liebe geschenkt. Durch unseren Ungehorsam waren wir tot; aber er hat uns mit Christus zusammen lebendig gemacht. Bedenkt: Aus reiner Gnade hat er euch gerettet.
EPHESER 2,4.5

Vielen Menschen fällt es sehr schwer, die Liebe Gottes zu begreifen. Es ist ja ziemlich einfach, Menschen zu lieben, von denen man ebenfalls geliebt wird, andere aber, die uns unangenehm sind, zu lieben, so wie Gott uns, fällt wohl niemandem leicht.

An der Liebe Gottes, wie sie in diesem Abschnitt beschrieben ist, wird seine Gnade erkennbar. Und genauso ist Gnade; es ist die han-

delnde, aktive Liebe Gottes zu jedem Menschen, von denen auch nicht einer diese Liebe verdient hat. Vielleicht ist das Wesen der Liebe Gottes einfacher zu verstehen, wenn man aufzeigt, wie sie NICHT ist. Zum Beispiel sagt Gott nie: »Ich liebe dich, WEIL ...« oder »WENN du ... werde ich dich lieben«, denn das wäre eine Liebe, die Bedingungen stellt, und so denkt Gott nicht!

Gott sagt stattdessen: »Ich liebe dich TROTZ ...«, »Ich liebe dich, SELBST WENN ...«, »Ich werde dich immer lieben, EGAL ...« Das ist bedingungslose Liebe. Die Liebe Gottes hängt nicht davon ab, wer wir sind oder was wir tun, sondern davon, wer Er ist.

Gott fordert Sie dazu auf, Ihren Partner ebenso zu lieben. Ja, es ist einfacher für Gott, bedingungslos zu lieben als für uns, weil er Gott ist. Aber weil er in uns lebt, können auch wir lernen, so zu lieben.

Denken Sie einmal einen Augenblick lang an Ihren Partner. Ist Ihre Liebe zu ihm/ihr eher an Bedingungen geknüpft? Haben Sie ihm/ihr schon Bedingungen gestellt? Vielleicht hin und wieder ja, aber hoffentlich nicht immer.

Sprechen Sie Ihren Partner doch jetzt gleich an und machen folgende Aussagen bedingungsloser Liebe. Vervollständigen Sie jede der Aussagen so, dass Ihr Partner sicher sein kann, Ihre Liebe hängt nicht davon ab, was er/sie tut oder nicht tut:

Durch Gottes Gnade und Liebe liebe ich dich trotz ...
Durch Gottes Gnade und Liebe liebe ich dich auch, wenn ...
Durch Gottes Gnade und Liebe werde ich dich immer lieben, ...

21.

Ich sage das nicht, weil ich Mangel leide.
Denn ich habe gelernt, mich in jeder Lage zurechtzufinden.
PHILIPPER 4,11, GUTE NACHRICHT

Warum versuchen Sie, Ihr Christsein zu leben? Was erhoffen Sie sich für all die Mühe? Gibt es einen Lohn? Viele Christen glauben, dass der Lohn für den Glauben an Jesus und für treue Nachfolge finanzieller

Segen und materieller Wohlstand ist. Es gibt leider auch manche Prediger, die so etwas verbreiten.

Aber diese Lehre ist in der Bibel nicht zu finden. Sehen Sie sich beispielsweise einmal Paulus und Abraham an. Sie waren beide gottesfürchtige Männer, beide gehorsam und treu. Einer war reich und der andere war auf Menschen angewiesen, um zu überleben. Einer war materiell gesegnet, der andere nicht. Wohlstand hat nichts mit Treue zu tun.

Wenn Sie Ihren finanziellen Erfolg als Barometer für geistliche Gesundheit nehmen, dann kommen Probleme auf Sie zu. Sie werden dann nämlich irgendwann eine falsche Vorstellung von Ihrem geistlichen Zustand haben. Wenn Sie finanziell einen guten Monat haben, dann denken Sie vielleicht, dass das auch geistlich gesehen ein guter Monat ist, was aber gar nicht unbedingt so sein muss. Wenn Sie finanziell gesehen eher einen schlechten Monat haben, sind Sie vielleicht ganz ungerechtfertigt kritisch in Bezug auf Ihr geistliches Leben (oder das Ihres Ehepartners) oder Sie werden böse auf Gott. Eine Ehe kann durch eine solche Denkweise in Mitleidenschaft gezogen werden.

Gottes Lohn ist nicht immer im materiellen Bereich zu finden und so manchen Lohn für irgendetwas werden wir vielleicht in diesem Leben auch gar nicht mehr erhalten. Im Hebräerbrief ist die Rede von Glaubenshelden, die sterben, »ohne das Verheißene erlangt zu haben, nur von fern haben sie es geschaut« (11,13). Es hat aber sehr wohl einen täglichen Gewinn, Gott nachzufolgen, und zwar: Erlösung, Weisheit, Orientierung, Befreiung, Frieden, Erfüllung. Was Treue bewirkt, kann man mit Geld nicht kaufen. Aber so manchen Lohn wird man auch erst später bekommen, wenn man Jesus von Angesicht zu Angesicht gegenübersteht (1. Korinther 3,10–15).

Was haben Sie als Folge Ihrer treuen Nachfolge bereits bekommen? Tauschen Sie sich darüber aus. Manchmal ist es hilfreich, die Segnungen Gottes im Blick zu haben, wenn wir eine Bestandsaufnahme in unserem Leben machen.[12]

22.

Was haben wir in die Welt mitgebracht? Nichts.
Was können wir aus der Welt mitnehmen? Nichts!
1. TIMOTHEUS 6,7, GUTE NACHRICHT

Welche Rolle spielte früher in Ihrer Ursprungsfamilie das Geld? Was haben Sie gelernt über das Geldverdienen, Sparen und Geldausgeben? Wie hat Ihre Einstellung zum Geld Ihre Grundüberzeugungen mitgeprägt? Sicher ist es interessant für Sie als Paar, über diese Fragen einmal zu sprechen. Vielleicht überrascht es Sie zu entdecken, wie stark Sie und Ihr Partner in finanziellen Angelegenheiten von den Eltern beeinflusst sind.

Welche Einstellung hat Gott zum Geld? Welchen Zweck hat es aus seiner Sicht? Ron Blue, Finanzberater und Christ, verwendet drei Begriffe, um zusammenzufassen, wie Gott über das Geld denkt:

Erstens: Geld ist ein WERKZEUG. Gott benutzt den Überfluss oder auch den Mangel an Geld in unserem Leben, um uns zu formen, sodass wir ihm gefallen. Paulus lernte Zufriedenheit durch die Extremsituationen, ganz viel oder dann auch wieder gar nichts zu haben (Philipper 4,11–13). Es ist möglich, in beiden Situationen Haushalterschaft zu lernen, Beziehungen aufzubauen und die Zeit effektiv zu nutzen. Vielleicht wäre es hilfreich, sich einen Augenblick Zeit zu nehmen und sich vorzustellen, wie Ihre Beziehung zu Gott wohl wäre, wenn Ihre finanzielle Situation genau anders herum wäre als sie es zur Zeit ist.

Zweitens: Geld kann in Ihrem Leben auch eine PRÜFUNG sein – eine Art Treue-Test. Lesen Sie dazu Lukas 16,10–13. Ein Schlüsselgedanke in diesem Abschnitt besagt, dass man nicht gleichzeitig Gott und dem Geld dienen kann – ein sehr interessanter Gedanke. Viele Leute behaupten, dass sie nicht dem Geld dienen, aber ihre Gedanken, Einstellungen und Gewohnheiten im Zusammenhang mit Geld sowie die Zeit, die sie fürs Geldverdienen einsetzen, sagen das Gegenteil. Die Existenz von Geld in unserem Leben ist eine Prüfung, durch die geklärt werden soll, wie entschlossen wir sind, Gott zu dienen.

Drittens: Geld ist ein ZEUGNIS. Lesen Sie Matthäus 5,13–16. Trägt die Art, wie Sie Ihr Geld und Ihren Besitz nutzen, dazu bei, Salz und Licht auf dieser Welt zu sein? Egal, ob Sie arm sind oder wohlhabend,

ob Sie gerade so Ihr Auskommen haben oder richtig reich sind, die Art, wie Sie Ihr Geld einsetzen, kann als Zeugnis für Gott als Ihren Herrn dienen. Wie spiegelt sich an Ihrem Kontoauszug wider, dass Sie Christ sind? Kann jemand Fremdes, der Ihre Kontoauszüge sieht, daran feststellen, wem Sie dienen?[13]

23.

Mir geschieht Unrecht, und du trägst dafür die Verantwortung.
1. Mose 16,5, Gute Nachricht

Rechtfertigung, etwas wegzuerklären – das ist eine Verhaltensweise, die es nicht erst seit gestern, sondern seit Anbeginn der Menschheit gibt. Es ist ein Abwehrmechanismus, ein Verhaltensmuster, bei dem wir die Schuld für unser eigenes verantwortungsloses Verhalten auf jemand anderen abwälzen. Es tut so gut, mit anzusehen, wie jemand anders zappelt und man selbst vom Haken springen kann.

Dieses Rechtfertigen und Entschuldigen kommt auch in der Ehe vor. Ihr Partner sagt beispielsweise: »Du hast gestern Abend vergessen, die Haustür abzuschließen.« Statt das Versäumnis zuzugeben, sagen Sie: »Und du hast vergessen zu tanken, obwohl du es fest versprochen hattest. Wenn du deinen Teil erledigt hättest, dann hätte ich auch an meine Aufgabe gedacht.«

Schon Adam und Eva rechtfertigten ihr falsches Verhalten. Adam gab Gott die Schuld, denn der hatte ihm ja schließlich Eva zur Frau gegeben und die wiederum hatte ihm die verbotene Frucht gereicht. Eva gab der Schlange die Schuld, weil sie ihr die Frucht gegeben hatte. Adam nannte allerdings auch den wirklichen Grund für dieses Rechtfertigungsverhalten: Furcht (siehe 1. Mose 3).

Sara gab Abraham die Schuld für ihre Probleme mit Hagar, der Sklavin, die ihnen den Erben zur Welt bringen sollte – und zwar auf den Vorschlag Saras hin: »Mir geschieht Unrecht und du trägst dafür die Verantwortung! Ich habe dir meine Sklavin überlassen. Seit sie weiß, dass sie ein Kind bekommt, verachtet sie mich« (1. Mose 16,5). Als Mose Aaron beschuldigte, am Bau des goldenen Kalbes beteiligt ge-

wesen zu sein, schob Aaron wiederum die Schuld auf das Volk, indem er sagte: »Du weißt doch, wie sehr das Volk zum Bösen neigt. Sie drängten mich: ›Mach uns einen Gott, der uns schützt und führt‹« (2. Mose 32,22.23). Und auch Pilatus wälzt seine Verantwortung für den Tod Jesu auf andere ab, indem er zu der aufgebrachten Menge sagt: »Ich habe keine Schuld am Tod dieses Mannes. Das habt ihr zu verantworten« (Matthäus 27,24).

Die Gründe für ein solches Rechtfertigungsverhalten sind vielfältig: Angst, Eifersucht, Zorn, Sicherheitsbedürfnis, Schuldgefühle, Stolz oder Wollust. Vielleicht ist diese menschliche Art ein Grund mehr, gemeinsam mit David zu beten: »Durchforsche mich, Gott, sieh mir ins Herz, prüfe meine Wünsche und Gedanken! Und wenn ich in Gefahr bin, mich von dir zu entfernen, dann bring mich zurück auf den Weg zu dir!« (Psalm 139,23.24, Gute Nachricht).[14]

24.

Herr, Gott, mein Heiland, ich schreie Tag und Nacht vor dir.
Psalm 88,2, Luther

Depression tut weh. Hat sie auch einen Sinn? Denken Sie einmal über folgende Aussagen von Archibald Hart nach:

»Depression ist ein Symptom, das uns warnt, wenn tiefere Gewässer vor uns liegen. Ich glaube, sie ist von Gott als emotionale Reaktion gedacht zur Verlangsamung unseres Lebenstempos, um uns aus dem Rennen herauszunehmen, uns zurückzuhalten, damit wir uns mit dem befassen, was innerlich wichtig ist. Ich möchte sogar behaupten, dass die Depression dazu gedacht ist, uns zurückzutreiben zu Gott, weil er derjenige ist, dem wir vertrauen können und der auch über alles verfügt, was zum Umgang mit der anstehenden Problematik nötig ist. Es ist eine Schutzmaßnahme, die uns weiteren Stress vom Leib hält und uns Zeit zur Erholung gibt.

Wir sind als Menschen mit der Fähigkeit zu Emotionen geschaffen, und zwar nicht nur der Fähigkeit zur Freude, sondern auch zur Traurigkeit. Vielleicht dient diese dunkle Seite unserer Gefühlswelt dazu,

uns immer wieder in Gottes Arme zurückzutreiben. Wenn wir immer glücklich wären, hätten wir vielleicht das Gefühl, Gott gar nicht zu brauchen. Depressionen haben ganz bestimmt auch eine positive Seite. Ich glaube, Gott hat aus gutem Grund die Fähigkeit in uns angelegt, Depressionen zu erleben.

Depression ist wie Schmerz – unangenehm, aber auch nützlich als wichtiges Alarmsystem, das für unser Überleben von grundlegender Bedeutung ist. Wir sollten nicht fragen: ›Warum lässt Gott zu, dass ich Schmerz erfahre?‹ Schmerz hat nämlich eine Funktion. Gott hat mich außerdem mit der Fähigkeit zur Depression geschaffen, damit ich gewarnt werde und merke, wenn in meinem Leben etwas nicht stimmt. Nie setzt er aber Depression als Strafe für Fehlverhalten ein, denn er hat all meine Strafe am Kreuz bereits auf sich genommen und getragen. Aber er hat mir mit der Fähigkeit zur Depression auch ein wunderbares Geschenk gemacht, das ich als das nutzen sollte, was es ist, ein wichtiges Alarmsystem.«[15]

Wenn Sie deprimiert sind, dann stellen Sie sich selbst die Frage: »Was soll mir diese Depression sagen?« Und dann können Sie daraus Schlüsse ziehen und handeln.

25.

Dann ging Jesus mit ihnen in einen Garten, der Gethsemane hieß …
Tiefe Mutlosigkeit und Angst überfielen Jesus.
MATTHÄUS 26,36.37, HOFFNUNG FÜR ALLE

Sind Sie überrascht zu erfahren, dass auch Jesus depressive Phasen kannte? Damals in dem Garten trug er schwer an der Last des Menschseins, denn er durchlebte Schmerz und Verlust, und der Verlust seines Lebens stand ihm noch bevor. Schwere Lasten und persönliche Verluste sind normale Auslöser für Depressionen.

Sie haben im Laufe Ihres Lebens wahrscheinlich auch schon depressive Phasen erlebt, und wenn nicht, wird es sicher irgendwann dazu kommen. Ein Punkt, der vielen Ehepaaren Mühe macht, ist die Frage, wie sie mit einem depressiven Partner umgehen sollen. Wie

kann man da helfen? Soll man mit ihm/ihr reden, ihn/sie aufheitern mit Späßen, ihm sagen, er soll sich zusammenreißen, ihn ignorieren oder was sonst?

Hier ein paar praktische Schritte, die vielleicht eine Hilfe sein können, wenn er/sie depressiv ist oder wird. Als erster Schritt ist es wichtig, bereits etwas über Ursachen und Symptome von Depressionen zu wissen, bevor sie zuschlägt, indem man sich informiert und etwas darüber liest. Gut informiert zu sein, kann dabei helfen, vielleicht sogar Depressionen zu verhindern und mit dem Betreffenden richtig umzugehen.

Wenn Ihr Ehepartner depressiv wirkt oder ist, dann bestehen Sie darauf, dass er/sie sich von einem Arzt gründlich untersuchen lässt, um abzuklären, ob vielleicht physiologische Gründe für die Depression vorliegen. Geben Sie während dieser Zeit Ihrem Partner Ihre volle Unterstützung. Wenn jemand depressiv ist, dann befinden sich Glaube und Hoffnung in einem Dauertief. Vielleicht müssen Sie in dieser Zeit für Ihren Partner mitglauben und mithoffen. Sie müssen an seine/ihre Fähigkeiten glauben, und zwar so lange, bis er/sie es wieder selbst kann.

Denken Sie daran, dass es dem depressiven Partner wirklich schlecht geht. Unterlassen Sie auch die geringste Andeutung in Richtung »zusammenreißen«. Zeigen Sie Einfühlungsvermögen, aber kein Mitleid, denn Mitleid ist keine Hilfe. Es kann jedoch entlastend für die betroffene Person sein, wenn Sie ihr zeigen, dass Sie verstehen, wie sehr sie zu kämpfen hat. Erinnern Sie Ihren Partner an die Freude, die er im Leben schon erlebt hat, und was er/sie schon alles erreicht hat. In einer Depression ist es schwer für den Betroffenen, sich an die positiven Dinge zu erinnern.

Und wichtiger als alles andere im Umgang mit einem depressiven Partner ist sicher die Aussage von Paulus: »Seid geduldig mit allen« (1. Thessalonicher 5,14).

26.

Darum seid wach und haltet euch bereit.
1. PETRUS 1, 13, GUTE NACHRICHT

Seid wach und haltet euch bereit – eine interessante Aufforderung. Wörtlich bedeutet es, sich innerlich, gedanklich auf eine bestimmte Aktivität einzustellen. Als Menschen, die an Jesus Christus glauben, sollen wir positive Gedanken haben und alles ausmerzen, was uns daran hindern könnte – dazu gehört auch, sich nicht auf das eigene Versagen oder das anderer zu konzentrieren.

In seinem Buch BRINGING OUT THE BEST IN PEOPLE (Das Beste aus den Menschen hervorlocken) beschreibt Alan Loy McGinnis einen Gottesdienstbesuch in New York. Der Gottesdienst wurde von Vincent Peale gehalten, der die Gemeinde schon seit über 50 Jahren leitete. Als der betagte Geistliche auf die Kanzel stieg und zu predigen begann, wurde McGinnis klar, weshalb die Gemeinde Peale nicht in den Ruhestand gehen lassen wollte, obwohl er schon 86 Jahre alt war. Er hielt eine dynamische Predigt zum Thema Zweifel und Sorgen, in der er eine Geschichte nach der anderen erzählte, und in jeder Geschichte ging es darum, wie Menschen mit der Hilfe Gottes Schwierigkeiten überwunden hatten.

Nach dem Gottesdienst machte McGinnis dem Pastor ein Kompliment für die aufbauende Predigt und die mutmachenden Beispiele. Peale entgegnete darauf, dass eine ganze Reihe von Leuten ihn im Laufe der Jahre immer wieder dafür kritisiert hätten, dass er so viele positive Geschichten erzähle. Er sei aber entschlossen, damit weiterzumachen, weil die Bibel nichts darüber sage, dass wir Scheitern und Versagen einüben sollen.

Das ist doch wirklich ein interessanter Grundgedanke – Versagen einzuüben. Aber genau das tun viele Menschen: Sie kramen ständig in ihrer Erinnerung herum und denken an die Begebenheiten, wo sie in ihrem Leben versagt haben, statt sich vor Augen zu halten, wann und wie Gott in ihrer Vergangenheit gewirkt hat und wie er künftig noch wirken wird. Wachsam zu sein und sich bereitzuhalten, schließt auch mit ein, uns auf das zu konzentrieren, was Gott tut und noch tun wird, und nicht auf die Stellen, wo wir versagt haben.

Wenn Sie irgendetwas einüben wollen, dann die Besinnung auf die Fähigkeiten Gottes und Ihre Siege. Und wenn Sie an Ihren Partner denken, dann erinnern Sie sich nicht daran, wann und wie er Sie schon hat hängen lassen. Solche Gedanken halten Ihren Partner in der Vergangenheit gefangen. Üben Sie lieber gute Erinnerungen ein und positive Erwartungen – dadurch wird Ihr Partner in die Freiheit entlassen.[16]

27.

Der Herr hat sich einen Mann [David] nach seinem Herzen gesucht.
1. SAMUEL 13,14, EINHEITSÜBERSETZUNG

David war ein bemerkenswerter Mann. Er hatte Stärken und Schwächen wie wir alle und ein Autor schrieb über ihn: »Er war ein leidenschaftlicher Mann, mit einem Charakter, der Licht und Schatten aufwies.«[17] Aber trotz seiner Unvollkommenheit und seines Versagens war David erfolgreich, und die Frage ist natürlich, warum? Gibt es etwas, das wir von ihm lernen können und sollen? Das gibt es in der Tat.

Erstens stellte David sich Gott ganz und gar zur Verfügung. Heute stellen sich viele Christen leider nur noch zeitweilig oder vorübergehend auf so radikale Weise zur Verfügung wie damals David. Wir treffen im Leben doch lieber selbst unsere Wahl, statt uns von Gott führen zu lassen.

Außerdem war David sensibel und offen für den Geist Gottes. Er war demütig und zeigte Reue. Außerdem ordnete er sich mit Herz und Verstand dem Willen Gottes unter. Wie gut Gott uns gebrauchen kann, hängt unmittelbar davon ab, inwieweit wir unseren Geist und Willen disziplinieren, damit sie seinen Willen tun, was es auch kosten mag, und manchmal ist der Preis eben auch Leiden. Zugegeben: das ist wirklich keine besonders ermutigende Vorstellung.

David ist außerdem ein Vorbild, weil er die Fähigkeit hatte, Buße zu tun und umzukehren, wenn er etwas Falsches getan hatte. Er empfand Reue, wenn er gesündigt hatte. Keine Ausreden, kein Abwälzen der

Schuld auf andere Menschen oder auf die Umstände, keine Rechtfertigungen. Nur: »Ich habe es vermasselt; ich habe gesündigt. Vergib mir, Vater«, sind gute und wichtige Worte, Worte, die bestimmt nicht leicht fallen.

Und schließlich: David war ein begabter Mann. Er erkannte seine Gaben und setzte sie ein – nicht nur für sich selbst, sondern für Gott. Kein Wunder also, dass David Erfolg hatte. Die Punkte, die ihm dabei halfen, könnten auch dazu betragen, einmal über die Richtung Ihres Lebens und Ihrer Ehe nachzudenken.[18]

28.

Jesus ... fragte: »Kannst du etwas erkennen?« Der Blinde blickte auf und sagte: »Ja, ich sehe die Menschen. Sie sehen aus wie wandelnde Bäume.«
MARKUS 8,23.24, GUTE NACHRICHT

Waren Sie schon einmal beunruhigt oder haben ein geistliches Unbehagen verspürt? War da geistlich etwas nicht in Ordnung, Sie konnten es aber nicht konkret benennen? Irgendetwas war Ihnen nicht klar oder Sie waren aus irgendeinem Grund unzufrieden mit sich? Wenn das zutrifft, dann können Sie sich vielleicht in den Blinden aus Markus 8 hineinversetzen. Jesus hatte mit ihm gesprochen und der Heilungsprozess hatte begonnen. Die Sehkraft des Mannes kehrte zurück, aber er konnte noch nicht wieder völlig klar sehen.

Viele Christen leben ihr Leben lang wie dieser Mann – nur halb geheilt – und es fehlt ihnen an Klarheit und Orientierung. Manche haben erlebt, wie Jesus ihr Leben berührt hat, aber die Realität dessen, was er wirklich für sie getan hat, ist verdeckt durch einen seltsamen Nebelschleier. Wenn Jesus Sie heute fragen würde: »Kannst du etwas erkennen?«, wie würde dann Ihre Antwort lauten? Würden Sie sagen: »Ja, ich sehe alles ganz deutlich«, oder würden Sie ehrlich antworten: »Herr, ich habe da einige ernsthafte Fragen, manchmal sogar auch Zweifel«?

Es beeindruckt Gott absolut nicht, wenn Sie sagen, dass es Ihnen gut geht, obwohl das gar nicht stimmt. Er möchte, dass Sie ihm ganz genau sagen, wo Sie geistlich stehen. Die Ehrlichkeit des Blinden

brachte Klarheit in sein Leben. Jesus berührte seine Augen noch einmal, und da konnte er dann wirklich sehen. Wenn in Ihrem Leben manches verschleiert ist, versuchen Sie nicht zu bluffen und so zu tun, als hätten Sie den Durchblick. Sprechen Sie mit Jesus darüber. Sagen Sie ihm, was los ist. Lassen Sie ihn Klarheit in Ihr Leben bringen durch sein Wort und seine Gegenwart. Er möchte nicht, dass wir Gefangene unserer Gedanken, Befürchtungen, unserer Ungewissheit und unseres Unglücks bleiben. Aber er kann uns erst wirklich helfen, wenn wir bereit sind, ihm zu sagen, wo es wehtut.

Sprechen Sie miteinander über die Bereiche, wo Ihr Leben überschattet ist von Zweifeln und Ungewissheit. Dann beten Sie gemeinsam und lassen Sie sich ein zweites Mal von ihm berühren.

29.

Als Josef das hörte, musste er weinen.
1. MOSE 50,17, GUTE NACHRICHT

Wenn Sie den Bericht über Josefs Wiedersehen mit dem Vater und den Brüdern am Stück lesen, dann entdecken Sie vielleicht etwas an Josef, das Sie bisher nie bemerkt haben (1. Mose 42–50). Wahrscheinlich werden Sie feststellen, dass Josef ein ausgesprochen sensibler Mensch war, und das ist beispielsweise daran zu erkennen, wie oft er weinte. In seinem ersten Gespräch mit den Brüdern nach der jahrelangen Trennung heißt es: »Die Tränen kamen ihm und er musste sich abwenden« (42,24). Als er seinen kleinen Bruder Benjamin sah, war Josef so tief gerührt, dass es heißt: »Er zog sich in seine Kammer zurück, um dort zu weinen« (43,30, Einheitsübersetzung).

Das nächste Mal weinte Josef, als sein älterer Bruder Juda sich freiwillig bereit erklärte, an Stelle von Benjamin als Sklave dazubleiben, damit der Vater nicht noch mehr Leid ertragen musste. Hier heißt es: »Er begann so laut zu weinen, dass es die Ägypter hörten« (45,2).

Nachdem Josef sich ihnen als ihr Bruder offenbart hatte, weinte er und küsste sie (45,14.15). Als sein Vater dann in Ägypten ankam, »warf Josef sich über seinen Vater, weinte um ihn und küsste ihn« (50,1).

Warum weint Josef? Das Wiedersehen mit den Brüdern bringt all die schmerzlichen Erinnerungen zurück, aber Josef ist zutiefst gerührt darüber, sein eigenes Fleisch und Blut wieder zu sehen – deshalb die Tränen. Außerdem weint er über die echte Reue seiner Brüder, über die Versöhnung der ganzen Familie und aus Trauer über seinen Vater.

Wie sieht es bei Ihnen aus? Haben Sie schon einmal über ein Familienmitglied geweint? Wann haben Sie als Ehepaar zum letzten Mal gemeinsam geweint? Wenn das noch nie passiert ist – seien Sie ganz sicher, es wird irgendwann dazu kommen. Weinen ist ein Geschenk Gottes, das uns hilft mitzuteilen, wie sehr wir innerlich beteiligt sind. Wenn es Ihnen schwer fällt zu weinen, dann lesen Sie noch einmal die Geschichte von Josef – diesmal in einem Stück.[19]

30.

Denn wenn Gott einen Menschen . . . essen und trinken und seinen Teil nehmen und fröhlich sein [lässt] bei seinen Mühen, so ist das eine Gottesgabe, denn er denkt nicht viel an die Kürze seines Lebens, weil Gott sein Herz erfreut.

Prediger 5,18.19

Wünschen Sie sich manchmal, nie wieder arbeiten zu müssen? Träumen Sie davon, einfach aufzuhören und von jetzt an nur noch Ihren Spaß zu haben, alles zu tun, wozu Sie gerade Lust haben?

Warum arbeiten wir? Ist die Arbeit eine der Folgen des Sündenfalles? Es gibt einige gute Gründe, weshalb wir arbeiten. Erstens ist Arbeit etwas Gutes. Sie wird von Gott wertgeschätzt. Die Erschaffung der Welt war Gottes Arbeit und er bezeichnete sie als gut. Arbeit ist keine Auswirkung des Fluches. Der Boden wurde verflucht als Folge des Sündenfalls, aber die Arbeit war nicht Teil des Fluches.

Auch die Bibel fordert uns auf zu arbeiten. In 2. Thessalonicher 3,10 steht: »Wer nicht arbeiten will, soll auch nicht essen.« Wenn wir nicht arbeiten, können wir nicht für die materiellen Belange von uns selbst und unseren Familien sorgen. Wenn wir nicht arbeiten, entsteht in unserem Leben ein Ungleichgewicht. Eine Ehe gerät beispielsweise

aus dem Lot, wenn die Frau ihren Mann ständig mitversorgen muss, weil er zu faul ist zu arbeiten.

Ein weiterer Grund, weshalb wir arbeiten, ist die Tatsache, dass Arbeit auch Erfüllung bringt. Den schöpferischen Drang, den Gott in uns hineingelegt hat, erkennt man auch in unserer Arbeit, und das gilt für Männer wie für Frauen. Es gibt viele Menschen, die aus finanziellen Gründen nicht mehr arbeiten müssten, trotzdem aber weitermachen, weil sie Freude daran haben und Erfüllung finden in dem, was sie tun.

Und Arbeit ist auch eine Gelegenheit, von Jesus zu erzählen, die Gute Nachricht unter die Leute zu bringen, und zwar sowohl in Form von Worten als auch durch das Verhalten am Arbeitsplatz.

Bedenken Sie im Zusammenhang mit Ihrer Arbeit: Gott hat genauso viel Interesse an dem Prozess Ihrer Arbeit wie an den Resultaten. Sprechen Sie miteinander über diese Behauptung. Trifft das auch auf Ihre Arbeit zu bzw. auf die Ihres Partners?[20]

OKTOBER

Das Leben ist eine Mischung aus Freude und Schmerz,
Entmutigung und Lob, Hoffnung und Mühe.
Zögern Sie nicht, mit einem Atemzug Gott zu loben
und ihm mit dem nächsten zu sagen,
was Sie auf dem Herzen haben.

1.

*Ich habe dich je und je geliebt,
darum habe ich dich zu mir gezogen
aus lauter Güte.*
JEREMIA 31,1, LUTHER

Unser ganzes Leben lang haben wir Gott gegenüber unterschiedliche Gedanken und Gefühle. Manchmal tragen wir negative Gefühle über Gott mit in unsere Ehe hinein, und das kann zu Spannungen führen. Können Sie einige Ihrer Vorstellungen beziehungsweise Überzeugungen von Gott nennen und erläutern?

- Gott liebt mich nicht – nicht wirklich –, denn ich bin nicht liebenswert.
- Gott hat es ganz offensichtlich auf mich abgesehen!
- Gott kümmert sich um mich nicht so sehr wie um die »Heiligen«, die frommen Typen, die Begabten, die Gutaussehenden, die Schönredner, die brillanten, strahlenden, blitzsauberen, die makellosen Leute.
- Wenn ich Gott doch nur dazu bringen könnte, meine Gebete zu erhören, dann wüsste ich, dass er mich wirklich liebt.
- Ich kann mich letztlich nicht darauf verlassen, dass Gott mir nicht doch wehtut.[1]

Hier einige Reaktionen auf diese Aussagen, und zwar nicht von Menschen, sondern von Gott selbst. Lesen Sie sich gegenseitig jeden Bibelvers laut aus der Bibel vor:

- Gott ist der Einzige, der Sie immer und pausenlos liebt (Jeremia 31,3).
- Gott liebt Sie, auch wenn Sie ihn nicht lieben oder ihm nicht dienen – ja sogar wenn Sie sündigen (Römer 5,8).
- Gott ist für und nicht gegen Sie, ist Ihr Verbündeter, nicht Ihr Feind; Ihr Helfer, nicht Ihr Verderber (Römer 8,31).
- Gott tut durch uns immer das Richtige, nie etwas Falsches (Psalm 48,10).

- Was Gott in unserem Leben tut, ist richtig und gerecht – nie falsch, nie versehentlich, nie ungerecht (Psalm 65,5).[2]

Freuen Sie sich heute gemeinsam über Gottes Liebe.

2.

Schmeckt und seht, wie freundlich der Herr ist.
Wohl dem, der auf ihn traut.
PSALM 34,9 LUTHER

Haben Sie schon einmal etwas behauptet und wurden dann von jemandem korrigiert? Wir brauchen oft Korrektur, wenn das, was wir gesagt haben, nicht ganz exakt war. Manchmal ordnen wir Gott bestimmte Wesenszüge oder auch Verantwortlichkeiten zu, die nicht genau zutreffend sind. Überdenken Sie einmal Folgendes:

Wenn wir sagen: »Gott hat dafür gesorgt, dass ich meine Arbeit verloren habe«, oder: »Gott hat mein Kind krank gemacht«, oder: »Er hat mich einen Versager heiraten lassen«, oder: »Er hat mich geschäftlich scheitern lassen« – dann antwortet Gott: »Schmeckt und seht, wie freundlich der Herr ist. Wohl dem, der auf ihn traut« (Psalm 34,9); »Denn der Herr, unser Gott, ist gerecht in allem, was er tut« (Daniel 9,14).

Wenn wir sagen: »Es kann ja sein, dass Gott manche Menschen liebt, aber mich liebt er nicht« – dann sagt Gott, dass er Sie besonders liebt, selbst wenn Sie von ihm getrennt sind: »Der Menschensohn ist gekommen, um zu suchen und zu finden, was verloren ist« (Lukas 19,10); »So sehr hat Gott die Welt geliebt, dass er seinen einzigen Sohn hergab« (Johannes 3,16).

Wenn wir sagen: »Gott hat mich vergessen« – dann sagt Gott, dass er nicht vergessen kann, denn: »Kann denn eine Frau ihr Kindlein vergessen, eine Mutter ihren leiblichen Sohn? Und selbst wenn sie ihn vergessen würde, ich vergesse dich nicht. Sieh her: Ich habe dich eingezeichnet in meine Hände« (Jesaja 49, 15.16, Einheitsübersetzung).

Wenn wir sagen: »Gott erhört meine Gebete nicht« – dann sagt er, dass er sie erhören wird, und zwar genau zum richtigen Zeitpunkt.

Und dieser Zeitpunkt wird schon sehr bald sein, auch wenn es einem sehr lang vorkommt: »Schon ehe sie rufen, gebe ich Antwort, während sie noch reden, erhöre ich sie« (Jesaja 65,24).[3]

Welche Verheißung brauchen Sie heute besonders dringend?

3.

Wenn ihm ein Gefäß unter den Händen mißlang, dann machte er aus dem Ton ein anderes, ganz wie er es für richtig hielt.
JEREMIA 18,4, GUTE NACHRICHT

Wie würde wohl Ihr Partner Gott beschreiben und wie sieht Ihr eigenes Gottesbild aus? Haben Sie beide schon mal darüber gesprochen, wer und wie Gott für Sie ist? Manchmal denken wir uns Gott wie unsere Vorstellung ist oder wie unsere Eltern sind. Oft sehen wir Gott als einen, der weder liebt noch sich kümmert. Beziehen Sie folgende Aussagen zur Klärung Ihres Gottesbildes mit ein:

»Ein liebenderes Gottesbild zu entwickeln und zu erhalten, verhindert nicht, dass Sie sich Ihren ganz persönlichen ›Höllen‹ auf Erden stellen müssen, aber es ist bestimmt eine Hilfe, Ihre Probleme besser zu bewältigen. Fragen Sie mal Hiob! Er lernte seine Lektionen auf die ganz harte Tour. Nach unendlich viel Leid erlebte er schließlich eine Gemeinschaft mit dem liebenden Gott, durch die die finsterste Hölle in den strahlendsten Himmel verwandelt wurde. Hätte er die Liebe Gottes früher gefunden, hätte er zwar immer noch sehr leiden müssen, aber ein innerer Frieden hätte sein äußeres Leiden gemildert.

Das ist die größte Herausforderung des Lebens: auch inmitten größter Schwierigkeiten einen echten, wirklich innerlich empfundenen Glauben an die Liebe Gottes zu bewahren.

Der Schlüssel liegt also darin, Gott als den zu erkennen und zu erleben, der auch in den Kämpfen des Lebens wirklich bei Ihnen ist und bleibt.

Je nachdem, was Sie gerade durchmachen, ist es wichtig für Sie, dass Gott sich entsprechend auf unterschiedliche Weise offenbart: als sanfter und behutsamer Vater; als guter Hirte, der Sie führt; als ver-

trauensvoller Freund, als Herr, der Sie in seiner Familie aufnimmt, als Töpfer, der Sie zu etwas ganz Besonderem formt, als Weingärtner, der Sie beschneidet, damit Sie mehr Frucht bringen, als jemanden, der Gold läutert, um Sie zu reinigen, als Bräutigam, der Sie heiratet, als Bruder, der neben Ihnen geht, als Erlöser, als Heiler … Der eine wahre Gott ist viel größer und ganz anders als jedes Bild, das wir von ihm haben.«[4]

4.

Ich will den Herrn loben allezeit;
sein Lob soll immerdar in meinem Munde sein.
PSALM 34,1, LUTHER

Lesen Sie sich zunächst gegenseitig den Rest des Psalms vor.

Wie gehen Sie als Einzelperson und als Paar mit Krisen in Ihrem Leben um? Als David diesen Psalm schrieb, war er gerade knapp den Philistern entkommen (1. Samuel 21,10–15). Er stellte sich wahnsinnig, denn er wusste, dass seine Häscher ihn dann freilassen und nicht töten würden. Dann versteckte er sich zusammen mit 400 Männern, die unzufrieden, in Not oder verschuldet waren, in einer Höhle. Inmitten dieser schwierigen Umstände schrieb David einen Psalm über das Lob Gottes.

Beachten Sie, dass er nicht sagt, er würde den Herrn IRGENDWANN mal loben, sondern er sagt ALLEZEIT! Das muss eine Zeit gewesen sein, in der David und seine Freunde große Angst hatten, denn die Philister waren immer noch darauf aus, ihn zu finden und zu töten. Aber achten Sie einmal darauf, was er in Vers 5 sagt: »Als ich den Herrn suchte, antwortete er mir und errettete mich aus aller meiner Furcht« (Luther).

Und dennoch löste Gott keineswegs auf einen Schlag alle seine Probleme. David war immer noch ein gejagter Mann und saß in einer Höhle mit 400 anderen Männern. Warten Sie nicht damit, Gott zu loben, bis Ihre Probleme alle gelöst sind. Dann wird es nämlich nie dazu kommen. Wenn Sie aber lernen, ihn inmitten Ihrer Probleme zu loben, dann wird er Ihnen den Frieden geben, den Sie sich wünschen.

Im Wesentlichen sagt David, dass wir uns nicht von den Umständen beherrschen lassen sollen. Haben Sie bei Ihrer Arbeit schon einmal diese Wahrheit persönlich erfahren? Oder in Ihrem Privatleben, beispielsweise in Ihrer Ehe? Fällt Ihnen eine Situation ein, in der Sie den Frieden Gottes erfahren haben, weil Sie Gott mitten in Ihren Problemen gelobt haben? Haben Sie über diese Erfahrung mit Ihrem Ehepartner gesprochen? Wenn das nicht der Fall ist, dann holen Sie es doch jetzt nach.

Wenn Sie stark unter Druck stehen und das Gefühl haben, dass um Sie herum alles zusammenbricht, dann sprechen Sie mit Ihrem Partner darüber. Beten Sie über Ihre Schwierigkeit und erwarten Sie von Gott, dass er Ihnen die Last und auch Ihre Angst nimmt. Aber fangen Sie so an, wie David es tat – indem Sie den Herrn preisen. Suchen Sie Zuflucht bei Gott, suchen Sie ihn und Sie werden seinen Frieden bekommen.

5.

Alle eure Sorge werft auf ihn, denn er sorgt für euch.
1. PETRUS 5,7, LUTHER

»Mach dir keine Sorgen!«

»Erzähl mir nicht, dass ich mir keine Sorgen machen soll! Es hilft kein bisschen, und ich weiß zwar, dass ich mir eigentlich keine Sorgen machen sollte, aber ich weiß nicht, wie ich damit aufhören soll.«

Der Rat, sich keine Sorgen zu machen, ist sicher berechtigt, aber das gilt auch für die Reaktion darauf. Viele Menschen wissen wirklich nicht, wie sie aufhören sollen, sich Sorgen zu machen, auch wenn sie wissen, dass Sorgen ihnen nichts nützen, sondern nur schaden.

Wenn Sie schon einmal geangelt haben, dann wissen Sie, was es heißt, die Angel auszuwerfen. Sie schwingen die Rute nach hinten über die Schulter zurück und schleudern sie dann von dort aus ruckartig nach vorn. Köder und Schnur schnellen vor und landen im Wasser. Und in diesem Sinne ist auch das »Werfen« zu verstehen, von dem Petrus hier spricht. Es bedeutet, etwas von sich wegzuschleudern.

Eine weitere gute Veranschaulichung ist die von einem Vorderlader mit einer riesigen Schaufel. Er rumpelt zu dem wartenden Lastwagen, kippt die Schaufel nach unten und die Erde fällt mit lautem Krachen auf die Ladefläche des Lasters.

Wenn Sie als Paar erleben, dass Sorgen und Ängste Sie belasten, dann laden Sie sie bei Gott ab, und zwar ein für allemal. Manchmal hilft es auch, einfach laut zu sagen: »Gott, wir geben jetzt diese Last an dich ab; wir wollen sie nicht mehr haben.« Und vielleicht ist es außerdem eine Hilfe, sich einen kleinen Zettel zu machen, durch den Sie immer wieder erinnert werden, dass Sie die Last ja abgegeben haben und es jetzt nicht mehr Ihre ist. Deponieren Sie den Zettel an einer Stelle, wo er Ihnen möglichst häufig ins Auge fällt. Vielleicht versuchen Sie diese Tipps einmal bei den Sorgen an Ihrer Arbeitsstelle, zu Hause, mit einem schwierigen Kind oder etwas anderem, wodurch Ihr Leben zur Zeit belastet ist, anzuwenden.

Sie können voller Zuversicht Ihre Sorgen auf Gott werfen, und zwar weil er für Sie sorgt. Er weiß am allerbesten, wie viel Sie aushalten können. In Jesaja 42,3 steht: »Das geknickte Schilfrohr zerbricht er nicht, den glimmenden Docht löscht er nicht aus.« Er möchte Sie stärken und Ihnen helfen, fest zu stehen.[5]

6.

Mein Sohn, wenn du meine Worte annimmst
und meine Gebote beherzigst … dann wirst du die Gottesfurcht begreifen
und Gotteserkenntnis finden.
Sprüche 2,1.5, Einheitsübersetzung

Wenn Boot fahren und Schwimmen Spaß machen sollen, muss eine Bedingung erfüllt sein: Das Wasser muss tief genug sein. In seichtem Wasser besteht das Risiko, dass der Bootsrumpf beschädigt wird oder man sich auf Kies oder Sand Hautabschürfungen holt. Seichtes Wasser ist keine gute Voraussetzung zum Boot fahren und Schwimmen. Und Seichtheit ist auch für unser persönliches Leben keine gute Voraussetzung.

Nehmen Sie sich ein wenig Zeit und lesen Sie Sprüche 2,1–9. Na, wissen Sie jetzt, was Sie gelesen haben? Sie haben das Gegen-mittel gegen Seichtheit entdeckt. Dieser Abschnitt zeigt nämlich auf, wie wir in unserem persönlichen Leben an Tiefgang gewinnen können, und es hat einen praktischen Nutzen, diese Leitlinien zu befolgen. Wie können Sie Seichtheit vermeiden? Beachten Sie vier Schritte:

Erstens: Reagieren Sie auf das Wort Gottes. Sie sollen es in- und auswendig kennen. »Mein Sohn, wenn du meine Worte annimmst und meine Gebote beherzigst . . .« (Vers 1). Sättigen Sie Ihr Leben durch Bibelworte.

Zweitens: Seien Sie offen für das, was Gott Ihnen sagt, und fangen Sie an, sich wirklich zu wünschen, was er für Sie bereit hat: ». . . der Weisheit Gehör schenkst, dein Herz der Einsicht zuneigst« (Vers 2).

Der dritte Schritt besteht darin, mit Sehnsucht zu beten: »Wenn du nach Erkenntnis rufst, mit lauter Stimme um Einsicht bittest« (Vers 3). Der Ausdruck »mach Ernst damit« trifft auf unser Gebetsleben ganz bestimmt zu.

Der letzte Schritt ist dann Beständigkeit: »Wenn du sie suchst wie Silber, nach ihr forschst wie nach Schätzen . . .« (Vers 4). Goldsucher verbringen Jahre damit zu suchen. Sie sind hartnäckig und ausdauernd, und genauso sollen wir uns auch dem Wort Gottes annähern.

Welche Folgen es hat, diese vier Schritte zu tun, wird in Vers 5 beschrieben: Gottesfurcht und Gotteserkenntnis – das ist Tiefe! Weitere positive Folgen sind in den Versen 6–9 beschrieben. Nennen Sie sie und tauschen Sie sich darüber aus. Wenn Sie Tiefe für Ihr Leben wollen, dann finden Sie dort eine Antwort.[6]

7.

Da trat aus dem Lager der Philister ein Vorkämpfer namens Goliath hervor. Er war über drei Meter groß.

1. SAMUEL 17,4

Vielleicht glaubten die Menschen vergangener Zeiten mehr an Riesen und fürchteten sich auch mehr vor ihnen als die Menschen heutzutage. Damals galt jeder, der etwas größer war als der Durchschnitt, als

Riese, aber in der Ära von 2.10 Meter großen Basketballspielern sind Riesen für uns inzwischen normal. Die Menschen im Alten Testament hatten schreckliche Angst vor den Riesen ihrer Zeit. David ließ sich durch Goliaths Größe jedoch nicht einschüchtern, sondern trat dem Riesen ganz einfach in der Stärke des Herrn entgegen – und besiegte ihn.

Jede Ehe bekommt es irgendwann mit »Riesen« zu tun – jenen Hindernissen, die zu groß scheinen, als dass man sie einfach beiseite räumen könnte. Wahrscheinlich haben Sie als Ehepaar auch schon mit manchen davon zu tun gehabt. Manchmal sind diese Riesen sehr real, dann wieder injizieren wir kleinen Alltagsproblemen »emotionale Steroide« und machen dadurch Riesen aus ihnen. Aber so oder so – die Riesen in der Ehe wollen uns die Lebensfreude rauben.

Da gibt es beispielsweise den Riesen der Langeweile in der Ehe. Die Beziehung verläuft nach einem bestimmten Muster und vieles wird Routine. Was Sie auch tun, Sie können die Langeweile nicht abschütteln, werden sie einfach nicht los. Wie schaffen Sie es, sich und Ihre Ehe nicht vom Riesen der Langeweile überwältigen zu lassen? Ganz einfach. Sie bedienen sich der Stärke des Herrn und investieren Zeit und Mühe wie früher, um wieder Spannung in Ihre Ehe zu bringen.

Ein anderer Riese heißt »Konkurrenz in der Ehe«. Angehörige des anderen Geschlechts – und zwar abgesehen von Ihrem Ehepartner – können bisweilen ziemlich reizvoll erscheinen. Aber der Riese der Verführung lässt sich zu Fall bringen, indem man sich daran erinnert, dass man ein Kind des Königs Jesus Christus ist. Sie haben ihm Ihr Leben anvertraut, und Sie sind dazu berufen, ihn zu verherrlichen, und zwar ständig. Er hätte Sie nicht aufgefordert, diesen Riesen zu besiegen, wenn es nicht möglich wäre.

Können Sie sich noch andere Riesen vorstellen, die vielleicht irgendwo im Umfeld Ihrer Ehe lauern? Nennen Sie sie beim Namen, sprechen Sie darüber und besiegen Sie sie dann in der Kraft Gottes.

8.

Mehr als alles hüte dein Herz; denn von ihm geht das Leben aus.
SPRÜCHE 4,23, EINHEITSÜBERSETZUNG

Es ist klein und wiegt nicht viel, es ist ein Muskel, in vier Kammern aufgeteilt und so wichtig, dass Sie ohne es nicht leben können. In der Medizin ist man inzwischen so weit, dass man es von einem Körper in einen anderen verpflanzen kann, und es gibt sogar künstliche. Natürlich wissen Sie schon, wovon hier die Rede ist: vom Herzen. Und Ihr Puls: Wie viele Schläge pro Minute können Sie zählen? Sie können Ihren Herzschlag sogar hören, wenn Sie genau hinhören. Ihr physisches Herz ist von großer Bedeutung für Ihre körperliche Gesundheit.

Und genauso wichtig ist Ihr geistliches Herz für Ihre geistliche Gesundheit. Der Vers von heute beginnt mit einem Befehl, nicht mit einem Vorschlag: »Mehr als alles hüte dein Herz.« Hüten bedeutet aufpassen auf, wachen über.

Eine Umformulierung des hebräischen Urverses von Charles Swindoll lautet: »Mehr als alles andere muss es bewacht und beschützt werden (wie etwas, das sich an einem abgeschlossenen Ort befindet), ist es unerlässlich (Imperativ), dass man sein Herz bewahrt und empfänglich erhält, weil von dort her die Führung Gottes für das eigene Leben kommt.«[7]

Ihr Herz ist der Teil von Ihnen, der in der Lage ist, den Willen Gottes für Ihr Leben zu erkennen. Kein Wunder, dass wir gut darauf aufpassen sollen! Lesen Sie Sprüche 4, und entdecken Sie, wie Gott Sie durch Ihr Herz leitet.

Und wie sieht es bei Ihnen aus? Ist Ihr geistliches Herz in guter Verfassung? Ist es offen, sensibel und bereit, sich von Gott führen zu lassen? Wenn ja, dann werden Sie sich weiterentwickeln und Ihre Ehe wird bereichert werden. Das ist nur eine der vielen Möglichkeiten, von einem gesunden Herzen zu profitieren.[8]

9.

Als Jesus die Menschenmenge sah, stieg er auf einen Berg und setzte sich. Seine Jünger traten zu ihm. Dann begann er zu reden und lehrte sie.

MATTHÄUS 5,1.2, GUTE NACHRICHT

»Sind Sie Christ?«

»Ja.«

»Wem folgen Sie nach?«

»Ich folge Jesus Christus, dem Sohn Gottes.«

»Wenn das so ist, dann erklären Sie mir doch bitte einmal zehn Grundgedanken seiner Lehre.«

Wie würden Sie mit einer solchen Anfrage umgehen? Könnten Sie der Bitte nachkommen? Könnten Sie die berühmteste Predigt von Jesus nennen? Die Bergpredigt (Matthäus 5–7) ist wahrscheinlich die bekannteste, aber am wenigsten verstandene Predigt, und vermutlich auch noch diejenige, der am wenigsten gehorcht wird. Dennoch sind die Worte sehr wichtig und auch praktisch für die heutige Zeit. Hier ein kurzer Test für Sie zum Nachdenken und Diskutieren:

Wenn Sie etwas über die Charaktereigenschaften und den Lebensstil eines Christen erfahren möchten, dann schauen Sie sich die Seligpreisungen in Matthäus 5,3–12 an. Wenn Sie wissen möchten, wie Christen Einfluss nehmen können auf die Welt und ihr Umfeld, dann sehen Sie sich die »Salz und Licht«-Metapher in Matthäus 5, 13–16 an. Wenn Sie wissen möchten, welche Einstellung Sie zum Gesetz Gottes haben sollten, dann erfahren Sie in Matthäus 5,17–48 etwas über die neue Art der Gerechtigkeit. Jesus gibt sechs Beispiele zur Veranschaulichung, die sich auf Mord, Ehebruch, Scheidung, Schwören, Rache und Liebe beziehen.

Wissen Sie, was »Frömmigkeit« ist? Was bedeutet das Wort überhaupt? Wie unterscheidet sich Frömmigkeit von krasser Gesetzlichkeit? Werfen Sie einen Blick auf Matthäus 6,1–18. Welchen Stellenwert sollte Ehrgeiz im Leben von Christen haben? Was bedeuten Reichtum und Besitz in Ihrem Leben? Oder sollten wir uns überhaupt Gedanken darüber machen? Matthäus 6, 19–34 wird Ihnen viel Stoff zum Nachdenken liefern. Und in Matthäus 6, 19–34 erfahren Sie einiges

über Themen wie Richten, Gebet und welche Folgen es hat, sich wirklich ganz auf die Herrschaft Christi einzulassen.

Nehmen Sie sich Zeit, gemeinsam die Bergpredigt laut vorzulesen. Rechnen Sie damit, dass es Ihr Leben und Ihre Ehe verändern kann.

10.

Glücklich sind, die erkennen, wie arm sie vor Gott sind,
denn Gottes Herrschaft und Herrlichkeit gehört ihnen.
MATTHÄUS 5,3, HOFFNUNG FÜR ALLE

Haben Sie sich schon einmal selbst als arm betrachtet? Wahrscheinlich nicht. Die meisten Leute vermeiden diesen Zustand auch lieber. Armut ist nichts, was wir in der Welt von heute anstreben. Es kommen uns dabei zu viele Bilder von Menschen in den Sinn, die obdachlos sind und auf der Straße leben müssen.

Aber in dem heutigen Vers spricht Jesus auch nicht über materielle Armut. Geistlich arm zu sein, bedeutet einzugestehen, dass man geistlich nichts vorzuweisen hat. Es ist das Eingeständnis unseres geistlichen Bankrotts vor Gott. Kein Mensch, weder in der Vergangenheit noch in der Gegenwart, verdient auch nur irgendetwas von Gott. Es gibt nichts, was wir ihm bieten könnten, um uns irgendwie seine Gunst zu verdienen. Nur und ausschließlich durch seine Gnade sind wir gerettet.

Diese Lehre kommt heutzutage nicht besonders gut an. Wir alle haben mehr oder weniger mit Stolz zu kämpfen, aber geistlich arm zu sein ist eine Aufforderung zur Demut. Wir neigen zur Unabhängigkeit, aber geistlich arm zu sein, ist die Aufforderung, uns ganz abhängig zu machen von Gott. Wir meinen, wir seien doch eigentlich gar nicht so übel und können es auch durchaus allein schaffen, aber geistlich arm zu sein, fordert uns zu dem Eingeständnis auf, dass wir Sünder sind.

Der Prophet Jesaja schreibt über Demut: »Denn so spricht der Hohe und Erhabene, der ewig Thronende, dessen Name ›der Heilige‹

ist: ›Als Heiliger wohne ich in der Höhe, aber ich bin auch bei den Zerschlagenen und Bedrückten, um den Geist der Bedrückten wieder aufleben zu lassen und das Herz der Zerschlagenen neu zu beleben‹« (57,15, Einheitsübersetzung).

Hier eine ganz einfache Formulierung dieser Seligpreisung: Erkenne an, dass du Gott brauchst, gib zu, dass er der Einzige ist, der dir Erfüllung für dein Leben geben kann und empfange das Reich Gottes mit der Demut eines kleinen Kindes. Menschen, die glauben, dass sie durch ihre eigene Schlauheit, Fähigkeit, Intelligenz oder ihr Aussehen weiterkommen, sind vom Segen des Lebens ausgeschlossen. Viel zu viele Menschen haben heute die Gabe der Angeberei und des Eigenlobes. Das Problem ist jedoch leider, dass es sich dabei nicht um Geistesgaben handelt!

Wenn Sie den Segen Gottes und seine Herrschaft in Ihrem Leben wollen, und zwar jetzt und auch künftig, dann erkennen Sie, dass der Weg dorthin geistliche Armut ist.

11.

Glücklich sind die Sanftmütigen, denn sie werden das Erdreich besitzen.
MATTHÄUS 5,5, LUTHER

Das Wort »sanftmütig« ist heutzutage nicht gerade populär. Manche definieren es auch als »Rückgratlosigkeit« oder »Opportunismus«. Sanftmut ist jedoch kein Charakterfehler, sondern sanftmütige Menschen haben normalerweise ganz bestimmte Wesenszüge und Eigenschaften. Kennen Sie jemanden, den Sie als sanftmütig bezeichnen würden?

Sanftmut bedeutet, ein objektives, bescheidenes Selbstbild zu haben. Das griechische Wort, das hier als Sanftmut übersetzt wird, bedeutet so viel wie: »Es gibt vieles, was ich von anderen lernen muss, und ich bin ein Mensch, der Vergebung von Gott braucht.« So übersetzt denn William Barclay diesen Vers auch: »Glücklich der Mensch, der die Demut hat, um seine eigene Ignoranz, seine eigene Schwäche und seine eigene Bedürftigkeit zu wissen.«[9]

Warum beschreibt die Bibel Mose als demütig (4. Mose 12,3)? Es gab eine Zeit, da war er es nicht, aber er kam an den Punkt, an dem sein Leben unter die Herrschaft Gottes kam. Und so werden Sanftmut und Demut Teil Ihres Lebens: Sie übergeben Gott Ihr Leben und überlassen ihm die Kontrolle darüber. Wenn Sie eine Fähigkeit/Gabe haben, schreiben Sie sie Gott zu. Was auch immer Sie leisten, schreiben Sie es Gott zu. Wenn Sie etwas schaffen, dann geben Sie Gott die Ehre dafür, denn er ist der Urheber Ihrer Leistung. Sanftmut und Demut lassen Sie im Übrigen staunen, wie Gott und andere an Sie denken und gut mit Ihnen umgehen.

Die Sanftmütigen finden ihre Befriedigung darin, in einer realistischen Sicht von sich selbst zu leben, zuversichtlich angesichts der Tatsache, dass Gott sie liebt und annimmt, und zwar immer. Sanftmut und Demut helfen dabei, aus dem großen Konkurrenzkampf auszusteigen und aufzuhören, das Spiel zu spielen, das da heißt: »Guck doch mal, wie toll ich bin.« Es ist ganz einfach ein anderer Lebensstil.

Wie können Ehepartner von der Sanftmut des anderen profitieren? Ist in Ihrer Ehe etwas davon zu erkennen? Wie können Sie sich gegenseitig dabei helfen, diese Eigenschaft zu entwickeln? Sprechen Sie darüber.

12.

Selig sind, die da hungert und dürstet nach Gerechtigkeit,
denn sie sollen satt werden.
MATTHÄUS 5,6, LUTHER

Sind Sie schon einmal richtig hungrig oder durstig gewesen? Ganz bestimmt. Sind Sie schon einmal fast verhungert oder verdurstet? Wahrscheinlich nicht.

Wenn wir zur Zeit Jesu gelebt hätten, hätte diese Seligpreisung vielleicht mehr Eindringlichkeit für uns und dadurch auch mehr Wirkung auf uns. Die Menschen in Palästina lebten damals ständig am Rande von Hunger und Durst. Sie konnten sich schon glücklich schätzen, wenn sie einmal wöchentlich Fleisch zu essen bekamen. Wer

in Palästina in einen der hinterhältigen Sandstürme geriet, erlebte lebensbedrohlichen Durst. Man umwickelte sich dann den Kopf mit Stofftüchern, stellte sich mit dem Rücken zum Wind und wartete stundenlang, bis der Sturm aufhörte. Mund und Nase waren dann aber trotzdem so voller Sand, dass man fast daran erstickte.

Der Hunger, der in dieser Seligpreisung beschrieben wird, ist der eines völlig Ausgehungerten, und der Durst ist der jener Menschen, die völlig ausgedörrt sind durch einen Sandsturm in der Wüste und die sterben, wenn sie nichts zu trinken bekommen. In dieser Intensität sind uns die Begriffe heute sicher fremd.

Aber diese Seligpreisung stellt uns trotzdem vor einige sehr ernsthafte Fragen: Wie viele Menschen wünschen sich eigentlich Gerechtigkeit für ihr Leben? Wünschen Sie sich Gerechtigkeit wie ein verhungernder Mensch sich etwas zu essen wünscht? Wünschen Sie sich Gerechtigkeit so sehr wie sich ein Verdurstender etwas zu trinken wünscht? Ist Ihr Wunsch nach Gerechtigkeit in Ihrem Leben auch so stark?

Was bedeutet Gerechtigkeit für Sie? In der Bibel werden drei Arten von Gerechtigkeit erwähnt, von denen uns hier aber nur zwei interessieren. Es gibt die moralische Gerechtigkeit, in der ein Charakter und auch ein Verhalten erkennbar ist, das Gott gefällt. Wie stark ist Ihr Verlangen danach, so zu sein? Biblische Gerechtigkeit ist jedoch mehr als nur eine ganz individuelle Angelegenheit; sie schließt auch soziale Gerechtigkeit ein. Dazu gehört es, anderen zu helfen, die misshandelt und ausgebeutet werden. Das umfasst unter anderem, Gesetze zu ändern, die ungerecht sind, Probleme anzusprechen und zu deren Lösung beizutragen, die wir auch in der politischen Gemeinde erkennen, in unserer Nachbarschaft, in der Schule am Ort, und dazu gehört es, im Geschäftsleben sowie in familiären Beziehungen integer zu sein.

Sprechen Sie darüber heute einmal: Wie kann sich diese Seligpreisung in Ihrer Ehe ausdrücken?

13.

Selig sind die Barmherzigen, denn sie werden Barmherzigkeit erlangen.
Matthäus 5,7, Luther

Ein Mann steht vor dem Richter und fleht ihn mit schmerzverzerrtem Gesicht an: »Haben Sie doch Erbarmen mit mir, Herr Richter!«

»Warum sollte ich?«, erwidert der Richter. »Sie waren doch auch nicht barmherzig mit dem Opfer.«

Barmherzigkeit ist mehr als eine Reaktion anderer, die wir uns wünschen, wenn wir in Schwierigkeiten sind. Sie ist eine Eigenschaft, die für uns zum Lebensstil werden soll. Aber was genau ist eigentlich Barmherzigkeit? Es ist schlicht ein Mitgefühl mit Menschen in Notlagen, auch in selbst verschuldeten. Barmherzigkeit reagiert aktiv auf den Schmerz, das Elend und den Kummer anderer. Barmherzigkeit bedeutet nicht, dass einem jemand einfach nur Leid tut.

Das Wort, das im Alten Testament steht und als Barmherzigkeit übersetzt wird, bezeichnet die Fähigkeit, sich ganz in eine andere Person hineinzuversetzen, um die Dinge mit ihren Augen zu sehen und mit ihren Gefühlen zu empfinden. Es ist die echte Identifikation mit einem anderen Menschen. Es bedeutet, miteinander Erfahrungen zu machen, aber auch gemeinsam zu leiden. Es gibt dafür einen speziellen Begriff dafür, die Empathie.

Barmherzigkeit bedeutet, anderen zu helfen, eine Last zu tragen, und das oft auch noch auf eigene Kosten. Es bedeutet, das Leben zu öffnen, damit man spüren kann, dass und wo es dem anderen wehtut. Es bedeutet, freundlich zu sein, und zwar so, wie es der andere gerade braucht. Es bedeutet, sich zu überlegen, was der andere braucht, statt was man selbst gern tun würde.

Barmherzigkeit erfordert Sensibilität, um feststellen zu können, was der andere gerade am dringendsten benötigt. Dazu gehört auch, dem anderen zu vergeben, wenn er/sie es gar nicht verdient hat. Und darum geht es doch beim Vergeben, oder?

Wenn Sie sich kümmern, dann kümmern sich auch andere. Wenn Sie zuhören, hören andere auch Ihnen zu. Wenn Sie barmherzig sind, sind es andere auch. Barmherzigkeit ist ansteckend. Und ein ganz hervorragender Ort, um sie einzuüben, ist die Ehe.

14.

Selig sind, die reinen Herzens sind; denn sie werden Gott schauen.
MATTHÄUS 5,8, LUTHER

Warum tun Sie das, was Sie tun? Wie sehen Ihre Motive aus? Das ist schwer zu beantworten, weil uns unsere eigenen Motive gar nicht immer bewusst sind. Zum Beispiel: Spenden wir der Gemeinde aus Liebe zu Gott und aus dem Wunsch heraus, dass sein Wirken weitergeht? Würden wir auch so viel geben, wenn wir es nicht als Spende steuerlich absetzen könnten? Vielleicht tun wir Dinge aus einer Vielzahl von Gründen.

Im Ausdruck »reinen Herzens« in der Seligpreisung, die heute behandelt wird, geht es um Motive. Das Wort rein wurde ursprünglich verwendet, um Getreide zu beschreiben, das von allen Spelzenresten befreit war. Man verwendete es auch im Zusammenhang mit einem Heer, aus dem alle unzufriedenen, unwilligen Soldaten, die keine ausreichende Leistung brachten, ausgemustert worden waren. Wenn etwas rein ist, dann ist es von allen Unreinheiten befreit.

Reinen Herzens zu sein bedeutet, völlig klar und eindeutig zu sein in unseren Beziehungen zu anderen Menschen und zu Gott. Es gibt kein Vortäuschen, keine Heuchelei, keine Heimlichtuerei. Das gesamte Leben ist wie ein offenes Buch und transparent vor Gott und anderen Menschen. Sie spielen keine Rolle, tragen keine Maske, wenn Sie mit unterschiedlichen Menschen zusammen sind. Sie sind die ganze Zeit Sie selbst. Sie sind ehrlich und offen, was Ihnen den Ruf der Beständigkeit einbringt. Und Ihre äußere Reinheit spiegelt dabei nur wider, was in Ihrem Inneren vorhanden ist. Sie gewähren Gott Zutritt zu Ihrem Innersten, zu Ihrem Herzen und Denken, damit er dort Hausputz halten und sich einrichten kann. Und dadurch vertieft sich dann wiederum Ihre Beziehung zu ihm.

Gibt es Ihrer Meinung nach einen Zusammenhang zwischen dieser Seligpreisung und Ihrer Ehe? Was haben Ernsthaftigkeit und Reinheit mit dem Maß an Vertrauen in Ihrer Ehe zu tun? Manchmal ist es schwierig, in der Ehe das Risiko einzugehen, rein zu sein. Angst hindert uns daran, wirklich offen und transparent zu sein. Ist das bei Ihnen schon einmal vorgekommen?

Denken Sie darüber nach und sprechen Sie auch darüber. Manchmal tragen Ehepartner auch Masken voreinander. Braucht Ihre Ehe vielleicht irgendwo Veränderung, damit mehr Ernsthaftigkeit entsteht in Bezug aufeinander und auch auf Menschen in Ihrem Umfeld? Das ist eine schwere Frage, die vielleicht in ein schwieriges Gespräch mündet, aber es ist auch eine sehr wichtige Frage.

15.

Selig sind, die Frieden stiften, denn sie werden Gottes Kinder heißen.
MATTHÄUS 5,9, LUTHER

Es gibt viele Ehen, in denen hitzige Konflikte eher der Normalfall und Friedenszeiten eher selten sind. Als Christen sollen wir aber Friedensstifter sein und friedlich mit anderen Menschen zusammenleben. Im Wilden Westen wurde der Revolver der Cowboys auch manchmal als »Friedensstifter« bezeichnet, weil mit seiner Hilfe Konflikte schnell beendet werden konnten, aber darum geht es in dieser Seligpreisung nicht. Friedensstifter zu sein, heißt, nicht dafür verantwortlich zu sein, dass ein Konflikt entsteht oder andauert.

Gott hat uns seinen Sohn geschenkt, damit wir in Frieden mit ihm leben können. Unser Friede hat einen hohen Preis gekostet, und auch für Sie wird es einen Preis haben, Friedensstifter zu sein. Wenn Sie in einen Streit verwickelt sind, dann ist es schmerzlich, sich zu entschuldigen oder den anderen ehrlich, aber liebevoll anzusprechen. Nehmen wir einmal an, zwei Mitglieder Ihrer Familie führen einen Dauerstreit und Sie bemühen sich um Versöhnung zwischen den beiden. Das bringt immer auch Schmerz mit sich, denn Sie gehen als Streitschlichter das Risiko ein, missverstanden zu werden. Sie stehen in der Spannung zu versuchen, beiden objektiv zuzuhören und festzustellen, wo die Wahrheit liegt. Und Sie gehen das Risiko ein zu versagen, denn möglicherweise stoßen bereits Ihre Bemühungen auf Widerstand und Ablehnung. Dasselbe kann auch in der Gemeinde passieren, wenn es Spannungen zwischen einzelnen Gemeindegliedern gibt und Sie möglicherweise versuchen, Frieden zu stiften. Es könnte von einem

oder mehreren schlecht über Sie geredet werden und Ihr Ruf könnte darunter leiden.

Wissen Sie, warum Sie »Gottes Kind« genannt werden, wenn Sie sich für ein friedliches Miteinander einsetzen? Weil Sie genau die Arbeit fortsetzen, die Gott begonnen hat, indem er uns seinen Sohn schenkte. Gott liebt die Menschen, und das sollen wir auch tun. Diese Aufforderung gilt allen Menschen.

Nehmen Sie sich einen Augenblick Zeit, um über Menschen zu sprechen, die zu lieben Ihnen schwer fällt. Wer sind diese Menschen? Was würde es Sie kosten, in den Beziehungen zu ihnen Friedensstifter zu sein? Sind Sie bereit, den Preis zu zahlen? Wie können Sie gemeinsam an diesen Beziehungen arbeiten?

16.

Selig sind, die um der Gerechtigkeit willen verfolgt werden;
denn ihrer ist das Himmelreich.
Matthäus 5,10, Luther

»Sie haben sich über mich lustig gemacht, weil ich nicht mitmachen wollte bei dem, was sie planten.«

»Ich bin nicht befördert worden, weil ich nicht bereit war, mit meinen Klienten in ein Striptease-Lokal zu gehen.«

»Ich habe mehrere ›Freunde‹ verloren, weil ich nicht mit ihnen über nicht Anwesende tratschen wollte, wenn wir zusammen waren.«

Vielleicht ist das so etwas wie Christenverfolgung heute. Es tut weh, missverstanden und ausgegrenzt zu werden. Christen in China und anderen Teilen der Welt sind immer noch mit schlimmster Verfolgung konfrontiert. Sie verlieren ihr Zuhause, landen im Gefängnis und viele von ihnen werden wegen ihres Glaubens sogar gefoltert oder umgebracht.

Die meisten von uns haben wahrscheinlich noch nicht am eigenen Leib erlebt, wie schrecklich Verfolgung ist, aber irgendwann könnte es uns genauso treffen wie heute die Christen in China. Doch welche

Art von Verfolgung man auch erleben mag, Jesus wünscht sich darauf immer dieselbe Reaktion von uns: Er will, dass wir uns freuen.

Zahlen Sie nichts heim. Schmollen Sie nicht. Beklagen Sie sich nicht. »Springt vor Freude« (Lukas 6,23).

In Matthäus 5, 11.12 heißt es, dass wir fröhlich sein sollen, wenn wir um Christi willen verfolgt werden. Lesen Sie diese beiden Verse noch einmal still für sich. Rechnen Sie immer mit Opposition gegen Ihren Standpunkt als Christ, das ist ganz normal. Wenn Sie verfolgt werden, weil Sie sich zu Christus stellen, dann bedeutet das im Grunde nichts anderes, als dass Sie mit Hingabe Christ sind und das nach außen erkennbar ist. Sie haben Auswirkung auf Ihr Umfeld, auf die Welt um Sie her. Ist es nicht seltsam, dass es unbequem ist, für Jesus zu leben? Aber warum auch nicht? Für Jesus zu leben, bedeutet, mit der Welt konfrontiert zu sein, die der lebendige Gegensatz zu dem ist, was Gott will. Ihr Lebensstil bereitet den anderen ein schlechtes Gewissen. Es überführt sie, und deshalb reagieren sie heftig auf Sie. Aber ich nehme an, dass Jesus das weiß und auch versteht, denn bedenken Sie, was es ihn gekostet hat.

17.

Ihr seid das Salz der Erde. Wenn nun das Salz nicht mehr salzt, womit soll man salzen? Es ist zu nichts mehr nütze.
MATTHÄUS 5,13, LUTHER

»Was für einen Einfluss er noch vor zwei Jahren hatte! In der ganzen Gemeinde war seine Liebe zu Jesus und sein Einsatz für ihn zu spüren. Er führte Menschen zu Christus und sein Umgang mit anderen war von einer großen Ehrlichkeit geprägt. Ich weiß auch nicht, was mit ihm passiert ist. Er geht zwar immer noch in die Gemeinde, aber irgendetwas fehlt. Irgendwie vermischt er sich mit dem Lebensstil der anderen Menschen aus seinem alltäglichen Umfeld. Er ist nicht mehr klar und eindeutig.«

In dem Vers für heute ist die Rede vom Anderssein. Es geht darum, sich nicht vom weltlichen Umfeld anstecken zu lassen oder sich den

Nichtchristen anzupassen. Wenn Sie anders sind, ziehen Sie andere Menschen zu Jesus hin. Wenn Sie zeigen, dass Jesus Christus etwas daran verändert, wie Sie mit dem täglichen Stress und den Herausforderungen des Alltags umgehen, dann werden andere Leute sich zu ihm hingezogen fühlen, und dann sind Sie Salz.

Jesus wählt hier den Vergleich mit dem Salz, weil es denen, die ihm damals nachfolgten, vertraut war. Salz war damals lebenswichtig, um Nahrung haltbar zu machen. Ähnlich sollte auch unsere Präsenz in der Welt verhindern, dass durch die Sünde alles verdirbt und schlecht wird. Darüber hinaus ist Salz auch ein Geschmacksverstärker. Christ zu sein, verleiht Ihrem Leben eine ganz besondere Würze – zumindest sollte es so sein!

Die alten Römer hielten Salz für den reinsten Stoff überhaupt. Auch wir sollen rein sein. Überall um uns her werden Maßstäbe gesenkt – im Geschäftsleben, bei der Regierung, in der persönlichen Moral und manchmal auch in der Bibelauslegung. Wir sollen Menschen sein, deren Maßstab nicht gesenkt, sondern eher höher gesteckt wird, und zwar gemessen am Wort Gottes. Jakobus fordert uns auf, von der Welt unbeleckt zu bleiben (1,27). Wenn wir uns anstecken lassen, ist unser Zeugnis wertlos.

Inwiefern sind Sie anders und klar und eindeutig? Inwiefern ist Ihre Ehe anders und eindeutig? Wie hoch ist der Salzgehalt in Ihrem Leben und in Ihrer Ehe?

18.

Ihr seid das Licht der Welt ... lasst euer Licht leuchten vor den Leuten, damit sie eure guten Werke sehen und euren Vater im Himmel preisen.
MATTHÄUS 5,14.16, LUTHER

Jesus spricht von sich selbst als dem Licht der Welt (Johannes 9,5), und er sagt außerdem, dass auch wir das Licht der Welt sind. Er will, dass jeder von uns nicht weniger ist als das, was er behauptet hat, dass wir sind! Wir sind aufgefordert, sein Licht zu reflektieren, jedoch was bedeutet das für den Alltag?

Ein Licht ist dazu da, um zu leuchten, damit wir etwas sehen, es hat also einen Zweck, es ist nützlich. Ihr Glaube soll für andere sichtbar sein. Geheime Christen gibt es nicht. Wir sind keine Undercover-Agenten. Wie viele Menschen aus Ihrem Freundes- und Bekanntenkreis wissen überhaupt, dass Sie Christ sind? Überlegen Sie einmal. Woran können andere erkennen, dass Sie Christ sind? Ihr Glaube soll in jeder Lebensphase und -lage erkennbar sein. Er sollte erkennbar sein an Ihrem Umgang mit übellaunigen Kassiererinnen im Supermarkt, dem Autofahrer, der Ihnen die Vorfahrt nimmt, und mit Ihrem Ehepartner, wenn er eine wichtige Besorgung für Sie vergessen hat.

Ein Licht zeigt auch den Weg. Ihre Überzeugungen und Stärken als Christ könnten einem schwächeren Christen Mut machen und Motivation sein, zu sich und seinem Glauben zu stehen. Ihre Unterstützung kann im Leben eines anderen Menschen alles verändern. Ihr Licht soll leuchten, damit andere sehen, was Sie Gutes tun. Ihre Reaktionen und Ihr Lebensstil (als Einzelperson oder in der Ehe) sollen so sein, dass sie für andere anziehend wirken, und zwar nicht, damit Sie selbst ganz groß rauskommen, sondern damit andere darauf aufmerksam werden, dass Gott in unserem Leben die Hauptrolle spielt und andere ihn loben.

Und eine letzte schwierige Frage: Könnte jemand über Ihr Leben sagen: »Du hast etwas, das anders ist als bei anderen. Ich möchte wissen, was das ist und warum du anders bist«? Und könnte dasselbe auch jemand über Ihre Ehe sagen?

19.

Übe dich darin, Gott zu gehorchen.
1. Timotheus 4,7, Gute Nachricht

Es ist oft die Rede davon, was uns wichtig ist, aber letztlich lautet ja die Frage, was wir dafür tun. Bedenken Sie einmal folgende Worte eines Ehemannes, der über die Bedeutung der Ehe sinniert:

»Eines wird die Welt ganz bestimmt nicht tun, nämlich Ihrer Ehe Priorität im Leben einräumen. Wenn Ihre Beziehung wichtig ist, dann weil Sie dafür gesorgt haben. Wenn sie gelobt wird, dann weil Sie sie

loben. Wenn Sie und Ihre Partnerin die dringend notwendige gemeinsame Zeit gehabt haben, um einfach zusammen zu sein und miteinander umzugehen, dann nicht, weil unserer Umfeld beschlossen hat, sie Ihnen zu geben, sondern ganz einfach, weil Sie sich diese Zeit genommen haben. Prioritäten zu setzen, ist ein Lebensstil. . . . Wenn wir das nicht tun, dann sind wir ständig damit beschäftigt zu entscheiden, was uns wichtig ist und was nicht. Und die Folge unserer Entscheidungsprozesse ist daran erkennbar, in wen oder was wir Zeit und Kraft investieren.

Paare, die ihrer Beziehung eine hohe Priorität einräumen, haben die besten Chancen, in ihrer Ehe das zu erreichen, was sie sich wünschen. Wer das nicht tut, dessen Chancen sind viel geringer. Eine hohe Priorität ist zwar immer noch keine Garantie . . ., aber die Wahrscheinlichkeit, dass es besser klappt, ist doch erheblich größer. Noch einmal: Wenn Ihnen Ihre Ehe wirklich wichtig ist und viel bedeutet, dann liegt es daran, dass Sie es so wollten. Die Priorität Ihrer Ehe wird daran erkennbar, wie viel Zeit und Kraft Sie in sie investieren. Wer seiner Ehe keine hohe Priorität einräumt, wird abdriften.«[10]

Ihre Ehe muss nicht im Zustand des Laufenlassens enden. Sie haben die Fähigkeit, Ihre Ehe lebendig und auf Kurs zu halten. Hier einige Fragen zum Nachdenken: Welche Richtung wünschen Sie sich für Ihre Ehe? Wer gibt den Kurs an?

20.

Kummer im Herzen bedrückt den Menschen.
SPRÜCHE 12,25, EINHEITSÜBERSETZUNG

Das Herz des Weisen macht seinen Mund klug.
SPRÜCHE 16,23, EINHEITSÜBERSETZUNG

»Mit Ihrem Herzen stimmt etwas nicht« – gefürchtete Worte aus dem Munde eines Arztes an den Patienten!

Unsere schlimmste Angst ist, dass es sich um ernste oder gar tödliche Probleme handeln könnte. Von Herzstörungen oder Herzver-

sagen sind meist Menschen über 50 betroffen, aber Menschen aller Altersgruppen können durch Herzkrankheiten beeinträchtigt sein.

Es gibt jedoch noch eine Krankheit, die uns in jedem Alter treffen kann, und zwar ein schweres Herz. Das kommt häufig vor. Vielleicht ist ja Ihr Partner davon betroffen. Es tritt in vielerlei Formen auf, in den Sprüchen werden sechs davon beschrieben:

Erstens gibt es das böse, das trügerische Herz: »Die Böses planen, haben Trug im Herzen, aber die zum Frieden raten, haben Freude« (12,20, Luther).

Zweitens das bedrückte Herz: »Kummer im Herzen bedrückt den Menschen, aber ein freundliches Wort erfreut ihn« (12,25, Luther).

Drittens ein kummervolles Herz: »Auch beim Lachen kann das Herz trauern und nach der Freude kommt Leid« (14,13, Luther).

Viertens das fleischliche Herz: »Einem gottlosen Menschen wird's gehen, wie er wandelt, und auch einem guten nach seinen Taten« (14,14, Luther).

Fünftens das stolze Herz: »Ein stolzes Herz ist dem Herrn ein Gräuel und wird gewiss nicht ungestraft bleiben« (16,5, Luther).

Sechstens: »Des Menschen Torheit führt ihn in die Irre, und doch tobt sein Herz wider den Herrn« (19,3, Luther).

Das alles sind echte Herzprobleme! Vielleicht leidet Ihr Partner ja auch an solchen Herzproblemen. Hören Sie einfühlsam zu, damit Sie verstehen, was ihn/sie bedrückt. Wie können Sie helfen? »Des Weisen Herz redet klug und mehrt auf seinen Lippen die Lehre. Freundliche Reden sind Honigseim, trösten die Seele und erfrischen die Gebeine« (16, 23.24, Luther). Lassen Sie sich von Gott zeigen, was Sie den Menschen mit einem bedrückten Herzen sagen sollen.[11]

21.

Der Herr ist mein Licht und mein Heil; vor wem sollte ich mich fürchten?
PSALM 27,1, LUTHER

Lesen Sie sich zunächst den gesamten Psalm gegenseitig vor.

Als David diesen Psalm schrieb, wurde er von seinen Feinden verfolgt. Zu Beginn des Psalms sagt er, dass er Gott vertraut und ihn als seine Kraftquelle sieht. Reagieren auch Sie so, wenn Sie in Schwierigkeiten stecken? Sprechen Sie mit Ihrem Partner darüber.

Alle Menschen, die zu Gott gehören, können sich auf die Verheißungen in den Versen 1–6 verlassen. Wer führt Sie? Es ist Gott, denn er ist Ihr Licht. Wer erlöst Sie? Gott, Ihr Herr, denn er ist Ihr Heil. Bei wem finden Sie Zuflucht? Bei Gott, denn er ist Ihr Schutz. Und wegen diesen drei Wahrheiten brauchen Sie sich vor nichts und niemandem zu fürchten. Dieselben Grundwahrheiten werden auch in Römer 8,35–39 noch einmal genannt. Weil Gott da ist, können wir uns auf so vieles in unserem Leben einlassen.

Nachdem er Gott in den ersten sechs Versen für seine Stärke und seinen Trost gedankt hat, geht David zum Bitten über. Warum betet er wohl »Verbirg dein Antlitz nicht vor mir« (Vers 9)? Er erkennt an, dass er wegen seiner Sünden eigentlich Gottes Verurteilung verdient hätte. Aber er ist nicht verzweifelt, denn er hat die Gewissheit, dass Gott ihn nicht verlässt, sondern ihn als sein Kind annimmt (Vers 10).

Haben Sie schon einmal den Wunsch gehabt, sich vor Gott zu verstecken? Es gibt Zeiten, in denen man sich in der Gegenwart Gottes unwürdig fühlt. Vielleicht ist es ein Anfang im Gebet, ihm das zu sagen. Er möchte nämlich, dass wir zu ihm kommen, und er wird sich dann nicht von uns abwenden.

Gott möchte, dass wir ihn dasselbe bitten wie damals David: »Herr, weise mir deinen Weg« (Vers 11). Gott wünscht sich von uns eine von ihm abhängige und bereitwillige Grundhaltung. Vielleicht kann ja unser gemeinsames Gebet als Ehepaar heute zum Ausdruck bringen, was in Vers 13 steht. Ihre eigene Zuversicht wird wachsen, wenn Ihnen klar wird, dass Sie die Güte Gottes erfahren werden. Warten Sie darauf und warten Sie auf ihn.

22.

Doch alle, die auf mich hören, haben nichts zu befürchten,
Not und Unglück bleiben ihnen erspart.
SPRÜCHE 1,33, GUTE NACHRICHT

Sind Sie in Ihrer Ehe schon einmal ungehorsam gewesen – Sie wissen schon – Sie haben etwas getan, was Ihr Partner ausdrücklich nicht wollte? Das haben wir doch alle schon getan. Und wie sind Sie dann mit dem Missfallen oder Tadel Ihres Partners umgegangen? Das können nur Sie selbst beantworten. Wahrscheinlich war es Ihnen zunächst peinlich und unangenehm, aber dann waren Sie Ihrem Partner doch dankbar für seine Korrektur und Weisheit. Nehmen Sie sich die Zeit, einmal Sprüche 1,20–33 zu lesen. Dort steht etwas über Weisheit und Ermahnung.

Gott ermahnt uns oft. Jemanden zu ermahnen bedeutet, ihn zu korrigieren oder zu überzeugen. Die Bibel ist voll von Ermahnungen. Keiner ist ja in seinen Charaktereigenschaften fertig. Wenn wir nicht auf die Ermahnungen der Bibel, unserer Freunde, unseres Arbeitgebers oder unseres Ehepartners hören, kann das echte Probleme mit sich bringen. Aber warum ignorieren wir dann doch lieber korrigierende Worte anderer, ja sogar das Wort Gottes? In Sprüche 1,24.25 werden dafür vier Gründe genannt.

Der erste ist Sturheit: »Ich habe immer wieder geredet, aber ihr habt gar nicht zugehört« (Vers 24). Hier haben wir es mit einer ganz klaren Weigerung zu tun.

Der zweite Grund ist mangelnde Sensibilität: »Mit erhobener Hand habe ich gerufen und niemand hat darauf geachtet« (Vers 24). Hier ist davon die Rede, dass einfach nicht auf das geachtet wird, was geschieht, es herrscht eine Art Taubheit. Aus irgendeinem Grund dringt das Gesagte nicht ins Bewusstsein vor.

Ein dritter Grund ist für jede Beziehung tödlich – Gleichgültigkeit. »Ihr habt jeden Rat in den Wind geschlagen« (Vers 25). Eine gängige Ausdrucksweise heute lautet ja auch: »Wen interessiert das schon? Vergiss es!«

Und der vierte und letzte Grund ist Abwehr: »Ihr habt euch nicht zurechtweisen lassen« (Vers 25).

Was für eine Art, Weisheit aus unserem Leben auszuschließen! Denken Sie einmal über die vier Gründe nach und nehmen Sie sich die Zeit, einige zu benennen, die in Ihrer Ehe erkennbar sind. Vielleicht ist das unangenehm, aber es ist ein Schritt in Richtung Weisheit.[12]

23.

Denn Gott hat die Menschen so sehr geliebt, dass er seinen einzigen Sohn für sie hergab. Jeder, der an ihn glaubt, wird nicht verloren gehen, sondern das ewige Leben haben.
JOHANNES 3,16, HOFFNUNG FÜR ALLE

Erinnern Sie sich an die Geschichte vom hässlichen Entlein? Es ist die Geschichte von einem hässlichen Schwanenküken, das irgendwie in eine Entenfamilie geraten ist. Manche Leute fühlen sich körperlich und auch seelisch hässlich. Wir alle kennen sicher Zeiten, in denen unser Selbstwertgefühl nicht gerade umwerfend ist. Wir fühlen uns vielleicht sogar dermaßen wertlos, dass wir glauben, der Welt absolut nichts zu bieten zu haben. Bei allem, was wir tun, fühlen wir uns wie die letzten »Loser«.

Manche Leute fühlen sich immer so. Auch wenn sie von ihren Ehepartnern pausenlos bestätigt werden, stoßen dessen/deren Worte auf taube Ohren. Solche Leute haben einen inneren Kritiker, der taub für positive Aussagen anderer ist. Wegen dieses Kritikers fühlen sie sich wertlos. Und dann fangen sie an zu glauben, dass Gott genauso kritisch ist wie die anderen.

Erinnern Sie sich an die Geschichte vom verlorenen Sohn und dem Vater, der ihm vergibt und ihn wieder aufnimmt? Egal, wie Sie sich selbst wahrnehmen, von Gott sind Sie angenommen.

Bedenken Sie Folgendes: »Wenn Sie sich ganz tief im Innern manchmal schlecht fühlen und das Gefühl haben, Ihren ›himmlischen Kritiker‹ zufrieden stellen zu müssen, um ein besseres Selbstwertgefühl zu bekommen, dann stellen Sie sich den liebenden Vater vor. Er öffnet die Arme ganz weit und rennt auf Sie zu, um Sie zu

begrüßen, genauso wie er es für seinen verdreckten, zerlumpten Sohn tat, der alles falsch gemacht hatte. Nur die bedingungslose Liebe des himmlischen Vaters kann uns das Gefühl vermitteln, zu genügen. Wir können diese Liebe bekommen, wenn wir den verurteilenden falschen Gott, von dem unser Leben beherrscht wird, auswechseln gegen den ›richtigen‹ Gott, der uns bedingungslos annimmt und liebt und für uns sorgt. Der wahre Gott behandelt uns nicht wie Würmer! Er verlangt von uns nicht, dass wir uns seine Liebe erst verdienen; er erwartet nicht von uns, dass wir unsere Unzulänglichkeit irgendwie wettmachen. Er gleicht unsere Schwächen vielmehr durch seine Stärke aus und hilft uns zu genügen. Er gibt uns großzügig seine Liebe und will uns verwandeln in herrliche neue Geschöpfe in Christus.«[13]

24.

Und schließlich: Werdet stark durch die Kraft und Macht des Herrn! Zieht die Rüstung Gottes an, damit ihr den listigen Anschlägen des Teufels entkommt.

Epheser 6,10.11, Einheitsübersetzung

Wir wissen alle, wie es mit der Wehrpflicht in unserem Land aussieht. Mit Vollendung des 18. Lebensjahres bekommt jeder junge Mann einen Musterungsbescheid, und wenn er für wehrtauglich befunden wird, muss er für eine bestimmte Zeit Wehrdienst bei der Bundeswehr leisten.

Vielleicht haben Sie nie einen Einberufungsbescheid erhalten, aber als Christ sind Sie ebenfalls eingezogen, um in einem anderen Krieg zu kämpfen. Es tobt nämlich ein ständiger Krieg zwischen dem Volk Gottes und dem Teufel und seinem Einfluss auf diese Welt. Wenn Sie eine gute Ehe führen, an der durch die Art Ihres Zusammenlebens und Ihres Umgangs miteinander deutlich wird, dass Sie zu Gott gehören, dann seien Sie auf der Hut. Dann sind Sie nämlich eine Zielscheibe für die Angriffe Satans. Er hasst gute Ehen von Christen. Als Ehepaar, das an die eheliche Treue und an eine lebenslange Ehegemeinschaft glaubt, kämpfen Sie damit gegen eine Gesellschaft, die oft ganz andere Überzeugungen vertritt.

Die Frage ist, welche Waffen Sie dazu einsetzen. Wie sieht Ihr geistliches Waffenarsenal aus? Der Abschnitt in Epheser 6,10–18 enthält eine Bestandsliste der Ausrüstung, die Sie brauchen, um einen geistlichen Kampf zu gewinnen. Lesen Sie sich diesen Abschnitt jetzt gegenseitig vor.

In Ihrem täglichen Kampf gegen den Satan und gegen eine Gesellschaft, die ihm dient, setzen Sie die Mittel ein, von denen im Epheserbrief die Rede ist. Außerdem tun Sie das, was König Joschafat tat, als er seinen Feinden gegenüberstand (2. Chronik 20,21.22): »Nachdem er sich mit dem Volk beraten hatte, stellte er Sänger für den Herrn auf, die in heiligem Schmuck dem kampfbereiten Heer voranzogen, Loblieder sangen und riefen: Dankt dem Herrn, denn seine Huld währt ewig. Während sie den Jubelruf und Lobpreis anstimmten, führte der Herr Feinde aus dem Hinterhalt gegen die Ammoniter, Moabiter … die gegen Juda gezogen waren, sodass sie geschlagen wurden.«

Ein Chor, der vor dem Heer herzog? Wie seltsam! Noch seltsamer allerdings ist, dass sie sangen: »Dankt dem Herrn«. Aber sie waren siegreich. Wenn Sie Ihrem Feind gegenüberstehen, dann loben Sie Gott. Lob ist die beste Waffe, die Ihnen zur Verfügung steht![14]

25.

Seid stille und erkennet, dass ich Gott bin.
Psalm 46, 11, Luther

Ruhe und Stille sind etwas Seltenes, und deshalb wissen wir nicht immer so genau, wie wir damit umgehen sollen. Aber um Ihrer Ehe willen brauchen Sie kinderlose, fernsehlose, telefonlose und arbeitslose gemeinsame Zeit fürs Gespräch. Jeder Mensch braucht Zeit für sich allein, für sein eigenes Leben, und ebenso brauchen wir auch eheliches Alleinsein für uns als Paar.

Wann haben Sie eine solche exklusive Zweisamkeit zum letzten Mal erlebt? Das ergibt sich nicht einfach so von allein. Man muss dafür selbst sorgen. Genauso wie Ihre Stille Zeit mit Gott müssen Sie auch Ihre gemeinsame Zeit in der Ehe einplanen. Wie viel Zeit allein mit

Gott hätten Sie gern jeden Tag? Wie viel Zeit ganz für sich allein hätten Sie gern täglich? Wie viel Zeit allein als Ehepaar hätten Sie gern jeden Tag? Bevor Sie jetzt mit Entschuldigungen aufwarten, dass das unmöglich umzusetzen ist, schreiben Sie einmal Ihren genauen Zeitplan für jeden Tag auf. Bitten Sie Ihren Ehepartner, Ihnen dabei zu helfen, Ihre Zeitplanung auszuwerten und dann ein paar neue Möglichkeiten zu entdecken. Denken Sie einmal über folgende Worte eines Pastors zum Thema gemeinsame exklusive Zeit als Ehepaar nach:

»Auch wenn die äußere Schale einer Verbindung halten mag, kann der Geist einer Ehe mit der Zeit zerfallen, wenn man nicht immer wieder in regelmäßigen Abständen Zeit zu zweit einplant, in der man sich dem Druck des Alltags gemeinsam entzieht.

Der Druck, dem wir uns auf diese Weise entziehen müssen, ist nicht der, den wir uns selbst machen, sondern einer, der von außen in unser Leben hineinkommt. Trotzdem kann er unsere Beziehung aufreiben.

Der Schlüssel zur Erhaltung einer Freundschaft, die uns sehr viel bedeutet, liegt vielleicht darin, sich lange und oft genug abzusetzen, um selbst frisch zu bleiben und die Liebe am Leben und Wachsen zu halten. Und normalerweise gehören dazu auch Wochenenden ohne Kinder. Ohne solche Augenblicke konzentrierter Aufmerksamkeit ist es schwierig, übereinander immer auf dem neuesten Stand zu sein und so dafür zu sorgen, dass man einander nah ist und noch weiter zusammenwächst. Eine Ehe, die sich weiterentwickeln soll, setzt Beteiligte voraus, die frisch sind.«[15]

26.

Sorge im Herzen bedrückt den Menschen;
aber ein freundliches Wort erfreut ihn.
SPRÜCHE 12,25, LUTHER

Ist Ihnen eigentlich klar, dass Sie ein Künstler/eine Künstlerin sind? Vielleicht können Sie nicht geübt mit dem Pinsel umgehen, aber Sie sind dennoch eine Art von Künstler. Ihre Leinwand ist Ihr Ehepartner.

David Viscott schreibt: »Beziehungen sterben selten, weil ganz plötzlich kein Leben mehr in ihnen ist, sondern sie schrumpfen ganz langsam, weil entweder die Menschen nicht wissen, wie viel oder welche Art von Zeit, Arbeit, Liebe und Fürsorge sie erfordern, oder weil die Menschen zu träge oder zu ängstlich sind, es zu versuchen. Eine Beziehung ist etwas Lebendiges. Sie erfordert dieselbe Aufmerksamkeit fürs Detail wie ein Kunstwerk vom Künstler.«[16]

Sie und Ihr Ehepartner sind Künstler, die auf der Leinwand des Lebens des jeweils anderen die Möglichkeiten darstellen, die Gott dort angelegt hat. Ihre Aussagen und Überzeugungen über Ihren Partner tragen dazu bei, ihn/sie als Person zu formen. Eine Möglichkeit, das zu erreichen, ist Bestätigung. Jan und Dave Congo haben dazu einen interessanten Gedanken formuliert:

»Jesus bestätigt jeden Menschen schon im Voraus durch Worte. Als Jesus Simon kennen lernte, sah er ihm direkt in die Augen und nannte ihn Petrus. Worin der Unterschied liegt, fragen Sie? Simon bedeutet ›Schilf‹, beschreibt also eher jemanden, der leicht hin und her schwankt. Petrus bedeutet ›Fels‹ als Symbol für Stabilität. Der Name wurde ihm nicht erst gegeben, nachdem er unter Beweis gestellt hatte, dass er ihn verdient hatte, sondern er wurde ihm in Liebe im Voraus gegeben, so dass Petrus hineinwachsen konnte. ›Bestätiger‹ sehen Menschen so, wie sie sind, und akzeptieren sie. ›Bestätiger‹ sehen in Menschen oft auch schon das, was aus ihnen noch werden kann, was in ihnen steckt.«[17]

Was sehen Sie in Ihrem Partner? Überlegen Sie, wie Sie ihm/ihr in der nächsten Woche Bestätigung vermitteln können. Was können Sie jeden Tag sagen, um ihn/sie zu motivieren, alle seine/ihre Möglichkeiten auszuschöpfen? Solch eine »Verbal-Kunst« kann für Sie beide wirklich ermutigend sein.

27.

Warum nimmt mein Leiden kein Ende?
Warum will meine Wunde nicht heilen?
JEREMIA 15,18, GUTE NACHRICHT

Der Prophet Jeremia durchlebte im Laufe seines Lebens sehr schwierige Zeiten. Sein Dienst war nicht ständig schön. Immer wieder war er entmutigt und fühlte sich auch abgelehnt durch das, was um ihn her passierte, und er erfuhr im Laufe seines Lebens sehr viel Schmerz.

Schmerz tritt mit verschiedenen Gesichtern auf. Der eine hat eine Angstattacke, wenn er zum Zahnarzt muss. Für eher schüchterne Menschen ist es extrem unangenehm, wenn sie gezwungen werden, vor vielen Menschen zu sprechen. Es tut weh, wenn ein Arzt eine eiternde Wunde aufschneiden muss, damit sie heilen kann, und es gibt den Schmerz eines krampfenden Muskels. Aber oft ist körperlicher Schmerz vergleichsweise harmlos gegen den Schmerz, der durch Ablehnung hervorgerufen wird.

Vielleicht kennen auch Sie Tage, an denen Jeremias Worte von Ihnen stammen könnten. Noch tragischer ist es, wenn diese Worte den Zustand Ihrer Ehe beschreiben. Wir sehen uns den Schmerz an und fragen: »Warum?« Jesus dagegen fordert uns auf, uns den Schmerz anzusehen und zu fragen: »Warum nicht?«

Uns ist nie ein schmerzfreies Leben versprochen worden. Lewis Smedes schreibt: »Wir müssen etwas von dem im Leben erleiden, was falsch ist, um zu erleben, wie zutiefst richtig es ist. Wir müssen Schmerz empfinden, den wir nicht spüren wollen, Lasten tragen, die wir nicht tragen wollen, Elend aushalten, das wir uns nicht gefallen lassen möchten, Tränen weinen, die wir nicht vergießen möchten. Wenn wir jetzt keinen Schmerz erleben, dann werden wir die elendsten aller Menschen sein.«[18]

Ob es Ihnen gefällt oder nicht, Schmerz hat einen Zweck. Schmerz macht uns die Realität des Lebens klar. Für die meisten Menschen ist Schmerz nicht die Ausnahme in ihrem Leben, sondern ein ständiger Begleiter. Jesus Christus hat Schmerz und Leiden durchlebt. Er weiß, worum es geht, und er hat versprochen, dass er sowohl im Schmerz als

auch in der Freude bei uns sein will. Welchen Schmerz erleben Sie zur Zeit in Ihrem Leben? Sprechen Sie darüber.

28.

Gott, du bist mein Gott, den ich suche. Es dürstet meine Seele nach dir, mein ganzer Mensch verlangt nach dir aus trocknem, dürren Land, wo kein Wasser ist.
Psalm 63, 2, Luther

Ihre Kehle ist rau, fühlt sich an wie Sandpapier. Sie versuchen zu schlucken, aber es ist kein Speichel da. Durst! Ihre gesamte Energie ist darauf ausgerichtet, etwas Flüssiges zu finden. Ihr Körper ist schon ausgetrocknet. Klares, kühles Wasser ist das Einzige, was Ihren Durst löschen kann.

Waren Sie schon einmal stundenlang allein an einem verlassenen Ort ohne Wasser? Wanderer haben normalerweise eine Wasserflasche oder sogar einen Kanister dabei, um zu verhindern, dass sie beim Wandern wirklich starken Durst bekommen. Manchmal füllen sie ihre Flasche sogar an einer Quelle nach, nur um dann später festzustellen, dass das Wasser verseucht war. Und es gibt etwas, das noch frustrierender ist als Durst – Wasser zu haben, das man nicht trinken kann.

Körperliche Austrocknung und Durst sind kein Vergnügen, aber es gibt die eine oder andere Art von Trockenheit, die noch schlimmer ist. Die eine ist Trockenheit in der Ehe, wenn es keine Erfrischung oder kein Auftanken in der ehelichen Beziehung gibt. Die Ehe fühlt sich dann leer an, trocken, und es herrscht Mangel. Das ist ein Durst, der nicht zwangsläufig sein muss.

Aber es gibt noch eine andere Art der Trockenheit, die zu Durst in der Ehe führen kann. Man nennt sie auch geistliche Dürre. Haben Sie schon erlebt, dass Sie sich leer, ausgetrocknet, geistlich taub und von Gott getrennt fühlten? Haben Sie geistlichen Durst nach Gott? Gott wird auch als »Quelle lebendigen Wassers« (Jeremia 2,13) bezeichnet, und Jesus Christus sagt, dass er lebendiges Wasser hat. Wenn Sie durs-

tig sind, dann brauchen Sie Erfrischung und wünschen sie sich sehr. Darum geht es in dem Vers von heute.

Wenn Sie geistlich ausgetrocknet sind, wie löschen Sie dann Ihren Durst? Manchmal merken Menschen gar nicht, dass sie geistlich ausgetrocknet sind. Vielleicht ist es an der Zeit, einmal die Wasserversorgung zu überprüfen. Es ist eine Schande, Durst zu leiden, wenn Erfrischung nur ein Gebet weit entfernt ist.[19]

29.

Wenn ihr nach rechts oder links abbiegen wollt, werdet ihr hinter euch eine Stimme hören, die zu euch sagt: Dies ist der Weg, dem ihr folgen sollt.
JESAJA 30,21, GUTE NACHRICHT

Wege werden zu einem bestimmten Zweck abgesteckt. Wenn wir ihnen folgen, kommen wir an unserem Ziel an. Manchmal kommen wir aber auch in Versuchung, Abkürzungen zu benutzen, weil wir glauben, dadurch Zeit zu sparen. Oft schaffen aber Abkürzungen mehr Probleme, als sie lösen. Dann wieder irren wir vom Weg ab, weil wir nicht aufgepasst und an etwas anderes gedacht haben.

Auch in der Ehe gerät man leicht vom Kurs ab. Wenn wir dann merken, dass unsere Ehe in ernsten Problemen steckt, nehmen wir den einfacheren Weg, indem wir sie verlassen. Die Arbeit und Hingabe, die nötig wären, um wieder auf Kurs zu kommen, scheinen uns zu groß. Manche Leute schweifen auch nur gedanklich oder emotional ab, bleiben aber in der Beziehung.

Es gibt jedoch eine bessere Möglichkeit, und zwar auf dem Weg zu bleiben und darauf zu hören, wie Gott uns zurückruft. Lesen Sie einmal folgende Erkenntnisse und das Gebet von David Hubbard:

»Die Ehe soll die konkrete irdische Demonstration von Gottes ewigem Bund mit seinem Volk sein. Gott gibt nicht auf und steigt auch nicht aus. Er bleibt bei seiner Gemeinde und geht mit ihr durch dick und dünn, genauso wie er an seinem Volk Israel hing, und zwar sowohl in Zeiten, als es auf krummen Wegen unterwegs war, als auch in Zeiten des Gehorsams. Gottes Versprechen, uns niemals zu verlassen

oder zu versäumen, ist der Prototyp unseres Eheversprechens. Die größte Herausforderung, mit der wir im Leben konfrontiert sind, besteht darin, in Liebe und Loyalität Gottes Beständigkeit und Treue widerzuspiegeln …

Himmlischer Vater, wir sind erschrocken über unsere eigene Unbeständigkeit. Das macht deine Liebe umso unbegreiflicher. Gib uns die Sensibilität, denen gegenüber offen zu sein, die unsere Liebe brauchen. Lass uns lernen zu lieben, und zwar von dem einen, der das Lehrbuch dazu geschrieben hat, Jesus Christus. Seine Liebe war so loyal und so dauerhaft, dass er um seiner Braut willen nicht einmal das Kreuz scheute. In seinem Namen und seiner Kraft beten wir. Amen.«[20]

30.

Dann sprach Gott: Lasst uns Menschen machen als unser Abbild, uns ähnlich.

1. Mose 1,26, Einheitsübersetzung

Wer sind Sie? Wer ist Ihr Partner? Das sind grundsätzliche Fragen und die Antwort darauf halten wir oft für völlig selbstverständlich. Könnten Sie antworten auf die Frage, wer Sie sind, und zwar einmal abgesehen von Ihrer Arbeit oder Ihrem Beruf? Vielen Menschen fällt das ganz schwer!

Manchmal ist unsere Identität verpackt in dem, was wir leisten, aber Gott hat da eine andere Sicht. Der Psalmist sagt: »Wenn ich sehe die Himmel, deiner Finger Werk, den Mond und die Sterne, die du bereitet hast: Was ist der Mensch, dass du seiner gedenkst? Du hast ihn wenig niedriger gemacht als Gott, mit Ehre und Herrlichkeit hast du ihn gekrönt. Du hast ihn zum Herrn gemacht über deiner Hände Werk, alles hast du unter seine Füße getan« (Psalm 8,4–7).

Warum sind wir so wertvoll? Die Antwort ist in 1. Mose 1,26,27 zu finden. Lesen Sie sich die Verse einmal vor. Wir haben diese Ehre und Herrlichkeit, weil Gott uns so gemacht hat. Gott hat uns das Leben geschenkt, einen Sinn und Zweck, und seine Gegenwart trägt uns durchs Leben.

Aber was hat das alles mit der Ehe zu tun? Nun schauen Sie sich einmal genau Ihren Partner an. Sie leben nicht nur mit ihm als Ihrem Ehepartner zusammen, sondern mit einem Menschen, den Gott geschaffen hat. Er hat Ihrem Partner Leben eingehaucht. Sie sind aufgefordert, grundlegend und ganz praktisch für diesen Menschen zu sorgen, und wenn Sie das tun, werden Ihr Respekt und auch die Zuneigung zu ihm zunehmen. Und die Veränderungen, die Sie durch diese positive Reaktion bewirken, werden wiederum positive Auswirkungen auf Sie beide haben.

Sehen Sie sich selbst und Ihren Partner mit Gottes Augen. Sie sind beide nach seinem Bild geschaffen, und wenn Sie Kinder haben, dann gilt das auch für die. Sich das einfach nur klarzumachen, kann sich bereits darauf auswirken, wie Sie über den anderen denken, und es kann sein/ihr Verhalten verändern.[21]

31.

Liebt nicht die Welt und das, was zu ihr gehört!
Wer die Welt liebt, in dessen Herz gibt es keine Liebe zum Vater.
1. Johannes 2,15, Gute Nachricht

Überleben – das ist heutzutage oft das oberste Gebot, und viele Menschen richten sich danach, Christen wie Nichtchristen. Wie können wir in einer Welt überleben, die gegen Jesus Christus eingestellt ist? Johannes gibt im heutigen Vers eine Antwort darauf. Wir müssen zwar in dieser Welt leben, aber wir sollen als auserwähltes Volk Gottes leben. So leicht lässt man sich von den Verlockungen der Welt einfangen und versucht, die Leiter des materiellen und gesellschaftlichen Erfolges zu erklimmen. Manchmal ist es schwierig, in der Geschäftswelt oder sogar in der Gemeinde anders zu sein als die anderen.

Lloyd Ogilvie stellt dazu ein paar eindringliche Fragen: »Die einzige Methode, mit der wir auswerten können, wie sehr wir diese Welt lieben, besteht darin, Inventur unserer vordringlichen Wünsche und Sehnsüchte zu machen. Was ist unsere vorherrschende Absicht? Könnten wir das in 30 oder weniger Worten schriftlich festhalten?

Sind wir in der Lage, diese Definition durch unseren Lebensstil zu untermauern? Fragen Sie einmal die Menschen, die Ihnen am nächsten stehen, mit denen Sie leben und arbeiten und Ihre Zeit verbringen! Wir alle pendeln hin und her zwischen unserer Liebe zu Gott und der falschen Art von abhängiger Liebe zur Welt.«[22]

Wie können wir erkennen, dass wir die Welt zu sehr lieben? Manchmal entscheiden wir uns eher für das, was sich gut anfühlt, als für das, was am besten für uns ist. Manchmal versuchen wir unsere Leere, die nur Gott ausfüllen kann, mit Dingen, Menschen und Aktivitäten zu stopfen. Manchmal sind wir durch und durch stolz, was normalerweise erkennbar ist an Abwehr, heftiger Rivalität und dem Bedürfnis, möglichst alle Aufmerksamkeit auf uns zu ziehen. Oft schleicht sich Stolz auch in unsere Ehe ein, und die Ehe spiegelt dann eher den Maßstab der Welt wider als das, was Gott will.

Gibt es irgendwelche Hinweise dafür, dass sich auch in Ihre Ehe Stolz eingeschlichen hat? Wenn wir die Welt nicht mehr lieben als Gott, dann erkennen wir damit an, dass alles, was wir sind und haben, nur am Segen Gottes liegt, und dass es uns anvertraut ist, damit Gott dadurch verherrlicht wird.

NOVEMBER

Wenn Sie unter Stress stehen und das Gefühl haben,
dass alles um Sie her zusammenbricht,
dann sprechen Sie mit Ihrem Partner darüber.
Beten Sie ganz konkret über das, was Ihnen
zu schaffen macht, und erwarten Sie von Gott,
dass er die Last und die Angst von Ihnen nimmt.
Suchen Sie Zuflucht bei Gott, suchen Sie ihn
und nehmen Sie seinen Frieden in Anspruch.

1.

Ihr Lieben, wir sind schon Kinder Gottes. Was wir einmal sein werden, ist jetzt noch nicht sichtbar. Aber wir wissen, wenn es offenbar wird, werden wir Gott ähnlich sein; denn wir werden ihn sehen, wie er wirklich ist.

1. JOHANNES 3,2

Die Vorstellungskraft ist ein Geschenk, das Ihr ganzes Leben verändern kann, und sie ist auch wichtig für das Leben als Christ. Sie ist von entscheidender Bedeutung dafür, dass sich Dinge in Ihrem Leben wirklich ereignen, und Gott setzt sie auch ein, um uns zu leiten.

Wie nutzen Sie Ihre Vorstellungskraft? Produzieren Sie damit negative innere Bilder, durch die Sie letztlich nur behindert und eingeschränkt werden, oder setzen Sie diese Gabe ein, um die Möglichkeiten, die Gott Ihnen schenkt, auszubauen? Schauen Sie sich den Vers von heute einmal an und dann setzen Sie einen Augenblick Ihre Vorstellungskraft und Fantasie ein. Können Sie sich vorstellen, wie es wohl sein wird, wie Jesus zu sein? Ist der Gedanke überwältigend für Sie?

Robert Hicks hat ein interessantes Gedicht geschrieben, in dem es um unsere Vorstellungskraft geht.

> Erfüllt von einer seltsamen neuen Hoffnung kamen sie,
> die Blinden, Aussätzigen, die Kranken und Lahmen.
> Mit gebrechlichen Körpern und ausgezehrten Seelen …
> Und die, die ihn berührten, wurden heil.
> Auf jeder Zunge war der Name des Heilenden,
> durchs ganze Land verbreitete sich seine Berühmtheit.
> Aber Zweifel klammerte sich fest an seine hölzernen Krücken,
> die sagten: »Wir dürfen nicht zu viel erwarten.«
> Durch alle Zeiten hindurch kam eine Verheißung
> auf Heilung von Kummer und Sünde und Schande und Scham,
> auf Hilfe für die Hilflosen und Sehen für die Blinden,
> Heilung für Körper und Seele und Geist.
> Der Christus, dem wir nachfolgen, ist immer derselbe,
> mit Segnungen,

die jeder, der will, für sich in Anspruch nehmen kann.
Aber wie oft verpassen wir die heilende Berührung der Liebe,
weil wir denken: »Wir dürfen nicht zu viel erwarten.«[1]

Behindern Sie sich selbst oder Ihren Partner durch Ihre Vorstellungskraft oder eröffnet sie Ihnen und Ihrer Ehe neue Möglichkeiten? Vielleicht ist es ja an der Zeit, den Heiligen Geist darum zu bitten, diese mächtige Gabe einzusetzen. Stellen Sie sich doch nur einmal vor, wie das wäre!

2.

Denn alles, was von Gott stammt, besiegt die Welt.
Und das ist der Sieg, der die Welt besiegt hat: Unser Glaube.
1. JOHANNES 5,4, EINHEITSÜBERSETZUNG

Ehepaare, bei denen beide Partner Christen sind, haben es in der Welt von heute oft nicht leicht und müssen viele Kämpfe bestehen, innere wie äußere. Es ist so einfach, sich den Maßstäben der Welt anzupassen und die Identität als Christ zu verlieren, ohne es überhaupt zu merken. Wie können wir diese Welt überwinden und sowohl als Einzelperson als auch als Ehepaar Jesus Christus positiv widerspiegeln?

Wissen Sie eigentlich, was das Wort »überwinden« genau bedeutet? Als Christ zu überwinden, bedeutet, einen anhaltenden Sieg inmitten des fortwährenden Kampfes zu erleben. Um Kämpfe zu bestehen, braucht man Mut, und den beziehen wir aus der Tatsache, dass Jesus Christus den Satan, die Sünde und den Tod auf einmal besiegt hat. Der Psalmist sagt: »Seid getrost und unverzagt, alle, die ihr des Herrn harret!« (Psalm 31, 25, Luther). Der Mut, sich von der Masse abzuheben, kommt aus der Stärke Jesu Christi.

Warum fehlt uns Mut? Vielleicht weil wir nichts mit Themen und Anliegen zu tun haben wollen, bei denen wir auf Jesus Christus angewiesen sind. Viel zu oft verlassen wir uns nämlich auf unsere eigenen Kräfte und Reserven. Wenn wir aber in einem Kampf stehen, von dem wir wissen, dass wir ihn allein nicht bewältigen können, und wenn wir

uns wirklich ganz und gar auf den Heiligen Geist verlassen müssen, dann wird das Leben spannend.

Wie sieht es bei Ihnen aus? Sind Sie mit etwas konfrontiert, das nur durch die Kraft Jesu Christi zu schaffen ist? In welchem Lebensbereich könnten Sie eine gute Dosis Mut gebrauchen? Oft benötigen Paare Mut von Gott, um sich bestimmten Bereichen in ihrer Ehe stellen zu können, die nicht in Ordnung sind. Dabei ist es weit besser, ehrlich zu sein, sich zu stellen und auseinander zu setzen, als zu leugnen oder zu unterdrücken. Sich den anstehenden Problemen zusammen mit Jesus zu stellen, ist der erste Schritt zu einer Lösung.

Vielleicht sollten Sie jetzt sofort um Mut beten. In welchem Bereich brauchen Sie Mut? Auch wenn Ihr Partner für Sie betet, kann Ihnen das neuen Mut machen. [2]

3.

In jenen Tagen waren Worte des Herrn selten;
Visionen waren nicht häufig.
1. SAMUEL 3,1, EINHEITSÜBERSETZUNG

Schon seit Urzeiten verwenden Menschen Fallen, um ahnungslose Tiere oder auch Menschen zu fangen. Sind Sie schon einmal auf irgendeine Weise in eine Falle getappt? Es gibt auch Fallen durch Lebensumstände, die uns daran hindern zu hören, wenn Gott zu uns spricht.

Lesen Sie einmal 1. Samuel 3,1–10 am Stück, und Sie werden eine von mehreren Fallen identifizieren, vor denen auch wir uns heute in Acht nehmen müssen. Ebenso wie Samuel die Stimme Gottes nicht erkannte, hören auch wir sie manchmal nicht. Es fällt uns schwer zu glauben, dass Gott wirklich mit uns kommuniziert.

Eine zweite Falle, mit der wir alle unsere liebe Mühe haben, ist unsere Geschäftigkeit und Rastlosigkeit. Es ist so viel zu tun und wir haben so wenig Zeit, dass wir ständig von einer Sache zur nächsten hetzen. Es ist so, als ob Gott so lange wartet, uns anzusprechen, bis die Pause zwischen unseren verschiedenen Aktivitäten einmal lang genug ist, dass wir ihm zuhören können.

Dann gibt es noch die Falle der Ablenkung. Wir kennen sie alle – Lärm in jeder Form wie beispielsweise Fernsehen, Telefon, Walkman oder Menschen. Wie können wir merken, dass Gott zu uns spricht, wenn es so viele Störungen von außen gibt? Jesus bietet uns eine Lösung an, wenn er sagt: »Du aber geh in deine Kammer, wenn du betest, und schließ die Tür zu; dann bete zu deinem Vater, der im Verborgenen ist. Dein Vater, der auch das Verborgene sieht, wird es dir vergelten« (Matthäus 6,6, Einheitsübersetzung).

Und noch eine Falle gibt es, eine sehr subtile, indirekte. Es ist die Falle unserer Erwartungen. Vielleicht sind wir ja bereit, Gott zu hören, aber wir glauben, dass er nur auf eine ganz bestimmte Weise zu uns sprechen kann: durch den Lieblingsbuchautor, unseren Pastor, einen aus Funk und Fernsehen bekannten Christen etc. Aber Gott spricht häufig gerade dann durch Personen und Situationen, wenn wir am wenigsten damit rechnen. Im Alten Testament hat er sogar einmal durch einen Esel gesprochen! Wenn er das kann, dann seien Sie nicht erstaunt über die Art, wie er zu Ihnen gerade jetzt sprechen will. Seien Sie einfach offen und hören Sie zu.

Wann hat Gott das letzte Mal zu Ihnen geredet? Überlegen Sie einmal und dann tauschen Sie sich darüber aus.[3]

4.

Entrüste dich nicht ... Hoffe auf den Herrn ...
Habe deine Lust am Herrn ... Befiehl dem Herrn deine Wege ...
Sei stille im Herrn.
PSALM 37, 1.3.4.5.7, LUTHER

Lesen Sie sich zunächst Psalm 37 gegenseitig vor.

Worüber entrüsten Sie sich? Wie zeigt sich das bei Ihnen, wenn Sie sich entrüsten, aufregen, ärgern? Sich zu entrüsten, bedeutet ja, dass da etwas ist, was an einem nagt, worüber man sich Gedanken macht und aufregt. Biber nagen an Bäumen und die Folge ist offensichtlich. Der Baum wird ganz unten am Stamm abgenagt und fällt irgendwann um. Sich zu entrüsten, kann dieselben negativen Auswirkungen haben – es

frisst an einem, bis man körperlich, emotional oder geistlich zusammenklappt.

Der Psalmist zeigt uns die Lösung gegen das Entrüsten auf mit den Worten hoffen, Lust haben, sich anbefehlen, still sein. Hoffen und anbefehlen bedeutet, dass man ganz loslassen und sich völlig auf Gott werfen muss. Man darf die Last auf ihn abwerfen. Vielleicht heißt das für Sie konkret zu beten: »Herr, ich mache mir wirklich Sorgen wegen dieses Problems, aber ich gebe es jetzt an dich ab. Ich will still sein in dem Vertrauen darauf, dass du wirkst, auch wenn ich nicht weiß, was am Ende dabei herauskommt. Ich gebe das Problem an dich ab und erwarte deinen Frieden.«

Lust zu haben an Gott bedeutet, sich an ihm zu freuen, weil er so ist, wie er ist, und nicht weil er etwas (alles) für Sie tun kann. Wenn Sie beten und Ihre Last an ihn abgeben, dann verwenden Sie den größten Teil Ihrer Gebetszeit darauf, Ihre Lust an ihm zu zeigen, und zwar durch Anbetung und Lobpreis. Wenn Sie sich darauf konzentrieren, können Sie Ihr Leben und auch Ihr Problem in die richtige Perspektive rücken.

Wissen Sie, was es bedeutet, im Herrn still zu sein? Es bedeutet, aufzuhören zu kämpfen und stattdessen zu schweigen und sich dem unterzuordnen, was er bestimmt. Das ist schwer, denn Gott wirkt und handelt anders als wir. Aber er lädt uns ein: »Überlass dein Problem mir und vertraue mir, dass ich mich darum kümmere. Lass dich davon nicht innerlich zerfressen und hör auf, deine Zeit damit zu verschwenden, es auf negative Weise zusammen mit anderen immer wieder aufzuwärmen. Überlass es mir wirklich ganz und gar.«

Sich an die Anweisungen dieses Psalms zu halten hat bei vielen Menschen schon Wunder gewirkt. Warum sich nicht denen anschließen, die dadurch eine ganz neue Art zu leben entdeckt haben?

Lass dich nicht beirren und hab keine Angst, sondern sei mutig und entschlossen.

1. CHRONIK 22,13, GUTE NACHRICHT

In den Jahresrückblicken im Fernsehen gib es immer wieder auch Berichte über Menschen, die besonders mutig waren. Oft haben solche Leute extreme Risiken auf sich genommen bei dem Erlebnis, das sie berichten.

Mut ist die Fähigkeit, auch angesichts großer Widrigkeiten nicht aufzugeben, sondern weiterzumachen. Und um in einer Ehe zu überleben, ist er ebenfalls ein besonders wichtiges Element! Bei tieferem Nachdenken kommt man auch recht schnell darauf, warum das so ist. Es erfordert schon viel Mut, sich als Ehepartner einander unterzuordnen. Es erfordert Mut, die Interessen und Bedürfnisse des anderen über die eigenen zu stellen. Es erfordert Mut, in einer Beziehung zu bleiben und auch an ihr festzuhalten, bis alles geklärt ist, statt wegzulaufen. Es erfordert Mut, auch am Arbeitsplatz zu seiner Überzeugung zu stehen, dass Treue und Dauerhaftigkeit zur Ehe gehören. Es erfordert Mut, sich dem Spott und Gelächter derjenigen auszusetzen, deren Werte der Bibel widersprechen.

Es erfordert Mut, den Partner anzusehen und zu sagen: »Du hattest Recht und ich Unrecht. Deine Idee war viel besser als meine. Lass es uns so machen, wie du gesagt hast. Vergib mir bitte meine Sturheit.« Es erfordert Mut, nein zu sagen zu einer Beförderung, wenn man dadurch noch öfter von seinem Ehepartner getrennt ist. Es erfordert Mut, in der Ehe Eigenschaften wie Nähe und Transparenz zu entwickeln. Es erfordert Mut, vor dem anderen zuzugeben, dass man es nötig hat, sich geistlich weiterzuentwickeln, dass man manchmal Angst hat, laut vor dem anderen zu beten, oder dass man ziemlich unzuverlässig ist, was die persönliche Stille angeht.

Mut – wir brauchen ihn alle, weil wir alle mit diesen Themen so unsere Mühe haben. Ist es nicht wunderbar zu wissen, woher wir den Mut bekommen können, den wir brauchen? Gott rüstet uns mit dem Mut aus, der uns fehlt – vorausgesetzt, wir bitten ihn darum.

6.

Wenn wir unsere Sünden bekennen, ist er treu und gerecht; er vergibt uns unsere Sünden und reinigt uns von allem Unrecht.
1. Johannes 1,9, Einheitsübersetzung

»Ich weiß ja, dass ich meinem Ehepartner vergeben sollte, aber ich kann einfach nicht.«

Haben Sie so oder ähnlich auch schon einmal gedacht? Machen Sie sich deshalb keine Sorgen, denn anderen Menschen geht es auch nicht anders. Als Menschen haben wir von uns aus nicht die Fähigkeit, wirklich und echt zu vergeben; wir können es nur, weil Gott uns vergeben hat. Wenn uns klar wird, wie viel uns vergeben worden ist, nur dann sind wir frei, die gesammelten Verletzungen loszulassen, die wir in unserem Inneren gehortet haben. Gott ist der Urheber unserer Fähigkeit, unserem Partner zu vergeben.

Lewis Smedes beschreibt das so: »Was ist anders geworden? Den Unterschied macht ein hölzernes Kreuz aus, das auf einem Hügel aufgestellt wurde, wo einst ein Mann starb und den Schmerz und die Sünden der Welt trug. Am Kreuz sammelte Jesus all den Schmerz, den wir Gott bereitet haben, und durchlebte ihn dort gemeinsam mit Gott. Er ertrug denselben Schmerz, den Gott empfindet, wenn wir ihm den Rücken zukehren und unseren eigenen Zielen nachjagen. Geteilter Schmerz, zwischen Jesus und Gott; das war seine Art, an unserer Stelle unsere Sünden zu bekennen …

Es gibt ein Kreuz geteilten Schmerzes im Leben Gottes. Deshalb macht er uns die Tür nie ganz zu, darauf können Sie sich verlassen; er wird immer vergeben. Er vergisst nicht nur einfach, er versteht auch nicht nur einfach; er kommt selbst an unsere Seite und sagt: Komm, wir fangen noch mal an. Ich bin jetzt dein Vater. Ich will dein Freund sein. Ich will dein Erlöser sein. Also los, auf geht's.«[4]

Wenn Gott alles für uns getan hat, wenn Ihnen wirklich vergeben ist, dann können auch Sie vergeben. Sie haben die Fähigkeit bekommen, Ihrem Partner das zu schenken, was Gott auch Ihnen zugesprochen hat.

7.

Sobald sich aber einer dem Herrn zuwendet, wird er Hilfe erfahren.
2. KORINTHER 3,16, EINHEITSÜBERSETZUNG

Für manche Menschen ist das Vortäuschen eine Art Lebensstil. Überdenken Sie einmal folgende Bemerkungen zum Thema Vortäuschen:

»Lasst euch nicht von mir täuschen. Lasst euch nicht täuschen durch mein Gesicht. Ich trage nämlich eine Maske. Ich trage tausend Masken – Masken, die abzunehmen ich fürchte; und keine der Masken bin ich selbst.

Vortäuschung ist eine Kunst, die mir zur zweiten Natur geworden ist, aber lasst euch nicht zum Narren halten. Um meinetwillen, lasst euch nicht täuschen. Ich vermittle den Eindruck, dass ich echt bin, dass alles sonnig und ungetrübt ist an mir, innerlich wie äußerlich; dass mein Name Selbstvertrauen ist und ›Coolsein‹ mein Spiel; dass die Wasser ruhig sind, aber meine Oberfläche ist meine Maske, meine sich ständig verändernde, alles verbergende Maske.

Darunter ist Selbstgefälligkeit, keine Zufriedenheit. Darunter wohnt das wirkliche Ich, das durcheinander ist, ängstlich, einsam. Aber das verstecke ich … ich gerate schon bei dem Gedanken in Panik, dass meine Schwäche und Angst auffliegen könnten. Deshalb schaffe ich mir hektisch eine Maske, hinter der ich mich verstecken kann – eine nonchalante, gebildete Fassade –, damit ich weiter vortäuschen und mich vor Blicken schützen kann, die wissen und durchschauen.

Ein solcher Blick ist aber gleichzeitig auch meine einzige Rettung, und das weiß ich. Das heißt, wenn danach Annahme und Liebe folgen.

Es ist das Einzige, was mich befreien kann von mir selbst, von den selbst errichteten Gefängnismauern, von den Barrieren, die ich so sorgfältig errichtet habe …

Wer bin ich, fragt ihr euch vielleicht. Ich bin jemand, den du sehr gut kennst. Ich bin jeder Mann, dem du begegnest, jede Frau, der du begegnest, und jedes Kind, dem du begegnest. Ich bin direkt vor dir. Bitte … liebe mich.«[5]

Sprechen Sie über die Masken, die Sie tragen und darüber, wie Sie in Ihrem Leben mehr Echtheit zulassen können.

8.

Jeden Gedanken, der sich gegen Gott auflehnt, nehme ich gefangen und unterstelle ihn dem Befehl von Christus.

2. KORINTHER 10,5

»Wo ist das Kind schon wieder? Ich habe ihm gesagt, er soll hier bleiben, und jetzt ist er schon wieder weg!«

Haben Sie das oder etwas Ähnliches auch schon einmal über Ihr Kind gesagt? Hat man es auch über Sie gesagt, als Sie klein waren? Es gibt so viele Arten auszureißen. Manchmal tun wir es tatsächlich, als Erwachsene aber doch wohl eher in Gedanken. Erinnern Sie sich noch an Ihre Kurse in der Oberstufe, die extrem langweilig waren? Sind Ihre Gedanken da nicht auch oft abgeschweift? Und dann die Peinlichkeit, vom Lehrer aufgerufen zu werden und keine Ahnung zu haben, worum es ging!

Sind Sie beim Beten schon einmal gedanklich abgeschweift? Sie wissen schon – mitten im Gebet denken Sie plötzlich an die Arbeit, die Kinder, das neue Auto oder die Urlaubsreise. Und dann wird Ihnen klar, dass Ihre Gebetszeit vorbei ist und Sie nicht besonders weit gekommen sind. Vielleicht ist deshalb auch die Bibelstelle für heute so besonders wichtig für ein intaktes Gebetsleben.

In Reader's Digest stand in einer Ausgabe von 1985 ein Artikel, in dem es darum ging, dass wir es immer mehr »verlernen«, uns beim Fernsehen zu konzentrieren. Im Fernsehen werden so kurze Programmsegmente und so kurze Werbespots gesendet, dass unsere Aufmerksamkeitsspanne stetig abnimmt. Genauso schweifen wir auch gedanklich ab, beispielsweise wenn unser Ehepartner mit uns spricht, wenn wir mit Gott reden oder wenn wir in seinem Wort lesen.

Eine der Möglichkeiten, unsere Gedanken während der Stillen Zeit unter Kontrolle zu behalten, besteht darin, laut in der Bibel zu lesen und auch laut zu beten. Versuchen Sie das einmal eine Woche lang; Sie werden einen Unterschied feststellen. Sie werden sich besser konzentrieren können, das Gelesene länger behalten und anfangen zu entdecken, dass sich Ihre Gedanken kontrollieren lassen. Gott bittet uns, uns auf ihn zu konzentrieren. Er weiß, wie viel Mühe uns das macht. Warum sonst hätte er die Verfasser der Bibel anweisen sollen,

so viel über die Kontrolle der eigenen Gedanken zu schreiben? Diese Abschnitte ernst zu nehmen, kann Ihnen helfen, Ihre abschweifenden Gedanken wieder zu sammeln.[6]

9.

Wir wollen den Blick auf Jesus richten, der uns auf dem Weg vertrauenden Glaubens vorausgegangen ist und auch ans Ziel bringt.
HEBRÄER 12,2, GUTE NACHRICHT

Wie kann man abschweifende Gedanken unter Kontrolle bekommen? Hier die Vorschläge zweier Autoren:

»Vielen Menschen fällt es schwer, innerlich zur Ruhe zu kommen ... Es kommen ihnen Gedanken und Ideen, die sie immer wieder aus der Stille herausreißen ... Für solche Leute ist es hilfreich, ein Notizbuch dabeizuhaben. Wenn man den störenden Gedanken aufschreibt, ist man ihn zunächst einmal los und kann wieder in die Stille gehen. Wenn der Gedanke trotzdem immer wiederkommt, kann man ihn beiseite schieben, indem man sagt: ›Um dich wird sich gekümmert. Jetzt hör auf, mich zu stören ... Lass mich in Ruhe; ich brauche mich nicht von dir tyrannisieren zu lassen‹ ... Es besteht ein großer Unterschied zwischen dem Vermeiden eines Gedanken oder eines Gefühls und dem Beiseitelegen, nachdem man sich die Mühe gemacht hat, ihn bzw. es anzuschauen.«[7]

»Lassen Sie sich nicht dadurch ärgern, dass Ihre Gedanken abschweifen. Regen Sie sich nicht über Ihre Fehler auf und haben Sie auch keine Angst davor. Denn ein solcher Ärger lenkt Ihre Aufmerksamkeit auf äußere Dinge.

Zweitens: Eigentlich entspringt Ihr Problem einer geheimen Wurzel des Stolzes. Sie kümmern sich hier nämlich nur um Ihren eigenen Wert.

Wie gehen Sie mit solchen Ablenkungen um; wie gehen Sie mit Dingen um, die Sie vom Wichtigsten überhaupt abhalten wollen? Wenn Sie sündigen sollten (oder selbst wenn Sie nur durch Dinge in Ihrem Umfeld abgelenkt werden), was würden Sie dann tun? Sie müssen sich sofort nach innen, Ihrem eigenen Geist zuwenden.«[8]

Abschweifende Gedanken kommen in aller Regel zurück, je mehr man seine Aufmerksamkeit auf Jesus Christus richtet.

10.

Ich stehe vor der Tür und klopfe an. Wer meine Stimme hört und die Tür öffnet, bei dem werde ich eintreten und wir werden Mahl halten, ich mit ihm und er mit mir.
OFFENBARUNG 3,20, EINHEITSÜBERSETZUNG

Es klopft an der Tür – Sie hören es und fragen sich, wer das wohl sein könnte. Manchmal klopft auch Gott so an die Tür Ihres Herzens, aber woher wissen Sie, dass es wirklich Gott ist? Manchmal ist man da irritiert.

Eines steht jedenfalls fest: Er drängt sich uns nicht auf. Er klopft an die Tür, aber er tritt sie niemals ein. Jesus klopft und bittet uns, auf seine Einladung zu reagieren. Er möchte begrüßt und hereingebeten werden. Vielleicht ist das der erste Schritt, Gottes herzliche Stimme zu hören, die uns willkommen heißt und begrüßt.

Einer der Gründe, weshalb Gott zu uns spricht, ist, dass er Gemeinschaft mit uns haben möchte. Er möchte mit uns kommunizieren. Manche Menschen haben Angst davor, auf die Stimme Gottes zu hören, weil sie fürchten, dass er sie nur bestrafen will. Aber das steht nicht in der Bibel. Seine Einladung lautet vielmehr: »Kommt alle zu mir, die ihr euch plagt und schwere Lasten zu tragen habt. Ich werde euch Ruhe verschaffen« (Matthäus 11,28); »Bittet, dann wird euch gegeben; sucht, dann werdet ihr finden; klopft an, dann wird euch geöffnet. Denn wer bittet, der empfängt; wer sucht, der findet; und wer anklopft, dem wird geöffnet« (Matthäus 7,7.8, Einheitsübersetzung).

In Johannes 10,2–4 geht es um Jesus als den Hirten und uns als die Schafe. Jesus kennt jedes seiner Schafe. Er geht mit jedem individuell um, weil er zu jedem eine persönliche Beziehung hat. Spüren Sie das? Verstehen Sie das? Jesus ist der Bräutigam, der sich Ihnen als seiner Braut nähert, der Freund, der als Freund auf Sie zukommt. Und das ist so, weil er Sie liebt. Er möchte Gemeinschaft mit Ihnen. Er klopft an,

weil Sie auf seiner »Gesucht«-Liste stehen. Denken Sie daran, dass Sie für Gott etwas ganz Besonderes sind.[9]

II.

*Gott . . . hat sein Leben für unsere Sünden hingegeben
und uns davon befreit, so leben zu müssen wie diese vergängliche,
vom Bösen beherrschte Welt.*

GALATER 1,4, HOFFNUNG FÜR ALLE

Wie gut kennen Sie die Stimme Ihres Ehepartners? Können Sie sie in einer Menschenmenge heraushören? Bestimmt können Sie das, weil Ihnen diese Stimme vertraut ist. Genauso ist es mit der Stimme Gottes. Ob Sie die Stimme Gottes hören, erkennen Sie am besten daran, wie sie auf Sie wirkt. Bedenken Sie einmal die verschiedenen Wirkungsweisen, die immer positiv sind.

Erstens können seine Worte Sie ermutigen. Er ist der »Gott allen Trostes« (2. Korinther 1.3). Er macht uns Mut durch seine Verheißungen und durch das Vertrauen, das er in uns setzt. Das ist auch eine Möglichkeit, so in der Ehe miteinander umzugehen. Wird Ihr Partner durch Ihre Stimme und das, was Sie sagen, ermutigt?

Zweitens: Das Wort Gottes bringt Frieden. Was Gott zu Ihnen sagt, wird nie Angst oder Sorgen bei Ihnen auslösen. Er sagt, dass wir Frieden haben, wenn wir uns auf ihn verlassen. Wenn Sie diesen Frieden gerade in schwierigen Zeiten erleben, dann haben Sie Gottes Stimme gehört. Hat das, was Sie sagen, bei anderen eine ähnliche Wirkung?

Drittens: Seine Worte und seine Stimme bringen Hoffnung. Hoffnung zu haben, bedeutet, das Gute zu erwarten. Ein Kommentator drückt das so aus: »Hoffnung ist eine positive, von Gewissheit bestimmte Erwartungshaltung. Es ist die frohe Erwartung des Guten. Hoffnungslosigkeit bedeutet, nichts Gutes zu erwarten, zu verzweifeln.«[10]

Wovon ist Ihr Leben zur Zeit gekennzeichnet, von Hoffnung oder Hoffnungslosigkeit? Wie sieht es bei Ihrem Partner aus? An welchen Stellen könnten Sie mehr Hoffnung gebrauchen?

Unser Gott ist ein Gott der Hoffnung: »Der Gott der Hoffnung aber erfülle euch mit aller Freude und mit allem Frieden im Glauben, damit ihr reich werdet an Hoffnung in der Kraft des Heiligen Geistes« (Römer 15,13, Einheitsübersetzung).

Haben Sie es bemerkt? Wenn Sie erfüllt sind von der Hoffnung, die von Gott kommt, erleben Sie Freude und Frieden, und das wird sich auch auf Ihre Partnerschaft und Ehe auswirken.

12.

Der aus Glauben Gerechte wird leben.
RÖMER 1,17, EINHEITSÜBERSETZUNG

In Predigten hören wir immer wieder, dass wir mehr Glauben brauchen, und das stimmt auch. Glaube sorgt nämlich dafür, dass wir vorangehen. Sie glauben an Ihren Partner, und manchmal wissen Sie nicht einmal warum, haben dafür keine Erklärung. Sie wissen ganz einfach, dass Sie sich auf ihn/sie verlassen können.

Vielleicht die beste Definition für Glauben steht im Wort Gottes selbst. In Hebräer 11,1 steht: »Glaube aber ist: Feststehen in dem, was man erhofft, Überzeugtsein von Dingen, die man nicht sieht.« In Hebräer 11 wird 19-mal der Ausdruck »aus Glauben« verwendet, um das Leben und die großen Taten der Führer Gottes aus dem Alten Testament zu beschreiben. Wen würden Sie heutzutage als Mann oder Frau des Glaubens bezeichnen? Haben Sie in letzter Zeit einmal Kapitel 11 des Hebräerbriefes gelesen? Der letzte Vers des Kapitels enthält eine großartige Verheißung. Lesen Sie es doch einmal.

Glaube ist im Leben von Christen nicht nur eine Option, sondern Gott verlangt Glauben von uns (Römer 1,17). Nur durch Glauben kann man gerecht werden. Wussten Sie eigentlich, dass Gott sich über Ihren Glauben freut? »Ohne Glauben aber ist es unmöglich, Gott zu gefallen« (Hebräer 11,6). Außerdem ist Gott derjenige, der uns Grundlage und Begründung für unseren Glauben gibt, wenn er zu uns sagt: »So gründet der Glaube in der Botschaft, die Botschaft im Wort Christi« (Römer 10,17).

Glaube lässt sich nicht immer mit dem Verstand fassen, denn er geht über unser Fassungsvermögen hinaus. Sie müssen auf die Stimme Gottes und sein Wort hören, auch angesichts dessen, was andere vielleicht sagen. Manchmal ist das mühsam, aber überlegen Sie doch einmal die Alternative – wie wäre Ihr Leben ohne Glauben? Lesen Sie dazu noch einmal Hebräer 11.[11]

13.

Als Verantwortlicher schreibe ich an meinen Freund Gajus, den ich aufrichtig liebe ... Ich habe bereits an eure Gemeinde geschrieben. Aber Diotrephes, der bei euch gern die führende Rolle spielen möchte, will nicht auf uns hören.

3. Johannes 1,9, Hoffnung für alle

Wir leben in einer Gesellschaft, in der das Ich eine beherrschende Rolle spielt: »Denke zuerst an dich selbst«; »Tu dir selbst einen Gefallen«; »Du hast wirklich eine Pause verdient«; »Du bist es wert« ... Sich selbst an die erste Stelle zu setzen, ist ein Ausdruck von Unsicherheit und zeigt sich in Egoismus. Der andere Lebensstil ist der großzügige. Wie können Sie großzügig für andere leben, auch für Ihren Partner? Welche Eigenschaften hat ein solcher von Großzügigkeit bestimmter Lebensstil?

Vielleicht kann die Bibelstelle von heute klären helfen, was Großzügigkeit in Beziehungen bedeutet. Stellen Sie die Beschreibung von Gajus und Diotrephes einander gegenüber. Diotrephes lebte für sich selbst, statt an andere zu denken. Aber von Gajus spricht Johannes als von einem geliebten Freund. Wenn man über jemanden sagt, dass man ihn liebt, dann kommt darin in aller Regel Zuneigung, Freude und Bewunderung zum Ausdruck, alles Elemente von Großzügigkeit.

Großzügigkeit zeigt sich beispielsweise auch in Worten wie Fürsorge, Liebe und Dienen. Aus biblischer Sicht ist eine der Möglichkeiten, Großzügigkeit zu praktizieren, Gastfreundschaft. Gastfreundschaft ist praktizierte Großzügigkeit, ein Ausdruck von Liebe. Paulus forderte die Gemeinde in Rom auf, »gastfreundlich« (Römer 12,13) zu

sein. Petrus schreibt: »Seid gastfrei und klagt nicht über die vermehrte Arbeit« (1. Petrus 4,9). Im Hebräerbrief ist diese Aussage sogar noch stärker formuliert: »Vergesst nicht, Gastfreundschaft zu üben; denn ohne es zu wissen, haben manche Engel bei sich aufgenommen« (13,2). Freundlich (großzügig) zu sein bedeutet, auf andere zuzugehen und ihre Bedürfnisse zu stillen.

Manchmal hört man ja Aussagen wie: »Das ist wirklich ein großzügiger Mensch«, aber haben Sie auch schon einmal jemanden sagen hören: »Die beiden leben aber eine großzügige Ehe«? Großzügig Gastfreundschaft zu praktizieren, muss zwei Dimensionen haben: zu Hause dem Partner gegenüber großzügig zu sein und zum anderen auch großzügig und gastfreundlich Außenstehenden gegenüber.

Überlegen Sie einmal einen Moment: Wie könnten Sie Ihrem Partner gegenüber großzügiger sein? Was glauben Sie, wo sich Ihr Partner von Ihnen mehr Großzügigkeit wünschen würde? Und was können Sie als Ehepaar konkret tun, um Gastfreundschaft zu praktizieren bei Menschen, die es nötig haben, auch wenn sie es nicht verdient haben?[12]

14.

Es gilt aber auch für euch: Jeder von euch muss seine Frau so lieben wie sich selbst. Die Frau aber soll ihren Mann achten.

EPHESER 5,33, GUTE NACHRICHT

Achten Sie sich in Ihrer Ehe gegenseitig? Dazu sind wir als Christen aufgefordert. In dem Bibelvers von heute werden sowohl der Ehemann als auch die Ehefrau aufgefordert, respektvoll miteinander umzugehen. Aber ist eigentlich jedem so klar, was das bedeutet?

Achtung in der Ehe bedeutet, dem Partner nahe zu sein, indem man zuhört, ihn liebevoll umarmt, flexibel bleibt im Denken und großzügig und freundlich handelt. Es bedeutet, Fehler und Differenzen auch mal zu übersehen und die Stärken und Übereinstimmungen zu betonen. Es bedeutet, sich Anliegen und Probleme gegenseitig mitzuteilen, statt sich allein damit abzumühen.

Denken Sie einmal über folgende Fragen nach und werten Sie anhand der Antworten aus, ob in Ihrer Ehe Achtung vorhanden ist und praktiziert wird:

- Wenn die Situation angespannt ist, fahre ich dann meinem Partner über den Mund, wenn er eine andere Meinung vertritt als ich?
- Wenn ich der Meinung bin, dass mein Partner Unrecht hat, werde ich dann kränkend und versuche ihn/sie zurechtzuweisen?
- Wenn ich versuche, etwas deutlich zu machen, bin ich dann freundlich überzeugend oder voreingenommen und fordernd?
- Bin ich so getrieben von dem Bedürfnis, Recht zu haben, dass ich versuche, durch Druck meinen Partner auf meine Seite zu ziehen? Versuche ich, meinen Partner einzuschüchtern?

Das sind schon Fragen, die einem zu schaffen machen können. Sie zu beantworten, ist aber auch ein guter Schritt auf dem Weg zu einer Ehebeziehung, in der sich die Partner gegenseitig achten. Ein Autor hat einmal gesagt: »Achtung fängt da an, wo wir lernen, aufmerksam zuzuhören, statt drohend in Gegenposition zu gehen, wo wir ehrlich sein können, statt uns zu verweigern, wo wir flexibel statt starr und rigide sein können, wo wir liebevoll kritisieren, statt hart zu zwingen, wo wir ermutigen, statt einzuschüchtern.«[13]

Wie sieht es mit der gegenseitigen Achtung in Ihrer Ehe aus?[14]

15.

Damit ihr Gott, den Vater unseres Herrn Jesus Christus, einträchtig und mit einem Munde preist.
RÖMER 15,6, EINHEITSÜBERSETZUNG

Wenn Jesus Christus der Herr des Ehemannes und seiner Frau und ihrer Ehe ist, dann passieren mehrere positive Dinge, die ihre Ehe bereichern und wachsen lassen. Erwägen Sie einmal folgende Möglichkeiten:

»Jesus als Herr Ihrer Ehe nimmt den Partnern die Last, den anderen ›herumzukommandieren‹. Es gehört zum Wesen des gefallenen

Menschen, dass er lieber den anderen kontrollieren möchte, als ihm selbstlos zu dienen. Wenn wir uns Jesus Christus als dem Herrn unterstellen, dann wird aus Rivalität und Konkurrenzdenken ein liebevolles Hineinfühlen in den anderen.

Wenn sich beide Partner der Herrschaft Jesu Christi unterstellen, dann werden beide sowohl Schüler als auch Lehrer des anderen. Jesus macht uns offen füreinander und fähig, voneinander zu lernen.

Eine Frau und ein Mann, deren Herr Jesus ist, haben in ihm bereits eine Autorität, und sie brauchen nicht selbst ›Gott zu spielen‹ im Leben ihrer Kinder. Wenn wir das Gefühl haben, die letztgültige Autorität im Leben unserer Kinder zu sein, dann geht uns die Fähigkeit verloren, von ihnen zu lernen.

Männer und Frauen, deren Herr Jesus ist, haben in ihm Orientierung bei schwierigen Entscheidungen. Wenn wir uns an Jesus Christus wenden und unser Gewissen für die Führung durch seinen Heiligen Geist öffnen, dann erleben wir ganz Neues, und längst Vergessenes bekommt wieder neue, positive Bedeutung. Es entwickelt sich ein völlig neues Muster.

Wenn Jesus Herr in unseren Ehen ist, dann verhindert er, dass wir einander vergöttern und vom anderen erwarten, dass er perfekt ist und uns alles geben muss. Jesus macht uns fähig, uns gegenseitig in unserem Menschsein zu bestätigen, die Last der Fehler des anderen mitzutragen und so das Gesetz Christi zu erfüllen.«[15]

Was sagen Sie zu Ihrem Partner, nachdem Sie das gelesen haben?

16.

Dies aber habe ich euch gesagt, damit meine Freude in euch ist und damit eure Freude vollkommen wird.

JOHANNES 15,11, EINHEITSÜBERSETZUNG

Glück ist im Grunde eine Frage der Entscheidung und nicht von der Situation oder den Umständen abhängig. Jeder ist für sein eigenes Glück verantwortlich. Glück kann durch das vermehrt werden, was

um uns her geschieht, oder durch das, was unser Ehepartner tut, aber die Wahrscheinlichkeit ist groß, dass wir glücklicher werden, wenn wir andere beschenken, statt uns ausschließlich auf uns selbst zu konzentrieren.

Archibald Hart macht den Vorschlag, folgende Aussagen auf Karten zu schreiben, die man bei sich trägt und in Abständen immer wieder liest.

- Heute will ich mich auf die himmlischen Dinge ausrichten und nicht so sehr auf das Irdische.
- Heute will ich mir keine Sorgen darüber machen, was wohl morgen ist, sondern darauf vertrauen, dass Gott vor mir hergeht ins Unbekannte.
- Heute will ich aushalten, was mir wehtut oder mich bedrückt, weil ich glaube, dass Gott über alles, was mir geschieht, den Überblick hat.
- Heute werde ich mich nicht gedanklich bei meinen Fehlschlägen aufhalten. Ich werde meine negativen Gedanken auswechseln gegen glückliche und hoffnungsvolle.
- Heute werde ich bewusst einige Dinge tun, die ich nicht gern tue, und ich werde sie heiter und fröhlich tun.
- Heute werde ich mir bewusst Mühe geben, diejenigen zu lieben, die mir keine Liebe entgegenbringen, und freundlich sein zu denen, die mich nicht mögen.
- Heute will ich geduldig sein mit denen, die mich ärgern, und langmütig mit denen, die egoistisch und rücksichtslos sind.
- Heute will ich all denen vergeben, die mich verletzen – auch mir selbst.
- Heute will ich mich dafür entscheiden, GLÜCKLICH ZU SEIN![16]

17.

Wenn jemand etwas tut, welchen Vorteil hat er dann davon, dass er sich anstrengt . . . Gott hat das alles zu seiner Zeit auf vollkommene Weise getan.

PREDIGER 3,9.11, EINHEITSÜBERSETZUNG

Für viele Menschen ist das Leben nichts als sinnlose, leere, eintönige Plackerei. Lesen Sie einmal das Buch Prediger und Sie werden etwas über die Vergeblichkeit des Lebens erfahren. Besonders leer und sinnlos ist dieses Leben jedoch ohne Gott. Können Sie sich vorstellen, wie es für Menschen sein muss, die Gott nicht kennen? In seinem sehr guten Buch LIVING ON THE RAGGED EDGE über das Buch Prediger beschreibt Charles Swindoll das Problem so:

»Um es einmal ganz platt auszudrücken: Ein Leben ohne Gott auf dieser Erde ist die Hölle. Und wenn ich noch einmal wiederholen darf, worauf ich hinauswill (Salomo tut das mehrfach), Gott hat gewollt, dass es so ist, als er die Erde schuf. Er hat ein von ihm selbst geschaffenes Vakuum in uns hineingelegt, das nur er ausfüllen kann. Solange es nicht von ihm ausgefüllt ist, kann uns nichts wirklich zufrieden machen. Es gibt keine schlimmere Hölle auf Erden, als nicht direkt auf Gott ausgerichtet zu leben.

Können Sie sich vorstellen, in einem Land aufzuwachsen und zu leben, in dem gelehrt wird, dass es keinen Gott gibt? Vielleicht erinnern Sie sich noch an den sowjetischen Kunstspringer, der auf Anweisung seines Trainers einen dreieinhalbfachen Auerbachsalto machen sollte und beim Absprung mit dem Kopf auf die 10-Meter-Plattform aufschlug. Der Mann ist inzwischen gestorben.

Diese Tragödie hat mich zum Innehalten und Nachdenken darüber veranlasst, wie ich mich wohl fühlen würde, wenn ich ein Vater oder eine Mutter in der Sowjetunion wäre, im Krankenhaus am Bett meines sterbenden Sohnes säße und nichts tun könnte, um ihn wieder ins Leben zu holen, und keinen Gott hätte, mit dem ich reden könnte, von dem ich Trost bekäme. Und es gäbe niemanden, der den Arm um mich legen und mir sagen würde, dass das alles einen Sinn hat.«[17]

Der Verfasser des Buches Prediger aus dem Alten Testament behauptet außerdem auch, dass Gott für alles seine Zeit hat. Er sorgt dafür, dass uns alles zum Besten dient (Römer 8,28). Was verändert Gott heute in Ihrem Leben und in dem Ihres Partners?

18.

Ich danke dir mit aufrichtigem Herzen.
PSALM 119,7, LUTHER

In den kommenden Tagen werden wir uns mit Versprechen an Gott befassen, Vorsätzen, die Kenneth Boa so formuliert hat auf der Grundlage von Bibelversen. Lesen Sie sich diese Abschnitte gegenseitig laut vor und lassen Sie sich durch das Wort Gottes darin bestätigen.

- So wie Noah möchte ich ein gerechter Mann sein, ohne Tadel unter den Menschen meiner Zeit, einer, der mit Gott geht (1. Mose 6,9).
- Ich möchte auch vor den Augen meiner Nachkommen vor dir gerecht sein (1. Mose 7,1).
- Ich will darauf achten, dass ich den Herrn, meinen Gott, nicht vergesse, indem ich seine Gebote, seine Weisungen und Gesetze beachte (5. Mose 8,11).
- Wie Hiskia möchte ich tun, was richtig, gut und wahrhaftig ist vor Gott, meinem Herrn, indem ich ihn von ganzem Herzen suche (2. Chronik 34,1.2).
- Wie Hiob möchte ich ohne Tadel und aufrecht Gott fürchten und das Böse meiden (Hiob 1,1).
- Ich will mich darum bemühen, ein untadeliges Leben zu führen. Ich will meinen Blick nicht auf Böses richten. Ich lehne ab, was diejenigen anrichten, die vom Glauben abgefallen sind, und lasse es nicht an mich herankommen. Mit einem falschen Herzen will ich nichts zu tun haben. Wer über meinen Nächsten schlecht redet, den werde ich zum Schweigen bringen; ich werde den nicht ertragen, der einen hochmütigen Blick und ein stolzes Herz hat. Ich schaue auf den, der treu ist im Lande, dass er bei mir wohnt; er, dessen Wandel ohne Tadel ist, wird mir dienen. Keiner, der betrügt, wird in

meinem Haus wohnen; niemand, der Lügen verbreitet, kann in meiner Gegenwart sein (Psalm 101,2–7).[18]

19.

Hananja war ein zuverlässiger und gottesfürchtiger Mann, wie es nicht viele gab.

NEHEMIA 7,2, EINHEITSÜBERSETZUNG

Lesen Sie sich diese Aussagen der Bibel gegenseitig vor, damit das Wort Gottes in Ihnen Wurzeln schlägt und Sie fest stehen können.

- Ich will nicht mit der Masse mitmachen, wenn sie etwas Falsches tut (2. Mose 23,2).
- Ich will nicht unehrlich sein im Beurteilen und Bemessen von Gewicht und Menge. Ich will ehrlich und rechtschaffen sein in geschäftlichen Angelegenheiten (3. Mose 19,35.36).
- Ich will in meinem Urteil nicht parteilich sein; ich will beide Seiten anhören, Groß und Klein gleichermaßen. Ich will keine Angst vor Menschen haben, denn Gott allein darf richten (5. Mose 1,17).
- Ich will nicht das Recht verdrehen oder parteiisch sein. Ich will kein Bestechungsgeld annehmen, denn Bestechung blendet das Auge des Weisen und verdreht das Wort des Rechtschaffenen (5. Mose 16,19).
- Ich weiß, mein Gott, dass du das Herz prüfst und dass dir Integrität gefällt (1. Chronik 29,17).
- Die Furcht des Herrn soll mich leiten. Ich will darauf achten, was ich tue, denn bei Gott, meinem Herrn, gibt es keine Ungerechtigkeit, kein Ansehen der Person, keine Bestechlichkeit (2. Chronik 19,7).
- Ich will anständig sein wie am Tage, ohne Völlerei und Trunkenheit, ohne Unzucht und Ausschweifungen, ohne Streit und Eifersucht. Vielmehr will ich auf den Herrn Jesus Christus bauen und nicht so mit meinem Körper umgehen, dass dadurch Begierden geweckt werden (Römer 13,13.14).

- Ich will keine Spur von Unmoral oder Unreinheit oder Gier in meinem Leben haben, wie es sich für einen Heiligen gehört. Und ich will mich auch nicht einlassen mit Unanständigkeit, törichtem Gerede oder Witzen, die unpassend sind, sondern ich will danken (Epheser 5, 3.4).[19]

20.

Denn Esra war von ganzem Herzen darauf aus,
das Gesetz des Herrn zu erforschen und danach zu handeln
und es als Satzung und Recht in Israel zu lehren.
ESRA 7,10

Im Folgenden noch eine weitere Sammlung von Vorsätzen. Kenneth Boa hat sie auf der biblischen Grundlage formuliert. Lesen Sie sich diese Stellen gegenseitig vor und lassen Sie das Wort Gottes an sich wirken.

- Ich berge dein Wort in meinem Innern, damit ich nicht gegen dich sündige (Psalm 119,11).
- Ich habe meinen Fuß vom Pfad des Bösen fern gehalten, damit ich mich an dein Wort halte. Ich gewinne Erkenntnisse aus deinen Vorschriften, deshalb hasse ich alle falschen Wege (Psalm 119, 101.104).
- Dein Wort ist meines Fußes Leuchte und Licht auf meinem Weg. Ich will von Herzen deine Vorschriften einhalten bis zum Ende (Psalm 119, 105.112).
- Ich will mich nicht aufregen, denn Zorn steckt in den törichten Menschen (Prediger 7,9).
- Ich will aufmerksam sein und beten, damit ich nicht in Versuchung falle; der Geist ist bereitwillig, aber das Fleisch ist schwach (Matthäus 26,41).
- Ich will mich dem Gebet widmen, wachsam darin sein und dankbar (Kolosser 4,2).
- Es soll mein Bestreben sein, ruhig zu leben, mich um meine eigenen Angelegenheiten zu kümmern und mit meinen eigenen Hän-

den zu arbeiten, damit ich vor Außenstehenden anständig dastehe und es mir an nichts fehlt (1. Thessalonicher 4,11.12).

- Weil ich aber dem Tag gehöre, will ich besonnen sein, den Panzer des Glaubens und der Liebe anlegen und die Hoffnung auf Erlösung als Helm (1. Thessalonicher 5,8).
- Ich sollte mich immer freuen und unablässig beten; in allem will ich danken, denn das ist der Wille Gottes für mich in Jesus Christus (1. Thessalonicher 5,16–18).
- Ich will mich bemühen, mich vor Gott als Arbeiter zu bewähren, der sich nicht zu schämen braucht und der richtig umgeht mit dem Wort der Wahrheit (2. Timotheus 2,15).[20]

21.

Herr, du erforschst mich und kennst mich.
PSALM 139,1, LUTHER

Lesen Sie sich zunächst den Psalm gegenseitig vor.

Psalm 139 beschreibt, wie Gott ist, und als Erstes erfährt man dort, dass Gott allwissend ist (Verse 1–6). Deshalb weiß er auch alles über Sie. Er durchschaut Sie, nimmt Sie wahr, und ihm ist alles an Ihnen vertraut. Ob Sie Auto fahren, bei der Arbeit sind, zu Hause oder in den Bergen wandern – Sie können sich vor ihm nicht verstecken. Ja, Gott kennt sogar Ihre Gedanken, jeden einzelnen Gedanken, der Ihnen schon einmal durch den Kopf gegangen ist. Wie geht es Ihnen damit?

Die Verse 7–12 drehen sich um die Allgegenwart Gottes. Die Verse spiegeln Davids Staunen darüber wider, dass die Hand Gottes ihn immer lenkt und hält. Auf diese Weise veranschaulicht der Psalmist, dass Gott wirklich immer überall ist. Was verändert diese Tatsache an Ihrem alltäglichen Leben? Haben Sie darüber schon einmal mit Ihrem Partner gesprochen?

Von Gottes Allmacht ist den Versen 13–18 die Rede. Er ist die Quelle aller schöpferischen Kraft. Gott erforscht Sie nicht nur, weil er Sie kennt und überall ist, sondern weil er Sie geschaffen hat. Sie waren nicht nur ein Gedanke im Kopf von irgendjemandem. Gott ist der

Eine und Einzige, der Sie gemacht hat. So wichtig sind Sie ihm! Da ist es dann auch nicht weiter verwunderlich, dass David die Verse 17 und 18 dem Lob Gottes widmet.

Was ist nun so bedeutend an Gottes Allwissenheit, Allgegenwart und Allmacht für Ihr Leben als Ehepaar heute? Wie kann sich Ihr Wissen um diese Eigenschaften auf Ihre Arbeit, Ihre Ängste, Ihre inneren Kämpfe und Ihre Verletzungen aus der Vergangenheit und Gegenwart auswirken? Wie kann Ihr Leben als Einzelperson und Ihre Ehe anders sein aufgrund der Allwissenheit, Allgegenwart und Allmacht Gottes? Diese drei großen und bedeutungsvollen Worte werden verwendet, um uns verstehen zu helfen, dass Gott, der uns geschaffen hat, uns so sehr liebt, dass er seinen Sohn zu uns gesandt hat. Und er wünscht sich, dass wir ihn lieben und anbeten. Wir dienen wirklich einem wunderbaren Gott!

22.

Aufgrund der Gnade, die mir gegeben ist, sage ich einem jeden von euch:
Strebt nicht über das hinaus, was euch zukommt, sondern strebt danach,
besonnen zu sein, jeder nach dem Maß des Glaubens,
das Gott ihm zugeteilt hat.
Römer 12,3, Einheitsübersetzung

Seid einander in brüderlicher Liebe zugetan,
übertrefft euch in gegenseitiger Achtung.
Römer 12,10, Einheitsübersetzung

Wer ist die wichtigste Person in Ihrer Ehe? Ist es

- die Person, die das meiste Geld verdient?
- die Person, die am häufigsten kocht?
- die Person, die die Wäsche erledigt?
- die Person, die die fröhlichste Grundhaltung hat und die anderen damit ansteckt?
- die Person, die am meisten betet?

Wir halten uns eigentlich alle gern für unentbehrlich: »Mein Partner kommt ohne mich doch gar nicht zurecht ...«

Dieser Vorstellung verabreicht Paulus hier eine kalte Dusche. Er spricht beide Ehepartner an – nicht nur die Frauen, nicht nur die Männer, sondern beide. Jeder Mensch, der verheiratet ist, hat eine Rolle zu erfüllen. Niemand ist allein das komplette Ensemble, auch wenn wir uns gern so einschätzen.

In Römer 12,10 geht es darum, Wertschätzung für den anderen zu erlernen. Jenseits unseres mechanischen »Ich liebe dich« fordert Paulus uns zu echter Zuneigung und Begeisterung für den Partner auf. Es ist hier auch nicht der leiseste Hinweis auf Rivalität oder Machtkämpfe zu entdecken. Sondern es soll jeder den anderen ermutigen.

Lesen Sie einmal Römer 12 als Ganzes. Manche Leute glauben, dass es ein unrealistisches Kapitel ist; »so funktioniert das Leben einfach nicht«, behaupten sie. Aber würde es uns nicht auch gefallen, in einer solchen Atmosphäre zu leben? Wäre das nicht großartig? Wenn Sie sich als Ehepaar dieses Ideal zum Ziel setzen, könnten Sie es dann nicht wenigstens für einen Abend erreichen? Wie wäre es danach mit einem ganzen Tag oder vielleicht sogar einem kompletten Wochenende? Versuchen Sie es doch einmal!

Wenn Sie glauben, eine Lebenseinstellung, bei der der Fokus auf dem anderen liegt, sei unmöglich, dann wird es auch so sein. Wenn Sie glauben, dass Gott Ihnen helfen kann, Ihre Ehe mehr zu einem Vergnügen als zu einem Krampf zu machen, dann werden Sie vielleicht angenehm überrascht werden. [21]

23.

Denkt daran, meine geliebten Brüder, jeder soll schnell bereit sein zu hören, aber zurückhaltend im Reden und nicht schnell zum Zorn.
JAKOBUS 1,19, EINHEITSÜBERSETZUNG

Denkt daran, liebe Brüder und Schwestern:
Jeder soll stets bereit sein zu hören, aber sich Zeit lassen,
bevor er redet, und noch mehr, bevor er zornig wird.
JAKOBUS 1,19, GUTE NACHRICHT

Wer in Ihrem Leben würde wohl Sie als »bereitwilligen Zuhörer« bezeichnen? Vielleicht ist das für Sie eine etwas unangenehme Frage, aber sie ist sehr wichtig. Egal, ob im Umgang mit anderen Menschen oder mit Gott, das Zuhören ist die Voraussetzung, die für die Verbindung sorgt.

Stellen Sie Ihrem Partner folgende schwere Fragen: Wann erlebst du mich als bereitwilligen Zuhörer? Inwiefern könnte ich ein noch besserer Zuhörer werden? Und wenn Sie darüber sprechen, dann denken Sie auch an folgenden Gedanken aus der Bibel: »Ein Mensch, der auf hilfreichen Tadel hört, gehört zu den Weisen. Wer Zurechtweisung verwirft, wirft sein Leben fort« (Sprüche 15,31.32, Gute Nachricht).

Hier noch ein paar Gedanken zum Thema Zuhören:

»Zuhören ist geschärfte Aufmerksamkeit für das, was gerade geschieht. Zuhören ist aktive Offenheit dem anderen gegenüber. Beim Zuhören begibt sich das gesamte Selbst in eine Haltung, in der es bereit ist, auf alles zu reagieren, was der andere sagen will.«[22]

»Wenn Sie zuhören, dann ist das wie eine Entdeckungsreise im Leben anderer Menschen. Wir merken schnell, welche Leute uns wirklich ernst nehmen und sich anhören, was wir zu sagen haben. Und bei ihnen sind wir auch bereit, mehr von unserem Leben zu offenbaren, als bei den schrecklich beschäftigten Nicht-Zuhörern. Wir sprechen über das, worauf es wirklich ankommt. Wenn Sie also ein solcher Zuhörer sind, dann stehen die Chancen gut, dass die anderen Sie in ihr Leben einladen und Sie dort Gast sein dürfen. Weil sie wissen, dass Sie ihnen zuhören, werden sie Ihnen auch Dinge anvertrauen, die ihnen sehr viel bedeuten. Und das ist ein sehr großes Geschenk!«[23]

»Auf irgendeine wunderbare Weise, die wir wohl nie ganz begreifen werden, ist auch Gott ein Zuhörer. In seinem Zuhören sowie in seinem Reden liebt und richtet er gleichzeitig. Er ist beides, Vater und Herr. Wenn wir aktiv zuhören, dann handelt er auf beiderlei Weise. Und wo unser Zuhören unvollkommen ist, wird er andere Wege finden, seine vollkommene Liebe und auch sein Richten zum Ausdruck zu bringen.«[24]

24.

Zwei sind allemal besser dran als einer allein. Wenn zwei zusammenarbeiten, bringen sie es eher zu etwas. Wenn zwei unterwegs sind und hinfallen, dann helfen sie einander wieder auf die Beine. Aber wer allein geht und hinfällt, ist übel dran, weil niemand ihm helfen kann.
PREDIGER 4,9.10, GUTE NACHRICHT

Vielleicht sind Sie der Meinung, dass diese Verse nur Ehepaaren gelten, aber die Ehe wird hier nicht einmal erwähnt. Es ist ein Abschnitt, der wirklich jedem gilt. Es heißt hier, dass es besser ist, mit einer weiteren Person durchs Leben zu gehen, als sich allein durchzuschlagen. Mit einer anderen Person neben uns haben wir eher die richtige Perspektive, Objektivität und auch mehr Mut und wir hören darüber hinaus noch die Meinung eines anderen. Im Prozess des gemeinsamen Lebens und Arbeitens schleifen sich unsere Ecken und Kanten aneinander ab. Die Ehe ist lediglich die Beziehung, die sich geradezu aufdrängt, um diesen Vers umzusetzen.

Warum sind zwei besser dran als einer? Die folgenden Zeilen sollen dabei helfen, dies besser zu verstehen: »Oh der Trost – der unaussprechliche Trost, sich bei einem Menschen sicher zu fühlen, weder Gedanken noch Worte auf die Goldwaage legen zu müssen – sondern alles vor ihm auszubreiten – genauso wie es gerade kommt – komplett und unsortiert – in der Gewissheit, dass eine treue Hand es sortieren wird, das Gute behaltend, und mit freundlichem Atem das andere wegpustend.«[25]

Warum sagt Salomo, dass zwei besser dran sind als einer? Schauen Sie sich die Gründe in Prediger 4,9–12 einmal an. Man kann sich gegenseitig ermutigen, wenn man schwach ist. Die Ehe ist die Auffor-

derung zu einer unterstützenden, ermutigenden und bestätigenden Beziehung. Außerdem können Sie sich gegenseitig unterstützen, wenn Sie verletzbar sind. Wenn Sie ausgeliefert sind und ungeschützt, dann kann Ihnen Ihr Partner in solchen Phasen beistehen. Wie kann das ganz konkret aussehen?

Zu zweit kann man sich gegenseitig beschützen, wenn man angegriffen wird. Wenn Sie einige Veranschaulichungen aus der Bibel haben möchten, wie Freunde füreinander einstehen und sich gegenseitig ermutigen, dann lesen Sie etwas über Elia und Elisa, über Naomi und Ruth, über David und Jonathan. Dann überlegen Sie, wie Sie sich gegenseitig noch besser unterstützen können.[26]

25.

Die aber, die dem Herrn vertrauen, schöpfen neue Kraft,
sie bekommen Flügel wie Adler. Sie laufen und werden nicht müde,
sie gehen und werden nicht matt.
Jesaja 40,31, Einheitsübersetzung

Die verschiedenen Jahreszeiten bringen auch unterschiedliches Wetter mit sich. Es gibt Tage mit strahlendem Sonnenschein und auch dunkle, trübe, regnerische Tage, an denen alles grau in grau scheint. Manche Tage sind für uns grau, auch völlig unabhängig davon, wie draußen das Wetter ist. Selbst an hellen Tagen erleben wir manchmal nichts als innere Dunkelheit.

Eins steht jedoch fest: Wie Ihr Tag auch aussehen mag, Gott ist bei Ihnen. Er ist lebendig und er ist da, und zwar egal, ob Sie seine Gegenwart spüren oder nicht. Er verlässt Sie nicht. Er lässt seine Kinder nicht im Stich und sagt auch nicht: »Nun lass dich nicht so hängen, sondern reiß dich zusammen und sieh zu, dass du dein Leben in den Griff bekommst.« Stattdessen sagt er: »Warte (harre) auf mich.« Zu warten scheint hier einzuschließen, in ihm zu ruhen, sich auf ihn zu verlassen, ihn als Kraftquelle zu sehen und zu begreifen.

Haben Sie schon einmal beobachtet, wie Adler sich emporschwingen? Sie starten von ihrem Horst aus und schrauben sich langsam in

den Himmel empor. Wenn sie einen Aufwind finden, lassen Adler ihre Schwingen weit ausgebreitet und schweben völlig mühelos meilenweit. Und weil sie dabei nicht mit den Flügeln schlagen müssen, werden sie auch nicht müde.

Genauso brauchen wir nur Gottes Einladung aus Jesaja 40,31 anzunehmen, statt unsere Probleme und Lasten wie riesige Rucksäcke mit uns herumzuschleppen. Gott sagt: »Gib mir doch deine Lasten. Erzähl mir, was dich bedrückt. Gib mir deine Sorgen und Anliegen.« Und wenn wir das tun, dann können wir uns emporschwingen, weil seine Treue uns durch unsere Schwierigkeiten hindurchträgt. Jesajas Verheißung, dass wir laufen können, ohne matt zu werden, macht sehr anschaulich klar, dass der Herr unsere Stärke ist.

Wenn Sie mit dem Grau konfrontiert sind, das heute vielleicht Ihr Leben vernebelt, dann denken Sie daran: In jedem Sturm des Lebens gibt es einen Zeitpunkt, da reißen die Wolken auf und Sonnenstrahlen durchdringen sie. Sprechen Sie über Lebensbereiche, in denen Sie Jesaja 40,31 anwenden sollten. Wie können Sie jeder für sich heute auf Gott harren und seine Stärke finden?

26.

Wer dagegen diese meine Worte hört und sich nicht nach ihnen richtet, wird am Ende wie ein Dummkopf dastehen, der sein Haus auf Sand baute.

MATTHÄUS 7,26, GUTE NACHRICHT

Wer von Ihnen als Kind im Urlaub am Meer war, erinnert sich bestimmt daran, wie er stundenlang am Strand Sandburgen gebaut hat. Aber immer kam dann irgendwann die Flut und spülte das gesamte Bauwerk weg. Auch als Erwachsene bauen wir noch Sandburgen, und zwar in Form von Träumen und Plänen, aber wir haben dabei dasselbe Problem.

Phillip Keller schreibt dazu: »Wir alle bauen Sandburgen auf dem Sand der Zeit. Wir träumen alle unsere kleinen Träume davon, was wir mit unserem Leben tun sollen. Wir ziehen tiefe Gräben um diese persönlichen Pläne herum. Wir errichten sorgfältig Mauern des Selbst-

schutzes und umgeben damit unsere detaillierten Hoffnungen und Ambitionen. Wir gestalten und formen aus unseren Entscheidungen und unserer persönlichen Wahl Schlösser der Selbstbezogenheit und des Eigennutzes.

Die meisten tun das ganz glücklich und begeistert in ihrer Jugend. Wir benehmen uns dann so, als ob es Zeit satt gäbe, nichts als Zeit und – natürlich uns. Wir vergessen so schnell, dass Gott selbst dort ist und dass er, obwohl er da ist, so weit weg scheint wie der Mond, der den Strand bei Nacht in Silber taucht.

Ja, wir planen und bauen und arbeiten und errichten nicht nur unsere Sandburgen, sondern wir vergessen auch, dass die Flut der Zeit und die Kraft der Gegenwart Gottes so unausweichlich sind wie die Gezeiten.

Denn bei Hochflut, unter der steigenden Gischt der herankommenden Welle, unter der Kraft der Meeresströmung, verschwindet die Burg – die Mauern, die Gräben, das Werk unserer Träume ist ganz einfach weg.

So sieht das Ende dieser Ziele und ehrgeizigen Pläne aus, die gedankenlos und rücksichtslos verfolgt werden, ohne mit der Macht Gottes zu rechnen. Schön, aber nur für einen Tag, verschwinden sie wieder im Nichts. Herr, bitte hilf mir, auf Fels zu bauen.«[27]

27.

Wenn ich mich mit etwas rühme, dann mit dem, was mir auch
mein Gewissen bezeugt: Mein Verhalten überall in der Welt und besonders
bei euch war stets bestimmt von völliger Ehrlichkeit und Selbstlosigkeit,
wie es dem Willen Gottes entspricht.

2. Korinther 1,12, Gute Nachricht

Wie sieht es mit Ihrem Gewissen aus? Sie meinen: keine gute Frage? Menschen denken nicht immer gern an ihr Gewissen. Sie betrachten es als Spielverderber – als die Instanz, die sie daran hindert, sich zu amüsieren und Spaß am Leben zu haben. Sprechen Sie kurz darüber, was Gewissen für Sie bedeutet.

»Ihr Verhalten wird gelenkt von Ihrem Gewissen, das wiederum seit Ihrer frühesten Kindheit darauf programmiert wurde, zwischen erlaubtem und verbotenem Verhalten zu unterscheiden. Nun ist aber Ihr Gewissen vielleicht leider nicht in Übereinstimmung mit dem Wort Gottes programmiert worden. Bei manchen Völkern ist beispielsweise Diebstahl oder unehelicher Geschlechtsverkehr durchaus akzeptiert. Auf einem solchen Hintergrund wird das Gewissen falsch programmiert und Falsches wird als richtig eingeordnet.

Welche Kämpfe mussten Sie bisher schon durchstehen zwischen Ihrem Gewissen und Ihrem christlichen Glauben? Um so zu leben und zu handeln, wie Gott es will, muss unser Gewissen vom Heiligen Geist und durch das Wort Gottes neu programmiert werden.

Ein funktionierendes Gewissen wird in der Bibel erwähnt, und sie verwendet in diesem Zusammenhang drei Begriffe, je nach Übersetzung: gut, rein, klar. Wenn das Gewissen aber nicht so arbeitet, wie es eigentlich sollte, wird es als böse, abgestumpft oder tot beschrieben. Ein Gewissen kann abstumpfen, wenn man sich wiederholt an Sünde beteiligt.

Vom Gewissen ist in der Bibel fast immer in Verbindung mit dem Glauben die Rede. Unser Glaube hängt von unserem Gewissen ab und wird durch es bestimmt (1. Timotheus 1,5–19; Hebräer 9,12–15; 10,16–22). Je mehr Zeit man mit Gott verbringt, desto besser und klarer wird man ihn verstehen, und das wiederum wirkt sich prägend auf das Gewissen aus. Gestatten Sie ihm heute, an Ihrem Gewissen zu wirken.«[28]

28.

Übe dich in der Frömmigkeit.

1. Timotheus 4,7, Einheitsübersetzung

Körperliche Fitness ist in den vergangenen 20 Jahren ungeheuer wichtig geworden. Geistliche Fitness dagegen hat an Bedeutung verloren. Vielleicht kommt einer der Gründe dafür am besten zum Ausdruck in den Worten eines verheirateten Mannes, der über drei Themen in seinem Leben nachdenkt:

»Da ist das Thema der Krise. Das sind Zeiten des Aufruhrs ... Es sind die ›völlig unerwartet‹ des Lebens. Es sind die Dinge, auf die ich nicht vorbereitet bin ... ich bin überrascht. Aber sie sind auch ein Mittel, das mich näher zu Gott treibt. Nach einer Weile ist die Stabilität wiederhergestellt und es ist ein Sieg zu verzeichnen.

Das zweite Thema ist das der Ruhe. Das sind die Zeiten in meinem Leben, in denen alles ruhig läuft und friedlich ist. Es werden keine großen Anforderungen an mich gestellt ... es gibt keine starren Zeitpläne ... keine übersteigerten Erwartungen. In diesen ruhigen Phasen des Lebens bestimme ich meinen Zeitplan und nicht er mich. Der Herr ist ganz bewusst Mittelpunkt meines Tages. Es gibt immer genügend Zeit und Gelegenheit zum Gebet, zum Bibellesen und zur Stille, um über seine Güte zu staunen. Das sind wirklich die besten Tage ...

Das letzte Thema meines Lebens ist die Hektik. Im Unterschied zu den ruhigen Phasen gibt es in diesen Zeiten kaum Ruhe. Endlose Anforderungen ... übervoller Terminkalender ... hohe Erwartungen. Nie genug Zeit, alles zu schaffen, was anliegt, die Zeit scheint meiner Kontrolle völlig zu entgleiten. Ich habe den Wunsch, dass der Herr Mittelpunkt meines Tages ist, aber wenn alles gesagt und getan ist, scheint er irgendwo in dem Gewirr verloren gegangen zu sein ... Während Krisen und Ruhe dazu dienen, mich näher zu Gott zu ziehen, zerrt Hektik mich von ihm weg. Sie ist mein Feind. Stückchen für Stückchen raubt sie mir die Nähe meiner Beziehung zu Gott.«[29]

29.

Darum tröstet und ermahnt einander und einer richte den andern auf, wie ihr es schon tut.

1. THESSALONICHER 5,11, EINHEITSÜBERSETZUNG

Wir ermahnen euch, Brüder: Weist die zurecht, die ein unordentliches Leben führen, ermutigt die Ängstlichen, nehmt euch der Schwachen an, seid geduldig mit allen.

1. THESSALONICHER 5,14, EINHEITSÜBERSETZUNG

Folgender Text ist eine Botschaft für Ehemänner (Ehefrauen können ihn auch lesen). Ein Ehemann spricht über Ermutigung:

»Als Männer haben wir die Möglichkeit, dazu beizutragen, die Frau zu bekommen, die wir uns wünschen, nämlich einfach durch das, was wir sagen. Wenn Sie Ihre Frau mit Komplimenten und Ermutigung überschütten, ist sie glücklicher. Wenn Sie ihr regelmäßig sagen, wie kostbar Sie Ihnen ist, dann nimmt dadurch ihr Selbstvertrauen zu und sie ist belastbarer. Wenn Sie ihre Stärken und Fähigkeiten hervorheben, wird sie sehr viel bereitwilliger diese Stärken einsetzen, um Ihre Bedürfnisse zu erfüllen.

Wenn Sie sie dagegen mit Beleidigungen und Klagen überschütten, wird sie bezweifeln, dass sie Ihnen etwas bedeutet. Wenn Sie nur ihre Mängel sehen und sie klein machen, weil sie anders ist als Sie selbst, dann wird sie ihr Selbstvertrauen verlieren. Wenn Sie sie ständig kritisieren und dann von ihr verlangen, leidenschaftlich zu sein, dann wird sie sagen: ›. . . aber nicht mit dir!‹

Wenn ich positive Rückmeldung praktiziere, dann ist das, als hätte ich einen Spiegel auf der Brust, in den meine Lieben hineinschauen und zu positiven Rückschlüssen über sich selbst kommen. Wenn ich nur kritisiere und negative Rückmeldung gebe, dann ist das, als wäre der Spiegel auf meiner Brust gesprungen und würde alles verzerren, was sich darin spiegelt. Dann verweigere ich denen, die ich liebe, ein positives Selbstbild. Welche Botschaft ich sende, liegt bei mir. Ich habe die Wahl, und es erfordert viel Entschlossenheit, positive Botschaften auszusenden. Eine Tatsache ist, dass niemand vollkommen ist. Ihre Frau tut Dinge, von denen Sie enttäuscht sind. Sie wird Dinge tun, die Ihnen unangenehm sind und Ihre Pläne durchkreuzen. Sie wird Geld anders ausgeben als Sie, wird Freundschaften anders handhaben und ihre Aufgaben anders angehen. Sie werden frustriert sein, enttäuscht von ihr, verärgert sein über sie, und zwar wegen genau der Dinge, die Sie an ihr auch lieben. Es liegt ganz bei Ihnen, ob Sie positiv oder negativ auf sie reagieren.«[30]

30.

Zur Freiheit hat uns Christus befreit. Bleibt daher fest und lasst euch nicht von neuem das Joch der Knechtschaft auflegen.
GALATER 5,1, EINHEITSÜBERSETZUNG

Sie sind keine Nachbildung Ihres Partners. Wenn Sie es wären, hätten Sie wahrscheinlich nicht geheiratet. Sie sind auch keine Replik irgendeines anderen Christen. Manchmal versuchen Gemeinden und auch Christen, die es gut meinen, uns zu einer überarbeiteten Version ihrer selbst oder dessen zu machen, was sie für einen guten Christen halten. Wenn Sie Opfer solcher Bemühungen werden, dann enden Sie wahrscheinlich irgendwann »unter dem Gesetz«, das heißt in irgendwelchen gesetzlichen Strukturen, und damit einer Art von Versklavung. Im Bibeltext von heute wird aber gesagt, dass wir so etwas nicht zulassen dürfen.

Wenn Sie sich als Einzelperson oder Paar so entfalten wollen, wie Gott es vorgesehen hat, dann sehen Sie auf ihn und sein Wort und nicht auf andere Menschen. Andere können Ihnen Orientierung geben und Sie anleiten, aber die erste Lernquelle ist Gott selbst, denn die anderen Menschen sind – genau wie wir – unvollkommen. Wenn wir uns auf sie konzentrieren, dann ziehen wir am Ende falsche Vergleiche.

Die Bibel ist voller Beispiele dafür. Kain verglich sich mit Abel und tötete ihn schließlich. Esau verglich sich mit Jakob, scherte sich nicht mehr um sein Erstgeburtsrecht und verlor am Ende sein Erbe. Saul verglich sich mit David und hatte einen psychischen Zusammenbruch. Das sind doch nicht gerade ermutigende Ergebnisse! Warum schaut man eigentlich auf andere? Das ist Sklaverei. Denken Sie einmal einen Augenblick lang über folgende Fragen nach: Was möchten Sie durch Ihre Ehe widerspiegeln? Wenn die Merkmale, die Ihnen jetzt einfallen, bei anderen Paaren aus Ihrem Bekanntenkreis nicht vorhanden sind, sind Sie dann bereit, auch allein dazustehen und anders zu sein?

Auch wenn wir frei sind, können wir uns ganz schnell wieder selbst Handschellen und Ketten anlegen. Passen Sie auf, dass Sie sich nicht selbst an einen neuen Sklavenhalter verkaufen. Für die Freiheit, die

Sie haben, hat jemand bezahlt, und sie war teuer. Sie hat Gott seinen Sohn gekostet. Aber indem er Sie befreite, hat er auch gesagt: »Du bist es wert. Du bist frei. Folge nur mir allein.«

DEZEMBER

Sie und Ihr Ehepartner sind Kunstmaler,
die all das, was Gott in Sie hineingelegt hat,
auf der Leinwand des Lebens des anderen abbilden.
Ihre Aussagen und Überzeugungen
über Ihren Partner tragen dazu bei, ihn/sie zu formen.

1.

Angesichts des Erbarmens Gottes ermahne ich euch, meine Brüder, euch selbst als lebendiges und heiliges Opfer darzubringen, das Gott gefällt – das ist für euch der wahre und angemessene Gottesdienst.
Römer 12,1, Einheitsübersetzung

Haben Sie sich schon einmal gewünscht, jemand anders zu sein? Hier etwas für heute zum Nachdenken:

»Wir sind Instrumente, Mittel, Werkzeuge zum Bau des Tempels Gottes. Manche Menschen sind dabei Werkzeuge für die Feinarbeiten wie Schnitzen und Malen. Sie kommen in den Genuss, schon allein durch Kontakt und Gespräch Menschen zu bekehren und zu verschönern.

Manche können große Pläne machen, ganze Bewegungen ins Leben rufen, und sind dadurch vergleichbar mit riesigen Kränen, die gewaltige Materialmengen dort hinschaffen, wo sie gebraucht werden. Wieder andere, und wahrscheinlich gehören wir selbst auch dazu, müssen die Erdarbeiten bewältigen, am Fundament arbeiten; ... oder wir sind wie der bescheidene Hammer, der geduldig Nagel um Nagel einschlägt, oder sogar der bescheidene Nagel selbst, der fest und sicher an einem bestimmten Platz sitzt, unsichtbar zwar, aber stabil, solide und zuverlässig ...

Ich kann Ihnen unmöglich sagen, was Gott von Ihnen persönlich will, aber sein Ideal ist es, dass Sie ihm genau das geben, was er von Ihnen will. Es erspart uns unendlich viele Probleme, wenn wir das begreifen. Es wird uns das Gefühl ersparen, dass es für XY viel leichter ist, Gott zu gefallen als für mich. Ach, wenn ich doch nur seine Chancen hätte! Hätte ich doch nur sein Temperament, seinen Familienhintergrund, sein Umfeld, seine Freunde, seine Gaben, seinen Arbeitsbereich, seine Stimme, seine Sprachbegabung oder sein Aussehen! Er hat so viele natürliche Begabungen, und ich habe scheinbar fast gar keine; ich bin nur ein schrecklich normaler Mensch.

Zu all dem Zweifeln und Genörgel, das uns manchmal durch den Kopf geht, kommt es, wenn wir die klare, offensichtliche Wahrheit vergessen, dass Gott sicher etwas anderes von Ihnen wollte, wenn er Sie anders gemacht hätte, als Sie sind.«[1]

2.

Über unsere Erwartung hinaus haben sie sich eingesetzt, zunächst für den Herrn, aber auch für uns, wie es Gottes Wille war.

2. KORINTHER 8,5, EINHEITSÜBERSETZUNG

Wie halten Sie es mit dem Geschenke kaufen? Ist es für Sie auch dieses Jahr wieder ein einziger Krampf? Vielleicht ist Ihnen ja der Vers für heute eine Hilfe in der Vorweihnachtszeit. Was würde passieren, wenn Ihre Familie sich darauf einigte, sich zunächst einmal Gott zu schenken und dann einander? Wie wäre es zum Beispiel, wenn Sie nur die Hälfte des eingeplanten Betrags für Geschenke ausgäben und die andere Hälfte für Missionare oder eine bedürftige Familie spenden würden? Vielleicht würden Sie mehr Weihnachtsfreude verspüren als sonst.

In seinem faszinierenden Artikel THE GIFT OF GIVING (Das Geschenk des Gebens) formuliert Calvin Miller noch einige weitere Gedanken zum Thema Weihnachtsgeschenke:

»Es hat alles mit den Weisen aus dem Morgenland angefangen, behaupten manche. Aber mir gefällt trotzdem die Art und Weise, wie die Weisen ihre Geschenke gaben, denn vermutlich haben sie sich wieder in Richtung Osten auf den Weg gemacht, ohne ein Gegengeschenk von Maria und Josef zu erwarten. Ihre Geschenke waren für das Jesuskind gedacht, aber ihr Schenken war offenbar nicht an Erwartungen geknüpft ...

Die Geschenke zu Weihnachten werden oft zu einem unterschwelligen Machtspiel, das Verpflichtungen nach sich zieht. Solche Geschenke sagen vielleicht indirekt: ›Mein Geschenk ist zwar scheinbar nicht mit der Erwartung eines Gegengeschenks verknüpft, aber mach es durch Freundlichkeit wieder gut‹, oder: ›Viel Spaß damit, Joel, aber du schuldest mir jetzt was!‹

Ich möchte zwei Arten nennen, wie man großzügig schenken kann: Kümmern Sie sich darum, dass nicht herauszubekommen ist, wie viel Ihr Geschenk gekostet hat. Die italienische Schwiegermutter meiner Tochter hat ihr beigebracht, original italienische Gerichte zu kochen. Wenn meine Tochter mir also etwas besonders Gutes tun will, dann macht sie eine Schüssel Fleischklöße in hervorragender Soße, und ich bin lange Zeit zufrieden ...

Machen Sie sich klar, dass nicht materielle Geschenke die beste Möglichkeit sind zu sagen: ›Versuche nicht, dich zu revanchieren‹. Ein Freund hat mir beispielsweise versprochen, die gesamte Vorweihnachtszeit für mich zu beten.«[2]

Haben Sie jetzt einige Geschenkideen bekommen?

3.

Seid gütig zueinander, seid barmherzig, vergebt einander, weil auch Gott euch durch Christus vergeben hat.
Epheser 4,32, Einheitsübersetzung

Wenn Sie jemandem vergeben, Ihren Ehepartner eingeschlossen, dann erfahren Sie Entlastung von einem inneren Konflikt. Der Schmerz, den Sie empfunden haben – tage-, wochen-, ja vielleicht sogar jahrelang –, kann dann heilen.

Lewis Smedes formuliert das so: »Wenn Sie jemandem vergeben, dass er Sie verletzt hat, dann führen Sie eine geistliche Operation an Ihrer Seele durch. Sie schneiden das Falsche weg, das Ihnen angetan wurde, damit Sie Ihren ›Feind‹ mit dem Blick sehen können, der Ihre Seele heilt.«[3]

Eine bildliche Veranschaulichung für Vergebung ist eine Episode aus dem Leben eines großen Künstlers. Leonardo da Vinci war einer der herausragendsten Intellektuellen aller Zeiten. Es wird berichtet, dass er während seiner Arbeit an dem Gemälde »Das letzte Abendmahl« einen heftigen Streit mit einem anderen Maler hatte. Leonardo war so erzürnt und verbittert, dass er beschloss, dem Judas seines Gemäldes das Gesicht dieses Streitgegners zu geben. Auf diese Weise konnte er Dampf ablassen, indem er sein negatives, von Abscheu bestimmtes Konterfei dieses Mannes an nachfolgende Generationen weitergab. Deshalb war auch das Gesicht des Judas eines der ersten, das er malte und fertig stellte ...

Als Leonardo aber dann das Gesicht Jesu malen wollte, kam er einfach nicht voran. Irgendetwas schien ihn zu hindern und zurückzuhalten. Irgendwann kam er dann zu dem Schluss, dass die Tatsache,

dass er dem Judas das Gesicht seines Feindes gegeben hatte, ihn so hemmte und frustrierte. Deshalb übermalte er das Gesicht des Judas und fing noch einmal mit dem Gesicht Jesu an – diesmal mit Erfolg, wie wir alle wissen.

Was wir daraus lernen? Man kann nicht gleichzeitig die Züge Christi in das eigene Leben malen und ein anderes Gesicht mit den Farben der Feindschaft und des Hasses.[4]

4.

Wer unter dem Schirm des Höchsten sitzt
und unter dem Schatten des Allmächtigen bleibt.
PSALM 91,1, LUTHER

Lesen Sie sich zunächst den Psalm gegenseitig vor.

Auf was verlassen Sie sich, wenn es um Sicherheit geht? Anteile an Aktienfonds, eine private Rentenversicherung, eine Erbschaft von einem reichen Verwandten? Das ist sicher alles gut und richtig, aber nichts davon ist wirklich sicher und zuverlässig. Der Verfasser von Psalm 91 lenkt unsere Gedanken in eine andere Richtung. In den ersten beiden Versen ist davon die Rede, wer Gott ist und was wir erwarten dürfen, wenn wir ihm vertrauen. Es besteht kein Risiko und keine Gefahr, dass Gott sich nicht durchsetzt. Er ist auch dann noch da, wenn unsere eigenen Sicherheitsvorkehrungen versagen.

In den Versen 3–13 beschreibt der Psalmist detailliert, welche Folgen es hat, wenn man Gott vertraut. Er verwendet dabei Bilder, die sich auf das Leben der Menschen in der damaligen Zeit beziehen. Wie würden Sie diese Gedanken in der Sprache von heute und für die heutige Gesellschaft formulieren? Denken Sie darüber eine Weile nach und tauschen Sie sich dann mit Ihrem Partner aus.

In Vers 5 ist vom Grauen der Nacht die Rede. Viele Menschen haben auch als Erwachsene noch Angst vor der Dunkelheit und fühlen sich im Dunkeln bedroht. Haben Sie nachts mehr Angst als tagsüber? Wie geht es Ihrem Partner damit? Worum bitten Sie Gott dann?

In den letzten drei Versen redet Gott selbst. Er verspricht, uns zu retten, uns zu beschützen, uns zu antworten, bei uns zu sein, uns zu erlösen, zu ehren, uns mit einem langen Leben zu segnen und uns sein Heil zu zeigen.

Und warum das alles? Weil wir ihn lieben. Aber Vorsicht! Gott sagt nicht, dass er uns aus allen Schwierigkeiten herausholt. Vielleicht sorgt er nicht dafür, dass alle Probleme verschwinden, auch wenn Sie wünschten, es wäre so. Er sagt aber, dass er in allen Schwierigkeiten bei Ihnen ist und bleibt.

Steht Ihnen und Ihrem Ehepartner heute etwas bevor, wobei es gut wäre, sich an die Verheißungen aus Psalm 91 zu erinnern? Sprechen Sie darüber.

5.

Ich lasse dich nicht fallen und verlasse dich nicht.
HEBRÄER 13,5, EINHEITSÜBERSETZUNG

»Ich weiß, dass ich mich auf meinen Partner verlassen kann. Wenn er mir sein Wort gibt, kann ich darauf zählen.«

Solche Worte zeugen von Sicherheit. Sich auf das Wort des anderen verlassen zu können, ist sehr tröstlich und gehört zu den Dingen, die eine Ehe verlässlich und dauerhaft machen. Wenn Sie in einer Beziehung innerlich voller Zweifel und Ungewissheit sind, dann entsteht das Gefühl, dem anderen ausgeliefert zu sein. Wir wünschen uns in unserem Leben jemanden, auf den wir uns verlassen können. Wir möchten jemanden beim Wort nehmen können. Wir erinnern uns noch daran, wie uns in unserer Kindheit Freunde etwas versprachen und wir ihnen glaubten. Manchmal hielten sie sich dann aber doch nicht an ihre Versprechen, und wir zogen daraus den Schluss, dass man niemandem wirklich trauen kann. Auf diese Weise haben wir gelernt, vorsichtig und misstrauisch zu sein und uns selbst zu schützen.

Weil wir fehlbare Menschen sind, gibt es Zeiten, in denen wir uns nicht an unser Wort halten. Wir versuchen es zwar, schaffen es aber längst nicht immer. Glücklicherweise gibt es einen, bei dem wir uns

darauf verlassen können, dass er immer tut, was er sagt. Gott hält seine Versprechen. Und was er anzubieten hat, ist so viel besser als alles, was jeder andere versprechen könnte. Das wird deutlich an folgenden Versen:

- »Ich lasse dich nicht fallen und verlasse dich nicht« (Hebräer 13,5). Was für eine Verheißung!
- »Seid gewiss, ich bin bei euch alle Tage bis zum Ende der Welt« (Matthäus 28,20). Er garantiert ewige Gemeinschaft.
- »Wenn ihr mich um etwas in meinem Namen bittet, werde ich es tun« (Johannes 14,14). Haben Sie bemerkt, dass er sagt: »Ich werde«?!
- »Wer zu mir kommt, den werde ich nicht abweisen« (Johannes 6,37). Dies ist das Versprechen, angenommen zu sein.

Wenn Sie sich jemanden wünschen, auf den Sie zählen können, dann wissen Sie, zu wem Sie gehen können. Und weil er schon in Ihnen lebt, können auch Sie eine zuverlässige Person werden, noch zuverlässiger sogar, als Sie es heute schon sind.

6.

Christus will ich erkennen und die Macht seiner Auferstehung
und die Gemeinschaft mit seinen Leiden.
PHILIPPER 3,10, EINHEITSÜBERSETZUNG

Wie gehen Sie mit Gott um?

Richard Exley hat vier verschiedene Arten herausgefunden, wie Christen häufig auf Gott reagieren. Beim Nachdenken über diese vier Arten versuchen Sie einmal herauszufinden, welche davon Ihrem Umgang mit Gott am ähnlichsten ist.

Erstens: Es gibt Menschen, die lieben Gott um ihrer selbst willen. Sie wollen von Gott profitieren und versuchen, von ihm so viel wie möglich für sich selbst herauszuholen. Sie wollen für sich selbst etwas profitieren und haben wenig Ahnung von der eigentlichen Bedeutung und dem Sinn von Beziehung.

Es gibt andere, die über diese Ebene hinausgelangen und von Gott »zu seiner Verherrlichung« eingesetzt werden möchten. Sie sind damit beschäftigt, Dinge für Gott zu tun, aber ihnen fehlt es oft an Weisheit und Liebe. Vielleicht wird diese Ebene am besten veranschaulicht in dem Gebet von Mozarts Rivalen Salieri in dem Film AMADEUS: »Herr, mache einen großen Komponisten aus mir. Lass mich deine Herrlichkeit durch die Musik feiern und auch selbst gefeiert werden; mache mich unsterblich. Wenn ich tot bin, lass die Menschen für immer meinen Namen aussprechen mit der Liebe für das, was ich geschrieben habe.« Viele möchten sich von Gott gebrauchen lassen, aber sie wollen auch mit Gott zusammen im Rampenlicht stehen.

Die dritte Ebene ist der Wunsch, Jesus ähnlicher zu werden. Wer auf dieser Ebene steht, möchte »an Wesen und Gestalt seines Sohnes teilhaben« (Römer 8,29). Sein bzw. ihr Gebet lautet weniger »gib mir« als vielmehr »mache mich zu« oder »setze mich ein«.

Auf der vierten Ebene liegt das Hauptaugenmerk auf geistlicher Nähe und Vertrautheit. Auf dieser Ebene hat man ganz einfach Hunger nach einer Beziehung, in der man Gott besser kennen lernt und er einen auch.[5]

Vielleicht fangen wir alle mit fordernden Gebeten an, aber wenn wir uns dann weiterentwickeln, wird uns klar, dass es in jeder Beziehung – auch der Ehe – um mehr geht, als nur zu bekommen. Denken Sie daran, dass Ihre Beziehung zu Jesus mehr ist als was Sie erhalten oder tun. Sie ist Ausdruck dessen, wer Sie in ihm sind.

Wo stehen Sie heute in dieser Beziehung? Wo würden Sie morgen gern sein? Auf welcher dieser Ebenen befindet sich Ihrer Meinung nach Ihre Ehebeziehung zur Zeit? Auf welcher Ebene würden Sie sie sich wünschen? Sprechen Sie miteinander darüber.

7.

Siehe, wer halsstarrig ist, der wird keine Ruhe in seinem Herzen haben, der Gerechte aber wird durch seinen Glauben leben.

HABAKUK 2,4, LUTHER

Habakuk ist ein kleines Buch der Bibel, fast am Ende des Alten Testamentes. Vielleicht dachten Sie, dass dieses Prophetenwort über den Glauben aus dem Römerbrief stammt. Nun, das ist nicht falsch. Das Thema der Gerechtigkeit aus Glauben kommt im Römerbrief (1,17) und auch im Galaterbrief (3,11) vor. Weil das Thema mehrfach vorkommt, ist es wohl besonders wichtig für unser Leben.

Kürzlich hat Pfarrer Bob Kraning aus Kalifornien eine anregende Predigt über Habakuk 2,4 gehalten. Er hat darin drei Faktoren des Glaubens aufgezählt, die für jeden Christen wichtig sind.

Erstens gibt uns der Glaube eine ganz bestimmte Sicht von der Gegenwart und der Zukunft. Wir können an das Potenzial und die Möglichkeiten anderer glauben und brauchen nicht davon auszugehen, dass sie immer so bleiben werden, wie sie zur Zeit sind. Glaube befreit uns dazu, andere zu ermutigen, alles aus sich herauszuholen oder herausholen zu lassen, was in ihnen steckt.

Zweitens: Der Glaube macht uns fähig, auch schwierige Lebensumstände auszuhalten. Er ist eine hoffnungsfrohe Lebensauffassung auch angesichts widriger Umstände. Wenn man aus dem Glauben lebt, wird man fähig, über Grenzen hinauszugehen, über Hindernisse hinwegzukommen, die Begrenzungen um einen herum zu überwinden und auch mit Situationen fertig zu werden, die bedrohlich erscheinen. Lesen Sie Habakuk 3,17–19 als Beispiel für Glauben. Die Lage des Propheten scheint aussichtslos zu sein, aber sehen Sie sich einmal seine Einstellung an! Was würde in Ihrer Ehe passieren, wenn Sie auf Ihre Probleme so reagieren würden? Vielleicht würde es Ihr Leben völlig verändern, wenn Sie sich jeden Morgen Vers 18 laut vorlesen.

Drittens: Glaube gefällt Gott. Es ist sein Plan, dass wir lernen, ihm völlig zu vertrauen, egal wie die Umstände aussehen. Das ist sicher riskant und auch etwas Angst einflößend, aber überlegen Sie einmal, wie die Alternative aussähe.

8.

Wie er, der euch berufen hat, heilig ist, so soll auch euer ganzes Leben heilig werden. Denn es heißt in der Schrift: Seid heilig, denn ich bin heilig.
1. PETRUS 1,15.16, EINHEITSÜBERSETZUNG

Möchten Sie wissen, wie Sie möglichst viel aus Ihrem Leben machen können? Die Antwort steht klipp und klar in der Bibel, auch wenn es vielleicht nicht die Antwort ist, die viele Menschen gern hören. Lassen Sie uns einmal nachschauen, was Paulus dazu zu sagen hatte:

»Paulus sagt, dass wir ›nach dem Bild Gottes geschaffen sind in wahrer Gerechtigkeit und Heiligkeit‹ (Epheser 4,24, Einheitsübersetzung).

So wie Gott zu sein, ist ein großer Auftrag. Was müssen wir tun, um wie Gott zu sein? Die Schlüsselbegriffe sind hier Gerechtigkeit und Heiligkeit.

Gerecht zu sein, bedeutet, unser Leben mit den Ansprüchen und Grundsätzen einer höheren Autorität in Übereinstimmung zu bringen. Es bedeutet, ein Gefühl für moralische Integrität zu haben, in der sich das Wesen Gottes widerspiegelt. Es bedeutet, bereitwillig und gern die Verantwortung auf uns zu nehmen, die Gott uns durch die Bibel gibt, um hilfreich für andere zu leben.

Praktisch bedeutet es, Aufgaben zu Ende zu bringen, Versprechen einzuhalten, Rechnungen pünktlich zu bezahlen, sich an Absprachen und Verpflichtungen zu halten, Termine einzuhalten, pünktlich und zuverlässig zu sein.

Heilig zu sein bedeutet, Gerechtigkeit erkennbar zu praktizieren, so dass die Menschen um uns her unsere guten Taten sehen, die Gott verherrlichen (vgl. 1. Petrus 2,12). Heilig zu sein bedeutet, sich abzusondern, ausgesondert zu sein für den Dienst am Reich Gottes. Es ist ein Lebensstil, dem ein Denken zugrunde liegt, das dem Denken Gottes gleicht, das liebt, was Gott liebt, ablehnt, was Gott hasst, mit Menschen umgeht, wie Gott mit Menschen umgeht, und handelt, wie Gott handelt.«[6]

Das ist doch ein Lebensstil, oder? Haben Sie sich schon einmal gefragt, was dies für Ihre Ehe bedeutet? Wie können Gerechtigkeit und Heiligkeit in Ihrer Ehe sichtbar werden?

9.

Darum bekennt einander eure Sünden und betet füreinander, damit ihr geheilt werdet.
JAKOBUS 5,16, EINHEITSÜBERSETZUNG

»Segne diesen Ehemann. Segne ihn als Versorger und Beschützer. Erhalte ihn auch in all dem Druck, der mit der Aufgabe verbunden ist, eine Familie zu versorgen. Möge seine Frau sich seiner Stärke rühmen und möge sie stolz darauf sein, und möge er so leben, dass seine Frau in ihm den sicheren Hafen findet, nach dem sich das Herz einer Frau so sehr sehnt.«

»Segne diese Frau. Gib ihr eine Zartheit, die sie bemerkenswert macht, ein tiefes Verständnis und einen starken Glauben an dich. Gib, dass die Schönheit ihrer Seele nie vergeht, diese ewige Jugend, die aus dem Festhalten an den Dingen besteht, die niemals altern. Möge sie so leben, dass der Ehemann sie in der Mitte seines Herzens liebt.«

»Lehre sie, dass Ehe nicht bedeutet, füreinander zu leben. Ehe bedeutet vielmehr, dass zwei Menschen sich verbinden und einander die Hände reichen, um dir zu dienen. Gib ihnen einen bedeutenden Sinn für ihr Leben.«

»Mögen sie die Schwächen des anderen verringern und mühelos die Stärken des anderen groß machen, damit sie den anderen mit den liebevollen und geduldigen Augen des Liebenden sehen. Gib ihnen jeden Tag eine Kleinigkeit zu vergeben, damit ihre Liebe langmütig wird.«

»Segne sie und entfalte ihren Charakter auf ihrem Weg mit dir. Gib ihnen genügend Verletzungen, um menschlich zu bleiben, genug Versagen, dass sie sich an deiner Hand festhalten, und genügend Erfolg, dass sie ihr ganzes Leben mit dir gehen.«

»Mögen sie zusammen gehen als Freunde und Liebende, Bruder und Schwester, Mann und Frau, Vater und Mutter und als Diener Christi, bis er wiederkommt oder bis zu dem Tag, an dem sie den anderen in die Arme Gottes zurücklegen. Das bitten wir durch Jesus Christus, der unsere Seele liebt. Amen.«[7]

10.

Der Herr war mit Josef.
1. Mose 39,2, Einheitsübersetzung

Haben Sie in letzter Zeit einmal die Geschichte von Josef gelesen (1. Mose 37, 39–50)? Seine Erfahrungen sind auch für uns heute anwendbar. Wollen Sie wissen, was Gott eigentlich mit seinem Leben vorhatte?
Überdenken Sie einmal folgende Aussagen von Richard Exley zu diesem Thema: »Auch wir können harte Zeiten ertragen, jede Schwierigkeit überwinden, solange wir sicher sind, dass Gott bei uns ist. Was wir nicht aushalten können, ist der Gedanke, dass wir uns den Schicksalsschlägen des Lebens allein stellen müssen. Aber genau an dieser Stelle verlieren viele Menschen den Mut. Irgendwo haben wir aufgeschnappt, dass uns Kummer und Schmerz, die ja ein Teil der gefallenen Welt sind, erspart bleiben, wenn wir treu und gehorsam sind. Dieser Gedanke ist weder christlich noch biblisch und bildet eine gute Voraussetzung für einige verheerende Enttäuschungen. Wenn wir all unser Leiden mit der Abwesenheit Gottes gleichsetzen oder wenigstens mit seinem Missfallen, dann öffnen wir üblen Versuchungen Tür und Tor. Genau zu dem Zeitpunkt, wenn wir die Bestätigung der Liebe und Treue Gottes besonders dringend brauchen, lässt uns unsere Theologie mit nichts als qualvollen Fragen im Regen stehen …

In schwierigen Lebensphasen und Zeiten der Enttäuschung wird häufig der Fehler gemacht, dass man sich fragt, wie Gott wirkt (das heißt wie er Leiden in Gutes verwandeln wird). Das ist deshalb ein Fehler, weil sein Handeln unser Begreifen und selbst unser Vorstellungsvermögen weit übersteigt, und der Versuch, seine letztgültige Absicht in solchen Situationen zu erkennen, führt entweder zu absurden Schlussfolgerungen oder zu absoluter Verzweiflung. Wie Gott beispielsweise in Josefs Leben wirkte, war nur rückblickend zu erkennen. Wer hätte sich denn schon vorstellen können, wie Gott Sklaverei, falsche Anschuldigungen und Gefängnishaft zu einem so erstaunlichen Muster verweben konnte.«[8]

11.

Zwei sind allemal besser dran als einer allein.
Wenn zwei zusammenarbeiten, bringen sie es eher zu etwas.
Wenn zwei unterwegs sind und hinfallen, dann helfen sie einander wieder auf die Beine. Aber wer allein geht und hinfällt, ist übel dran, weil niemand ihm helfen kann.
PREDIGER 4,9.10, EINHEITSÜBERSETZUNG

»Jesus,
in letzter Zeit habe ich viel über Freunde nachgedacht.
Alle reden über Beziehungen
und wie man sich wirklich kennt,
aber niemand scheint dafür besonders viel zu tun.
Oder jeder möchte denselben Freund haben –
den Menschen, der ganz vorne dran steht,
oder das Mädchen mit dem Zahnpastalächeln
und der sonnigen Persönlichkeit.
Kaum jemand scheint bereit,
Beziehungen mit ganz normalen Menschen aufzubauen.
Sie wissen schon – mit der erschöpften Hausfrau mit den drei
noch nicht schulpflichtigen Kindern,
dem übergewichtigen Teenager,
dem stillen Typen, der immer ein bisschen abseits steht,
Wer war dein Freund, Herr?
Ich weiß, du hattest viele Bekannte,
und zwölf, die mit dir gemeinsam arbeiteten,
aber wer war dein Freund?
Ich meine, der Mensch,
bei dem du ungeschminkt du sein konntest.
Wo du nicht auf jedes Wort achten
oder grenzenlose Erwartungen von irgendjemandem erfüllen musstest.
Du weißt schon, wo bist du hingegangen,
wenn du einfach mal raus musstest,
es aber auch nicht aushalten konntest, wieder allein zu sein?
War Lazarus ein ganz besonderer Freund für dich, Herr?
Ich glaube, das war er vielleicht.

Ich habe angefangen zu beten: ›Gib mir so einen Freund‹,
aber ich habe mich eines Besseren besonnen.
Stattdessen bete ich jetzt:
Lass mich so ein Freund sein.«
Amen[9]

12.

Die Erde war noch leer und öde, Dunkel bedeckte sie und wogendes Wasser, und über den Fluten schwebte Gottes Geist. Da sprach Gott: »Licht entstehe!«, und das Licht strahlte auf.
1. Mose 1,2.3, Gute Nachricht

Vielleicht hatten Sie folgendes Erlebnis als Kind oder vielleicht sogar auch als Erwachsener. Sie kommen nachts in einen Keller, auf einen Dachboden oder in ein fremdes Gebäude. Bevor Sie den Lichtschalter finden, schlägt hinter Ihnen eine Tür zu, sodass Sie im Stockdunkeln eingeschlossen sind. Sie können die Hand vor Augen nicht sehen, und Sie spüren, wie sich Panik in Ihnen breit macht. Sie fangen an, in dem Raum nach dem Lichtschalter zu tasten. Schließlich haben Sie ihn gefunden, schalten ihn ein und der Raum ist augenblicklich lichtdurchflutet. Ihre Panik verflüchtigt sich sofort.

Wir verlassen uns so sehr auf die Elektrizität, dass wir ohne sie kaum noch leben könnten. Es gibt aber noch eine andere Lichtquelle, die heute sogar noch wichtiger für uns ist. Es ist der Heilige Geist. Der Geist war aktiv an der Schöpfung beteiligt. Wenn Gott etwas wirkt, dann tut er das durch den Heiligen Geist. Sowohl im Schöpfungswerk als auch im Heilshandeln wirkt der Heilige Geist wie ein »Erleuchter« Gottes. Er erleuchtet die Bibel, damit wir sie verstehen. Er erleuchtet unseren Geist und leitet uns in unserem Gebet. Er beleuchtet die Richtung, in die wir gehen sollen.

In einem Raum ohne Licht zu sein, ist nicht der einzige Kampf mit der Dunkelheit, den wir in unserem Alltag zu bestreiten haben. Jeder hat auch so seine Mühe und Kämpfe mit der Dunkelheit, von der man umgeben ist, wenn man das eigene Leben und die eigene Ehe nicht mehr versteht. Warum musste dieses oder jenes passieren? Warum hat unser Ehepartner dies oder das getan oder gesagt? Und oft fühlen wir uns wie in Dunkelheit gehüllt, wenn wir Gott und sein Wort so gar nicht verstehen.

Wo ist in Ihrem Leben heute Dunkelheit? Wo empfindet Ihr Partner in seinem/ihrem Leben Dunkelheit? Bemühen Sie sich um geistliche Erkenntnis, was der Wille Gottes für Ihr Leben ist? Es gibt einen, der erleuchten kann. Sie brauchen nichts weiter zu tun, als den Schalter zu betätigen, indem Sie den Heiligen Geist einladen, Ihr Leben mit seinem Licht zu durchfluten. Gestatten Sie ihm, heute Ihren Weg mit seinem Licht zu erhellen, denn man sieht immer besser, wenn das Licht an ist.

13.

Jede Art von . . . Bitterkeit verbannt aus eurer Mitte.
EPHESER 4,31, EINHEITSÜBERSETZUNG

Sie haben gerade ein köstliches Essen in einem Gourmet-Restaurant verspeist. Der Ober bringt die Dessertkarte mit einer reichhaltigen Auswahl. Sie suchen sich etwas aus, das Sie noch nie probiert haben; der ausländisch klingende Name lässt Sie vermuten, dass es etwas Cremiges, Süßes ist. Sie nehmen den Dessertlöffel zur Hand, tauchen ihn in die Creme und stecken ihn in den Mund. Sie beginnen zu kauen und erleben einen echten Schock! Ihre Geschmacksknospen erwarten etwas Leckeres und Süßes, aber Ihr Gesichtsausdruck zeigt deutlich: ein bitterer Geschmack, bei dem sich in Ihrem Mund alles zusammenzieht. Sie versuchen, ihn mit einem Schluck Kaffee wegzuspülen, aber es bleibt ein Geschmack an Ihrem Gaumen haften, der auch den letzten Aromarest des köstlichen Hauptganges überdeckt, den Sie so sehr genossen haben.

Haben Sie schon einmal einen so bitteren Geschmack im Mund gehabt, dass davon alles andere überlagert wurde? Dasselbe passiert oft in Ehebeziehungen. Bitterkeit beginnt mit den üblichen kleinen Verletzungen und Enttäuschungen des Lebens. Wenn man sich damit nicht auseinander setzt und sie bearbeitet, können solche Gefühle der Bitterkeit jede positive Einstellung vernichten und eine gute Ehe verderben.

Bitterkeit schafft eine negative Grundhaltung, in der Menschen oft extrem scharfzüngig werden. Und Bitterkeit produziert normalerweise ein alles andere überlagerndes Gefühl von Unwillen dem Leben, Gott, anderen Menschen und auch sich selbst gegenüber. Sie ist eine Quelle ehelicher Umweltverschmutzung, durch die mit der Zeit alles zerstört wird, was in ihre Nähe kommt.

Warum sind manche Leute so verbittert? Warum sind manche Ehemänner und -frauen so giftig in ihrer Grundhaltung? Weil sie verletzt, beleidigt, ausgenutzt, betrogen worden sind, und das vielleicht nicht nur einmal, sondern immer wieder. Und diese Übergriffe ballen sich zusammen zu einem riesigen Schneeball der Verbitterung.

Völlig ungeachtet der Ursachen für die Verbitterung ist der heutige Vers ganz eindeutig. Es heißt darin nicht »Verbannt sie ... wenn«, sondern »Verbannt sie« – Punkt. Und das steht dort so, weil ein Leben ohne Bitterkeit viel besser ist für Sie und alle, die mit Ihnen zu tun haben.

14.

Jede Art von ... Bitterkeit verbannt aus eurer Mitte!
Seid gütig zueinander, seid barmherzig, vergebt einander,
weil auch Gott euch durch Christus vergeben hat.
EPHESER 4,31.32, EINHEITSÜBERSETZUNG

Wie können Sie nun aber frei werden von Bitterkeit, die Ihr Leben, Ihre Ehe und Ihre anderen Beziehungen vergiftet? Die Antwort ist ein einziges Wort: Vergebung. Was ist eigentlich Vergebung? Vergebung heißt:

- Nicht mehr an die Verletzung gefesselt zu sein.
- Das wunderbare Geschenk der Erinnerung nicht mehr als Waffe einzusetzen.
- Nicht mehr anderen wehzutun, wie uns wehgetan wurde.
- Die Verletzung nicht mehr zu erwähnen.
- Sich selbst verletzlich zu machen und auch das Risiko einzugehen, wieder verletzt zu werden.
- Zu lernen, ohne ständige Schmerzen zu leben.

In seinem sehr hilfreichen Buch FORGIVE AND FORGET (Vergeben und Vergessen) schreibt Lewis Smedes: »Vergebung ist also eine neue Sicht und ein neues Gefühl, das dem Menschen geschenkt wird, der vergibt ... Menschen, die wirklich vergeben, tun nicht so, als würden sie nicht leiden. Sie tun nicht so, als mache ihnen das Unrecht, das ihnen zugefügt wurde, nichts aus ... Sie werden erfahren, dass Vergebung dann angefangen hat, wenn Sie an diejenigen, die Sie verletzt haben, denken und ihnen Gutes wünschen können.«[10]

Und wie sieht es mit künftigen Verletzungen aus? Die wird es sicherlich geben. Wie gehen Sie mit einer ganz frischen Verletzung um? Sehen Sie sie an, akzeptieren Sie sie. Und lernen Sie mit dem Vergeben auch das Vergessen. Wir vergessen eigentlich nichts ganz und gar, was wir erlebt haben, aber wir können uns in diese Richtung bewegen, indem wir uns nicht mehr so sehr auf unsere Verletzungen konzentrieren. Das ist eine Hilfe beim Wechsel von der emotionalen Erinnerung hin zur ganzheitlichen.

15.

Liebt nicht die Welt und was in der Welt ist ... Denn alles, was in der Welt ist ... ist nicht vom Vater, sondern von der Welt.
1. JOHANNES 2,15.16, EINHEITSÜBERSETZUNG

Versuchung ist die Verlockung, etwas Falsches zu tun. Als er in Ägypten war, wurde Josef in Versuchung geführt, in 1. Mose 39 kann man das nachlesen. Potifars Frau war ständig hinter ihm her, um ihn ins Bett zu kriegen, aber er widerstand ihr. Woher nahm er die Kraft, ihren Verführungskünsten zu widerstehen?

Die Bibel nennt zwei Gründe für Josefs Reaktion. Erstens wollte er nicht Potifars Vertrauen missbrauchen. Josef sagte zu Potifars Frau: »Er ist in diesem Haus nicht größer als ich und er hat mir nichts vorenthalten als nur dich, denn du bist seine Frau« (Vers 9). Potifar übertrug Josef die Verantwortung für das gesamte Haus, weil er ihm vertraute. Und Josef hatte nicht vor, dieses Vertrauen zu missbrauchen.

Auch Ihr Partner vertraut Ihnen und Sie vertrauen Ihrem Partner. Jedes Heraustreten aus einer Vertrauensbeziehung – dazu gehört auch, sich gedanklich und gefühlsmäßig auf das andere Geschlecht einzulassen – ist ein direkter Vertrauensbruch. Sexuellen Versuchungen zu widerstehen, ist ein Zeichen für Integrität.

Zweitens: Josef widerstand der Versuchung, weil er Gott nicht ungehorsam sein wollte. Er glaubte, dass eine Verstrickung in eine unrechte Beziehung ein Vergehen gegen Gott war. Zu Potifars Frau sagte Josef: »Wie könnte ich ein so großes Unrecht begehen und gegen Gott sündigen?« (Vers 9).

Es ist bestimmt gut, diese Worte von Josef auswendig zu lernen und den Heiligen Geist zu bitten, uns bewusst zu machen, wenn wir durch jemanden sexuell in Versuchung geführt werden. Solche Versuchungen sind sehr real, es gibt sie wirklich. Aber diese Realität gilt auch für Gott. Lassen Sie sich von ihm helfen im Widerstand gegen Versuchungen.[11]

16.

Gott ist treu und wird nicht zulassen, dass die Prüfung über eure Kraft geht. Wenn er euch auf die Probe stellt, sorgt er auch dafür, dass ihr sie bestehen könnt.

1. Korinther 10,13, Gute Nachricht

Josef war Gott treu und widerstand den Versuchungen von Potifars Frau. Und was war der Lohn dafür? Er landete im Gefängnis! (1. Mose 39,13–20).

Haben Sie sich schon einmal gefragt, wie Josef sich dabei wohl gefühlt hat? Er hatte das Richtige getan und landete trotz seines Bemühens hinter Gittern. Das ist doch ungerecht! Aus dieser Erfahrung von Josef, die in der Bibel beschrieben wird, lernt man etwas, wie man Versuchungen widerstehen kann.

Erstens: Wenn man am erfolgreichsten ist, ist man auch am anfälligsten für Versuchungen. Sie müssen einfach wachsam sein, weil der Satan Sie genau dann angreift, wenn alles gut läuft. Paulus hat

das einmal sehr drastisch ausgedrückt: »Du meinst sicher zu stehen? Gib Acht, dass du nicht fällst!« (1. Korinther 10,12).

Zweitens: Wenn Sie keine ganz klaren Überzeugungen davon haben, was richtig ist, dann wird es schwierig für Sie, mit Versuchungen fertig zu werden. Josef hatte eine innere Verpflichtung Gott und seinem weltlichen Herrn gegenüber, deren Vertrauen nicht zu missbrauchen, und er wollte nicht gegen Gott sündigen.

Drittens: Es ist bestimmt schwierig, Versuchungen zu widerstehen, wenn Sie ständig Gelegenheit zur Sünde haben und sich in »gefährliche« Situationen begeben. Setzen Sie sich ständig Dingen aus, die Ihren Widerstand gegen die Sünde brechen? Josef lehnte nicht nur die Einladung der Frau ab, mit ihr ins Bett zu gehen, sondern er wollte nicht einmal Kontakt mit ihr haben (1. Mose 39,10).

Natürlich sind wir ungewollt durch die Medien immer wieder Botschaften ausgesetzt, die für uns als Christen mehr als fragwürdig sind. Wenn man mit solchen Dingen ständig konfrontiert wird, dann verinnerlicht man leicht irgendwann das Bild der Medien als wahr, so wird es leicht zur eigenen persönlichen Wahrheit. Für Menschen, die zu Gott gehören, kann das kein Lebensstil sein.

Genau wie das Leben von Josef ist auch unser Leben nicht immer frei von Sorgen und Problemen, nur weil man Versuchungen widersteht. Aber Gott wird Sie ehren für Ihre Standhaftigkeit, so wie er Josef dafür geehrt hat.[12]

17.

Als seine [Josefs] Brüder sahen, dass ihr Vater ihn mehr liebte als alle seine Brüder, hassten sie ihn und konnten kein gutes Wort mehr mit ihm reden.
1. Mose 37,4, Einheitsübersetzung

Eifersucht und Hass können Beziehungen innerhalb von Familien völlig zerstören. Josef war bestimmt kein perfekter Bruder, aber der Hass, der ihm von seinen Brüdern entgegenkam, ging nicht allein auf seine Kappe. Ihr Vater Jakob bevorzugte nämlich Josef ganz eindeutig vor seinen anderen Söhnen.

Wenn Eltern sich so verhalten, dann führt das in aller Regel zu Unruhe innerhalb der Familie. Denken Sie einmal an Ihre eigene Ursprungsfamilie zurück. Gab es da einen Liebling? Genoss er/sie eine Sonderbehandlung? Wenn ja, wie sah die aus? Sind Sie schon einmal der Liebling von jemandem gewesen (außer von Ihrem Partner)? Wie fühlte sich das an? Wie reagierten die anderen darauf?

Einer der Faktoren, die eine Ehe stören können, ist eine schlechte Beziehung zu einem Mitglied Ihrer eigenen Familie, zu einem Elternteil, zu Geschwistern, Großelternteil, Onkel oder Tante. Vielleicht empfinden Sie ihm/ihr gegenüber Eifersucht oder sogar Hass wegen irgendwelcher Vorkommnisse in der Vergangenheit. Es fällt Ihnen schwer, diesen Menschen zu mögen. Lieber würden Sie ihn meiden wegen der bitteren Gefühle, die Sie ihm/ihr gegenüber haben. Und vielleicht erwarten Sie von Ihrem Partner, sich auf Ihre Seite zu stellen und dieselben Gefühle zu haben wie Sie. Es wäre aber wichtig, sich klarzumachen, dass Ihr Partner nicht dieselbe Geschichte zu verarbeiten hat wie Sie. Ihr Partner kann mit Ihnen über Ihre Gefühle sprechen und Ihnen helfen, sie zu verarbeiten, aber er/sie will womöglich den Verwandten nicht genauso ablehnen wie Sie.

Bei manchen dieser problematischen Beziehungen besteht vielleicht die Möglichkeit zur Versöhnung, bei anderen dagegen nicht, weil die betreffende Person nicht will. Sie können aber auch dann einiges tun, um zu verhindern, dass sich in Ihrer Familie Neid und Hass ausbreiten.

Erstens: Bemühen Sie sich darum, dass bei Ihnen nicht eines der Kinder vorgezogen wird. Behandeln Sie jedes Ihrer Kinder und auch Ihre Verwandtschaft mit Respekt und Fürsorge.

Zweitens: Beten Sie zusammen für die Angehörigen, mit denen Sie Schwierigkeiten haben. Wenn Sie beten, werden sich Ihre Gefühle und Reaktionen positiv verändern und Sie haben nicht mehr so heftig zu kämpfen.

18.

Ihr Mann Elkana fragte sie: Hanna, warum weinst du, warum isst du nichts, warum ist dein Herz so betrübt?
1. SAMUEL 1,8

Die Bibel ist die Richtschnur dafür, wie wir in der Ehe miteinander umgehen sollen. Es gibt allerdings nur sehr wenige Ehepaare als Beispiel dafür. Samuels Eltern Hanna und Elkana bieten einen ganz kleinen Einblick in die Art eines solchen vorbildlichen Miteinanders. Lesen Sie einmal den gesamten Bericht in 1. Samuel 1,2–20. Er ist sehr interessant.

Hanna war sehr unglücklich, weil sie keine Kinder bekam, und der Sitte der damaligen Zeit gemäß, war der vermögende Elkana materiell in der Lage, sich eine zweite Frau zu nehmen. Sie hieß Peninna, die ihm Kinder schenkte. Peninna war keine besonders nette Frau. Sie quälte Hanna, indem sie sie ständig daran erinnerte, dass sie unfruchtbar war. Aber Elkana liebte Hanna, hörte sich geduldig ihre Probleme an, versuchte sie zu trösten und behandelte sie einfach gut. Es hatte sogar den Anschein, dass er Hanna lieber hatte als Peninna (Vers 5).

Elkana ist ein gutes Vorbild für Ehemänner. Er bemerkt, dass seine Frau bedrückt ist. Das ist nicht bei allen Ehemännern so. Er spricht seine Frau an, versucht, ihr Mut zu machen und sie zu trösten. Das tun nicht alle Männer. Oft wollen sie das Problem nur möglichst schnell vom Tisch haben, statt einfach zuzuhören. Auch Elkana versuchte es ansatzweise zunächst so. Er sagte nämlich: »Bin ich dir nicht viel mehr wert als zehn Söhne?« (Vers 8). Vielleicht sollte das nur ein Scherz sein, vielleicht war es aber auch ernst gemeint – wir wissen es nicht. Eine Frage, die Ehemänner in solchen Situationen stellen können, lautet: »Wie kann ich dir am besten helfen – durch Zuhören, indem ich einfach bei dir bin oder indem ich dir etwas rate?« Direkt zu fragen, ist sehr viel effektiver, als sich im Gedankenlesen zu versuchen.

Elkana sagt in Vers 23 noch etwas, woran zu erkennen ist, was einen guten Ehemann ausmacht. In einem Gespräch mit Hanna, in dem sie unterschiedlicher Meinung sind, sagt Elkana: »Tu, was dir gefällt.« Darin wird Respekt, Glaube und Vertrauen deutlich. Und das sind die Merkmale, die heutzutage eine gute Ehe ausmachen. Wie können Sie

einander mehr Respekt und Vertrauen und mehr Glaube an die Fähigkeiten des andern entgegenbringen? Es ist bestimmt hilfreich, darüber zu sprechen.

19.

Die Ausdauer aber soll zu einem vollendeten Werk führen, denn so werdet ihr vollendet und untadelig sein, es wird euch an nichts mehr fehlen.
JAKOBUS 1,4, EINHEITSÜBERSETZUNG

Arbeit, Anstrengung, Ausdauer, Standhaftigkeit, Zeit – das alles sind Worte, die manchen Menschen im Zusammenhang mit der Ehe vertraut, anderen dagegen völlig fremd sind. Sie machen aber den Unterschied aus zwischen einer lebenslangen Beziehung und einem kurzen gemeinsamen Intermezzo, das vor Gericht endet. Überlegen Sie einmal, was passiert, wenn die besagten Worte in einer Ehe nicht vorkommen:

»Es laufen zu lassen, ist eine der häufigsten Formen ehelichen Scheiterns. Ich wage sogar zu behaupten, dass die Mehrheit der Paare, die Sonntag für Sonntag in unseren Gemeinden zu finden sind, in Ehen leben, die ›einfach laufen‹. Denken Sie mal einen Augenblick lang nach. Wenn Sie sich einmal in den Reihen umsehen, würden Sie schätzen, dass die meisten Ihrer verheirateten Freunde Eheprobleme haben? Wahrscheinlich nicht, und die Paare selbst vermutlich auch nicht.

›Es laufen lassen‹ – das ist vermutlich nicht nur die üblichste Art ehelichen Versagens, sondern auch die gefährlichste. Es wirkt ganz unterschwellig. Es ist still. Es ist nicht beleidigend. Es löst keine Alarmsirenen aus. Es schleicht sich ganz einfach in unser Leben ein. Und dann zerstört es.

Schritt für Schritt sterben wir gefühlsmäßig ab und entfernen uns immer weiter von unserem Partner. Der Anschein des ›alles in Ordnung‹ beruhigt uns. Wir sehen nicht, dass keine echte Fürsorge mehr vorhanden ist. Warum sollten wir auch? Wir sind doch alle beschäftigt. Das Fehlen seelischen Schmerzes wird als Zeichen dafür genommen,

dass alles in Ordnung ist. Wir sind beschäftigt, wir sind zufrieden und alles ist gut. Wir haben uns einfach daran gewöhnt, wie es nun eben mal ist.«[13]
Gibt es in Ihrer Ehe die Tendenz, es »laufen zu lassen«? Vielleicht ist es ja eine Hilfe, einmal etwas genauer hinzuschauen. Manchmal gibt es solche Tendenzen, auch wenn sie noch so unterschwellig sind.

20.

Die Frömmigkeit aber ist nützlich zu allem.
1. TIMOTHEUS 4,8, EINHEITSÜBERSETZUNG

Eine Ehe gelingt nicht einfach so zufällig. Das erfordert auch Planung und Disziplin. Hier die Gedanken eines Ehemannes zu dem Thema:

»Ich gehe die Probleme, die auftauchen, nicht an, weil es so einfach ist oder so bequem. Die meiste Zeit wäre es einfacher, diese Konflikte und Probleme zu meiden, aber mir sind die Konsequenzen von Vermeidung bewusst – die Entfremdung, die Kälte, die Gleichgültigkeit. Ich will nicht, dass diese Saboteure sich in meine Ehe einschleichen und zunehmend das zerstören, was mir lieb und teuer ist …

Sich dieser Tendenz zu widersetzen, erfordert Planung. Ich muss daran arbeiten, meiner Ehe immer wieder Priorität einzuräumen. Ich muss mich bewusst mit diesen Fallen auseinander setzen. Ich muss meine ganz eigene Methode entwickeln, eine, die genau zu mir passt, um weiter auf mein Ziel zuzugehen … eine vertraute, innige Beziehung. Und Sie werden das Gleiche tun müssen.

Echtes Gelingen ist nie einfach zu erreichen. Glückliche und erfüllte Ehen sind das Produkt intensiver Bemühungen. Man sehnt sich danach, strengt sich an, kämpft dafür, plant sie. Sie ergeben sich nicht einfach so von selbst. Häufig beklagen sich Paare darüber, dass ihre Ehen einfach so kaputt gegangen sind. Ganz plötzlich und unerwartet haben sie sich wieder entliebt … einfach das Interesse am Mann verloren … sich einfach so in jemand anderen verliebt … oder in die Karriere. Nichts passiert einfach so … weder Gutes noch Schlechtes.

Gute Ehen folgen einem Weg . . . einem Weg, der geplant ist. Man braucht keinen Plan, um zu scheitern, das schafft man auch einfach so, ohne Planung. Aber das Gelingen, das muss man sehr wohl planen.«[14]

21.

Lass Gott über dein Tun entscheiden, dann werden sich deine Pläne erfüllen.
SPRÜCHE 16,3, EINHEITSÜBERSETZUNG

Auf was in Ihrem Leben haben Sie sich wirklich ganz und gar eingelassen? Überlegen Sie einen Augenblick. Wofür brennen Sie innerlich? Was hat Gott Ihnen aufs Herz gelegt? Denken Sie über die Verbindlichkeit Ihrer Ehe nach, wenn Sie folgende Gedanken eines Eheberaters lesen.

»Das Sich-Einlassen auf die Ehe als Beziehung macht es möglich, Nähe und Vertrautheit zu entwickeln. Innerhalb des sicheren Ortes, der durch die Einrichtung der Ehe gewährleistet ist, werden die Eheversprechen erfüllt. Nach dem Plan Gottes sollen die Ehepartner Liebesbezeugungen äußern und auch annehmen. Und dadurch pflegen sie Wachstum und Nähe in allen Dimensionen der Liebe. So sieht zumindest das Ideal aus.

Aber es geht nicht immer alles nach Plan und gar nicht so selten gibt es überhaupt keinen Plan. Hektische Terminpläne, egoistische Motive, die Anforderungen des Alltags . . . diese und noch viele andere Gründe tun sich zusammen, um unsere Erinnerung davon zu vernebeln, was genau wir bei der Trauung gesagt haben. Die einst gegebenen Gelübde sind vergessen. Die einst gegebenen Liebesschwüre werden zu nicht mehr vorhandenen Verhaltensweisen. Sich einzulassen, ist ein Merkmal der Liebe . . ..

Eine Voraussetzung für Stabilität in der Ehe und für Entwicklung besteht darin, sich auf die Ehe als Institution und als Beziehung einzulassen. Sich auf die Ehe als Einrichtung einzulassen, bietet das Umfeld, in dem Entwicklung stattfinden kann. Sich auf die Ehe als Beziehung einzulassen, garantiert, dass ihr gemeinsamer Bau er-

kennbar wird. Gemeinsam und nur gemeinsam wird eine Ehe gemacht.«[15]

Sagen Sie Ihrem Partner, welche Aussage für Sie am meisten Sinn ergibt und welche Sie heute in Ihrer Ehe am meisten ausbauen möchten!

22.

Sie alle widmeten sich eifrig dem, was für die Gemeinde wichtig war ... und sie beteten gemeinsam.

Apostelgeschichte 2,42, Gute Nachricht

Sicher wünschen Sie sich eine Ehe, die von Nähe und Vertrautheit bestimmt ist. Innige Vertrautheit entsteht auch durch die Art, wie wir miteinander und füreinander beten. Aber gibt es dafür eigentlich einen biblischen Auftrag?

Der Vers für heute legt die Vermutung nahe, dass die ersten Christen gemeinsam und laut füreinander beteten. Es gibt aber viele andere Stellen in der Bibel, in denen wir ermahnt werden, füreinander zu beten. Wenn Sie jetzt weiterlesen, denken Sie daran: Ihr Ehepartner ist das oberste und erste »Füreinander« in Ihrem Leben.

Im Epheserbrief gibt Paulus ein Beispiel für das Fürbittengebet. In 1,18 betet er darum, dass die Christen Gott besser kennen lernen: »Er erleuchte die Augen eures Herzens, damit ihr versteht ...« Haben Sie in letzter Zeit auch so für sich selbst gebetet? Haben Sie so für Ihren Partner gebetet? Vielleicht könnten Sie sich jetzt sofort einen Augenblick Zeit nehmen und darüber sprechen, inwiefern Sie Gott besser kennen lernen möchten. Nennen Sie Bereiche, in denen Sie Fragen haben. Vielleicht gibt es Fragen, die Ihnen ständig Mühe machen und über die Sie noch nie mit jemandem gesprochen haben. Gott ist nicht erschrocken und fühlt sich auch nicht bedroht wegen Ihrer Zweifel und Ihr Ehepartner wird sicher gern mit Ihnen darüber beten.

Paulus betet auch, dass die Christen »die Liebe Christi verstehen, die alle Erkenntnis übersteigt« (3,19). Vielleicht wird die nächste Frage Sie überraschen, aber trotzdem stelle ich sie: Haben Sie schon jemals

dafür gebetet, dass Ihr Partner die Liebe Christi mehr kennen lernen und erleben möge als Ihre Liebe? Jeder Mensch hat das Bedürfnis zu lieben und geliebt zu werden, aber dieses Bedürfnis kann niemals von einem Menschen angemessen erfüllt werden. Nur Gott allein kann unser Bedürfnis nach Liebe wirklich stillen.

Paulus betet außerdem, dass die Epheser die Macht Gottes in ihrem Leben erfahren mögen (1,19.20). Möchten Sie etwas wirklich Spannendes für Ihren Partner tun? Sehen Sie ihn bzw. sie an und versprechen Sie: »Ich bete, dass du die Macht Gottes in deinem Leben jeden Tag erlebst. Darauf kannst du dich verlassen.« Sie können gespannt sein, was dieses Gebet bei Ihrem Ehepartner, Ihrer Ehe und auch in Ihrem eigenen Leben bewirkt![16]

23.

Als sie [die Hirten] es sahen, erzählten sie . . . über dieses Kind . . .
[sie] rühmten Gott und priesen ihn für das, was sie gehört
und gesehen hatten.
LUKAS 2,17.20, EINHEITSÜBERSETZUNG

Weihnachtsbräuche – wir kennen sie alle. Manchmal sind sie auch Anlass für einen Ehekrach. Vielleicht haben Sie früher zu Hause die Weihnachtsgeschenke am Heiligen Abend ausgepackt, in der Familie Ihres Partners dagegen war erst am Weihnachtsmorgen Bescherung. Beim einen gab es immer Weihnachtsgans, beim anderen Würstchen mit Kartoffelsalat. Wir feiern die Geburt Christi auf ganz unterschiedliche Weise.

Ist es möglich, dass Christen Weihnachten auch heute noch so feiern, wie es in dem Vers zum Ausdruck kommt? Die Hirten verbreiteten die Nachricht von der Geburt Christi und lobten und priesen Gott über die Geburt des Erlösers. Sprechen Sie einmal kurz miteinander darüber. Wie wollen Sie Gott zu Weihnachten loben und preisen? Werden das nur Sie beide zu zweit tun oder ist es mit der ganzen Familie möglich?

Lassen Sie uns noch einen Schritt weiterdenken. Die Hirten erzählten anderen von der Geburt des Christuskindes. Wir leben heute

in einer Welt, in der Weihnachten groß gefeiert wird, aber viele Leute feiern es nicht wegen des ursprünglichen Anlasses. Sie stellen den Weihnachtsmann, die Geschenke und die vielen Festlichkeiten in den Mittelpunkt, statt auf Jesus, den eigentlichen Grund zum Feiern, zu sehen. Wenn Sie mit anderen sprechen bei der Arbeit, im Fitnessstudio oder im Supermarkt, wie wollen Sie ihnen erklären, was Weihnachten für Sie bedeutet? Wie können Sie ihnen vermitteln, wie wichtig Jesus Christus ist?

Ein Mann erzählt einem anderen: »Am 25. Dezember feiern wir die Geburt Jesu Christi. Das ist ein wichtiges Datum der Weltgeschichte. Es gibt aber zwei andere Daten, die noch wichtiger sind.« Die meisten Leute fragen dann nach: »Und welche Daten sind das?« Und er antwortet: »Der Tag, an dem Jesus am Kreuz für unsere Sünden starb, und drei Tage danach, als er vom Tod auferstand. Wenn das nicht geschehen wäre, wären wir verloren. Was glauben Sie über den Tod Jesu und seine Auferstehung?«

Das ist einmal eine ganz andere Art, Weihnachten zu feiern.[17]

24.

Sie hatten sonst keinen Raum in der Herberge.

Lukas 2,7, Luther

Massen – Menschenmengen hasten umher, drängen, schieben und halten Ausschau nach Schnäppchen. Wahrscheinlich fürchten deshalb so viele Menschen Einkaufszentren zur Weihnachtszeit, besonders am letzten Tag vor Weihnachten. Hektische Einkäufer mit glasigem Blick klammern sich an ihre Listen und hasten von Geschäft zu Geschäft.

Manchmal muss man sich mit Hilfe der Ellbogen den Weg bahnen, um überhaupt zu den Läden zu gelangen, in die man will. Oft hört man kleine Kinder schreien, die für einen Augenblick in der wogenden Menge ihre Eltern verloren haben. Manche Paare fahren mit dem Auto zum Einkaufszentrum, sehen die überfüllten Parkplätze und Menschenmengen, sehen sich an, schütteln den Kopf und fahren wieder weg. Es ist kein Raum für sie auf dem Parkplatz.

Haben Sie so etwas auch schon erlebt? Wenn ja, dann haben Sie ja vielleicht eine Vorstellung davon, wie es für Maria und Josef gewesen sein muss, als sie in Bethlehem ankamen an jenem ersten Weihnachtsabend. Auch sie wurden wieder hinausgedrängt. Schon bevor Jesus geboren war, wurde er weggeschickt. Die Worte »kein Platz für dich« verfolgten ihn sein ganzes Leben. Herodes hatte keinen Platz für ihn in Israel, und so floh er mit seinen Eltern nach Ägypten. In seiner Heimatstadt Nazareth war er ebenfalls während seines Wirkens auf der Erde nicht willkommen. Er musste sogar vor den Stadtmauern einer Stadt sterben und in einem Grab beerdigt werden, das nicht ihm gehörte. Es war einfach nirgends Platz für ihn.

Bis heute wird er aus dem Leben vieler Menschen einfach hinausgedrängt. Bei all den christlichen Festtagen ist er oft eher Beiwerk. Statt den Ehrenplatz einzunehmen, wird er oft in eine Ecke gedrängt. Jesus starb für den Besitzer jener Herberge, für Herodes, für die Soldaten unter dem Kreuz und für uns. Er bittet uns nicht darum, bei uns zu Hause in einem Zimmer wohnen zu dürfen. Er möchte für immer in unserem Herzen leben. Er schätzt uns als die Seinen. Wir wollen ihn in unseren Alltag hereinlassen, in unsere Gedanken und in jede andere Aktivität beim Feiern seines Geburtstages.

25.

Und er heißt … Friedefürst.
JESAJA 9,6, LUTHER

Friede in unserem Leben. Friede in unseren Ehen. Friede zwischen den Rassen. Friede zwischen den Völkern. Jesus Christus ist der Friedefürst und nur er kann einer verstörten Welt Frieden bringen. Wo hat der Friedefürst seinen Frieden in Ihre kleine Welt gebracht?

Wir alle sehnen uns nach Frieden. Wenn wir die Nachrichten einschalten (vielleicht wäre heute einmal eine gute Gelegenheit, sie nicht einzuschalten), dann hören wir von Unruhen bei uns zu Hause und auf der ganzen Welt. Wir hören, wie Politiker Frieden versprechen und behaupten, sie hätten den einzigen völlig sicheren Friedensplan. Glauben

Sie ihnen nicht, denn das sagen sie schon seit Jahren. Friede unter den Völkern kommt nur durch Jesus Christus, Menschen können keinen dauerhaften Frieden schaffen, aber Jesus kann es. Es beginnt mit dem inneren Frieden, der entsteht, wenn er in einem Herzen gegenwärtig ist. Er breitet sich aus, und dann verändert dieser Friede das Leben.

Der Friede, den Jesus gebracht hat und der heute gefeiert werden kann, ist der Friede der Vergebung und Versöhnung. Darum geht es zu Weihnachten. Und weil heute der Tag ist, an dem wir Jesu Geburtstag feiern, hier die Frage: Was tun Sie als Ehepaar, um diesen Tag für ihn zu etwas ganz Besonderem zu machen? Wie bekommt er die Aufmerksamkeit, die ihm zusteht? Was werden Sie ihm heute bei Tisch zu Ehren singen? Vielleicht sollten Sie im Laufe des Weihnachtsessens jeden am Tisch fragen: »Wann wurde Christus für dich eigentlich real?« Bitten Sie jeden, ein Erlebnis zu erzählen, das er in der Weihnachtszeit mit Jesus hatte.

Wie wollen Sie heute seinen Frieden weitergeben? Sprechen Sie darüber, was Sie als Familie tun könnten, um den Frieden Christi in das Leben eines Menschen zu bringen: jemanden im Krankenhaus oder Altersheim besuchen, einen alten Verwandten anrufen, der weit weg lebt und ihm/ihr frohe Weihnachten wünschen, Essen servieren oder Geschirr spülen in einem Obdachlosenheim Ihrer Stadt etc. Sein Friede und seine Freude seien heute mit Ihnen und mit anderen.

26.

Jesus Christus gestern und heute und derselbe auch in Ewigkeit.
HEBRÄER 13,8, LUTHER

Es ist wieder einmal vorbei, wieder ist ein Weihnachtsfest gekommen und vergangen. Für viele Menschen ist der Tag danach ein erschöpftes Verschnaufen. Wahrscheinlich sind Sie heute damit beschäftigt, Berge zerknüllten Geschenkpapiers zu entsorgen und die Reste des Festessens zu verputzen. Vielleicht ist Ihr Haus immer noch voller Verwandtenbesuch. Die Kinder spielen mit ihren neuen Spielsachen und so mancher muss wahrscheinlich schon wieder arbeiten.

Hier ein ernüchternder Gedanke: Gestern war ein weiteres von etwa 70 Weihnachtsfesten Ihres Lebens. Haben Sie die meisten davon noch vor sich oder haben Sie schon 40 bis 50 erlebt? Manchmal sind wir mit Weihnachten so sehr beschäftigt, dass es wie im Flug an uns vorbeirauscht. Wenn Sie jetzt einmal kurz innehalten und überlegen, was gestern alles los war, dann sprechen Sie miteinander über folgende Fragen:

- Was meinen Sie, wie der Tag nach Weihnachten für Maria und Josef war? Wie mag er für die Hirten gewesen sein und wie für den Wirt von der Herberge?
- Was, glauben Sie, denken Nichtchristen über den Tag nach der Geburt Jesu?
- Welche Traditionen haben Sie gestern bei Ihrer Feier von Ihrer Ursprungsfamilie übernommen? Welche von der Ursprungsfamilie Ihres Partners? Wie viele dieser Traditionen sind geistlichen Inhalts? Welche haben einen weltlichen Hintergrund?
- Manches von dem Festtagsglanz ist seit gestern schon abgenutzt und in einer Woche sind der Baum und auch all die andere Dekoration wieder verschwunden und verstaut. Es wird wieder ganz normaler Alltag sein. Inwiefern wird Ihr Leben im kommenden Jahr wegen des Geburtstagsfestes von Jesus gestern anders sein?

Das Weihnachtsfest mag ja vorbei sein, aber die tollste Nachricht von allen ist immer noch gültig und aktuell: Jesus Christus wurde geboren und er lebt auch heute. So gesehen bleibt es für uns noch 364 weitere Tage – und für immer – Weihnachten!

27.

Denn er [Abraham] wartete auf die Stadt, die einen festen Grund hat, deren Baumeister und Schöpfer Gott ist.
Hebräer 11,10, Luther

Das Fernsehen hat eine Reihe interessanter Sendungen entwickelt in der Hoffnung, damit Zuschauer anzuziehen. Science Fiction, Geschichten vom Leben in der Zukunft und sogar Sendungen über

Aliens, die die Welt besetzen, gehören auch dazu. Wir sehen uns Filme über außerirdische Lebewesen an und denken: »Das ist doch lächerlich! Sendungen, in denen Aliens eine Rolle spielen, mögen zwar unterhaltsam sein, aber realistisch sind sie nicht. Es gibt keine Aliens.«

Aber es gibt sie doch! Das mag für Sie jetzt ein Schock sein, aber es gibt überall in Ihrem Umfeld Aliens, und vielleicht sind Sie sogar selbst einer. Jede/r, der/die durch Jesus Christus eine Beziehung zu Gott hat, ist auf dieser Welt ein Alien, ein Fremdling.

Der erste Alien, der in der Bibel erwähnt wird, ist Abraham: »Aufgrund des Glaubens gehorchte Abraham dem Ruf, wegzuziehen in ein Land, das er zum Erbe erhalten sollte; und er zog weg, ohne zu wissen, wohin er kommen würde. Aufgrund des Glaubens hielt er sich als Fremder in dem verheißenen Land wie in einem fremden Land auf und wohnte ... in Zelten. Denn er erwartete die Stadt mit den festen Grundmauern, die Gott selbst geplant und gebaut hat« (Hebräer 11,13, Einheitsübersetzung).

Abraham wusste, dass er auf der Erde nicht die Ewigkeit verbringen würde. Sie war für ihn nur ein vorübergehender Wohnort. Er war ein Fremder, ein Pilger. Er hatte Umgang mit den heidnischen Menschen um sich her, hatte einen guten Ruf und war von anderen geachtet. Aber er übernahm nie den Lebensstil der Reichen und Berühmten der damaligen Zeit. Er wusste, dass er zu einem bestimmten Zweck dort war. Er wusste, dass Gott ihn für eine Aufgabe berufen hatte, obwohl er starb, »ohne das Verheißene erlangt zu haben« (Hebräer 11,13).

Wohin geht Ihre Hauptausrichtung? Kümmern Sie sich mehr um die kleine Welt um Sie herum und verlieren Sie Gott dabei leicht aus dem Blick? Nichtchristen sind uns gegenüber weit in der Überzahl, und der Lebensstil der Menschen um uns her macht deutlich, dass sie nichts mit Gott zu tun haben. Aber denken Sie daran – auch Sie sind ein Alien – ein Fremdling. Diese Welt ist nicht Ihr Zuhause, sondern Sie sind nur auf der Durchreise. Wie können Sie diese Wahrheit in Ihrem Leben anwenden?

28.

Ein Mensch, der Einsicht hat, regt sich nicht auf;
es gereicht ihm zur Ehre, bei Kränkung Nachsicht zu üben.
SPRÜCHE 19,11, GUTE NACHRICHT

Es soll heute um biblische Erkenntnisse zum Thema Zorn gehen. Denken Sie über die folgenden Verse nach, die alle aus der Guten Nachricht zitiert sind, und bringen Sie sie in Verbindung mit Ihrer Beziehung zu anderen – besonders zu Ihrem Partner.

- Wer sich schnell erhitzt, macht Dummheiten; wer kalt berechnet, macht sich verhasst (Sprüche 14,17).
- Ein Hitzkopf erregt Streit, ruhiges Blut schlichtet ihn (Sprüche 15,18).
- Geduld bringt weiter als Heldentum; sich beherrschen ist besser als Städte erobern (Sprüche 16,32).
- Was ein Dummkopf sagt, führt zu Streit, und jedes seiner Worte schreit nach Schlägen (Sprüche 18,6).
- Wer im Jähzorn handelt, soll dafür Strafe zahlen, wenn du sie ihm erlässt, wird es nur noch schlimmer mit ihm (Sprüche 19,19).
- Nimm keinen Jähzornigen zum Freund und verkehre nicht mit jemand, der sich nicht beherrschen kann. Sonst gewöhnst du dich an seine Unart und gefährdest dein Leben (Sprüche 22,24.25).
- Der Dummkopf gibt jedem Ärger freien Lauf; der Weise kann sich beherrschen (Sprüche 29,11).
- Kennst du einen, der redet, ohne zu überlegen? Für einen Schwachsinnigen ist mehr Hoffnung als für ihn (Sprüche 29,20).
- Ein Hitzkopf erregt Streit; wer schnell aufbraust, macht viele Fehler (Sprüche 29,22)
- Denn im Zorn tut niemand, was vor Gott recht ist (Jakobus 1,20).

Welcher dieser Verse würde sich positiv auf Ihre Ehe auswirken, wenn Sie ihn anwenden? Sprechen Sie darüber, wie Sie diese Bibelverse praktisch anwenden können.

29.

Fürchtet euch nicht.
2. MOSE 14,13, LUTHER

Jeder braucht im Leben einen sicheren Platz. Wir brauchen alle ein Heiligtum, wo wir sein können, wie wir wirklich sind, ohne etwas vorzutäuschen. Die Ehe ist der ideale Ort dafür. In ihr kann man vertraut sein und einfach Freude am Dasein ohne Angst erleben. Haben Sie schon einmal darüber nachgedacht, welche Beziehung zwischen Vertrautheit, Freude und Angst besteht?

Im Folgenden einige Gedanken von James Olthuis. Wahrscheinlich werden seine Worte Sie nachdenklich machen: »Wenn wir über Freude sprechen, versagen alle Worte. Oft kommen Worte leichter, wenn wir gemeinsam Schmerzen leiden und Tragödien durchleben, vielleicht sind wir Menschen einfach so. Dennoch ist aber Freude ein wesentlicher Bestandteil von Vertrautheit. Ohne Freude – damit ist nicht irgendein produziertes Gefühl gemeint, sondern eine unerwartete Zufriedenheit – gibt es weder Zeit noch Raum für das staunende Verweilen, das den Kern und das Geheimnis von Vertrautheit bildet. Ohne Freude bleiben wir leer, sind nervös, aus Angst, etwas zu verpassen, unruhig und immer auf der Flucht.

Angst lässt gefrieren, Freude taut auf. Aus trägen Herzen beginnt das Wasser der Liebe zu strömen ... Wir können zusammen sein und es ist gut. Es ist nicht immer (ja nicht einmal überwiegend) ein hochintensives Entblößen der Seele. Es kann so simpel (und schwierig) sein wie das Genießen einer gemeinsamen Tasse Tee oder eines Waldspaziergangs. Freude ist Nähe ohne Angst.

Freude in der Ehe ist die vertraute Verbindung mit dem Partner. Die Freude fordert uns dazu auf, erfüllter und intensiver zu leben, damit wir selbst, andere Menschen und alle Geschöpfe Gottes heil werden. Es bedeutet, mehr Risiken einzugehen, unsere Vertrautheit und Nähe noch zu vertiefen.«[18]

Tauschen Sie sich darüber aus, welche Rolle Freude, Nähe, Vertrautheit und Angst in Ihrer Ehe spielen. Wie gehen Sie in der Beziehung in Ihrer Ehe miteinander um?

30.

Das bezeugt uns aber auch der Heilige Geist.
2. MOSE 14,13, LUTHER

Wo kann ein Ehepaar die innere Stärke finden, um in einer von Sünde beherrschten Welt so zu leben, wie Gott es will? Das geht nur, wenn die Partner den Heiligen Geist haben. Der Geist Gottes ist keine unpersönliche Kraft, sondern er ist eine lebendige Person, die in uns lebt, um uns zu helfen. Erzählen Sie sich jetzt gegenseitig, wie viel Sie wirklich über die dritte Person der Dreieinigkeit wissen.

Was steht in der Bibel über den Heiligen Geist als Person? Alle Eigenschaften, die eine Person ausmachen, sind im Heiligen Geist vorhanden. Es gibt mehrere Merkmale des Heiligen Geistes, die beweisen, dass er eine Person ist.

- Der Heilige Geist ist ausgestattet mit Verständnis und Weisheit (1. Korinther 2,10).
- Er hat einen Willen (1. Korinther 12,11).
- Er liebt (Römer 15,30).
- Die Menschen können ihn auf die Probe stellen (Apostelgeschichte 5,9), ihn belügen (Apostelgeschichte 5,3) und ihn betrüben (Epheser 4,30).
- Er spricht (1. Timotheus 4,1).
- Er lehrt (Lukas 12,12; Johannes 14,26).
- Er tritt für uns ein (Römer 8,26).

Der Heilige Geist wird in der Bibel außerdem als Person beschrieben, indem er Tröster, Zeuge, Heiliger genannt wird.

Es ist für Ihre Ehe wichtig, ein Verständnis von der dritten Person Gottes, dem Heiligen Geist, zu bekommen, weil Sie Gott in Ihrer Ehe besser dienen und für Ihren Ehepartner besser da sein können, je besser Sie die Person, die Sie anbeten, der Sie nachfolgen und von der Sie Ihre Kraft beziehen, kennen. Vielleicht veranlasst Sie diese Einführung ja, mehr über den Heiligen Geist erfahren zu wollen und darüber, wie er in Ihrem Leben wirkt.

31.

Die Frucht des Geistes aber ist Liebe, Freude, Friede, Langmut, Freundlichkeit, Güte, Treue, Sanftmut und Selbstbeherrschung.
GALATER 5,22.23

Wo befinden Sie sich zur Zeit auf dem Weg Ihrer Ehe – eher am Anfang, mittendrin oder schon nah dem Ende? Wo Sie auch sein mögen – das eine Wort, das zusammenfasst, was wirklich alles verändern kann, lautet Hingabe. Hingabe bewirkt, dass wir uns positive Erinnerungen einprägen können. Es ist eine kostbare Eigenschaft, die Spannungen und Fragen, gleichzeitig aber auch Frieden, innere Reife und Stabilität mit sich bringen kann.

Heute in einer Zeit, in der sich Veränderungen in rasender Geschwindigkeit vollziehen, wird Sie die Hingabe und das völlige Sich-Einlassen auf den lebendigen Glauben leiten.

Jetzt, da das neue Jahr vor der Tür steht, vertrauen Sie Ihr Leben Jesus Christus noch einmal ganz neu an. Vertrauen Sie Ihr Leben dem Wort Gottes an, das Ihnen Stabilität und Sicherheit geben kann. Lassen Sie sich als Paar auf gemeinsames Gebet ein. Es wird Ihre Gemeinsamkeit und Offenheit verstärken und ordnet Ihre Unterschiede richtig ein.

Lassen Sie sich darauf ein, Ihren Partner als jemanden zu sehen, der so wertvoll und kostbar ist und so viel Würde hat, dass Gott seinen Sohn für ihn in den Tod gegeben hat. Lassen Sie sich darauf ein, Ihrer Ehe oberste Priorität zu geben, was Zeit, Kraft, Denken und Weiterentwicklung angeht. Lassen Sie sich auf ein Leben der Treue in Gedanken und auch im konkreten Verhalten ein, egal, was Sie dabei fühlen und mit welchen Verlockungen Sie in Ihrem Umfeld konfrontiert werden.

Lassen Sie sich auf das Wirken des Heiligen Geistes ein. Öffnen Sie sich ihm. Möge die Frucht des Geistes in Ihrem Leben als Einzelperson und auch in Ihrer Ehe im kommenden Jahr erkennbar sein.

JANUAR

1 Dwight H. Small, Christian, Celebrate Your Sexuality (Old Tappan, N.J: Fleming H. Revell, 1974), S. 144.

2 Jane Hunt, Seeing Yourself Through God's Eyes (Grand Rapids, MI, Zondervan Publishers, 1989), S. 67.

3 Lloyd John Ogilvie, Longing to Be Free (Eugene, OR, Harvest House Publishers, 1984), S. 23.

4 Booth Tarkington, Quelle unbekannt.

5 Tim Hansel, You Gotta Keep Dancin' (Elgin, IL, David c. Cook Publishers, 1985), S. 55.

6 Paul Walker, How to Keep Your Joy (Nashville, Thomas Nelson Publishers, 1987), S. 17.

7 Zitiert in: John Johnson, Walls or Bridges (Grand Rapids, MI, Baker Book House, 1988), S. 176ff.

8 Larry Richards und Norman Wakefield, Fruit of the Spirit (Grand Rapids, MI: Zondervan Publishers, 1981), S. 108.

9 Zitiert in Charles R. Swindoll, Growing Strong in the Seasons of Life (Portland, OR: Multnomah Press, 1983), S. 66.

10 Ebenda, S. 83.

FEBRUAR

1 Nancy Groom, Married Without Masks (Colorado Springs, CO, Nav Press, 1989), S. 98f.

2 Charles Haddon Spurgeon, Quelle unbekannt.

3 June Hunt, Seeing Yourself Through God's Eyes (Grand Rapids, MI, Zondervan Publishers 1989), S. 33.

4 Ebenda, S. 61.

5 Harry Hollis Jr., Thank God for Sex (Nashville, Broadman Press, 1975), S. 11, 12, 55, 109, 110.

6 Lloyd John Ogilvie, Longing to Be Free (Eugene, OR, Harvest House Publishers, 1984), S. 33.

7 W. Phillip Keller, A Gardener Looks at the Fruits of the Spirit (Waco, TX, Woord Books,1979), S. 146.

8 Jon Johnson, Walls or Bridges (Grand Rapids, MI: Baker Book House, 1988), S. 194f.

9 Charles Swindoll, Growing Strong in the Seasons of Life (Portland,OR: Multnomah Press, 1983), S. 169f.

[10] H. Norman Wright, Making Peace with your Partner (Waco, TX: Word Books, 1988), S. 173f.
[11] J. Swindoll, Growing Strong in the Seasons of Life , S. 21f.
[12] ebenda, S. 23.
[13] Johnson, Walls or Bridges, S. 206–208.
[14] Ogilvie, Longing to be Free, S. 77.

MÄRZ

[1] Mike Mson, The Mystery of Marriage (Portland,O: Multnomah Press, 1985), S. 85.
[2] Gene Getz, Believing God When you are Tempted to Doubt (Ventura, CA, Regal Books, 1985), S. 67f.
[3] ebenda, S. 82–87.
[4] ebenda, S. 98–99.
[5] ebenda, S. 116f.
[6] Lois Wyse, Love Poems for the Very Married (New York: Harper and Row, 1967), S. 41.
[7] Colleen und Louis Evans, Jr., My Lover, My Friend (Old Tappan, N.J: Fleming H. Revell, 1976), S. 121–123.
[8] P. Keller, A Gardener Looks at the Fruits of the Spirit, S. 126f.
[9] Johnson, Walls or Bridges, S. 185–188.
[10] Gene Getz, Living for Others When You'd Rather Live for Yourself (Ventura, CA, Regal Books, 1985), S. 12f.
[11] ebenda, S. 74.
[12] ebenda, S. 78–80.
[13] Lewis B. Smedes, »Forgiveness: The Power to Change the Past«, (Christianity Today, 7. Januar 1983), S. 26.
[14] J.I. Packer, Knowing God (Downers Grove, IL: Inter-Varsity Press, 1973), S. 87.
[15] H. Norman Wright, Uncovering Your Hidden Fears (Wheaton, IL: Tyndale House Publishers, 1989), S. 71–74.
[16] Joseph Cooke, Free for the Taking (Old Tappan, N.J: Fleming H. Revell, 1975), S. 29.
[17] Lloyd John Ogilvie, Lord of the Impossible (Nashville: Abingdon Press, 1984), S. 92–95.
[18] Wright, Uncovering Your Hidden Fears (Wheaton, IL: Tyndale House Publishers, 1989), S. 71–74.

APRIL

1 Chuck Swindoll, Growing Strong in the Seasons of Life (Portland, OR: Multnomah Press, 1983), S. 305.
2 ebenda, S. 357.
3 ebenda.
4 ebenda, S. 357f.
5 Ed Wheat, Love Life (Grand Rapids, MI: Zondervan Publishing House, 1980), S. 178f.
6 Richard Exley, The Rhythm of Life (Tulsa, OK: Harrison House 1987), Übernommen von S. 31.
7 James C. Dobson, Straight Talk to Men and Their Wives (Waco, TX: Word Books, 1980), S. 148.
8 Swindoll, Growing Strong in the Seasons of Life, S. 111.
9 Max Lucado, No Wonder They Call Him the Saviour (Multnomah Press, 1986), S. 105f.
10 Exley, The Rhythm of Life, S. 127.
11 Gene Getz, Believing God When You are Tempted to Doubt (Ventura, CA: Regal Books, 1985), S. 28–38.
12 ebenda, S. 42–47.
13 ebenda, S. 48–54.
14 Margaret Davidson Campolo, »Reflecting Each Other«, in: Howard and Jeanne Hendricks, Hrsg., Husbands and Wives (Victor Books, 1988, SP Publications Inc., Wheaton,IL), S. 284f.
15 Wayne Oates, »Prayer in the Husband/Wife Relationship«, in: Hendricks, Husbands and Wives, S. 164f.
16 Lloyd John Ogilvie, God's best for My Life, (Eugene, OR., Harvest House Publishers, 1981), Aus der Lesung vom 8. Januar.
17 David Augsburger, Sustaining Love (Ventura, CA, Regal Books, 1988), aus dem Text für den 8. Januar.
18 Daniel Lavinson, The Seasons of a Man's Life (New York: Alfred A. Knopf, Inc., 1978), S. 245f.
19 Augsburger, Sustaining Love, a. a. O., S. 101f.
20 ebenda, S. 172.
21 ebenda, S. 175f.
22 Harold J. Sala, Today Can Be Different, (Ventura, CA: Regal Books, 1988), aus dem Text für den 6. Juli.

MAI

1 Gene Getz, Believing God, When You are Tempted to Doubt (Ventura, CA., Regal Books, 1985), S. 20–26.

2 David Augsburger, Sustaining Love (Ventura, CA: Regal Books, 1988), S. 31.

3 Charles R. Swindoll, The Grace Awakening (Waco, TX: Word Books, 1990), S. 10f.

4 Ebenda, S. 203–207.

5 Lloyd John Ogilvie, God's Best for My Life (Eugene, OR, Harvest House Publishers), aus dem Text für den 15. August.

6 Gene Getz, When You Feel Like You Haven't Got It (Ventura, CA, Regal Books, 1976), S. 46–50.

7 Arthur W. Pink, The Holy Spirit, (Grand Rapids, MI, Baker Book House, 1970), S. 142f.

8 V. Gilbert Beers and Arlise Beers, »Take the Extra Honeymoon«, in: Howard and Jeanne Hendricks, Hrsg. Husbands and Wives (Victor Books, 1988, Wheaton IL), S. 388–390.

9 Ogilvie, God's Best For My Life (Eugene, OR, Harvest House Publishers, 1981), aus der Lesung vom 12. Januar.

10 Paul Tournier, To Understand Each Other (Richmond VA, John Knox Press, 1976), S. 29.

11 Dwight H.Small, After You've Said I do (Westwood, NJ: Fleming H. Revell, 1968), S. 119.

12 H. Norman Wright, Communication: Key to Your Marriage (Glendale, CA, Regal Books, 1974),S. 55.

13 David Augsburger, Man, Am I Uptight! (Chicago: Moody Press, 1970), S. 120.

14 Jan Congo, Free to Be God's Woman, (Ventura, CA,Regal Books, 1985), S. 168f. Mit Genehmigung des Verfassers.

15 William Cole, Sex in Christianity and Psychoanalysis (New York, Oxford University Press, 1955), S. 231.

16 Erich Fromm, The Art of Loving (New York, Harper and Row Publishers, 1956), S. 56.

17 Ebenda, S. 56.

18 Edward Ford, Why Marriage? (Niles, IL, Argus Communications, 1974), S. 103.

19 Joseph Simons und Jeanne Reidy, The Risk of Loving (New York, Herder and Herder, Inc. 1968), S. 108.

20 Penelope J. Stokes, Grace Under Pressure (Colorado Springs, CO, NavPress 1990), S. 124–128.
21 William Lederer and Don.D.Jackson, The Mirages of Marriage, (New York: W.W. Norton and Co., Inc., 1968), S. 108.
22 Lionel Whiston, Are You Fun To Live With? (Waco, TX, Word Books, 1968), S. 121.
23 Ebenda, S. 123.
24 David Augsburger, Caring Enough To Confront (Glendale, CA, Regal Books, 1974), S. 89.
25 Augsburger, Man, Am I Uptight!, S. 15.
26 Ebenda, S. 14.
27 Stokes, Grace Under Pressure, S. 14.
28 Ebenda, S. 13–18.
29 Ebenda, S. 35–39.
30 Ebenda, S. 50–58.
31 Ebenda, S. 73.
32 Ebenda, S. 112.
33 Ebenda, S. 103–112.
34 Ebenda, S. 62–72.

JUNI

1 Richard Exley, The Rhythm of Life (Tulsa, OK, Harrison House, 1987), S. 137.
2 Lloyd John Ogilvie, God's Best for My Life (Eugene, OR: Harvest House Publishers, 1981), aus der Lesung vom 16. Januar.
3 Stephen J. Carter, My Daily Devotions (St. Louis, MO: Concordia Publishing House, 1988), S. 317.
4 Penelope J. Stokes, Grace under Pressure (Colorado Springs, CO: NavPress, 1990), S. 124–128.
5 Gene Getz, Believing God, When You are Tempted to Doubt (Ventura, CA, Regal Books, 1985), S. 142–147.
6 Gene Getz, When You Feel Like You Haven't Got It (Ventura, CA, Regal Books, 1976), S. 136–138.
7 Deon Wyrtzen, A Musician Looks at the Psalms , (Grand Rapids, MI, Zondervan Publishing House, 1988), S. 216f.
8 Don Wyrtzen, »The I Remembered« (Singinspiration Music).
9 David Needham, Birthright (Portland, OR, Multnomah Press, 1982), S. 40–42.

[10] Ebenda, S. 159f.

[11] Lewis B. Smedes, How Can It Be All Right When Everything Is All Wrong? (New York, Harper and Row, 1982), S. 54.

[12] Mike Mason, The Mystery of Marriage (Portland, OR: Multnomah Press, 1982), S. 40ff.

[13] Ebenda, S. 34.

[14] Lewis B. Smedes, How Can It Be All Right When Everything Is All Wrong? (New York, Harper and Row, 1982), S. 52ff.

[15] Mason, The Mystery of Marriage, S. 142.

[16] Ebenda, S. 92.

[17] Ebenda, S. 97.

[18] Ebenda, S. 91.

[19] Ebenda, S. 91.

JULI

[1] Tim Hansel, When I Relax I Feel Guilty (Elgin, IL., David C. Cook, 1979), S. 44f.

[2] Bill Austin, How to Get What You Pray For (Wheaton, IL; Tyndale House Publishers, 1984), S. 63.

[3] Gene Getz, Believing God When You are Tempted to Doubt (Ventura, CA: Regal Books, 1985), S. 60–64.

[4] Ebenda, S. 66–70.

[5] Ebenda, S. 70–76.

[6] C. A. Lufburrow, »The Echo« , Encyclopedia of 7700 Illustrations (Rockville, MD, Assurance Publishers, 1979), S. 131.

[7] Getz, Believing God When You are Tempted to Doubt, Juni Nr. 5, S. 101–10.

[8] Matthew L. Linn und D. Linn, Healing of Memories (Ramsey ,N.J, Paulist Press, 1974), S. 11f.

[9] Lloyd John Ogilvie, God's Will in your Life (Eugene, OR, Harvest House Publishers, 1982), S. 136.

[10] Ebenda, S. 144f.

[11] Lawrence Crabb, Effective Biblical Councelling (Grand Rapids, MI, Zondervan Publishing House, 1977), S. 83f.

[12] David and Vera Mace, We Can Have Better Marriages If We Really Want Them (Nashville, Abingdon Press 1974), S. 98f.

[13] Dwight H. Small, After You've said I Do (Westwood, Westwood, N.J., Fleming H. Revell, 1968), S. 81.

14 David W. Augsburger, Seventy Times Seven (Chicago, Moody Press, 1970), S. 97.

15 Ebenda, S. 100.

16 Roy Croft in Joan Winmill Brown and Bill Brown, Together Each Day (Old Tappan, N.J., Fleming H. Revell, 1980), S. 43.

AUGUST

1 Dwight Small, Christian: Celebrate Your Sexuality (Old Tappan, N.J., Fleming H. Revell, 1974), S. 144.

2 James Bjorge, Forty Ways to Say I Love You (Minneapolis, Augsburg Publishers, 1978), S. 20.

3 Linda Rich, »No One«, Assigned to Inter-Varsity Fellowship of the USA, 1970.

4 Bill Austin, How to Get What You Pray For (Wheaton, IL, Tyndale House Publishers, 1984), S. 43–45.

5 Gene Getz, When You Feel Like You Haven't Got It (Ventura, CA, Regal Books, 1983), S. 138–140.

6 Stephen J. Carter, My Daily Devotions (St. Louis, MO, Concordia Publishing House, 1988), S. 41.

7 Jerry and Barbara Cook, Choosing to Love (Ventura, CA: Regal Books, 1982), S. 18f.

8 Ebenda, S. 139f.

9 Ebenda, S. 78–80.

10 Ron Lee Davis, Courage to Begin Again (Eugene, OR, Harvest House Publishers, 1988), S. 41.

11 Ebenda, S. 113.

12 A.W. Tozer, The Knowledge of the Holy (New York: Harper and Row, 1961), S. 32–42.

13 Ebenda, S. 59.

14 Ebenda, S. 55–58.

15 Ebenda, S. 71–74.

16 Ebenda, S. 88–95.

17 Fritz Ridenour, Hrsg. , The Marriage Collection (Grand Rapids, MI, Zondervan Publishers, 1989), S. 105, aus einem Kapitel von Dr Ed Wheat und Gloria Okes.

18 Ebenda, S. 108f.

19 Ebenda, S. 396f.

20 Ebenda, S. 412f.

[21] Dwight H. Small, After You've Said I Do (OldTappan, NJ, Fleming H. Revell, 1968), S. 243f.

[22] Gene Getz, Saying No When You'd Rather Say Yes (Ventura, CA: Regal Books, 1983), S. 55–58.

[24] Ebenda, S. 58–60.

[25] Ernie Larsen, Stage II Relationships (San Francisco: Harper and Row, 1987), S. 34.

SEPTEMBER

[1] Gene Getz, Looking up When You Feel Down (Ventura, CA, Regal Books, 1985), S. 75–78.

[2] Richard DeHaan, Pray, God Is Listening (Grand Rapids, MI, Zondervan Publishers, 1980), S. 17–21.

[3] Getz, Looking Up When You Feel Down, a.a.O., S. 78–84.

[4] Bruce Narramore, You're Someone Special (Grand Rapids, MI, Zondervan Publishers, 1978), S. 61f.

[5] Ebenda, S. 142–52.

[6] Tim Kimmel, Legacy of Love (Portland, OR, Multnomah Press, 1989), S. 113–29.

[7] David Augsburger, Cherishable Love and Marriage (Harrisonburg, VA: Herald Press, 1976), S. 146.

[8] Paul Stevens, Marriage Spirituality (Downers Grove, IL, InterVarsity Press, 1989), S. 50–52.

[9] Charles A. Swindoll, Living Above the Level of Mediocracy (Waco, TX: Word Books, 1987), S. 217.

[10] Ebenda, S. 217–19.

[11] Russ Crossen, Money and Your Marriage (Waco, TX, Work Books, 1989), S. 12.

[12] Ebenda, S. 5–6.

[13] Ebenda, S. 12–13.

[14] Gene Getz, When The Pressure's On (Ventura, CA: Regal Books, 1984), S. 69–79.

[15] Archibald Hart, Depression: Coping and Caring (Arcadia, CA, Cope Publications, 1978), S. 11.

[16] Alan Loy McGinnis, Bringing Out the Best of People, (Minneapolis, MN, Augsburg Press, 1985), S. 100.

[17] W. Phillip Keller, David , The Shepherd King (Milton Keynes, England, Word Books, 1987), S. 182.

18 Ebenda, S. 182–185.
19 Gene Getz, Joseph (Ventura, CA: Regal Books, 1983), S. 54–56.
20 Crossen, Money and Your Marriage, S. 54–56.

OKTOBER

1 William Backus, The Hidden Rift with God (Minneapolis, Bethany House Publishers, 1990), S. 142 f.
2 Ebenda, S. 143f.
3 Ebenda, S. 144–46.
4 William and Kristi Gaultiere, Mistaken Identity (Old Tappan, N.J: Fleming H. Revell, 1989), S. 177f.
5 H. Norman Wright, Uncovering Your Hidden Fears (Wheaton, IL, Tyndale Publishers, 1989), S. 177f.
6 Charles R. Swindoll, Living Beyond the Daily Grind, S. 200–203.
7 Ebenda, S. 187.
8 Ebenda, S. 186–190.
9 William Barclay, The Gospel of Matthew, Bd.1 (Philadelphia, The Westminster Press, 1956, S. 93.
10 Donald R. Harvey, The Drifting Marriage (Old Tappan, NJ, Fleming H. Revell, 1988), S. 116f.
11 Swindoll, Living Beyond the Daily Grind, S. 200–203.
12 Ebenda, S. 165–167.
13 William and Kristi Gaultiere, Mistaken Identity (Old Tappan, N.J: Fleming H. Revell, 1989), S. 99.
14 David Needham, Birthright (Portland, OR: Multnomah Press, 1986), S. 224–27.
15 Ed and Carol Neuenschwander, Two Friends in Love (Portland Multnomah Press, 1986), S. 175.
16 David Viscott, M.D., How to Live with Another Person (New York: Arbor House, 1974), S. 19.
17 Dave and Jan Congo, Free to Soar (Old Tappan, New Jersey, Fleming H. Revell, 1987), S. 78.
18 Lewis B. Smedes, How Can It Be All Right When Everything Is All Wrong? (New York, Harper and Row, 1982), S. 56.
19 Stephen J. Carter, My Daily Devotions (St. Louis, MO, Concordia Publishing House, 1988), S. 288.
20 David A. Hubbard, Is The Family Here to Stay? (Waco TX, Word Books, 1971), S. 26f.

21 Neuenschwander und Neuenschwander, Two Friends in Love, S. 28–34.

22 Lloyd John Ogilvie, When God First Thought of You (Waco, TX, Word Books, 1978), S. 50.

NOVEMBER

1 Zitiert in: Ogilvie, When God First Thought of You (Waco, TX, Word Books, 1971), S. 26f.

2 Ebenda, S. 135–140.

3 Peter Lord, Hearing God (Grand Rapids, MI, Baker Book House, 1990), S. 53–58.

4 Lewis B. Smedes, How Can It Be All Right, When Everything is all Wrong? (New York, Harper and Row, 1982), S. 33f.

5 Denis Waitley, Seeds of Greatness (Old Tappan, NJ, Fleming H, Revell, 1983), S. 32f.

6 Lord, Hearing God, S. 75–80.

7 Morton Kelsey, The Other Side of Silence (New York, Paulist Press, 1976), S. 110.

8 Madame Jeanne Guyon, Experiencing the Depths of Jesus Christ (Augusta, ME, Christian Books, 1985), S. 83f.

9 Lord, Hearing God, S. 99–101.

10 Quelle unbekannt.

11 Lord, Hearing God, S. 152–154.

12 Ogilvie, When God First Thought of You, S. 193–97.

13 Judith C. Lechmann, »Love as Respect«, in Howard and Jeanne Hendricks, eds. Husbands and Wives (Victor Books, 1988, SP Publications Inc., Wheatin IL), S. 47.

14 Ebenda, S. 46f.

15 Wayne Oates, »Husbands and Wives with Jesus as Lord«, in Hendricks, Husbands and Wives, S. 157–59.

16 Archibald Hart, Fifteen Principles to Achieve Happiness (Dallas TX, Word Books, 1988), S. 47.

17 Charles R. Swindoll, Living on the Ragged Edge (Waco, TX, Word Books, 1985), S. 86.

18 Kenneth Boa, Night Light (Brentwood, TN, Wolgemuth and Hyatt, 1989), S. 223f.

19 Ebenda, S. 245–47.

20 Ebenda.

21 Dean Merrill, Wait Quietly (Wheaton IL, Tyndale House, 1991), S. 186f. (In: Norman Wright: Together for Good, (Eugene OR, Harvest House Publishers, 2000), Lesung für den 22. November.

22 George E. Koehler und Nikki Koehler, My Family: How Shall I Live With It? (Chicago, Rand McNally and Co., 1968), S. 57.

23 Ebenda, S. 62.

24 Ebenda, S. 69.

25 Dinah Maria Mulock Craik, »Friendship«, in: Swindoll, Living on the Ragged Edge.

26 Ebenda, S. 133–141.

27 W. Phillip Keller, Songs of My Soul (Dallas, TX, Word Books, 1989), S. 159.

28 W. Phillip Keller, David, the Shepherd King (Milton Keynes, England, Word Books, 1987), S. 201.

29 Donald R. Harvey, The Drifting Marriage (Old Tappan, NJ, Fleming H. Revell, 1988), S. 99.

30 H. Norman Wright, Together For Good, (Eugene OR, Harvest House Publishers, 1999), Text für den 29. November.

DEZEMBER

1 A.H. McNeile, Discipleship (London, Society for Promoting Christian Knowledge, 1923), S. 51.

2 Calvin Miller, »The Gift of Giving«, Moody Monthly (Dezember 1988), S. 23–25.

3 Lewis B. Smedes, Forgive and Forget (New York: Harper and Row, 1984), S. 37.

4 Gene Getz, Living for Others When You'd Rather Live for Yourself (Ventura, CA, Regal Books, 1985), S. 82.

5 Richard Exley, Life's Bottom Line (Tulsa, OK: Honor Books, 1990), S. 27–30.

6 Paul Walker, How to Keep Your Joy (Nashville, Olover-Nelson Books, 1987), S. 80.

7 Tim Kimmel, Legacy of Love (Portland, OR, Multnomah Press, 1989), S. 179f.

8 Exley, Life's Bottom Line, S. 71–73.

9 Ebenda, S. 249f.

10 Smedes, Forgive and Forget, S. 128f.

11 Getz, Joseph, S. 51–53.

12 Ebenda, S. 56–59

13 Donald R. Harvey, The Drifting Marriage (Old Tappan, N.J., Fleming H. Revell, 1988), S. 143f.

14 Ebenda, S. 43f.

15 Ebenda, S. 214f.

16 Paul Stevens, Marriage Spirituality (Downers Grove IL, InterVarsity Press, 1989), S. 32f.

17 Harold J. Sala, Today Can Be Different (Ventura, CA, Regal Books, 1988), aus dem Text für den 18. Dezember.

18 James H. Olthuis, Keeping Our Truth (San Francisco, Harper and Row Publishers, 1986), S. 111.